増補版 敗北を抱きしめて——下

ジョン・ダワー

増補版 敗北を抱きしめて

下 訳――三浦陽一・高杉忠明・田代泰子

第 二 次 大 戦 後 の 日 本 人

岩 波 書 店

EMBRACING DEFEAT
Japan in the Wake of World War II

by John W. Dower

First published 1999
by W. W. Norton and Company/The New Press.

First Japanese edition published 2001,
this edition with new photographs published 2004
by Iwanami Shoten, Publishers, Tokyo
by arrangement with
John W. Dower c/o Georges Borchardt, Inc., New York
through Tuttle-Mori Agency, Inc., Tokyo.

凡　例

一　本書は、John W. Dower, *Embracing Defeat : Japan in the Wake of World War II*, W. W. Norton & Company/The New Press, 1999の翻訳である。この増補版においては、原著者の指示により、原著にない図版・キャプションを新たに多数加えると同時に、原著図版の若干の変更を行った。

一　本文中の（　）の部分は原著者による補足であり、〔　〕の部分は訳者による補足である。

一　本文中の日本語引用史料で旧字・旧仮名遣いで書かれていたものは、本書の性格を考えて、新字・新仮名に改めた。

一　読者に原文のニュアンスを知ってもらうために、ごく少数であるが、訳文に原語を書き添えた個所がある。

一　注は、原著の注を選択・要約したうえ、上巻・下巻それぞれの巻末に掲げた。注作成の方針についてはそれぞれの巻の注の冒頭を参照されたい。

一　翻訳の分担は以下の通りである。

〈上巻〉

献辞・日本の読者へ・謝辞・序・第一章―第五章　三浦陽一

第六章―第八章　高杉忠明

〈下巻〉

第九章・エピローグ　三浦陽一

第一〇章―第一三章　高杉忠明

第一四章―第一七章　田代泰子

注　上巻・下巻とも三浦陽一

増補版にあたって新たに加わった「増補版への序文」および図版のキャプションの翻訳は、すべて三浦陽一が担当した。なお、訳出にあたっては、第三章及び第四章については平田雅己氏、第五章及び第六章については浅野一弘氏から格段の助力を得た。記して感謝したい。

敗北を抱きしめて・下

目次

第六部　さまざまな再建

装丁＝赤崎正一

上巻目次

下巻 写真・図版出典一覧(掲載箇所に記したものは省いた)

加藤悦郎　395(『加藤悦郎漫画集』1960年より)
川島治　381
古川秀二　381

朝日新聞社　46, 84, 157, 187, 242
共同通信社　46, 47, 311, 361, 371, 377, 380, 381
講談社　272
毎日新聞社　85, 115, 380
日本映画新社　210, 211

国立国会図書館　172, 173
ハッシー文庫(米ミシガン大学)　169
プランゲ文庫(米メリーランド大学)　184, 185
米国立公文書館　23, 80, 81, 85, 126, 127, 168, 190, 234, 236, 237, 241, 244, 248, 249, 323
マッカーサー・メモリアル　35, 236, 360, 372

第四部　さまざまな民主主義

第九章　くさびを打ち込む

――天皇制民主主義(一)

降伏の時まで、天皇は国民教化における最高の献身対象であった。兵士はみな携帯用の「戦陣訓」を携えて戦争にいった。戦陣訓は次のような文章ではじまる。「夫《そ》れ戦陣は、大命《たいめい》に基《もと》き、皇軍の神髄を発揮し、攻《せ》むれば必ず取り、戦えば必ず勝ち、遍《あまね》く皇道を宣布し、敵をして仰いで御稜威《みいつ》〔天子の威光〕の尊厳を感銘せしむる処《ところ》なり」。真珠湾攻撃の四カ月前に出た重要な冊子に、『臣民の道』がある。これは政府のイデオローグたちが執筆したもので、天皇は天照大神の直系の子孫であり、日本は神の統治したまう国であることを強調していた。すなわち、「皇国臣民の道は自我功利の思想を排し、国家奉仕を第一義とし、天壌無窮《てんじょうむきゅう》〔天地ともに永遠に続くこと〕の皇運を扶翼《ふよく》し奉《たてまつ》るにある」と。『臣民の道』は、孝と忠を皇国の最高の美徳とし、こうした美風をそこなう「個人主義、自由主義、功利主義、唯物主義」を注意深く排斥しようと苦心した文書であった。天皇裕仁は不可侵であり、天皇の率いる戦争は聖戦であった。天皇に体現された徳は、唯一かつ不変であった[1]。

のちに明らかになるように、裕仁はしたたかで適応力のある人物であり、天の助け――もっと具体的にいえばマッカーサーの助け――によって生き残り、満ち足りた人生を送った。他方、裕仁をとりまいた忠良なる臣下たちは、みな責任を問われ、公職から追放され、戦争犯罪で訴追され、さらには処刑された者さえいた。天皇が日本の侵略においてどんな役割を果たしたかが、きちんと調査されたことは一度もなかった。アメリカは、天皇の承認のもとに、天皇の名において行なわれた抑圧と暴力に対して、道義的責任すら認めないよう、天皇を説得した。側近たちが天皇退位の可能性をもちだすと、最高司令官は断固これに反対した。こうして占領軍当局は天皇の名において戦われた聖なる戦争そのものと天皇個人を切り離したが、そればかりでなく、占領軍がかかわってつくりあげた新生民主主義国家の中心に、天皇を再び据えつけたのであった。

天皇のこの魔法のような変身は、政治的にも思想的にも広く深い影響をあたえた。何が正義かは権力によって恣意的に決められるものとなり、戦争責任の本格的な追及は矛先をそらされてしまった。国家の最高位にある政治的・精神的指導者がつい最近の事態になんの責任も負わないのなら、どうして普通の臣民たちが我が身を省みることを期待できるだろう？　戦後の政治意識は混濁してしまった。GHQが草案を作った新憲法では、天皇は「日本国の象徴であり日本国民統合の象徴であって、この地位は、主権の存する日本国民の総意に基く」と規定された。そもそも、王制を維持することと、裕仁個人を再び神のように持ち上げることは違うことである。ところがたいていの場合、このふたつは同じことであるかのように扱われた。これが憲法のいう「主権の存する国民」の地位を大きく傷つけた。「象徴」君主はあらためて世襲の特権を認められた。象徴天皇制とは、天皇の地位があいかわらず日本国における家父長的権威の最高の紋章でありつづけることを意味した。昔は女帝が統治したこともあるが、アメリカは、男子のみが皇位を継承できるという近代にはじまった伝統の継続を許した。そのうえ、天皇はあいかわらず日本のいわゆる人種的純粋さとか文化的同質性なるものの体現者とされた。

こうしてみると、日本国憲法のいう「国民統合」とは、ほとんどかつての「家族国家」イデオロギーを新しくいいかえたにすぎないと言ってよかった。あいかわらず、お互いの和合とか上下関係の維持が、はりつめた争論や個人を尊重することよりも価値あることとされた。新しい象徴天皇は、一九世紀から二〇世紀はじめの発明品である「大和民族」なる自己意識を、ひきつづき象徴するものとなった。そしてそれは朝鮮人、台湾人、中国人、白人――とにかく異民族すべて――は、「日本人」にはなれないことを意味した。公式には宗教と政治が分離されたにもかかわらず、依然として天皇は日本特有の宗教たる神道の大祭主であり、宮中では神道の密儀をおこない、皇室の先祖神をまつる伊勢神宮に参拝しつづけた。こうして、あいかわらず天皇は、日本人は遺伝的に違うのだという意識を維持させ、「血統」にもとづくナショナリズムを象徴する最高の偶像となり、日本人をして他の民族や文化とは永久に切り離された――しかも上位の――存在たらしめる、架空の本質を体現する存在となったのであった。

君主の統治の年数で年を数える年号制も、そのまま残った(この「伝統」は一九世紀の半ばに始まったにすぎないが)。そのため、一九二六年、裕仁の即位ではじまった「昭和」は、戦後も中断しなかった。これは暦を利用した過去との連続性の宣言であった。[2]「昭和」は一九八九年までつづいたが、このとき、戦前のイデオローグたちにとっての「現御神《あきつみかみ》〔人の姿をした神〕」は、八九歳でようやく去ったのであった。日本式の数え方では、天皇は昭和六四年に死去したことになるが、この六四年という長さに比べると、占領期(昭和では二〇年から二七年まで)は、裕仁の治世の中のひとつの短いエピソードにすぎなかった。保守派にとっては、これは敗北の時代の意味を矮小化する絶好の材料となったし、裕仁自身、日本人の価値観にはなんの変化もないと、最後まで強調しつづけたのであった。

天皇制のカリスマは、まちがいなく巨大なものであった。天皇のこととなると、共産党でさえつまずいたり、身動きできなくなったり、笑いものになり恥をかいた。しかし敗戦の時点においては、天皇制、とくに裕仁個人は、非常に危機的な状態におかれていた。日本のエリートたちは、世界中の名高く強大にみえた君主制がいくつも、しかもたいてい戦争のあとに崩壊した姿を目の当たりにしてきたし、国内では、天皇を公然とあざけり、偶像破壊をねらう者が増えていた。戦勝者である連合国では、裕仁を戦争犯罪人として起訴せよという声が、高く執拗につづいていた。元駐日大使ジョセフ・グルーのような、日本の外の強力な天皇制擁護論者たちでさえ、少なくとも天皇が宣戦の詔書に署名した責任だけは避けられないと考えていた。降伏から何カ月かたったあとも、「裕仁は退位するしかないだろう」とグルーは予想していた。(3) 天皇の側近の多くも同じことを危惧し、一九四六年に入ってからも、日本政府は「国体」の護持だけでなく、現天皇の生き残りのために多くの精力を費やしたのであった。

吉田茂は回想記のなかで、マッカーサーを日本の「偉大な恩人」と賞賛しているが、それは民主主義の贈り物をしてくれたからではなく(吉田はこれにはおおいに懐疑的であった)、未曾有の危機にあって、最高司令官として天皇制を維持し、畏敬すべき現君主を擁護してくれたからである。吉田茂は正しかった。この問題に関しては、連合国最高司令官の影響力は決定的であった。そして今日ふりかえれば、マッカーサーが裕仁を擁護するであろうことは、あらかじめ予想できたことでもあった。なぜなら、最高司令官の天皇処遇方針の基本は、降伏以前にすでに確立していたからである。

心理戦と「天子」

マッカーサーの戦時司令部には心理戦の専門家たちがいたが、当然のことながら彼らがまず没頭したのは、降伏後の計画よりも目前の軍事目標であった。前線の日本軍に降伏をうながし、日本国内の戦意を低下させるために彼らは作戦をたてたが、そのとき基礎としたのは、降伏後も変わることのない敵の行動様式の分析であった。こうした戦時における研究の中心となった要員が、戦後はマッカーサーとともに東京に来て、天皇に関する政策について助言をつづけたのである。

なかでも最重要の人物は、マッカーサーの軍事秘書官であり、心理戦の責任者でもあったボナー・F・フェラーズ准将である。フェラーズは、一九三四年から三五年、フォート・リーベンワースの幕僚学校に陸軍大尉として在籍中に日本人の心理分析を始め、そこで『日本兵の心理』と題する研究報告をまとめている。その内容は先見性があるもので、彼自身にとっても忘れられない研究成果となった。この報告は、日米開戦を四年以上も前に予測していた。しかも戦況が悪化すれば日本は神風特攻隊のような戦術を採用するだろうとさえ予言していたのである。フェラーズは第一次世界大戦で米兵の脱走率が高かったことと比較して、日本人の忠誠心と日本兵の規律正しさが際立っていることに感銘をうけた。フェラーズの結論によれば、「まるで数百光年の距離をへだててそれぞれ違う世界に生きつづけてきたかのように、今日の日本人とアメリカ人はものの考え方が異なっている」。また、欧米の民主主義を、日本人は「一時的な性格のもの」とみなしているとも述べている。一九四四年夏、マッカーサー司令部は、戦場の日本兵に投降させる試みを本格的に始めた。それにあわせて、フェラーズは『日本兵の心理』を改訂して『日本への回答』という報告書を作成した。この報告書は、それ以後、連合国軍の諜報担当者のための入門書として使われることになる。また、フェラーズは自分の昔の論文を軍の知人たちに配りつづけた。一九四四年、そうした知人の一人に、フェラーズは「今日でも私はこの報告書の一行たりとも変えるつもりはない」と語っている。(4)

フェラーズのもとには、各種の諜報機関からの報告のほか、戦場の日本軍部隊から入手した書類、手紙、日記や、新聞やラジオ放送の翻訳、捕虜にたいする尋問などの一次資料や二次資料が、大量に集まってきた。しかし彼が主に頼っていたのは、むしろ手元にあった英語の出版物であった。じっさい、フェラーズによれば、「日本人の心理に関する最良の本」は、二〇世紀はじめに書かれた古典であるラフカディオ・ハーンの『日本——ひとつの解釈』なのであった。こうしてフェラーズと部下たちは、種々の内部資料や一般出版物から日本人の心理の輪郭を描きだしたが、今日からみて最低限評価に値するのは、その内容が一貫して変わることがなかったことであった。たいていの公式文書がそうであるように、マッカーサーの部下が一度報告書に書いた内容は、その後の多くの文書でもそのまま踏襲された。つまりはじめは仮説にすぎなかったものが、繰り返し書かれるうちに、たちまち真理めいた権威をおびていったのである。

一九四四年半ばには、フェラーズは天皇の役割に関する見解を記しており、その内容はその後も本質的には変更されなかった。このことから明らかなように、天皇に関するマッカーサーの政策は、日本の敗戦後の状況をきちんと調査した結果ではなかった。むしろ、部下のアマチュア心理学者や人類学者による戦時中の分析に起源があったのである。のちにマッカーサーが出した占領初期の声明や決定の台本は、フェラーズとその部下が用意した政策勧告のなかに見出すことができる。

マッカーサー司令部の宣伝担当官たちは、天皇を攻撃して敵をいたずらに挑発するのは避けるという戦中の方針を大前提としていた。これは合衆国の一般的な戦争方針とも合致するものであった。すなわち、アメリカは皇居への爆撃を控えただけでなく、天皇裕仁にたいする中傷的な宣伝も禁止していた。天皇は宗教的な畏敬の対象になっているので、彼を攻撃すると日本人はいっそう命がけで抗戦してくるだろうというのが、こうした方針の表向きの理由であったが、実際にはそれ以外の考慮も働いていた。たとえば一九四四年七月の戦略作戦局（OSS）の内部報告書には、「現在の天皇を排除すべきかは疑問である。天皇個人は穏健な傾向の持ち主で、将来は有用な影響をおよぼす可能性もある」と書かれていた[5]。

戦争の後半には、OSSなどの諜報機関と同様、マッカーサー司令部も、天皇が日本の降伏だけでなく戦後の変革の鍵も握っていると考えていた。フェラーズと部下たちの表現によれば、「軍国主義者のギャングたち」は日本人をだましただけでなく、聖なる君主も裏切ったのだと日本人を説得し、それによって軍部と天皇（およびその臣民）とのあいだに「くさびを打ち込む drive a wedge」ことが重要なのであった。日本帝国は天皇の名において、天皇の権威の下に、ほとんど二〇年にわたる天皇の積極的協力をえて諸政策を推し進めてきた。ところが要するに西側の宣伝担当者たちは、そうした日本帝国のさまざまな国策から天皇を切り離し、今や天皇の新しいイメージを創り出す作業に加担しようとしていたのである。

フェラーズはある個所では、「裕仁は天皇として、そして国家元首として知られた人物であった以上、戦争の罪を回避することはできない。天皇は太平洋戦争の一部であり、太平洋戦争の煽動者とみなされなければならない」とはっきり書いている。ところが彼の報告書『日本への回答』の結論は、違うことを記している。すなわち、天皇は日本軍の完全な降伏を実現するうえで不可欠であるだけでなく、平和的傾向をもった戦後の日本政府の精神的中核としても必要である。その平和的政府の構成員は、軍国主義者たちが権力を握る以前に国家を掌握していた上層貴族層と、爵位をもつその子孫たちなど、いまや高齢となった保守的エリートであろうと想定されていた。フェラーズのこの結論部分は、長くなるが引用する価値がある。この報告書から一年以上がたち、数百万人が戦いで死んでからも、フェラーズはまたこの見解を持ち出した。そしてそのことが天皇制を維持するだけでなく裕仁個人を追放しないことを、マッカーサーが正当化するのにも役立ったのである。

東洋に恒久平和を樹立するには、日本を完全かつ無条件に降伏させることが不可欠である。軍事的に完全に壊滅し、その結果、すさまじい混乱を経験してはじめて、日本人はみずからが他に優越した民族であり、アジアの盟主たるべく選ばれた民であるという狂信的な刷りこみから醒めることができる。痛恨の敗北と巨大な損失があってはじめて、軍国主義体制の打倒が可能であること、軍の狂信的な国策が日本人を破滅の道へと導いたことを、人々ははっきりと理解することができよう。

肉体的にも精神的にも、日本人は頑強な人々である。しかし、このような非常な苦痛を日本本土の人々が経験するうちに、いつか冷静な日本の保守派が、ほんの一瞬の光明を見出し、手遅れにならないうちに自分自身を救う時が来るかもしれない。

圧倒的な軍事的敗北は、軍国主義者のギャングたちが国民をだましたことを、誰にとっても明らかにするだろう。

それだけではない。軍国主義者のギャングたちが神聖不可侵なる天皇の信頼をも裏切ったことを、大衆は実感するであろう。軍国主義者たちが、帝国の神聖な統治者たる天子を没落の瀬戸際へと追い込んだのだ。天皇をだます者は、日本に存在してはならない。そう理解できたとき、これまで長い間表面に出られなかった保守的で寛容な勢力が真価を発揮する可能性が出てくるであろう。彼らが先頭にたって政府を握り、彼らの手に残った日本列島と日本人と天皇を救うために必要な譲歩を行うかもしれない。天皇が和平を裁可すれば、全員が納得するであろう。そうすれば、日本を完全な廃墟にするほかなくなる前に、対日戦争は終結する可能性があろう。

休戦条件については、われわれはけっして弱腰であってはならない。しかしながら、天皇の退位や絞首刑は、日本人全員の大きく激しい反応を呼び起こすであろう。日本人にとって天皇の処刑は、われわれにとってのキリストの十字架刑に匹敵する。そうなれば、全員がアリのように死ぬまで戦うであろう。軍国主義者のギャングたちの立場は、非常に有利になるであろう。戦争は不必要に長引き、われわれの損害も不必要に増大するであろう。

われわれの中には、日本人をすべて虐殺せよ、日本人を事実上絶滅させよと主張する者もいる。アジアの戦争は大きな犠牲をもたらし、多くの人命を奪ったのだから、日本人をどうしようと残酷すぎるということはないと。しかし、ひとたび日本軍を破壊し、軍閥を一掃し、戦争の恐怖を日本人が心の底から認識するならば、われわれは虐殺をしないほうが無難であろう。必要もないのに非軍人が殺されれば、生き残った者たちはその分だけ強く長く恨みの感情をもつであろう。虐殺を行うわが方の若者たちも精神の平静を失うであろうし、われわれのキリスト教信仰にも背くことになろう。

アメリカは状況を主導すべきであって、後追いするべきではない。時機を選んで、われわれは一方に天皇と日本人を、他方に東京の軍国主義ギャングたちを置き、両者の間にくさびを打ち込むべきである。われわれは、敵をはっきりと理解し、敵を賢明に取り扱うことによって、何年にもわたる流血の事態を回避できる。日本は完全に打倒されるべきである。そしていったんそれが実現したら、アメリカの正義が道となり光とならねばならない。

天皇にだけ責任を負う独立した軍部が日本にあるかぎり、それは平和にたいする永久の脅威である。しかし、天皇が日本の臣民にたいしてもっている神秘的な指導力や、神道の信仰があたえる精神的な力は、適切な指導があれば、必ずしも危険であるとは限らない。日本の敗北が完全であり、日本の軍閥が打倒されているならば、天皇を平和と善に役立つ存在にすることは可能である。

日本の政府については、権力を分散させ、それら相互のあいだにチェック・アンド・バランスの仕組みを持たせる必要がある。天皇の側近は、すべて非軍人のリベラルな指導者でなければならない。武装組織は、非軍人の責任者に従う国内治安用の警察だけに限定しなければならない。(中略)

東京の軍国主義のギャングたちが息絶え、日本軍が破壊され、リベラルな政府が天皇の下に樹立されたとき、悲しみを深め、人数も減りはしたが、より賢明になった日本人たちは、生活の再建をはじめることができる。(6)

ここに見られるような、天皇は恵み深いかもしれないとか、天皇は日本人の心性に、ほとんど全体主義体制に近いような「精神的」支配力をもっているといった、天皇にたいする恭《うやうや》しい評価は、その後の戦後政策の基盤となった。一九四五年春、マッカーサー司令部は、米英合同軍の心理戦担当官の会議をマニラで開いたが、この時までに、フェラーズと部下は連合国軍が活用するための「日本人の行動様式」を、一五の短い言葉にまとめている。いわく、「劣等感、軽信、型にはまった思考、物事を歪めて伝える傾向、自己演出、強い責任感、常軌を逸した攻撃性、野蛮、頑固、自滅に走る伝統、迷信、体面の重視、感情過多、家庭・家族への愛着、天皇崇拝」(7)。マニラでの会議は、天皇そのものについての議論には時間を費やさないまま、対敵宣伝のひとつとして「天皇を再び民の手に」という文句が提案された。「時機」を選び、「われらが目的達成のため」、天皇を利用するという趣旨の「くさび」政策が承認されたのである。この会議のなかで、英国太平洋艦隊の海軍諜報将校は、連合軍の艦船の横腹に天皇の肖像を描けば、神風特攻の体当たりを防げるかもしれないと、大まじめで発言している(8)。今日では、連合軍の艦隊にそんな肖像が描かれている光景を想像するだけでも(そしてそれが本国でどんな映像として報道されたことだろうと考えると)、ぎょっとさせられるが、この話は、当時いかに天皇の問題が彼らの心を大きく占めていたかを理解するのに役立つ。

この会議で天皇についてもっとも熱弁をふるったのは、シドニー・マッシュビル大佐であった。大人数をかかえる連合国翻訳通訳局(ATIS)の局長であり、フェラーズの信頼する同僚の一人であったマッシュビル大佐の発言は、括弧つきの補足も含めて、次のように記録されている。「二五〇〇年におよぶ生物学的瀆神行為(近親結婚)のたんなる産物にすぎない天皇を殺したところで、愚の骨頂だ。イエスの神性なくしてキリスト教はありえないが、それと同じくらいに真実なのは、天皇を殺しても日本人の天皇崇拝はなくならないということだ(天皇は日本人の祖先崇拝の体系の一部にすぎない）」。質問に答えてマッシュビルは、「日本人の天皇への盲目的追従を本気で当てにする」必要があると強調したのであった。(9)

このマニラ会議の参加者は、「西欧の緻密な論理は日本人の心理とは調和しない」とか、日本人にはアメリカ流の民主主義を理解する能力が全くないなどという言葉を聞かされた。今日からみれば、その露骨な言葉遣いは驚くべきものであるが、フェラーズがこのとき配った秘密資料のひとつには、これが次のように明確に述べられている。

日本人は自分自身が神だと信じており、以下に示されるような民主主義やアメリカの理想主義を知らないし、絶対に理解もできない。

（1）アメリカ独立宣言
（2）アメリカ合衆国憲法
（3）大西洋憲章
（4）他人種、他宗教を認める寛容の精神
（5）公正な裁判なくして処罰なしの原則
（6）奴隷制反対
（7）個人の尊厳
（8）人民への絶対的信頼(10)

日本降伏の前月、マッカーサー司令部の心理作戦部隊は、短波放送を使って一連の日本語放送を流し、日本本土に直接「くさび戦術 the wedge tactic」を適用した。原稿作成と放送実施に主要な役割を果たしたのはマッシュビル大佐であったが、彼の言葉はあからさまで、ほとんど粗暴なほどであった。まず、日本の「軍国主義者」ないし「軍閥」をあざけり、軍閥は天皇にたいする「神聖なる誓い」を破って「祖国をこの破局に陥れた」のだ、「この災難が天皇の国に降りかかったのは彼らのせいだ」と罵った。そして宣伝効果をねらって、こう問いかけた。「今の日本軍の将校たちは、武人なら当然もつべき完璧なる忠誠心をもって天皇に奉仕してきたのか?」。そして連合国の任務は、天皇が臣民の願いにもう一度触れることができるようにするため、「日本人にとりついた軍閥の悪霊を駆逐する」ことだと述べていた(マッシュビル大佐の放送は、まるで自分も天皇の側近として職を得たいと言っているかのように聞こえることがあった)[11]。

フェラーズ准将の場合は、マッシュビルよりもはるかに洗練された、複雑な日本観をもっていた。日本降伏後に書いた私信のなかでフェラーズは、「一九二二年以来、ずっと日本が好きだった」と打ち明けている。アメリカの将校が太平洋戦争を経たあともこうした感情をもっていたことは珍しいし、彼が戦時のおぞましい出来事をどう考えたかを知るのは、我々にとっても参考になる。一九四五年一月、フェラーズは、投降しようとする日本人を戦場の米軍が日常的に殺しているとの報告を部下から受けた。このときフェラーズは、どちらかというと作戦上の理由から事態を嘆いた。アメリカ側は日本人の投降を勧めるチラシをまいている、そうである以上、「自分の言葉に責任をもつのは国の名誉の問題だし、敵に対してはなおさらだ。それに日本人を捕虜にする必要もある。彼らは捕虜になればなんでもしゃべるし、君も知っているように、情報が入れば人命も救われる」と。他方、米軍がおこなった日本の都市への集中爆撃については、フェラーズは無条件に批判的であった。一九四五年六月一七日付けの内部覚書のなかで、フェラーズはこの都市爆撃を「全ての歴史のなかでもっとも無情かつ野蛮な非戦闘員殺戮行為のひとつ」だと書いている[12]。アジアの戦争が悲惨な結末に近づき、日本降伏まであと一週間というとき、フェラーズははっきりと、この戦争は人種戦争だったとも述べている。「ヨーロッパの戦争は政治的でもあったし社会的でもあった。それに対して太平洋の戦争は人種的であった」と。そして平和を構想するためには、「東洋の君主としての白人の地位は終わった」ことを認識することが絶対に必要であり、「東洋におけるアメリカの地位は、白人至上論を基礎にすることはできない」「われわれは東洋人をわれわれと完全に平等な地位に置かねばならず、人種を理由にしたあらゆる禁制を撤廃しなければならない」と書いている⑬。

フェラーズは日本の上層階級と個人的なつながりをもっていた。最も親しかったのは、従姉妹のグエンが結婚した、外交官の寺崎英成である。敗戦のあと、寺崎は皇室付きとなり、フェラーズやGHQの将校たちとの連絡役となって、占領軍最上層部と天皇周辺の間の意見調整に大きな役割を果たした。マッカーサー自身は、日本人とのそうした個人的なつながりはなかったが、真珠湾攻撃の前にフィリピン駐留の米軍将校として現地に長く滞在した経験から、アジアは今後、世界の勢力均衡にとって中核的な役割を果たすだろうし、したがって西洋人は過去の不平等な関係を正す方向に進まなければならないと考えていた。そして同時に、アジアは文化的・政治的に遅れており、「東洋の心」は権力への追従に慣らされてきたとも思っていたから、極東の国々がそうした新しい時代に入るには、自分のような権威ある人物が指導するのが当然だと考えていた。こうした見方からすれば、敗戦国日本では天皇を利用し、自分とともに二重の強力な権威を行使しようと考えるのは、マッカーサーにとって自然なことであった。

マッカーサーは、連合国占領軍の司令官に任命されるはるか前から「くさび政策」を胸にあたためていた。マッカーサー付きの医者で、ときに親しい相談相手にもなったロジャー・イージバーグによると、一九四五年五月、マニラで、元帥は自分の胸を指差しながら、「平和によって日本に民主主義がもたらされてほしいと思う」と語り、さらに「天皇は東条など将軍たちの捕虜だと思う。戦争の本当の責任はそうした軍人たちにある。日本の統治構造を永久に変えるには、天皇は役立つと思う」と述べた。八月六日は広島が爆撃された日であるが、この日(広島爆撃の報が届く前だが)、マッカーサーはオフレコの記者会見の席で、天皇は「名目的な元首。ただし、たんなる手先でもない」と述べた。日本での新しい任務のためにマニラで準備をしていたとき、マッカーサーはマッシュビル大佐に、「日本人の目の前で天皇を卑しめるつもりはまったくない。天皇を通せば、完全に秩序ある統治を維持できるだろうから」といい、さらに、日本にいったん落ち着いたら、天皇の訪問を受けたいとも付け加えた。これが、ミズーリ号上での降伏文書調印式の翌日にマッシュビル大佐から日本側に伝えられた、天皇への「招待状」となったのである。(14)

君主を禊《みそぎ》する

天皇の敗戦の放送は、事実上、宮廷と政府が派手に振り付けした「国体護持」戦略の始動を告げる合図であった。放送から七時間後、鈴木貫太郎首相はラジオ演説で、「陛下は万民を救い且《か》つ世界人類の幸福と平和に貢献すべき旨の御聖断を下し給うたのであります。陛下の御仁慈の光被〔君主の徳が広くいきわたること〕こそ国体の護持そのものである」と国民に告げた。この老いた退役海軍大将は続けて、勝利を得られなかったことについて国民はことごとく陛下に「心よりお詫び申しあげる」と言い、「臣子の本分は、生きるにつけ死ぬにつけ、如何なる場合にも天壌無窮の皇運を扶翼〔援助〕し奉ることであります」と宣言した。

天皇を主役にした新しい上演劇の華麗なる主旋律は、敗戦直後のこうした声明の中に詳細に述べられていた。すなわち、天皇は大きな度量をもって平和をもたらした人物であり、天皇の臣下は十把一絡げに責任を負う。臣下の責任とは、軍国主義や侵略を起こしたことではなく、聖戦に勝てなかったことに対する責任である。今や日本民族はふたつに分かれている。ひとつは天皇、もうひとつはその他全員である。したがって、敗戦の責任に関するかぎり、下々の臣民までが突然、勲章とリボンで着飾った将校や官僚と平等になった。責任を追及される段になると、旧支配層は考えられるかぎり最高に純粋な民主主義を、あわてて支持したのである。

敗戦からマッカーサーが日本にやってくるまでの二週間というもの、公職にある者はこの主旋律をとめどなく繰り返し、報道機関もこれに唱和した。鈴木貫太郎につづいて首相になった東久邇稔彦親王が八月二八日の記者会見で、「一億の国民が総懺悔する」ことが国家再建のため不可欠の第一歩だと述べたことは、そうした(天皇を除く)集団的責任論を完璧に表現したものであった。九月四日、第八八回帝国議会の開会にあたって東久邇首相は、「国民を苦境から救い出すために恒久平和を樹立する」道を開いたのは天皇であったと最大限に賞賛し、「われわれは陛下に大変御心配をお掛けしたことを深く反省しなければならない」と声をはりあげて演説した。地球の外から異星人でもやってきて、この演説を聞いたとしたら、なるほど、裕仁という天皇が一九四五年八月に即位して、ようやく恐ろしい戦争を終わらせたらしい、そして、裕仁の気持ちだけが重要で、それ以外の人間の気持ちなどまったく問題ではないらしいと思ったとしても、そう不思議ではなかったであろう。

重光葵《しげみつまもる》は、外務大臣として天皇と政府に代わって降伏文書に調印した人物であるが、八月末に占領軍が進駐して以後の苦しい日々における天皇への忠勤ぶりは、非の打ち所がないものであった。重光はアメリカ向けには、ちょうどフェラーズの戦時中の報告書と同じように、天皇は生まれつきの平和主義者だと賞賛し、もし天皇制を廃止しようなどと考えるなら、国民の革命的蜂起を招くことは確実だと警告した。その一方で、天皇に向かっては、改革は不可避であり、重要なのはいかにその改革の波にうまく乗るかなのですと、思慮深い助言をしていた。九月一日、重光は天皇と会い、「臣　葵《まもる》」という言葉にはじまる覚書をもとに長時間報告したが、その内容はアメリカの「くさび戦略」の日本版といってよいものであった。

重光の覚書は、ポツダム宣言の要求には柔軟性があり、日本の再建を妨げるような事項は含まれていないから心配ないと述べていた。そして近年の日本の過ちは、天皇の心と国民の心の一体性が、明治よりこの方失われたがゆえに起こった。つまり天皇と臣民のあいだに軍部が割り込んだせいでそうなったのである。もともと「我が国本然の精神」は民主的なものであって、思想、信教、言論の自由や基本的人権の尊重を含むのである。ポツダム宣言が要求する民主主義は、天皇の思し召しと臣下の心がふたたび一体となれば実現できる。わが「帝国」は、明治初期に倍する熱意をもって民主主義的改革に邁進すべきである――。その翌日、重光は二首の短歌をつくった。ひとつは、重光みずから皇室の「御楯《みたて》」となりたいというもので、もうひとつは、いつか祖国が栄えて、降伏文書に署名した重光という男を民が軽蔑する日が来てほしいものだと詠っていた⑮。

もちろん重光の議論には、ある種のいかがわしさを感じさせるものがある。ほんの昨日まで、天皇の忠良なる僕《しもべ》たちは、『臣民の道』の反民主主義の主張を堂々と弁じ立てていた。ところが重光によれば、それはまるでちょっと口が滑ったにすぎないかのようであった。もしもこれより一カ月前に、わが国体は西洋式の民主主義に合致するなどと公言していたら、重光はまずまちがいなく刑務所(あるいは精神病院)に入れられたことであろう。それまで天皇は、政府の政策や教義を批判した者たちが自分の名において弾圧されるのを黙認してきた。したがって重光一人がいなくなっても、天皇はおそらく何も言わなかったにちがいない。しかし、今や敗戦という新しい状況になると、天皇は重光外相の見解に同意し、これはあとで使えるかもしれないと考えて、心に仕舞っておくことにしたのである。

九月三日、重光は玉座の楯となるという新たな誓いを実行に移した。密かにマッカーサー元帥に会見し、この戦争は軍国主義者の陰謀によるものであり、天皇は無罪であるという主張を直接訴えようとしたのである。とはいえ、この会見の直接の目的は、軍政による直接統治の計画を中止してほしいと、最高司令官を説得することであった。重光はマッカーサーにこう語った。「我皇室は歴史的に終始平和主義者であった」し、もちろん裕仁も例外ではない。げんに裕仁は今回の戦争に反対し、常に平和の追求に努力してきたし、戦争の終結にも決定的な役割を果たした。そして、天皇はポツダム宣言の諸条件を理解しており、かつそれらを完全に支持する用意ができていると、重光は力説した。そのうえ、天皇は臣民から「絶対崇拝」をうけているから、連合国最高司令部がポツダム宣言を実施するために最も簡易な方法は、「天皇の特に指名する日本政府を通じて」間接的に統治することであるというのであった。[16]

重光がこの話をすると、マッカーサー元帥はただちに了承し、重光がまだ元帥の執務室に座っている間に、直接軍政の中止を部下に命令した(重光は知らなかったが、すでにマッカーサーは間接統治を許可する指令をワシントンから受領していた)。これが日本政府の旧高官や高級軍人による占領軍当局への最初の「ブリーフィング」であった。日本側は、その後すぐに有名になる物語、すなわち天皇は戦争政策とは無関係であったが、武官と文官の大臣たち六名が出席した御前会議が暗礁に乗り上げた時、ついに介入し、これが決定的な理由になって降伏が決まったという筋書きを、占領軍に「ブリーフィング」していった。これに呼応して、マッカーサーの幕僚たちも、平和主義的な統治者としての天皇のイメージに磨きをかけよと、天皇の側近たちを積極的に激励したのであった。[17]

このあと重光葵は「A級」戦犯として起訴され、日本の侵略的外交を推進したとして有罪判決を受け、服役した。あくまで皇位を守る楯となって。

書簡、写真、覚書

昭和天皇は、雄弁な人ではなかった。普通の会話が出来るような経験さえ、まったく積んでいなかった。知性は高かったが、深刻に反省しているような気配をみせることはなかった。とくに父の大正天皇が知的に無能であったためか、天皇の世継ぎとして、厳格で型にはまった教育をうけた。自信をなくすようなことはまずなかったが、だからといって傲慢な態度をとることもなく、神経質なほど几帳面に、細かいところに気を配った。「民主主義」については、敗戦以前には、それが手に負えない脅威となる可能性があること以外に、彼の真剣な興味を引いた形跡はまったくない。その一方で、裕仁が時代の風向きにあわせて功利的に行動したことを示す証拠には事欠かない。また、戦前戦後をつうじて、裕仁は時おり施政の主導権をとることがあった。

天皇が戦争への反省に欠けていたことは、彼が当時一二歳の長男、皇太子明仁にあてた九月九日付の貴重な短い手紙に表れている。こうした時期のこうした手紙であれば、たんに用事をすますだけではなく、何か深い思いが書かれているのではないかと想像されるだろう。げんに日本には伝統的にそうした反省を書き物にした先例もあるが、そうしたことはこの天皇の得意分野ではなかった。実際、この手紙は暗号めいた淡々とした言葉づかいで、当時の政府のお説教と同じく、戦争を起こした理由ではなく「敗因」について記していた。この稀有の時期の、最もプライベートな手紙においても、天皇は軍部の側近たちの失策を強調し、重光があれほど情熱をこめて進講した民主主義の理想については、いっさい何も書いていなかった。

裕仁の手紙は、日本が戦争に負けたのは「我が国人」が米英をあなどったためであり、軍人は精神に重きをおきすぎて、科学を忘れたと説明していた。明治天皇は名将に恵まれたが、今回は第一次大戦の時のドイツのように、軍人が大局を考えず、進むを知って退くことを知らなかった。もしあのまま戦争を続けていれば、「三種神器」(鏡、剣、玉)を守ることもできなかったし、国民をも殺さなければならなかったであろう。したがって、涙をのんで「国民の種をのこすべく」、私は降伏を決意したのだと。[18]

ここで天皇が、軍部の支離滅裂ぶりを批判したその筆で、わざわざ三種の神器をひきあいに出すなど、奇妙にみえるかもしれない。しかし天皇は、降伏すべきかどうか悩んだ時にも、そして次の年の春、侍従を相手に戦争の経緯を口述筆記させた時にも、三種の神器について長々と述べている。聖なる鏡と剣と玉は、裕仁にとって単に正統性と威厳の象徴であっただけでなく、建国神話にいう皇統の起源にまでさかのぼる神聖な御物であったようである。三種の神器は日本の「精神」を具体化した比類のない器物であり、それに言及することは、前述した「国民の種」というぎこちない表現と同様、自分が聖なる皇統の継承者であることの天皇なりの表現であったに違いない。その後も天皇は、たとえば四カ月後におこなった有名な「人間宣言」においてさえ、自分が神話の天照大神の子孫であることを否定しなかった。

もうひとつの、この時期の貴重な私的文書は、皇太子明仁の日記である。これは天皇の手紙以上に人をまごつかせる(しかも面白い)言葉が書かれており、これにより、われわれは敗戦が皇室周辺でどう説明されていたかをうかがい知ることができる。父裕仁が敗戦の放送を行なったすぐ後で、日本の敗北には二つの根本的な要因があると、明仁はきまじめな筆致で書きつけている。それは、物質的な後進性、とくに科学の遅れと、人々の手前勝手である。まじめで年若いこの世継ぎによると、個人どうしで比べれば、どんな点でも日本人はアメリカ人よりも優れているが、ただ団体になると日本人が劣る。したがって、未来への鍵は科学を発達させることと、アメリカ人のようにひとつの国として力をあわせるようになることなのであった。西洋人は利己的で、日本人は集団志向だなどという文化論のたわごとも、これでお仕舞いであろう!(19)

以上に述べた天皇の手紙と皇太子の日記は私的な文書であり、長い年月、一般に知られることはなかった。これとは対照的に、くさびを打ち込め、軍部を悪役にしろ、天皇を平和主義者にして、天皇制民主主義を建設せよというキャンペーンは公然と大々的に行なわれた。日本側もアメリカ側も、究極的には同じ目的を実現するために報道機関を利用した。たとえば、九月二一日、マッカーサーはUP通信に、天皇を残したおかげで「無数のアメリカ人の生命、金銭、時間を無駄にしないですんだ」と語った。(20)その三日後、『ニューヨーク・タイムズ』は第一面で「天皇と会見、〔真珠湾への〕奇襲攻撃で東条を非難、天皇は戦争に反対」という見出しをかかげ、天皇との前代未聞の「会見」記なるものを掲載した。実際には、事前に提出した質問への文書回答をもとに作った記事で、天皇の回答は重光外相のひきいる外務省が草稿を作成したものであった。この記事のなかでもっとも重要であったのは、天皇の主張として、次のように書かれている部分である。「天皇は自分の宣戦の詔書を、真珠湾への奇襲攻撃の際に東条英機元首相が使ったような形で使わせるつもりはまったくなかった。天皇は、もし必要なら、東条は通常の正式の形で宣戦布告を行なうだろうと思っていた、と語った」。同じ号に掲載された補足記事には、天皇のもっとも信頼する助言者であった木戸幸一の言葉の要旨が、次のように引用されている。「裕仁は真珠湾攻撃について事前に何も知らなかった。あとで宮中のラジオで聞いて知った[21]」。

これはカムフラージュであったが、これこそまさにマッカーサー司令部の「くさび論者 the wedge theorists」たちが聞きたい言葉であった。それから数週間後、立ち回りのうまい侍従次長木下道雄は、こうした回答がいかに事実を曲げたものであるかについて情報をえた。木下侍従次長にこの話をしたのは一人の武官であったが、その内容は、「要するに戦争について御責任はあり。即ち一国の統治者として、国家の戦争につきロボットにあらざる限り〔天皇に〕御責任あることは明《あきらか》なり」というもので、その証拠として、裕仁天皇は戦争準備、艦隊の展開、艦隊の任務、合衆国との外交交渉が瀬戸際で成功した場合に艦隊を引き揚げる際の決定、開戦の時期といったことを承知し、命令を下していたことをあげている。

ただし、開戦のとき、天皇も予想していなかったことがひとつ起こった。しかしそれは天皇だけでなく東条を含め誰にも予期できなかったことであった。すなわち、ワシントンの日本大使館が国交断絶の通知を合衆国政府に正式に手交する前に、真珠湾攻撃が始まってしまったのである。国交断絶の通知は、大使館の職員がタイプ打ちに手間取るというお粗末な人為的失態によって、予定の時刻に間に合わなかった。この予期せざる展開のゆえ

1945年9月27日，マッカーサー元帥と天皇裕仁が初めて会見したときのこの有名な写真は，日本の新聞に掲載されるや大きな反響を呼んだ．これによって，マッカーサーの権威と，彼が天皇の力になるつもりである(＝かたわらに立つ)ことが明らかになった．

に、真珠湾攻撃がとりわけ「卑劣」に見えることになったことは疑いない。しかしこの点を除けば、奇襲作戦に日曜日を選んだ理由(「安息日」)に至るまで、裕仁は真珠湾攻撃の作戦の概要を十分に承知していた。前述した『ニューヨーク・タイムズ』の天皇「会見」記事は広く引用されて有名であるが、そこから受ける印象とは反対に、天皇は軍部が何をやろうとしているかを十分に承知して、開戦の詔書に署名したのである。(22)

とはいえ、日本のすべての官庁が天皇を救う戦略に参加していたわけではない。そのよい例は、降伏から六週間、すなわち米軍到着から一カ月が過ぎてもまだ検閲を行ない警察機構を支配していた内務省である。九月二九日、『ニューヨーク・タイムズ』に載った天皇の回答が日本の新聞でも報道されると、内務省はこれを差押さえようとした。真珠湾攻撃に関する説明を国内で報道することを内務省が妨害しようとした理由は、それが誤った情報だったからではない。天皇が特定の側近臣下の名をあげて公衆の批判にさらすのは、皇位の品格にかかわる——内務省の担当者の表現では、「まずい」——というのが、その理由であった。

以上のような背景のもとで、日本全体があの写真に出会ったのである。それは全占領期間を通じて最も有名な画像であり、同じ九月二九日の新聞に掲載された。写真は先述の天皇との「会見」記事の影を薄くし、内務省の検閲官を顔面蒼白にさせた(言論の番犬たちにとってはまったく忙しい日であった)。したがってなおさら内務省は、この日の新聞を回収しようとしたのである。写真には、マッカーサーと天皇が、マッカーサーの宿泊場所の一室で並んで立っていたが、どちらがより大きな権力をもっているかは一目瞭然であった。マッカーサー最高司令官はカーキ色の開襟シャツに勲章もつけず、両手を腰にあて、少しだけひじを張って、気楽といっていいような姿勢で立っており、しかも天皇を見下ろすような長身であった。他方、司令官の左に立つ天皇は、礼装のモーニング姿で緊張して立っている。二人の指導者の年齢の差も、マッカーサーの序列を高める要因であった。当時マッカーサー元帥は六五歳。四四歳の天皇は、マッカーサーの息子であってもおかしくない年齢であった。

天皇のマッカーサー訪問は九月二七日のことであったが、普通、これは吉田茂の発案であったとされている。しかし前述したマッシュビル大佐は、降伏調印式の翌日、自分が外務省の岡崎勝男に招待の意を伝えたのだと書いている(23)。どちらが本当であれ、写真撮影はマッカーサーのアイデアであったし、マッカーサーが写真の公開を決定したことは、軍歴の多くを宣伝広報と関わりながら過ごしてきたこの男の、巧みな気転であった。この写真は、見る者すべてにマッカーサーの確固たる権威を印象づけたし、同時に、マッカーサーが天皇を受け入れたことを目に見える形で示した。そしてこの写真には、さらに予期せぬボーナスまでついていた。内務省は掲載日の新聞を回収しようとしたが、最高司令部はそれを制止した。そのため、報道の自由が確認される結果となったのである。

この時撮影した写真は全部で三枚であったが、撮られる側の準備ができていなかったため、二枚は使えなかった(一枚はマッカーサーが目を閉じ天皇が口をあけており、もう一枚も天皇がぽかんと口をあけていた)。シャッターを切った瞬間の偶然の状況が、重要な事件についてのわれわれの理解を左右することも多い。内務省の検閲官のように硬直した天皇崇拝者たちは、新聞の写真を見たとたん、とんでもなく悪質な不敬行為だと考えた。たしかに、身長、姿勢、年齢、場所など、そこに写った事実上すべての点において、天皇はマッカーサーに劣っていた。したがって、不敬だという理解の仕方は間違いではなかったが、やや想像力に欠けるものでもあった。この写真は、大半の日本人が日本の敗北とアメリカの支配を心から実感した瞬間となったと言われてきた。しかし、検閲官や鼻息荒い愛国者たちが見過ごしていたのは、この写真は同時に、最高司令官は天皇を歓待しており、天皇のそばに立っている〔stand by him (the emperor) この英語は「いつでも天皇の力になる」という意味を含む〕ことを明確にしたものでもあったということである(24)。

二人の会見は、派手な演出はほとんどなかった。場所もマッカーサーの執務室ではなく旧アメリカ大使館内の元帥個人の住居で行なわれた。天皇は特注のロールスロイスに乗り、モーニングコートにシルクハットの正装で、一〇時きっかりに到着した。予定にはなかったが、ほかに皇室の護衛と付添いが数台の車に乗ってやってきた。アメリカ側では、天皇の到着を見ていた者はほんの数名で、その中にフェラーズと熱狂的な歌舞伎ファンのファウビアン・ボワーズがいた。後にボワーズが回想しているように、二人の帝王のはじめての対面は、歌舞伎とまではいかなくても、ギルバートとサリバンの舞台劇(英の台本作家と作曲家の名コンビ。代表作に、江戸時代の日本を舞台にした風刺オペラ『ミカド』(一八八五年)がある)を見ているような場面で始まった。フェラーズとボワーズが天皇に敬礼すると、天皇はお辞儀をして二人と握手した。そしてボワーズは天皇のシルクハットを預かった。このとき天皇は恐怖を感じたようであった。持ち物を全部取り上げられるかもしれないという恐怖感を抱きながら、天皇はやってきたにちがいなかった。

そしてその時、マッカーサーが突然この場面に現れた。「聞く者をぞくっとさせる、例の磨かれた黄金のように力強い大声で、「ようこそ、ようこそいらっしゃいました！ You are very, very welcome, sir!」と言いながら」。それはボワーズにとって、マッカーサーが他人に「サー sir」と言うのを聞いた初めての経験であった。最高司令官は、天皇の手を握りしめようと手を伸ばしたが、同時に天皇が深々とお辞儀したために、握手は天皇の頭の上で行われる結果となった。そしてマッカーサーは天皇を素早く部屋に招き入れた。天皇に付き添ったのは、皇室付きの通訳奥村勝蔵ただ一人であった。フェラーズとボワーズは、残っていた天皇のお供たちとの会話を試みたが、あまりうまくいかなかった。このときボワーズがもちだしたのは歌舞伎の話であった。後に彼は、カウボーイのロデオのことでも話せばよかったと述べている。そしてフェラーズが、自分はエジプトのファルーク一世の随行員をしたことがあり、ナイル河では鴨猟ができますよと言うと、侍従の一人が、皇居の敷地で鴨猟はいかがですかと聞いた。それは時間つぶしの小さな会話であったが、これが後に、GHQ高官あての「皇室鴨猟」への一連の招待状へとつながったのである。[25]

元帥と天皇は、約四〇分を一緒に過ごした。もとより、二人の会話の詳細は秘密とされた。これ以後、二人は一〇回にわたって会見することになるが、会話の内容はすべて秘密であった。マッカーサー側が何の記録も残さなかったのは確かである。日本側の通訳が残した会見記録も、三回分を例外として、まったく公開されることはなかった。[26]結局、こうしたやり方は、玉座をとりまく「菊のカーテン」を最高司令官の手で永らえさせたばかりでなく、天皇の神々しいイメージをいっそう強めさえした。実際、最初の会見から数カ月間にわたり、占領軍当局は天皇の戦争責任に関する本格的な調査を許さなかった。そのうえ、忠良なる臣下たちがまさに裁かれようとしている事柄について、天皇自身に尋問することさえも禁じて、菊のカーテンをさらに固く閉ざしたのである。

このように、歴史的な九月二七日の会見の内容が秘密にされたために、日米がそれぞれ自分に都合のいい情報をもらすことが可能になった。マッカーサーは、天皇は「日本第一の紳士」であったと述べて、この会見を天皇のイメージの美化に利用した。マッカーサーは、裕仁はみずから戦争に責任を負うと語ったと自分の側近に言い、のち、自分の回想録にもこの英雄的な挿話を記している。[27]会見から数日後、日本側もマッカーサーと軌を一にする行動に出た。天皇の写真の件で失った面子をとりもどそうと必死であった内務省が、言葉巧みな声明を発表したのである。天皇はマッカーサーから「深い印象」を受けた、また天皇は占領の進行ぶりに「十分満足」していると。そしてマッカーサー元帥は「占領が円滑に進行しているのは、実に天皇の指導力のおかげであるとの見解を〔天皇に〕表明した」と力説したのである。もちろん、この内務省声明は西側でも報道されたが、GHQはこの内容をまったく否定しなかった。[28]

マッカーサーをめぐる有名な話の多くがそうであるように、天皇が自分の一身をもって戦争責任を負うと述べたというのは、ひいきめに見ても、天皇の実際の発言を飾りたてたもののようである。そう思われる理由は、この会見の直後に作成された詳細な会見録が三〇年後に日の目をみたからである。会見録の筆者は天皇の通訳をつとめた奥村勝蔵で、それによると会見の実際はどちらかというと内務省の発表に近い。天皇が戦争責任をとると申し出たという記述は、非公開を前提に作成されたこの会見録にはまったくない。それとは対照的に、マッカーサー最高司令官のほうが、まるで「陛下」のお側に近づけたことに恐れ入って畏まっているご機嫌とりの廷臣のようであり、異常なほど天皇に気遣った発言をしている。

このように奥村の記録からは、どちらが謁見をたまわったというべきかさえ判断しがたいが、会話の流れを支配したのは、明らかにマッカーサーであった。挨拶の交換のあと、原爆が生々しく示した現代戦の悲惨さについて、マッカーサーが長々と語りはじめた。それが終わるとマッカーサーは、まるで天皇の終戦の詔書に声をあわせるかのように、天皇の「御英断」によって戦闘が終わり、日本人をはかりしれない惨害から救うことができたと裕仁を賞賛した。つづいてマッカーサーは、とくにアメリカ、イギリス、中国の世論には「中々困難」で耳障りな声があると述べ、実際に戦争にいったことのない人間たちが「憎悪や復讐」を言い立てているのだと嘆いた。マッカーサーが、天皇を戦争責任者として起訴せよと世界世論が声をそろえていることを念頭に置いていたことは明らかであった。

奥村の記録によれば、このとき天皇が発言した。自分としてはこの戦争を極力避けたい考えだったが、戦争という結果を見てしまい、遺憾であると。このときとばかりにマッカーサーは、天皇がどれほど平和を望んでいたか、また、一般の空気がとうとうとしてひとつの方向に向かいつつあるとき、別の方向にこれを導くことがいかに難しいかは、自分の十分諒察申し上げるところですと言い、おそらく最後の判断は、後世の歴史家と世論が下すでしょう、それも陛下も自分も世を去ったあとに、と、居ずまいを正して述べた。裕仁が今にも——もちろん生きている間に——裁判にかけられるのではないかと怖れていた天皇周辺の人々にとって、これは間違いなく安心をさそう発言であった。すると再び天皇が口を開き、私も国民も敗戦の現実を十分認識しており、今後は平和の基礎の上に新日本を建設し、ポツダム宣言を正確に履行する考えであることは申すまでもありませんと述べた。

つまり、最高司令官は大元帥に敬意を表し、その見返りに占領政策に協力するという、大元帥からの約束をとりつけたわけである。マッカーサーは、天皇に「御稜威《みいつ》〔広大無辺の徳〕」が備わっていればこそ、命令一下、兵士は武器を捨て降伏したのだと賞賛し、これは今後の事態に処するにあたり、陛下の御気持を強く力づけて然るべきことであり、天皇は自信を持って責務を果たしていかれたらよいと述べた。奥村によれば、マッカーサーは「申上ぐる迄も無く、陛下程日本を知り日本国民を知る者は他に御座居ませぬ」と言い、これからは侍従長その他、天皇が選んだ然るべき人を通じて助言をいただきたいと天皇を励まし、天皇とのやりとりはすべて秘密にすると約束した。二、三ほかの話をしたあと、天皇のほうからも、これから最高司令官にたびたび会う機会がほしいと希望した。最高司令官は天皇にお会いできたのは破格の光栄ですと応えた。

宮中の側近によると、この会見の前の裕仁は緊張し、不安げな様子であった。ボワーズは天皇が到着した時、震えていることに気がついた(会見前日にインタビューした『ニューヨーク・タイムズ』の記者も、ほぼ同じことを書いている)。しかし、マッカーサーとの会見を終えて帰るときには、天皇は精神的に高揚した様子で、明らかに緊張が解け、自信をとりもどしていた。それも、以上のような経緯を考えれば当然であった。天皇は、もどるとすぐにマッカーサーが私にほめ言葉をくれたと木戸幸一に語り、木戸はおおいに胸をなでおろした。のちに木戸が記したように、この会見がなければ、天皇が戦争犯罪から免れることは非常に困難であったであろう。翌日、皇后は、皇居で栽培した菊と百合の花束をマッカーサー夫人に贈った。翌週には、天皇と皇后から優美な蒔絵の文箱がマッカーサー一家に届けられた。(29)

このころ、GHQの上層部がどんな相談をしていたか、もしも皇室が知りえたならば、さぞ狂喜していたことであろう。宮中の願望と司令部の意図には、基本的な違いはほとんどなかったからである。一〇月一日、マッカーサーはフェラーズ准将を通して一通の短い訴訟摘要書を受け取った。それは、連合国最高司令官は天皇の名においておこなわれた戦争について、裕仁が実際に果たした役割を本気で調査する意思はまったくないことを、はっきりと記していた。この文書によると、天皇は宣戦布告への署名にあたって自由意志を行使したのではなかったし、天皇には「実情に関する正確な知識が欠落」しており、さらに天皇は降伏のために生命をかけたとされ、これらはすべて「事実」とされていた。そして「結論」には、読みづらい法律的言い回しで、次の一文だけが記されている。「もしも〔天皇に対して〕否定的意図を十分にもつ欺瞞、危険ないし強迫が存在したことが天皇によって肯定的に立証されるならば、民主主義にもとづく法廷において、天皇は有罪を宣告されない」。この文書は、次の「勧告」で終わっている。

a　占領を平和裡に行い、日本を復興し、革命と共産主義を予防するため、宣戦布告の実行およびその後の天皇の立場をめぐって、〔天皇に対する〕欺瞞、危険ないし強迫の存在を示すような事実を、すべて揃えおくべきこと。

b　もしもそのような事実が、ありうべき疑念を打ち消し、〔天皇の〕肯定的弁護の立証に十分なものであるならば、天皇の戦争犯罪人としての告発・起訴を回避するため、積極的な行動がとられるべきこと。(30)

翌日、フェラーズは、マッカーサーだけが精読するための長い覚書を作成して、なぜ右のような「事実」を揃えることが絶対に必要なのかを、より詳しく説明した。このフェラーズ・メモが書かれた時点では、まだ総司令部の「人権指令」も出されず、したがって日本に自由な言論が許されず、政治犯も刑務所から釈放されず、かつ

「戦争責任」についての最も基本的な問題点も公式に明確になっていなかった。もちろん、この時点では世論の動向もきちんと調査されていなかったし、日本人が「国民主権」といった言葉を口にすることさえ、法的には不可能であった。ここにフェラーズのメモの全文を掲げる。

一般に、天皇にたいする日本人の態度は理解されていない。キリスト教徒とは異なり、日本人はみずから霊的にまじわる神をもたない。天皇は民族の生ける象徴であり、彼のうちに祖先の美徳が体現されている。天皇は国家精神の化身であり、不正や悪行などありえない存在である。天皇への忠誠は絶対である。天皇に恐怖感をもつ者はおらず、全員が畏敬の念をもっている。誰も天皇の身体には触れないし、天皇の顔をのぞきこんだり、話しかけたり、影を踏むこともしない。天皇に対する日本人の卑屈な忠誠ぶりは、宗教的な愛国の感情に支えられた自己犠牲ともいえるもので、その深さは西欧人には理解できないものである。

天皇を国民や官吏と同等と考えることじたい、一種の冒瀆となろう。天皇を戦争犯罪人として裁判にかけることは不敬であるだけでなく、精神の自由の否定となろう。

一九四一年一二月八日の天皇の開戦の詔書は、当時主権国家の元首として宣戦布告権を保持していた天皇としては、責任上しかたのない行為であった。最上層部の信頼できる筋の情報によれば、戦争が天皇自身から出たものではないことは立証しうる。天皇自身、自分としては東条が使ったように開戦の詔書を使わせるつもりはまったくなかったと述べた。

いかなる国家においても、人民はみずからの政府を選ぶ固有の権利をもつというのが、アメリカ人の基本的な理解である。もし日本人がそうした権利を与えられれば、天皇を国家の象徴的元首に選ぶであろう。大衆は特に裕仁を敬愛している。天皇が直接国民に語りかけたことにより、大衆は天皇をこれまでになく身近に感じている。平和を望んだ天皇の終戦の詔書は、国民を喜びで満たした。天皇が今や操り人形ではないことを国民は知っている。国民は、自分たちにふさわしい自由な政府にとって、天皇の存続は障害にはならないと感じている。

無血進駐を行う際、われわれは天皇を軍事的に利用した。天皇の命令により、七〇〇万の兵士が武器を捨て、現在急速に復員しつつある。天皇の行動により、何十万人というアメリカ人の犠牲が回避され、戦争は予定よりはるかに早く終結した。したがって、天皇をおおいに利用したにもかかわらず、戦争犯罪のかどにより天皇を裁くならば、それは日本人の目には背信に等しいことであろう。そのうえ日本人は、無条件降伏の要点はポツダム宣言に述べてあるが、それは天皇を含む国体の維持を意味するものだと感じている。

もし天皇が戦争犯罪に問われれば、政府の機構は崩壊し、大規模な暴動が避けられないであろう。国民は、ほかの屈辱ならばどんなものでも不満をいわずに耐えるであろう。国民は武器をもっていないとはいえ、混乱と流血が発生するであろう。そうなれば、大規模な派遣軍と数千人の行政官が必要となろう。占領期間は長引き、我々は日本人の信頼を失うことになろう。

アメリカの長期的利益は、相互の尊重、信頼、理解に基づく東洋との友好関係を必要としている。将来にわたって国家的に最も重要なことは、日本に永続的な憤りを抱かせないことである(31)。

天皇を救い、利用することに対する総司令部の関与は、確固としたものであった。そして焦眉の急は、もっとも利用価値の高い天皇を作りだすことであった。

当時、天皇に対して敵対的な連合国側の世論の声は高かったから、これは大変な仕事のように思われた。合衆国の世論じたい、天皇に深い憎悪を抱いていることを総司令部はよく承知していた。ワシントンの政策立案者たちの間では、天皇は飾り物のカリスマであって、戦争のために利用されたのと同じように、平和のためにも簡単に利用できると考える者が多かったが、世論の主流は、そうした見方にはほとんど同調していなかった。戦争終結の六週間前に行なわれたギャラップ調査によると、アメリカ人の七〇%が天皇を死刑もしくは厳罰に処することを支持していた。九月一八日、上院がこの国民の声に加わり、一〇月一六日、マッカーサーは統合参謀本部から、「日本の国際法侵犯に対する裕仁の荷担と責任を示す証拠を、直ちにすべて収集」せよと指示を受けた。天皇制を改革するのか、さらには廃止するのか。一九四五年末まで、そうした政策問題について公式には何も決定されないままであった。このころ、連合国が参加する「極東委員会」が、日本占領の国際機関として一九四六年初めにようやく発足することになった。これにより、つい先ごろまで日本と戦っていた中国、オーストラリア、フィリピン、ソ連のような国々の代表が、天皇制攻撃のための共同戦線を張る可能性が差し迫ってきた。したがって、こうした状況を注意深く観察していた東京の占領軍は、外部の圧力によって手を縛られる前に、急いで天皇のイメージを変えねばならないと感じていた[32]。

こうした状況にあって、フェラーズたちはためらうことなく、皇室擁護派たちを個人的に激励し助言を与えた。一〇月の終わりころ、フェラーズは交際のあった日本人将校に、真珠湾攻撃に天皇が責任を負っているかどうかがいまだにアメリカ側では「最も重要で決定的な」問題になっていると語った。そして、そういうわけだから、マッカーサーがアメリカなどの世論を克服するのに役立つ、天皇のためのうまい「全般的弁護」の方策を考えておくようにとさえ告げた。この接触は内閣書記官長に報告されたが、「マッカーサーもフェラーズも陛下に極めて温かい感情を持ちおり」「いかにしてこの問題を陛下に御迷惑の掛からないように解決するか考えて居る」のは明らかだとされた。もしも当時、人目を盗んで歴史の事実を操作しようとするこのような助言が明るみに出ていたら、恥ずべきこととみなされたであろう[33]。

皇室招待の鴨猟

皇室の猟場で野生の鴨を網でつかまえる遊びは，日本の上層部が勝者にとりいるための「文化行事」のひとつであった．1946 年 1 月 7 日の『ライフ』誌は，埼玉県の皇室猟場での鴨狩りの様子を特集している．16 羽のおとりを使って，5 万羽の鴨がおびき寄せられると，招待されたハンター達が現れ，驚いて飛び立つ鴨を網でつかまえた．

『ライフ』誌の記事によると，これでは「身体が不自由で視力の弱い 5 歳の子供でも，一羽もつかまえないのは難しい」ほどであった．昼になると，「手のこんだ食事が供された．あぶった鴨肉，照り焼きの鴨肉，ガチョウのレバー，ロースト・ビーフ，ロースト・ハム，サラダ，クッキー，熱燗の酒，そしてコーヒー」．これはすべて，普通の日本人が栄養失調に悩み，食糧の大量欠乏に抗議の声をあげていたときのことであった．

「皇室招待の鴨猟」は，占領軍高官や外国報道員が楽しみにする行事になっていった．マッカーサー元帥の妻や息子アーサーでさえも参加した．

Time Life Pictures/Getty Images

その後の数カ月間、日本の皇室擁護派とアメリカ人の同調者たちは、天皇を守り、利用するにはどうするのが一番よいかをめぐって、ぎこちないダンスを一緒に踊った。時に違う音楽に合わせ、しょっちゅうステップを乱しながら。だが、最終的には両者の共同作業は功を奏した。天皇に新しい衣装を着せ、裕仁個人の身の安全を確保し、新設された民主主義国家の中央装飾として玉座を置くのに、おおいに貢献したのである。その過程で、皇室周辺と占領軍上層部との間には、驚くほど公然たる親交が深まっていった。そのきっかけを作ったのは宮中の側であった。彼らはすぐれた才能を素早く発揮して、貴族的な華麗と虚飾を好むアメリカ人の心をつかんだ。占領軍の高官たちに、宮中の優雅な娯楽行事への招待状が定期的に送られた。中級クラスの占領軍職員の間では、芸者つきの宴会が親交をつくる場となったが、占領軍の最上層部が招待された上流階級の行事にいたっては、優雅さも度が過ぎるほどであった。蛍狩り、皇居での花見、竹の子狩り、宮中での伝統的な武道の御前試合、そして時には猪狩りまであったが、宮中の鴨猟への招待ほど喜ばれたものはなかった。一一月四日、二〇人ほどのGHQ高官が初めて鴨猟に招待されたが、その後は毎年、ときには週に二、三回、そうした鴨猟が催された。マッカーサー元帥自身は、こうした催しには決して姿を現さなかったが、元帥の妻や若い息子のアーサーは嬉々として参加した。天皇の最も忠実な僕《しもべ》たちを絞首刑ないし懲役刑にする作業の最中であった東京裁判の裁判長も、アメリカの首席検事も、喜んで参加した(34)。

皇室の鴨猟は、猟銃で野鳥の息の根を止めるという西洋式のやりかたとはまったく違っていた。招待客が皇室の鴨場に集まると、そこには米の餌で引き寄せられたマガモやコガモなどが狭い堀や水路にいた。侍従が出迎え、天皇の心からの歓迎の辞を伝え、鴨のつかまえ方を簡単に説明する。参加者は、マス釣りに使うような大きな網をひとつずつ渡され、係りの者が合図するまで隠れている。合図とともに、餌を食べる鴨でいっぱいの水路へと近づくと、驚いて飛び立とうとする鴨を網でつかまえる。それが終わると、もう一度人々は集められ、次の堀へと移動するのである。

一人のアメリカ人少将が、この遊びについてこう話している。「われわれは網を高く上げ、四、五人で堀の両側から突進しました。すると鴨は真上に飛び上がるのです。飛び去る鴨にヒュウとひったくるように網を振ると、普通は一羽がひっかかります。私のベスト打率は六〇%でした。誰と比べてもいいほうでしたね」。網でつかまらなかった鴨を隼が狙うのを見ることもあった。まさに宮廷らしい優雅な情景である。「網でヒュウ」の遊びが終わると、客人たちは近くの建物で休憩した。日本式の低い食卓に座り、日本酒をすすった。宮中の料理人たちが、鴨肉の切り身を小さな火鉢で焼くのを手伝った[35]。

多くの連合国軍将校や文民の高官たちにとって、宮中の鴨猟は、外国の土地で上流階級としてしばしの時を過ごした、忘れがたい思い出となった。こうした宮中の行事では、皇室の菊の紋章つきの小さな引き出物が贈られることさえあった。合衆国のメディアが、日本の「アメリカ化」に得意になってほくそ笑んだり熱狂したりしている間に、日本人は静かに、かつ巧みに、アメリカ人を日本化していたのである。

これらはすべて、征服者を征服する試みの一環であった。

第一〇章　天から途中まで降りてくる

――天皇制民主主義(二)

天皇と天皇制を存続させたいかどうか率直に質問された時、ふつうの日本人のほとんどは存続させたいと答えた。最初のうちは、そもそもこうしたことを問いかけられること自体に多くの人は驚きを感じた。というのも、一九四五年一〇月以前においては、このような質問にたいして否定的な答えをすることはいうに及ばず、問いかけるだけでも不敬の罪に問われかねなかったからである。その後の世論調査でも、天皇制の存続については、強い支持のあることが明らかになった。しかし、だからといって、戦時中に広く見られたような天皇への熱狂と崇拝、そして畏敬の念がいまだに広く存在すると解釈することは、フェラーズには残念なことながら、誤まりである。国民に降伏を告げた天皇の放送は、奇妙な形で天皇崇拝に穴をあけてしまった。聖なる戦争が終わると、最高の司祭であったかつての「現人神」への崇拝も、同様に終わった。官憲の報告書や、当時の印象的なできごとから判断するかぎり、ほとんどの日本人は天皇制の運命については見物人を決め込むようになっていたのである。

傍観者となる

フェラーズや他の西洋の分析者をあれほど幻惑した天皇崇拝は、そのほとんどが、日本の言い方でいう「建前」でしかなかったかのように思われた。ひとたび敗戦が現実のものとなり、軍事国家が崩壊すると、天皇制と国体に関する限り、ふつうの日本人の「本音」は、おだやかな愛着か我慢、あるいは無関心にさえ近いものであることが明らかになった。このような天皇制への距離感は、戦時中や終戦直後に内務省が作成した極秘の報告書にも現れていた。降伏に先立つ時期の警察の報告書は、戦況が悪化するにつれて、不敬な事件が次第に増えていることに明らかに懸念を募らせていた。この報告書によると、子供たちでさえも不穏な兆しを見せるようになっていた。新聞から天皇の写真を切り抜き、それを戦死者の遺骨箱をまねて首にぶらさげていた子供が、警察につかまった。東京への空襲が始まった直後の警察文書には、幼い子供たちが皇居の焼失を期待する歌を楽しげに歌っていたということまで、神経質に記録されていた(1)。

これらは、それ自体でも心の重くなるようなものであったが、保守派のエリートたちにとっては、歴史はもはや自分たちの側にはないのだと感じさせる不吉な予兆でもあった。日本人は、封建的な将軍制度と武士社会を一九世紀半ばまでほぼ七世紀間続けたが、あたかも擦り切れた衣服のようにそれを脱ぎ捨てた。彼らは、裕仁の祖父である明治天皇に始まる近代的な天皇制支配を、一八六八年以来一世紀に満たない期間であったが経験した。日本の歴史上、いかなる体制も、いかなる指導者も、裕仁のような荒廃と災難の時期を治めた者は存在しない。裕仁以外の誰も、外国の占領軍に門戸を開けることはなかった。こうしたことを考えるほどに、安心できなくなっていくのである。

天皇制の支持者でも国際的な視野をもった者は、二〇世紀には君主政体の死亡率が高いことに気づいていた。中国の皇帝制度は、「天命」を受けたものとされ、二〇〇〇年前に起源を持つが、一九一一年に崩壊した。第一次世界大戦は、ドイツ、オーストリア＝ハンガリー、ロシア、トルコにおいて、かつては強力で人々の崇敬も集めていたと思われる皇帝制度の崩壊をもたらした。日本人が天皇制の行く末について思いをめぐらしていた頃、敗戦国イタリアの君主制度は、存廃の瀬戸際にあった。一九四六年六月には、ヨーロッパでもっとも古い王家といわれ、「神の恩寵と民の意志によって」統治を行なうと称していたサヴォイ家が、国民投票によって存続を否定された。天皇制支持者からすれば、国の内外そして過去現在の状況を観察するかぎり、敗戦によって天皇制にたいするあからさまな敵意とまでは言わずとも、少なくとも皇居の奥にいる疎遠な人物に何が起ころうとも気にはしないという無関心さが、一般国民の間に生じるだろうと危惧するのに充分な理由が存在していたのである。

勝者が活動を始めた後も、思想警察は何週間にもわたって活動を継続していた。八月、九月と一〇月初旬に出された思想警察の内部報告は、天皇にたいする敵意が広く社会に浸透していると考えることは的外れにしても、天皇にたいする無関心さは、別の重大問題であると指摘していた。とはいえ、従来から存在していた恐れが、ただちにすっかり消え去ったというわけでもなかった。九月初旬の憲兵隊の極秘報告書では、西欧リベラリズムに触発された「主権在民ノ思想」や「金権万能思想」といった、さまざまな形の「思想的混乱」が生じるだろうと予想されていた。滋賀県の警察報告書によると、「戦争終結直前並ニ其ノ後ニ於ケル一般民衆ノ軍或ハ為政者ニ対スル不信、反感ハ一段ト濃化シ、就中其ノ言動ニシテ不敬ニ亘ルモノ特ニ増加ノ傾向ニアリテ鋭意視察取締中」であると述べられていた。九月のある報告書では、天皇裕仁に真珠湾奇襲の責任はないとする東久邇首相の声明にたいする国民の反応を扱っていたが、それは、事情に通じた人々はこの声明に懐疑的であると結んでいた。天皇の命令で日本が戦争に突き進んだ事実や、戦争を終えるにあたって天皇が決定的な役割を果したという当時の大宣伝と、天皇には何の責任もなかったとする筋書きとを矛盾なく結びつけることは、国民にとってははなはだ困難なことだった。(2)

膨大な警察の報告書は、天皇に関する噂もまたひとつひとつ拾い上げていた。天皇は降伏を告げた放送の後で御心労のあまり御崩御になった。顔面神経痛で臥床しておられる。自害された。戦争の責任をとって、皇太子明仁に譲位したが、明仁がアメリカ留学に出されて不在の間は、裕仁の弟である秩父宮が摂政となっている。明らかに天皇のためのものと思われる絞首台が、皇居前に準備された、等々。しかしもっと衝撃的だったのは、国民感情の調査結果から見るかぎり、国民の大多数の心のなかに天皇の存在する余地はなかったということである。一般国民が天皇のことを考えているというしるしは、どこにも見当たらなかった。かりに考えていたとしても、傍観者のような表面的なものにすぎなかった。皇居前に絞首台が設置されたって？　では、その次は？[3]

警察の報告書は、社会に広く浸透している「軍、官等指導部層に対する不信、不満、反感は極めて深刻なものあり」との懸念を表明していたが、天皇がそうした批判の対象となることはほとんどなかった。社会主義者や共産主義者でさえも、「お上」のこととなると、敬意とまではいかなくとも、自制は示した。こうして、「国体」護持にとりつかれていた天皇制支持者にとって、当時の状況は希望が持てるようでもあり、不吉なようでもあった。人々の「軍部にたいする憎悪」(別の警察文書の表現)のおかげで、天皇と「軍国主義者のギャングたち」との間に、まさにフェラーズたちがいう「くさびを打ち込む」ことは容易かつ自然になった。と同時に、各層の人々がたちまち貪欲な反社会的な行動をとるようになったり、成り行き任せの心理状態に落ち込んでしまったことは、日本人の忠誠心も、実際には状況によって簡単に揺れ動く、「ご都合主義的な」ものなのかもしれないとも思わせた。戦火で家を失った善良な人々が、神社や寺に移り住んで、神聖な境内におむつを干していると言われていた。[4]彼らに天皇制を否定しようなどという気はなかったかもしれないが、誇大妄想的な人が見れば、もはや神聖な場所はほとんど残されていないようにも見えた。

現場レベルのアメリカ人分析者のなかにも、状況について同じような評価を下した者がいた。一九四五年一二月半ば、東京首都圏を管轄する情報部隊は、次のような結論をまとめた。「天皇制については、連合国は天皇を退位させた場合の日本人への影響を不当に恐れすぎている、というのが、大方の見方である。とりわけ中産階級に関するかぎり、それほどの影響はない。せいぜいのところ、農村地帯でデモが起こる程度で、それもすぐに収まるであろう。国民の関心は、天皇の運命よりも自分たちの食糧や住居の問題に向けられている」。一二月二九日、天皇の「人間宣言」の三日前に、この部隊は、「情報筋によると、天皇が在位し続けるかどうかは、多くの国民にとってほとんどどうでもよい問題になっている」と報告している。また元日の詔書の四日後には、「概して国民は、天皇もただの人間に過ぎないのだと理解し始めている。そして、高等教育を受けた若い世代は、以前ほど強い尊敬の念を持って天皇を見ているわけではないし、また、天皇は過去三カ月の間に、多くの冗談の「ネタ」にさえなっているという報告もある」と述べている。その後まもなく、アメリカの戦略爆撃調査団が、日本が戦争に負けたと聞いた時どのように感じたか調査をした。実に衝撃的なことに、一般の国民は、天皇についてすっかり傍観者的になっていたことがはっきり示されたのである。「天皇陛下のことが心配、天皇陛下に恥ずかしい、天皇陛下に申し訳ない」という項目にチェックしたのは、わずか四%にすぎなかった[5]。

人々が天皇について冗談を言ったり、軽口をたたくことも、天皇にたいする畏敬の念が天皇制の支持者やフェラーズ、そしてマッカーサーが主張するほど強いものではないことを示すしるしであった。元帥と天皇が並ぶ有名な写真が公開された後に、裕仁は、占領期の猥褻この上ない「なぞなぞ」の標的にされた。それは、天皇の自称である朕が、ペニスの俗語と同音(チン)だという、従来ならとても口にできない下品な語呂合わせの上になりたっていた。「マッカーサー元帥はなぜ日本のへそなのか?」「チン(=天皇)の上にあるからだ[6]」。

この他にも、天皇はけっして取替えのきかないものではないと考えられていたことを示すさまざまな動きがあった。たとえば二月には、SCAPの現地情報員が、下関地区で流れていた噂——天皇の先祖はインドから来たのだから、天皇は「日本人ではない」という——を報告をしている。この「新事実」は、島根県のある寺に存在する記録によって証明できるとされ、その結果、「下関地区の住民のなかには、インド人の先祖を持つ天皇より

も、日本人の大統領の方が望ましいと表明する人々も出てきた」のである。(7)

こういったことを面白いと感じるか不安に思うかは、それぞれの立場次第である。当時、もっと世情を騒がせたできごとの一つにもそれはあてはまる。われこそが皇位の正当な後継者であるとか、天照大神の真の子孫、あるいは生まれ代わりであるなどと主張する人々が、何人も出てきたのである。自称天皇や女神たちのパレードを眺めることはちょっとした楽しみとなって、当時の人々の窮乏生活に明るさをもたらした。皇族や女神たらんとする実に多彩な人々が現れた。岡山では「酒本天皇」が出現し、鹿児島では「長浜天皇」が、新潟では「佐渡天皇」が、そして高知では「横倉天皇」が現れた。愛知県には二人も現れて、「外村天皇」と「三浦天皇」を称した。

最も興味深いのは、一九四五年九月に菊の紋章の入った玉座の主張をはじめてGHQに持ち込み、翌年一月には巷の話題をさらうまでになった男のケースである。彼は熊沢寛道という名古屋の五六歳の雑貨店経営者であった。熊沢がとくに注目を集めたのは、その主張が、皇統の南朝と北朝への分裂という一四世紀にまでさかのぼる天皇系図上の論争に基づいていたからである。裕仁は北朝の系統を引くものであり、熊沢がその子孫であると主張する南朝の方が正統であって、自分が皇統を継ぐべきだという主張は、無視できない根拠に基づいていた。

熊沢の三人の親類がすぐに、自分こそが熊沢家の真の宗家であると主張しはじめたことが、さらに話を面白くした。メディアがこの話題を延々と取り上げたことは、裕仁の権威の失墜を別の形で露わにしているようなものであった。熊沢寛道は全国を回り、わずかな支持者と多くの好奇心を集めた。熊沢が人気を博したのは、その精気あふれる話し方も一因であったが、少なくとも、玉座にいる天皇に、第一生命ビルを占拠している勝者ほどの魅力を感じてはいない日本人がいたことを示していた。この自称天皇は、「裕仁は戦争犯罪人だ」と語ったと伝えられている――それにすぐ付け加えて彼はこうも言った。「マッカーサーは神の国から日本に使わされた使者である」。もっともこれは、抜け日のない策略家としての発言だったのか、あるいは、本当にそのように信じていたのかどうかは明らかではないが。しかし何よりも、熊沢の主張は、近代の天皇制が太古の昔から連綿と続いていると主張する、万世一系のイデオロギーに深刻な疑義を投げかけるものであった(8)。

天照大神まで溯って途切れることのない皇統という神話――天皇のユニークな儀式の多くは、それをめぐって執り行なわれていた――は、まもなく草の根レベルから別の形でも挑戦を受けることになる。すなわち、国家宗教としての神道の廃止指令によって、数々の民衆宗教の復興に扉が開かれたのである。戦前の治安維持法の下で、多くは不敬という理由で抑圧されたいくつかの宗教が、精神的な活力の中心として甦った。創価教育学会は創価学会として、大本教は愛善苑として、そして天理本道はほんみちとして再興された。社会の周辺に押しやられていた神道系の諸団体も、さまざまな形で活動を再開した。そのなかには、戦前に霊友会から分かれた立正佼成会や生長の家などがあった。

戦後に復興した宗教の多くは活力に満ちあふれていたが、メディアへの直接的なアピールという点では、女性によって戦後に創設された二つの宗教と比べると影が薄かった。この二つの宗教は、天照大神との特別な関係を主張し、信者には現世利益を約束するものであった。璽宇教は長岡良子が創唱したもので彼女は自らを璽光尊と称し天照の生まれ代わりであると主張して、世直しのために一連の天変地異が起こるだろうと予言した。璽光尊は、「世界新生」をうたう千年王国説の伝統を引いており、信者のなかには、相撲界でもはや伝説的存在となっていた元横綱の双葉山や、囲碁の名人呉清源らがいた。長岡の新宗教は、一九四七年に、施設のなかで違法に食糧を貯蔵しているというので警察による手入れを受けたとき、双葉山が大立廻りを演じてジャーナリストの注目の的となった。

もうひとつは天照皇大神宮教である。この宗教は、戦争が終わる三日前に、北村サヨという山口県の農家の主

「皇統」を問う人たち

戦後の世論調査は，どれも天皇裕仁を強く支持しているが，他方で皇室への崇敬の念が薄れていることを示す現象も見られた．

「ヒロミチ天皇」とその家族．熊沢寛道は，自分が 14 世紀の正統争いで破れた「南朝」の子孫だと主張して，大きな注目を浴びた．

長岡良子は，「璽光尊」と名乗り，自分がアマテラスの生まれ変わりだと主張した．彼女の宗教は多くの信者を集め，そのなかには有名な横綱双葉山もいた．

天照皇大神宮教も教祖が女性で，アマテラスとの関係を主張する宗教であったが，信者が我を忘れる「無我」踊りでとくに有名となった．

1946 年の「食糧メーデー」で登場したプラカード．敗戦前には考えられなかった——不敬罪ものの——侮辱的な言葉で天皇のことを語っている．

婦によって創設された。一九四四年、何かが自分の身体にとり憑き、天照大神から直接のメッセージを受け取るようになったと主張する北村は、歌をつうじて説教を行い、忘我状態で行う「無我の舞い」を奨めた。北村は、天皇を含むあらゆる権威者を厳しく批判し、数年の間に三〇万人以上もの信者を獲得した。(9)

降伏後、このように宗教が開花して行く様子は、後に「神々のラッシュアワー」と言われるようになった。天皇制の支持者は、天皇こそが国民の信仰の揺るぎない中心であるとまだ主張していたが、多くの人は、別のところに精神的な慰めを見出そうとしていたのである。

人間になる

天皇裕仁に新しい服を着せ、平和と民主主義の象徴に転換させようという運動は、いくつもの方面で実行された。目前に差し迫った東京裁判で、天皇の訴追を行なわせないために莫大な努力が払われた。天皇の戦争責任を正式に免除することは、一九四六年六月まで待たなくてはならなかったが、それよりもかなり前に、天皇は自ら大元帥の軍服を脱ぎ捨て、西洋式のスーツを着込み、日本のほとんどすべての地域をまわる巡幸を始めていた。宮中でも天皇の退位への言及はなされていたが、すぐさま抑えられた。憲法における天皇の地位はすっかり改められ、公的な権力も剥奪された。そして、もはや神であることを主張しないというたった一つの巧妙な宣言によって、外国の批判者のほとんどを何とか満足させることに成功したのである。(10)

その宣言は、「新日本建設ニ関スル詔書」という形をとって元日に全国の新聞に掲載された。これは八月一五日以来はじめて天皇が公式に臣民に語りかけたものであったが、海外の人々に強い衝撃を与えた。「人間宣言」としてよく知られているこの詔書は、天皇の「神格の否定」として、英米からはただちに歓迎された。戦前の天皇崇拝や超国家主義の核心をなしていた神に連なる血統という虚構を、天皇が本気で否定した明らかなしるしと考えられたからである。

この宣言のアイデアは、天皇の側近やSCAPの高官から出てきたと予想されるかもしれないが、実は故国を離れたイギリス人の芸術愛好家と、アメリカ人の中堅将校が提案したものである。さらに、日本語で伝えられたものは、西洋人が甘い考えで期待したような、全面的な「神格の否定」とはとてもいえない内容のものであった。難解で謎めいた言葉使いをすることで、天皇裕仁は巧みにも天から途中まで降りてきただけであった。草案作りの過程に天皇が自ら関与したことで、「人間宣言」は、「民主主義」を先導するのはあたかも天皇であると宣言するものにもなった。「民主主義」の源泉は勝者の改革でも、民衆の下からの積極的なイニシアティヴでもなく、裕仁の祖父である明治天皇が治世の初めに出した五箇条の誓文にさかのぼると宣言していたからである。元日に発せられたこの宣言は、天皇の新しい洋服が、これ以後、どれほど多様な色合いを見せることになるかを予告する、見事な実例であった。天皇がどのように見えるかは、見る者の目に大きく依存することになったのである。

西洋人、とくにキリスト教徒にとって、「天皇崇拝」は、冒瀆的なものであった。天皇は英語では普通「天の子 the Son of Heaven」と表記することになっていたが、それは、神の子 (the Son of God) であるキリストと天皇を同一視する危険があるように思われた。アメリカ人にとってはこの問題はかなり注意しなければならないことだった。多くの著作を著した宣教師のウィリス・ラモットは、評判になった『ニッポン――日本の罪と罰』(Nippon : The Crime and Punishment of Japan) のなかで、早くも一九四四年に、天皇が自らの神格を否定しなければならないと論じている。アメリカ戦時情報局の分析でも、戦争終結前に同じような結論に達していた。コロンビア大学が実施した世論調査にかかわった専門家も同様に、「天皇崇拝」は廃棄されなければならないと結論した。一九四五年一一月、オーティス・ケーリという宣教師の家庭に育った日本語を話す若い将校が、天皇の弟である高松宮を訪問した際に、天皇は神であることを公に否定すべきだと思う、と大胆に語っていた。一二月中旬、宣教師の家庭出身であったもう一人の若い専門家が、この同じテーマに関して国務省の覚書を作成した。この人物は、後に著名な日本研究者となり、駐日大使にもなったエドウィン・O・ライシャワーである。ライシャワーは、最高司令官が「天皇も他の日本人あるいは外国人と異なるところのない普通の人間であり、天皇自身、皇族が神に発し、日本が他国に対して不可思議な優越性を持っているなどとは信じていないこと、さらには政府の政策とは別個に〝聖旨〟（天皇の意思）といったようなものは存在しないことを、国民に対して言辞と行動により自発的に実証するよう天皇に促すためあらゆる努力を払うべきである」と勧告したのであった。[11]

宗教と国家、聖なるものと世俗的な権威との関係は、別の形でも問題になっていた。神道を国教として普及させることを禁じたSCAPの指令は、「日本国民を欺き侵略戦争へ誘導する意図のもとに神道の教理並に信仰を歪曲して軍国主義的並に過激なる国家主義的宣伝に利用する」ことをはっきりと否定していた。そのような有害なイデオロギーのなかには、天皇が「家系、血統或いは特殊なる起源」のゆえに他国の指導者よりも優れており、日本国民もまた他国民よりも優れているとする信仰も含まれていた。GHQによるこの神道指令は、超国家主義的な天皇イデオロギーの核心部分を鋭く批判したものであったが、一般の人々のあいだでは、それに応じた批判も起こらず、そもそも大した関心を呼び起こさなかった。当然のことながら宮中は、それがもたらす影響に細心の注意を払っていた。一二月二二日、天皇は数人の側近と一緒に一人の日本人学者の説明に耳を傾けた。彼は、SCAPの指令は顕語をもって幽事を取扱わんとするもので、「はさみで煙を切る」ようなもの（いくらやられても大丈夫）だというのであった。この説明も手伝って、天皇は神格問題をごまかした声明を出しておけば外国向けには都合がいいと考えるようになった。[12]

小人数のグループがそのような声明についてすでに何週間も作業を進めていた。このプロジェクトは、民間情報教育局（CIE）のアメリカ人特別諮問委員であったハロルド・ヘンダーソン中佐と、イギリス市民のレジナルド・H・ブライス博士との間でかわされた何気ない会話にその端を発していた。二人は日本専門家で、日本の文学や文化について学術的な関心を持っていた。一八八九年生まれのヘンダーソンは、日本語や日本の芸術を勉強するために、一九三〇年代に日本に滞在した経験があった。彼はコロンビア大学で日本語を教え、俳句を紹介した本『竹箒』を出版して評判を得、戦時中は政府向けの日本語教育プログラムを取り仕切り、さらにニューギニアやフィリピン戦線において、日本人兵士に投降を促す宣伝用ビラの作成にも関わっていた。

彼より九歳若いブライスは、第一次世界大戦中、良心的兵役拒否者として二年間を刑務所で過ごした。彼が初めて日本に関わったのは、京城帝国大学に教職を得たときである。日本語に堪能だったブライスは、イギリス人の妻と離婚した後日本人女性と再婚したが、きわめて独創的な比較文学の研究『英文学における禅と東洋の古典』を出版し、戦時中は日本で抑留生活を送っていた。一九四一年に出版したこの本のなかでブライスは、ヘンダーソンの俳句アンソロジーを評して「ちょっとした傑作」であると言っている。この二人に多くの共通点があることは明らかだった。一〇月、ブライスは通訳者か翻訳者の職を求めてCIEを訪れた。しかしまもなく彼は、皇族や貴族がかよう東京の名門校、学習院の教職を得、宮中とGHQの間の連絡係という、もっと面白い仕事を見つけた[13]。

日本政府の役人たちは、占領軍の風がどちらに向かって吹いているのかを確認するのに、GHQのスタッフとの非公式な接触を頼りとしていた。このことは、皇室にも他の省庁にも当てはまることであり、イデオロギーと思想の民主化を推進していたCIEは、宮中が情報収集をしたり、ロビー活動をする際の主要なターゲットであった。意見交換と、贅沢な遊興や高価な贈り物によってアメリカ側の支持を取り付けることとの間の区別は、しばしば曖昧になったとはいえ、だいたいのところは公明正大なもので、その点で宮中にとってブライス以上に有用な人間は、他にだれもいなかった[14]。

一週間に一、二度、ブライスはきまって、政府の公用車でCIEを訪れた。ヘンダーソンはブライスが定期的に連絡をとっていた人物の一人であるが、一一月下旬に、思いもかけずブライスとの運命的な会話をおこなうことになった。その時ヘンダーソンは、一九三〇年代に天皇を中心とした軍国主義の支柱となった一八九〇年の教育勅語について、自分の考えを述べた。平和と民主主義が育つためには、日本国家が他国よりもすぐれているとか天皇は神であるといった誤った考えを除去する必要がある、そしてそれは、おそらく天皇の新しい勅語によって実現されるだろう、と。

次の週、ブライスはまったく誰も予想していなかった知らせを携えてCIEを訪れた。ヘンダーソンの提案を宮中の取り次ぎに伝えたところ、天皇がそれに応じることを強く希望しているとの言葉を受け取ったというのだ。しかし取り次ぎの者たちは、どのような事柄を語るのがよいのか、さらに突っ込んだ助言を求めていた。CIEの局長ケネス・R・ダイク准将はその場に居合わせなかったが、ヘンダーソンはブライスの強い勧めに従って、自分で見本となるような声明案を起草することにした。彼はこの作業を昼休み中にやってしまった。それも、第一ホテルの自室でベッドに寝転がりながら、ノートと鉛筆を手に、自分が天皇になって自らの神格を否定するところを想像しながらである。この創造の瞬間を目撃した者は誰もいない。しかし、この場面のいかにもアメリカ的な厚かましさと気軽さが、話の全体にある真実味を与えている。

この昼休みのにわか作りの文言を、ヘンダーソンもブライスもまったく非公式の提案と考えていた。しかしブライスが数日後に、「こっけいな」要求と爆弾を携えてまたやってきた時、ヘンダーソンは心底驚いてしまった。まずヘンダーソンとブライスは、宮内大臣の要求に従って、ヘンダーソン自身が起草した草案を燃やした。それからブライスは、主要な点についてはヘンダーソンの草案ときわめて似通った草案を自分で作り上げ、それを上官に見せるようヘンダーソンに依頼したのである。ヘンダーソンは、それをダイク准将のところへ持って行き、准将はただちにそれをマッカーサーに回した。二人の将軍は、宮中の役人がこのような声明に思いめぐらしていることを知り、驚きと喜びを隠せなかった。ブライスは、すぐさま宮中へと取って返し、二人の将軍の好意的な反応を取り次ぎに伝えた。こうしてヘンダーソンとブライスは、天皇の事実上のゴースト・ライターになったのであるが、これはまだことの始まりにすぎなかった。[15]

ブライスの草案は、学習院の知人によって平易な口語体の日本語に翻訳された。これが、天皇の「人間宣言」について日本側の討議のたたき台となったものである。年末になって詔書案にコメントを加えるため閣僚全員が召集されるまで、学習院の院長や天皇自身といった一〇人ほどの人々しかこの件には関与していなかった。超国家主義者の激しい抵抗を危惧して、彼らは徹底した秘密主義を守り通した。そのため、ある時にはヘンダーソンのメモを燃やしたことよりももっと滑稽なことも起こった。当時の外務大臣吉田茂が閣僚用の男子トイレで、作成中の草案の写しをこっそり受けとったのだ。天皇の神格に関わるやり取りに、そのような場所が選ばれたことが適切かどうかは、誰も問題視しなかったようであるが。[16]

一月一日に発表された詔書は、ブライス草案をきわめて日本的な表現に仕立て上げたものであった。ヘンダーソンとブライスの提案の核心部分は残されていたものの、荘厳な表現によって巧みに変形されてよくわからないものになっていた。最終版がどれほど理解しにくいものになったかは、ブライス草案を基にした初期の版と対比すると一目瞭然である。ブライスの文章は、「新しい理想をもった新しい世界、そして国民性に優越する人間性を偉大なる目標とする世界」に希望を託すことから始まっていた。第二段落では、明らかにヘンダーソン案から一字一句借用した文章で、天皇の神格を否定していた。「われわれ国民と国家との絆は、神話や伝説にのみ基づくものではなく」、また、「日本人が神の血統を受け継いでおり、他民族よりも優れているがゆえに、彼らを支配する運命にあるという誤った考え方に基づくものでは決してない。その絆は信頼と愛情の絆であり、何世紀にもわたる献身と愛によって創造されたものなのである」。

第三段落においてプライス草案は、家族および国家にたいする忠誠心が、「つねにわれわれの宗教的、政治的信条すべてにおいて、日本国民の素晴らしい特徴であり続けてきた」ことを強調している。それに続いて、「国家へのわれわれの忠誠心が家族にたいするそれよりも上位にあったように、私たちの人間性にたいする忠誠心を、国家にたいする忠誠心の上位に置こうではないか」と述べている。四番目の段落では、今日の苦難に理解を示しつつ、「人類の幸福と繁栄にたいして独自の貢献」をするような、自由な国家としての日本の再建を希望するとされている。結論として、プライスの文章は明確に「天皇陛下が自身の人格の神格化や神話化を完全に否認する」ことを言明していたのである。

この二人の外国人の作った文章が、宮中で肯定的に受け止められた理由を見出すのはたやすいことである。天皇と臣民の間に「何世紀にもわたる献身と愛」があったというのは、一九三〇年代に人々の間に広められた天皇神話とほとんど異なるところがなかったからである。一九世紀後半になるまで、普通の日本人は、天皇のことをほとんど、あるいはまったく意識していなかった。天皇家もまた、一般人を馬鹿にしていたとは言わないまでも、無関心だった。だからプライスが忠誠心を日本人の最高かつ不変の徳として賞賛したのも、歴史的にみれば誤っていた。ただプライスは、単なるナショナリズムを超越するような「人間性にたいする忠誠」の念を呼び覚ますためにあえて忠誠心という言葉を強調したのである。

宮中にしてみれば、天皇の地位がまだ不確定なこの時期に、ＳＣＡＰから期待できる善意の合図としてはこれ以上ないものといえた。しかし、それでもなおプライス草案を大幅に書き直そうとした。最終版でも、家族や国家にたいする伝統的な忠誠心というプライスの言葉が残されており、この精神を「人類愛」へと拡充する必要性についても言及されている。このように、英語版にこめられた「感情」はほとんど残されているが、そこには巧妙な留保が加わっていた。国家にたいする忠誠心が、もはや人間性にたいする義務の下位にはっきりと置かれてはいなかったのである。

さらに草案は手を加えられて、つい最近まで危険思想と呼ばれ、今では「思想混乱」という名をもって呼ばれるもののえじきにならないよう警告する文言が追加された。天皇はこの点をとくに強調した。「長キニ亘レル戦争ノ敗北ニ終リタル結果、我国民ハ動《やや》モスレバ焦躁ニ流レ、失意ノ淵ニ沈淪セントスルノ傾キアリ。詭激ノ風漸ク長ジテ道義ノ念頗《すこぶ》ル衰エ、為ニ思想混乱ノ兆アルハ洵《まこと》ニ深憂ニ堪エズ」。これはブライス草案にはなかった文章で、天皇制支持者にとってはもっとも重要な問題だった。

中でも根本的な修正は、元日の詔書が、一八六八年の明治天皇の統治の始まりに当たって発布された五箇条の誓文を、そっくりそのまま引用することから始めている点である。明治天皇の孫は、これが「旧来ノ陋習」を捨て去り、平和と豊かな文化の追求に献身する新しい日本創造の基礎となるであろうと宣言した（詔書のなかでは、民主主義に関しては一言も触れられていなかった）。多くの保守派にとっては、これが元日の詔書の根幹をなすものだった。五箇条の誓文は基準であり、護符であり、保守派が「新しい日本」は過去にしっかり根ざした存在であると主張できる歴史的・心理的な拠り所となったのである。

詔書の中心が「神格の否定」から、明治時代の誓文を強調することに移ったのは、天皇の個人的な希望によるものであった[17]。このちょっとした改訂によって、天皇は多くのことを成し遂げた。まず明治国家が独裁的で神権政治的かつ帝国主義的であったという事実を曖昧にした。また戦後に新しく生まれつつあった諸制度に、日本固有の（一九世紀半ばの）古めかしい外観を与えた。「旧来ノ弊習」にわずかに触れたものの、祖父の時代に根をおろし、自らの治世を特徴づけた抑圧と凶悪な天皇中心主義の国民教化については無視をした。幣原、重光、吉田などに代表される「穏健派」や「オールド・リベラリスト」と公然と手を結んだ（かつては同じように公然と、軍国主義者と手を結んだのであったが)。もっとも重要なのは、天皇の神格を否定するという詔書の表向きの目的を目立たないものにしたことである。天皇は一連の改訂によって自分を五箇条の誓文の擁護者に仕立て上げた――それに先立つ二〇年の治世下で、誓文に言及することはほとんどなかったし、国体の基準とし称賛することもなかったにもかかわらず。

のちに天皇自らが語ったところによると、詔書の「一番の目的」は、五箇条の誓文の理想を肯定することであり、神格の問題は「二の問題」にすぎなかったという。天皇が力点をおいた個所はマッカーサーによって支持されただけでなく、より強調された。裕仁によれば、教育のある日本人なら誰でも知っている誓文に触れながら詔書を始めようと考えただけだったのに、草案を見せられたマッカーサーが、誓文発布当時一五歳だった明治天皇の「偉業の達成」を賞賛するだけでなく、誓文全体を掲載するよう強く主張したことを知らされたのである(18)。

ハサミで煙を切る

詔書の冒頭に誓文が付け加えられたことで、「人間宣言」は埋もれてしまった。また天皇自らの関与によって、文言は改変され、当初のブライス草案の口語訳にあった、天皇の「神格化」について明確に言及した部分と、天皇および日本人が「神の子孫」――これは最初の草案の表現で、暫定案では「神の末《すえ》」となっていた――であるとする考えを明確に否定した部分を削除してしまったのである。最終版のなかでは、以前の四つの段落のうちの三つが隠されてしまい、公式の英語版では以下のようになったのである。

私は国民とともにある。私は国民と喜び悲しみを分かち合うだろう。私と国民との紐帯は常に相互の信頼と愛情によって形作られてきたのであって、単に伝説や神話に基づくものではない。また、天皇は神であり、日本国民は他の民族(人種)に優越し世界を支配すべき運命にあるといった誤った観念に基づくものでもない。

自分が「神格の否定」を軽く扱うことにした理由は、それが基本的には、西洋人をなだめるのに必要なただの言葉の遊びに過ぎないものであったからだと、天皇自身は語っていた。この問題が浮上した一九四五年の終わり頃、天皇は自分がけっして西洋的な意味における全知全能の「神」でもなければ、日本人が「神」という曖昧な概念で理解している「神的な存在」でもないと主張していた。しかし、それまで天皇は、神として扱われることにけっして異議を唱えたことはなかった。例えば、天皇の服の仕立屋は天皇の畏れ多い身体に触れたことはないし、妻を除いては医者であれその他の誰であれ手袋をはめずに天皇の身体に触れた者は一人もいなかっただろう。文字通り、天皇は通常の人間的な接触をまったく持たない存在であった。天皇の日常の一挙手一投足が、事実上、その超越性を示していたのである。

天皇は、この問題もいつも通りのもってまわったやり方で、閣僚たちと話し合うことにした。彼は、人から聞いた逸話、とくに一七世紀初期の後水尾天皇の例を参考にした。天皇に神道の教義について助言を与えていた学者が教えたもので、じつに単純極まりない話だった。後水尾は水痘を患っていたが、「現御神《あきつみかみ》」であったために灸療法を受けることが許されなかったので、退位したというのである(天皇の守るべき規範をめぐる似たような逸話のひとつに、支配する王として食べなければならない「聖なる」白米の代わりに、ソバを堪能したいために退位した天皇の話もあった)。裕仁が、首相の幣原と文部大臣の前田多門に後水尾の話を繰り返し聞かせ、ヘンダーソン＝ブライスの提案への支持を正当化しようとしていたことは明らかである。つまり天皇は、そういった馬鹿げたしきたりをやめるのがよいと考えたのである[19]。

もちろんこの場合は、水痘やソバよりも複雑である。しかし実際問題としていえば、それほど深遠な話でもない。天皇は、西洋的な意味においても、あるいはもっと曖昧な日本的な意味においても、自分が「神」であることは喜んで否定したが、天照大神の子孫であることは否定しようとしなかった。しかしそれこそが、古代八世紀の神話的歴史に始まり、明治天皇の憲法が宣言したことであり、神道の最高神官として天皇が行なう儀礼の全体が示し、二〇世紀の天皇制イデオローグたちがうんざりするほど繰り返したことだったのである[20]。

この点が、人間宣言を報道関係者に配布する二日前に問題となった。マッカーサーが、誓文の全文を人間宣言に含めるよう勧めたことに加えて、見せられた英語版の草案に一カ所だけ、明確な変更を付け加えたのである。「日本人が神の子孫であるという誤った考え」に言及した個所を、「日本人」でなく「天皇」とすべきであると彼は言った。ほとんど時間のない中で、天皇周辺は、うまい表現を考え出さなくてはならなかった。マッカーサーの修正要求をハサミで煙を切るようなものにしてしまう必要があった。

ブライス草案に基づいた版では、この箇所は、天皇と日本人が「神の子孫、神の末」であることを否定したじつにストレートな表現を使っていた。しかし天皇の侍従次長木下道雄にとって、これは容認しがたいことであった。一二月二九日、彼は、日本国民が神の子孫であることを否定するのは受け容れられるかもしれないが、天皇の血統が神に由来していることを「誤った観念」であるとすることは断固受け容れがたいと、天皇に説いた。この問題を切り抜けるために、木下は、「現人神」あるいは「現御神《あきつみかみ》」という難解な言葉を使って、それを否定してはどうかと提案した。天皇はこの変更に心からの賛意をあらわした。

初期の草案に残されていた、「神の子孫」という言葉はいまや削除された。最終版では、日本人をもって他の民族に「優越せる」ことや、天皇が「現御神」であることを否定するだけのものとなった。「現御神」とは、まったく意味不明な言葉ではないにせよ、けっして日常語ではなかったし、公式の英語版で用いられた単純な「神 deity」という言葉に比べ、間違いなく理解しがたいものであった。たしかに戦時中の軍国主義者は、この古風な複合語——三つの表意文字は、字義通りには「目に見える・貴い・神」という意味であるが、読み方はきわめて特異である——を用いて天皇を神格化したが、高等教育を受けた人々にとってさえ、それを書いたり意味を説明することは難しいものであった。

例えば、木下の日記には、外務大臣の吉田が現御神の意味も知らない愚か者として憤然と記されている。この侍従次長はまた、一二月三〇日に詔書のほぼ最終版が内閣に提出された際に、閣僚たちが理解できるように「現御神」にふりがなが付されてあったということを、困惑しながら記録している。つまり、「神格の否定」の日本語版は、公式の英語版に比しても、またそれ以前の草案と比べても、はなはだ不明瞭なものであった。この時だけでなく、後になっても天皇は、自分が神々の子孫であるということを明確に否定することはなかった。むしろ否定できなかったのである。なぜなら、彼の世界はすべてこの神話論理の系譜の上に成り立っていたからである。[21]

天皇は元日の詔書をラジオ放送しなかった。それは、幣原首相の謹話とともに、新聞紙上に発表された。この最終版の文章は、古典語の学者によって型どおりに練り上げられ、天皇の詔勅専用の堅苦しい形式ばった散文で表現されていて、教育のある人々にのみ理解できるようなものであった。一方、総理大臣の謹話は口語体で、慣例にしたがって、天皇の言葉の公式の解説と見なされるものであった。この謹話もまた、明治時代の日本にすでに民主主義が存在していたとだけ強調する、煙をハサミで切るたぐいの好例であった。幣原は、謹話を次のように結んだ。「宜しく聖旨を奉戴して、民主主義、平和主義、合理主義に徹せる新国家を建設し、以て宸襟を安んじ奉らんことを期すべきであります」。首相が力説したのは、いつもながらのことであった。つまり、今日まで国民は天皇の期待に応えることができなかったというのである。首相は、天皇の神格やその否定については、触れることさえしなかった。[22]

元日の宣言にたいするアメリカの反応はきわめて肯定的なものだった。『ニューヨーク・タイムズ』は社説で、天皇裕仁はこの詔書によって「自ら日本の歴史上の偉大な改革者の一人になった」と論じた(またそれが、神道という「混乱した宗教」に「ほとんど回復不可能なほどの打撃を与えた」とも述べていた)。マッカーサー元帥も同じくらい大げさだった。天皇はこの宣言によって「日本国民の民主化において指導的な役割を担うものとなり、将来にわたってリベラルな路線を確固として歩むことを示している」と、世界に向けて語ったのである。一言で言えば、最高司令官は裕仁を民主化の指導者と位置づけ、「将来にわたっても」そうであり続けるであろうと告げたのである。[23]

戦時中に教え込まれたことを本気で信じてきた天皇の臣下のなかには、天皇がまとった新しい服に衝撃を受け、裏切られたと感じる者もいた。しかし草案の起草者たちが恐れたような右翼からの攻撃はひとつもなかった。文部大臣の前田は、面会に訪れた老人から直接の苦情を一つ聞いただけだったことに、大いに驚いた。[24]概してほとんどの国民は、「人間宣言」にそれほど重大な関心を払わず、どうということもなく乗り越えていったようであった。今やメディアは、「お上」の人格についても、これまでなら許されなかったようなやり方で自由にコメントできることになった。こうして、裕仁は、間違いなく、一般の人々が親しみをもって近づきやすい「人間」となったのである。

おそらく多くの人々にとっては、元日の詔書よりも、天皇の「新年の和歌」のほうがより重要だったろう。天皇家では、新年の到来を告げるべく、題を決めて一般の人々とともに和歌を詠む習わしがあった。招待を受けた一般人は、宮中に参集した歌人に自分の歌を提出して批評してもらい、そして最高の評価をもらった作品が、その年の初めに天皇や貴顕の人々の作品とならんで出版されるのである。これは素人歌人にとってたいへんな栄誉であった。苦い敗戦を味わったその年の一〇月、翌年の歌題は、「松上雪」とすることが発表された。それは、忍耐の美しい姿を表す古典的なイメージである。天皇の作品は、一月二二日、メディアを通じて全国に伝わった。

それは次のようなものであった。

ふりつもるみ雪にたへていろかへぬ松ぞを、しき人もかくあれ[25]

これは反抗の意を絶妙に表現したものである。これを読んでその意味を解さぬ者はほとんどいなかっただろう。何が起ころうと、「お上」は自らの「いろ」を変えることはなかった。臣民もまた、そうあるべきだったのである[26]。

第一一章　責任を回避する
――天皇制民主主義㈢

天皇が天から途中まで降りてきたころ、日本の戦争指導者にたいする戦争犯罪裁判の機構が徐々に形成されつつあった。告発や逮捕が予想もつかない波となって打ち寄せてきた。九月一一日に、最初の戦犯容疑者の逮捕が発表され、しばらく不吉な静けさが続いたあと、一一月一九日に二回目の発表が行なわれた。一二月第一週には、元首相の近衛文麿公爵や内大臣として天皇の側近中の側近であった木戸幸一を含めて、多くの軍部高官や官僚が「A級」戦犯リストに加えられた。トルーマン大統領が首席検察官に任命したジョセフ・キーナンが、一二月六日、四〇人の部下を引き連れて東京に到着した二日後、マッカーサーは間近にせまった裁判のために国際検察局(IPS)設置を命じた。この一二月八日は、日本の暦では真珠湾攻撃の四周年記念日に当たっていた。一九四六年一月一九日、連合国最高司令官(SCAP)によって極東国際軍事法廷が正式に開設されたが、どの人物を最初に裁判にかけるかは、三月一一日になるまで発表されなかった。裁判が始まる五月三日まで、SCAPとIPSが天皇裕仁を戦争犯罪人として告発する可能性はなくなっていなかった。

退位に直面する

宮中においては、当然のことながら、天皇が戦争犯罪人であるとは、まったく考えられもしなかった。しかし、戦争と敗戦について何らかの責任を認めるべきだという点は真剣に考慮されていた。連合国最高司令官が裕仁を利用するつもりであることを表明する以前には、天皇自身もこの戦争責任の問題を考えていた。八月二九日、勝者が聖なる大地に足を踏み入れる前日、天皇は木戸に、忠実な大臣や陸海軍の指導者たちの戦争責任を免れさせる方法として、自身の退位を口にした。しかし木戸は、退位は望ましいことではないと答えた。九月半ば、裕仁の義理の叔父にあたる東久邇宮の率いる内閣は、天皇の了解の下、ひそかに退位について議論した。閣僚のなかには、天皇は憲法上戦争責任を負わないと強調する者がいる一方で、国民や戦死者・遺族にたいして敗戦の道義的責任を負うと強調する者もいた。[1]

一〇月の第一週、東久邇宮首相は甥である天皇に個人的に会い、退位を勧めた。そのとき東久邇は自身の皇族の地位を放棄することも申し出たが、伝えられたところでは、いずれも「時期が悪い」という理由で退けられた。その二、三週間後、裕仁は、もし万一退位しなければならなくなったら、海洋生物学の研究——天皇が真の「現代人」であることを証するものとして数年前に自ら選んだ学問分野——の助手をしてくれる有能な研究者を見つけたいと、侍従次長に淡々と語った。[2]

一月四日、戦争犯罪に関する世論が盛り上がり、軍国主義や超国家主義を煽動する地位にあったと目される人々にたいして、広範囲におよぶ「徹底的な」公職追放が開始された。このとき天皇は、木戸の後継者であった侍従長・藤田尚徳に、GHQが自分の退位を望んでいるのかどうか調べるよう命じたが、藤田はそのような詮索はしない方がよいと答えた。もともと歴代天皇の先例をひもとくことに熱心であった天皇は、一月下旬になって、八八七年から八九七年まで在位し三一歳で退位した宇多天皇の譲位について学者の講義を受けた。また現代の皇

室儀礼の手本としてしばしば参考にしていたイギリス王制での退位の慣行について、役人に報告させたりもした。(3)

天皇退位の話題は、たちまちメディアにあふれかえった。すでに一九四五年一〇月下旬、近衛公爵が天皇退位の可能性を公然と口にし、そのあと内閣の圧力によって訂正したために動揺が起きていた。近衛は、日米開戦を回避できなかったこと、また戦争の早期終結を実現できなかったことについて、天皇は個人的に重大な責任を負っていると考えており、それをいつになく率直に語ったのであった。翌年の二月二七日、『読売報知』は、前首相東久邇宮が、天皇の退位問題は最高レベルで真剣に論議されている最中であり、もし裕仁自らが退位を選択するならば皇室全体でそれを支持するであろうとAP通信の記者に述べたと報じた。これによって問題はふたたび公の場所にひきずりだされることになった。その数日後、東久邇は甥に退位の三つの「適切な時期」について考えるよう個人的に促したと、直接日本のメディアに語った。第一の時期は、すでになんらの行動もとられることなく過ぎてしまっていたが、それは「降伏文書に署名した時」である。しかし、あとの二つの「適切な時期」は、これからやって来るものであった。東久邇の考えでは、憲法が修正された時か、占領を終わらせる講和条約が締結された時に、裕仁は退位を考えるべきだった。メディアは、皇太子が成人するまで、天皇の弟である高松宮が摂政になると推測していた。(4)

『読売報知』のセンセーショナルな報道がなされたのは、三一歳になる天皇の一番下の弟、三笠宮が、枢密院の緊迫した会議において天皇に敗戦の責任をとるよう間接的に促したのとたまたま一致していた。三笠宮は、政府も皇室も「旧式の思考」を脱して、「今や大胆な行動を取る」べきだと主張した。会議に出席していた厚生大臣(後の総理大臣)芦田均は、三笠宮の言葉を「誰もが真剣に考えているようだった」こと、そして「天皇陛下の顔色は心配のあまりかつてなかったほど青ざめていた」ことを日記に書きとどめている。(5)

天皇は心配こそしていたかもしれないが、このころにはもう退位しないことに決めていた。彼は侍従次長の木下道雄にたいし、自分の代わりを務めることのできる人物がいるとは思えないと言っていた。天皇の三人の弟のなかで、高松宮は誰から見ても「参戦派」であったし、秩父宮は病弱で、三笠宮は若すぎて経験不足であるというのだった(しかし三一歳の三笠宮は、裕仁が一九二一年に摂政になった時よりも、一一歳も年長であったのだが)。天皇は、報道機関にたいする叔父の不注意な発言を遺憾に思うとも木下に語った。(6)

政治的あるいはイデオロギー的にさまざまな立場の著名人たちも、天皇退位を支持する発言を始めていた。東京帝国大学総長に任命されたばかりの、自由主義者でキリスト教教育者でもある南原繁は、全体としては天皇制に好意的であったが、道義的な観点から裕仁は退位すべきであると主張した。明治憲法の改正案を起草する際に近衛を補佐した保守的な憲法学者、佐々木惣一も、道義的な理由により天皇の退位に賛成であった。田辺元は厳格な保守派の哲学者であり、仏教的概念である「懺悔」を深く考察していたが、彼も天皇は引退して貧と無の象徴となることを望んだ。彼はまた、皇室財産を貧しい人々の救済に当てるよう勧めた。(7)

裕仁の退位を公の場でもっともセンセーショナルに要求したのは、著名な詩人、三好達治であった。「陛下は速やかに御退位になるがよろしい」と題されたエッセイは、雑誌『新潮』の一九四六年六月号に掲載された。三好は、戦犯裁判の支持者らが使うような意味においての戦争責任――すなわち、侵略と残虐行為の直接的な政策決定上の責任――には関心がないが、同時に天皇制の支持者が持ち上げているような、平和を愛好していたがなすすべのなかった慈悲深い君主というイメージも受け入れがたいとはっきり述べていた。三好は、この問題は「この度の戦争敗戦の責任をまず取るだけではない」と強調した。彼は異例なほど強い言葉を使って、天皇が「施すべきを施し玉わざりし点で甚だしく怠慢」であり、「陛下の股肱とたのまれて身を抛って戦った忠良の兵隊たちに対して、陛下の側に背信の責任」があると糾弾したのである。

天皇は大元帥であったにもかかわらず、軍閥者流の横行を制止できなかった。天皇は家長のように自分の臣民を「赤子」と呼んでいたが、その彼らを統制を失っていることが明らかな陸海軍に従軍させて死にいたらしめたのである。「事をしてここに到らしめた最高の責任者がきっぱりと身に責任をとって、人の当然になすべきところを自ら践《ふ》み行うの範を示す」べきなのである。天皇は戦時中の統率にも、情況の判断にも臨機の措置にも適切な人材の起用においても、民情の観察においても、さらに戦争の切り上げ時に関しても、無能だったのである。天皇は自らが「現人神」でないことを宣言したのだから、今や人の子として、人の世の道理にしたがって退位すべきである。(8)

もし占領当局が裕仁の退位を促す方針をとっていたなら、それを妨げるような障害は何も存在しなかったことは明らかである。そのことは天皇の側近にもわかっていた。それがどんなに悲しいことでも、人々は敗戦を受け入れた時と同じように、あっさりと天皇退位の発表も受け入れたことだろう。保守派も、天皇制の道義的高潔さの再確認として天皇の退位を正当化したであろう。天皇制民主主義は新しい君主の下で発展できたかもしれず、破滅的だった裕仁の昭和時代――この昭和という二文字は、まったく皮肉なことに、「輝きと平和」を意味しているのだが――も幕を閉じ、「戦争責任」の問題も、明るい光のもとに照らし出されていただろう。

もちろん、この状況をマッカーサーたちはまったく別様に理解していた。彼らはそれを日本側にもはっきり伝えた。一九四五年一一月二六日、元海軍大将で総理大臣を務め、天皇の腹心の部下でもあった米内光政が、天皇の退位をどう考えているかマッカーサーにたずねたとき、そんな必要はないと最高司令官は応えた。(9) その一カ月後、宮中とGHQの日本人連絡官は、CIE局長のダイク准将が、天皇は東京を離れ、一九世紀半ばまで天皇家の伝統的な地盤であった京都に宮廷を移すことで、世間の注目から逃れてはどうかと言っている旨を伝えた。その翌日、CIEと関係のあった二人の日本人が、「皇室の問題」に関するダイク准将の見解をまとめた、注目すべき長文の覚書を侍従次長の木下にもたらした。この覚書は、天皇をささえることが民主的な日本を建設する上で絶対的に必要であるという、きわめて明快な主張から始まっていた⑽。

一九四六年三月の初め、天皇に良からぬ助言を与えていると思われる「おかしな人々」のことをフェラーズ准将が気にしていると侍従次長に告げるものがいた。皇室の異端児である東久邇宮や三笠宮、それに宇多天皇の退位やイギリス王室の退位の仕方に関する講義を手配した宮中のアドバイザーたちを指したものであろう⑾。フェラーズは、天皇をめぐるマッカーサーの陰謀劇の裏で、しばしば黒幕的に活躍する役柄であったから、皇位の存続は可能だとか、裕仁を在位させておくべきだとか、日本側に露骨な言葉で伝えることも可能であった。ある時は米内に、天皇は占領軍当局にとって「最善の協力者」であり、「占領が継続するかぎり、天皇制も存続するだろう」と語り、ソ連が進める「全世界の共産主義化」を阻止するには、この方針が重要であること、そして「非アメリカ的な思想」がアメリカ合衆国の上層部にも強まり、天皇を戦犯として逮捕するよう求める声が依然として力を持っているとも言った。

この会話に関する日本側の記録によると、フェラーズは米内にたいし、天皇裕仁を生き延びさせるために、目前に迫った戦争犯罪裁判において被告側の証言を固めることを強く求めた。フェラーズは次のように語ったという。「天皇が何等の罪のないことを日本人側から立証して呉れることが、最も好都合である。私は、近々開始される裁判がそのための格好の機会を提供すると考えている。とくに東条は、自身の裁判に於て全責任を負わされるべきである。即ち東条に次のことを云わせて貰いたい。「開戦前の御前会議に於て、仮令《たとい》陛下が対米戦争に反対せられても、自分は強引に戦争迄もって行く腹を決めて居た」と。東条に率いられた「A級」戦犯の被告は、君主を守るために、戦場ではなく、正義の法廷において、文字通り死ぬことを求められたのである。米内はこのメッセージを伝えることに喜んで同意した⑿。

三月二〇日、フェラーズは、寺崎英成とその妻でフェラーズの従姉妹でもあったグエンと、彼らの娘を夕食に招待した。食事の後、天皇の側近であった寺崎は、マッカーサーが退位問題をどう考えているのか、率直に質問した。フェラーズは、最高司令官の代弁はできないと注意深く言いつつも、マッカーサーは天皇の「真の友人」であると力説した。そして元帥は、もし天皇が戦犯として指名されるならば日本は混乱に陥り、占領軍の大幅増強が必要になるであろうという内容の報告を、最近ワシントンに送ったと伝えた。マッカーサーは、天皇には「どうしても避けることのできない」戦争責任があると考えているが、にもかかわらずこうした考えを抱いている。退位についていえば、後継者問題によってこれまた日本を混乱に陥れることになるだろうから、これらの理由により、マッカーサーは裕仁の退位を希望していないと信じている、とフェラーズは語った。寺崎は、最高司令官が天皇の退位に反対であるとの意思表明を公にすることで、メディアに見られる「不謹慎なる、所謂御退位論」に終止符を打つことはできないものかと質問した。そうなれば日本国民は「暗雲」が取り除かれて、ふたたび「天日」を見ることができるだろう。フェラーズは、それは甚だ困難なことだと答えた[13]。

フェラーズがこの天皇の側近に打ち明けた内容は、マッカーサーがドワイト・D・アイゼンハワー陸軍統合参謀総長に宛てた極秘電報の要旨そのものであった。天皇の戦争責任を調査せよというワシントンの指令への返事であるこの電報のなかで、マッカーサーは天皇擁護のためにあらゆる努力をはらった。「調査はすでに実施されたが」——一月二五日、最高司令官はアイゼンハワーに報告している——しかし、過去一〇年の間に裕仁が日本の政治的決定に関与したといういかなる証拠も発見されなかった。マッカーサーは、天皇を「日本国民統合の象徴」であるとし、もし天皇が告発されるようなことになれば、国民は「深刻な動揺」によって「ばらばらになり」、「復讐の戦いが何世紀にもわたって繰り返されることになるだろう」し、政府機関の機能は停止して「開明的な試みの多くは停止し」、ゲリラ戦が始まるだろう。近代的な民主主義を導入する望みはすべて消え、占領軍が去ったあとには、「ばらばらになった大衆のなかから、おそらく共産主義の路線に沿った強力な統制が生まれてくるだろう」と警告した。

これは楽しい話でもないし、このような混乱のなかで秩序を維持するには、数十万人の行政官を導入するだけでなく、少なくとも一〇〇万の軍隊を、何年にもわたって配備する必要があるだろうとマッカーサーは言明した。熱のこもったこの電報が、フェラーズが一〇月二日に最高司令官に提出した覚書と結局同じものであったとしても、終末論的なレトリックは、マッカーサー以外の人間には真似のできないものであった。極東国際軍事法廷のIPSが天皇の戦争責任を問わないことを公にしたのは、それから四カ月以上も後のことだったが、マッカーサーの電報によって、この問題は事実上、日本国内では真剣に考慮されるべきテーマではなくなった[14]。

戦争裁判が実際に召集される前、SCAP、IPSおよび日本の官僚たちは、天皇裕仁の訴追を防ぐだけでなく、けっして天皇を巻き添えにしないように、被告人たちの証言内容のすり合わせを舞台裏で画策していた。元海軍大将で首相も務めた米内は、フェラーズのすすめにしたがって、東条に、天皇にどのような形でも罪を着せないようにとの警告を与えた。裁判の性格を決定するこの日米の協働作業は、これだけにとどまらなかった。宮中や政府の高官らは、GHQと協働して戦犯リストを作成したが、最終的に「A級」戦犯容疑で逮捕され、公判中は巣鴨拘置所に収容されていた百人ほどの著名人(そのうち二八人だけが起訴された)は、どのような些細な戦争責任をも主君には負わせないことを進んで誓約した[15]。天皇を守るための日米の協働作業がどれほど緊密に維持されたかは、一九四七年一二月三一日の法廷で東条が証言したさいに明らかになった。このとき東条は、天皇の無実についてあらかじめ合意された路線から一瞬逸脱して、天皇の権威の絶対性に言及したのである。アメリカ主導の「検察当局」はただちに、東条がこの証言の撤回をするよう、秘密裏に指導した[16]。

このように積極的に干渉するやり方の対極に、何もしないという、もっとも単純な戦術があった。SCAPとIPSは、天皇が侵略戦争の遂行にどのように関与していたのか調査する義務があったにもかかわらず、そうしなかった。天皇が統治するようになってから、彼がどのような政治的、軍事的、イデオロギー的な役割を果たしたのか、文書に基づいて綿密かつ公平に分析することもまったく行なわれなかった。天皇の行動は「立憲君主」たろうとする厳しい自覚によって規制されていたという、天皇擁護論者の主張を本気に問題にする者もいなかった。実際は日本の侵略の多くは、明治憲法下の「統帥権」規定の下、閣議外で軍部と最高司令官〔天皇〕のみが参加した会議において決定されたのである。[17] GHQは主君を守ろうとする人々にはつねに寛容であったのにたいし、天皇について元政府高官に本気で尋問することはタブーであった。宮中でもっとも真相を知っていた近衛公爵が、天皇の戦争責任について批判的な発言を行なったさい、アメリカ側は恐怖に駆られた。あるイギリス人の高官は、「近衛と何回か面接したアメリカの将軍は、彼を評して、自分を救うためなら誰でも売り渡しかねない人間であり、あまつさえ自分の主人である天皇のことを「主たる戦争犯罪人」とまで呼ぶような卑劣漢だと言った」ことを報告している。検察当局は、マッカーサー司令部の全面的な支持を得て、事実上、天皇を訴追から守るチームとして機能したのだった。[18]

裕仁をいかなる戦争責任からも守ろうとするこういった努力は、天皇自身の期待をも上まわるものだった。しかし、そのために、天皇によって歴史の記録を明らかにする機会は失われてしまうことになった。A級戦犯への裁判が正式に始まる時が近づくにつれ、天皇は自らもいずれは尋問され、戦時中の政策決定過程について自分自身の説明を求められるだろうと考えたようだ。その動機はともあれ、天皇は三月一八日から四月八日まで、自らの統治下における主要な政策決定について、側近たちに合計八時間もの「独白」を行った。この回想は、天皇個人の戦争責任をけっして認めてはいなかった。それどころか、天皇はこの機会を利用して、大災厄をもたらした政策の責任を臣下に押し付けたのである。しかし同時に、この前例のない独白によって、天皇が最高レベルの人物や手続き、具体的な政策決定について、じつに詳しく知っていることが明らかになってしまった。

当時、天皇以外の日本の指導者層は誰でも、ＩＰＳの尋問に応じなければならなかった。勝者が、誰も知らない内部情報を天皇から探り出したいと考えたとしても不思議はないように思える。「独白」は事実上、そのような尋問の場を想定したリハーサルとなっていた。この独白が漏れた時、首席検察官のジョセフ・キーナンは、多国籍からなるＩＰＳの職員に対し、天皇には触れてはならない、もし同意できないなら、「ただちに帰国せよ」と指令していた。フェラーズも、対敵諜報担当のチャールズ・ウィロビーも、宮中の情報筋から提供された天皇の告白に関わる資料は葬り去ったように思われる[19]。

天皇を免責しようというこの組織的な活動は、どんどん範囲を広げていった。裕仁は、戦犯となったかもしれないあらゆる公的行為にたいして、無実であるとされただけではない。戦争の道義的責任さえも負わない、ほとんど聖人のような人物に仕立てあげられてしまった。シニカルな現実政治家にとっては、こうしたことは、当たり前のたやすい仕事であろう。エリオット・ソープ准将は、天皇の身の安全を守り、第一次戦犯リストを作成する任務についていたが、後に自らの活動について感慨を込めて振り返っている。自分は、天皇裕仁の在位を全面的に支持していた。「というのも、天皇の退位は混乱以外の何ももたらさないからだ。宗教もなく、政府もない。天皇だけが統制の象徴だったのである。もちろん天皇は悪に手を染めた。彼が無邪気な子供などでないことも明らかだ。しかし天皇はわれわれにとって大変役に立つ存在だった。これが私が天皇を支えるよう、あの老人（マッカーサー）に勧めた理由だ」。内部の人間でももう少し思慮深い人々には、こうした実利主義的な考え方は苦しいものだった。国務省の東京駐在代表であったジョージ・アチソンは、一九四六年初めのトルーマン大統領宛ての長文の報告書の中で、自らの考えを率直に語っている。「天皇は戦争犯罪人であり」、「日本が本当に民主的になるためには、天皇制は廃止されるべきである」と。にもかかわらず現状においては、アチソンもまた、天皇制が維持され、裕仁が戦争責任の訴追を免れるならば、社会的混乱を回避でき、民主化もうまく機能するだろうと考えていたのである。アチソンは、天皇の退位は、将来において望ましい選択肢であるが、憲法の改正が実現するまでは、延期することが最良の策であるとあえて言明した[20]。

アチソンはまもなく墜落事故で亡くなったため、退位問題がその後どうなるか自らの目で見ることはできなかった。一九四六年九月、政府は、現在天皇には退位の意思がないことを正式に発表したが、その後、二度の機会に退位の可能性が取りざたされた。一つは、一九四八年、東京裁判の判決がまもなく言い渡される頃、天皇の道義的責任の問題にふたたび火がついたときである。刑が言い渡されるはるか以前から、裕仁の忠実なるしもべが死刑あるいは禁固刑の判決を下されることは明らかであった。天皇はそれにたいしてどう応えるべきか？　大衆雑誌に掲載された座談のなかで、最高裁判所長官の三淵忠彦、憲法学者の佐々木惣一、そしてリベラルな評論家であった長谷川如是閑は、この件について忌憚のない意見を交換した。三淵と佐々木は、天皇は敗戦後ただちに責任を取るべきであったという点で一致した。大阪で実施された世論調査では、回答者の四分の一以上が、裕仁ははただちに、あるいは適切な時期に退位すべきだと考えていた。他の資料では、もし天皇の退位について投票を行なった場合、おそらく五〇％ほどの人々が退位を支持するであろうし、天皇個人が退位の意思を表明すれば、支持はもっと高くなるだろうとしていた。これらの事実について政府の上層部が議論していたことはよく知られており、裕仁自身、葛藤で苦しんでいるとも噂された[21]。

例によって、アメリカ人は、天皇退位の主張を押しつぶそうと圧力をかけてきた。フェラーズは引退して一年以上も前に日本を離れていたが、一九四八年七月に、急遽寺崎宛てに私信を送り、「アメリカの新聞が陛下の退位問題について頻繁に言及している」ことに警戒の念を表明した。フェラーズは次のように言明していた。天皇の退位は「すべての共産主義者にとって、とくに、天皇が在位することで日本の民主化が可能になっているという主張はナイーヴに過ぎるというロシア人に、勝利をもたらすでしょう」。「マッカーサー元帥の占領政策の成功

は、天皇の威信と個人的リーダーシップを最大限に利用したことで可能となったものだから」、天皇の退位は

「マッカーサーにとって大きな打撃となるでしょう」。そのうえ、裕仁が退位することによって、これまで慎重に作り上げられてきた無垢の天皇という神秘劇の正体が明らかになってしまうだろう。

天皇のご退位が、とくに戦犯の判決申し渡しの時期と重なった場合、世界の人々の目には、陛下が軍閥の一部と結びついていると映りかねません。無論、これは真実とはまったくかけ離れたことであります。もし天皇がご退位になると、天皇には戦争責任がないという印象を抱き始めたこの国(アメリカ合衆国)の世論の動向を逆転させることになるでしょう。天皇のご退位によって、陛下の歴史上のお立場が戦犯に同情的であると思い込ませることにもなり、また陛下自身が戦犯たちに共感を抱いていることを示すために、天皇の地位を放棄したとされるでしょう……

今日、日本は西洋文明の大きな影響を受けつつあります。日本は天皇だけがもたらすことのできる安定的な力を必要としており、実際に、それはなくてはならないのです。天皇は、逆境から確実に立ち上がりつつある新しい日本にとって、なくてはならない存在なのです。天皇は日本がふたたび国際社会に復帰する上での一助とならなければならないのであります。

日本の天皇制支持者でさえ、「陛下」に対してこれ以上の賛辞を呈することなどできないだろう。しかしアメリカ人のなかで、この問題に熱い思いを抱いていたのは、フェラーズだけではなかった。一〇月の最後の数日に、芦田均前首相は、アチソンに替わって国務省東京駐在代表に就任したウィリアム・シーボルドにたいし、天皇は実際に退位について思案しているようだと伝えた。シーボルドはすぐさまこれをマッカーサーに知らせ、ワシン

トンの上司にあてた「個人的かつ極秘の」書簡のなかでは、マッカーサーは、まもなく下される戦争犯罪裁判の判決による精神的緊張のために、裕仁は退位だけでなく自殺さえしかねないと危惧している、という驚くべき情報を伝えたのである。シーボルドとマッカーサーは、どんな場合でも、天皇の退位は「日本における共産主義を直接に利し、混乱に手を貸すことになる」という点で同意見であった。マッカーサーは、天皇と会見するときには、「退位について考えるのは、馬鹿げた不条理なことであるだけでなく、おそらく日本国民に重大な損害をもたらす結果になると伝えよう」と明言した。シーボルドのほうは、これと同じ意見を寺崎に急いで伝え、これが最高司令官だけでなく、「アメリカ政府の見解」でもあると思うと表明した。

東京裁判の判決が下される時に天皇が自殺するかもしれないという考えは、天皇裕仁の性格にたいする、一風変わった解釈に基づくものであった(シーボルドは、「とりわけ天皇が東洋人であり、しかも日本人であることからする」ひとつの可能性であると認めていた)。しかし天皇は、一一月一二日付の極秘のメッセージで、マッカーサーを安心させた。自分は新たな決意をもって、日本の国家再建のため、世界平和の推進のために、国民と力を合わせて働くつもりであると、最高司令官に告げたのである。(22)

それから三年半を経て占領は終結したが、この時天皇は、古くからの側近であった木戸が一九四五年一二月に戦犯容疑者として刑務所に収監される直前、天皇に別れを告げるさい、その時に備えておくようにと進言していた瞬間を迎えたのである。あのとき木戸は、皇室の名誉のためにも天皇は敗戦にたいする責任を取ることが求められているが、その時期は占領軍が撤退し、日本が平和条約を締結して主権を回復する時であると強調した。一九五一年一〇月、服役中の木戸は、こうした思いを記した書簡を、再び獄中から天皇に送ったと日記に書いている。退位は「真実に従った」行為となるだろうと、彼は忠告した。それは、処刑された戦犯の家族を含む遺族の慰めとなるであろうし、「皇室を中心とした国民統合にとって重大な貢献となる」だろう。木戸は、もし天皇がこの機会を逃すならば、「皇室丈が遂に責任をおとりにならぬことになり、何か割り切れぬ空気を残し、永久の禍根となるにあらざるやを畏れ」ていると述べた[23]。

天皇の戦争責任についての木戸の見解は、ほとんどの日本人と同じであって、内を向いたものだった。天皇は「敗戦」の責任を負うべきであった。その名において戦われた戦争でひどい目にあったり、死んだり、あとに残されたりした臣民にたいして謝罪することで、歴史を清算すべきであった。そうすれば天皇は、日本の歴史上でもっとも恐ろしい時期に血に塗《まみ》れた玉座を清めることができただろう。

しかしその瞬間は来て、たちまち去った。今回は、裕仁のもうひとつの自我であるマッカーサーもいなかった。一一月になって、木戸の耳に、天皇は自らの退位について真剣に考えており、天皇にもっとも近しい助言者のなかにもその方向で天皇を説得している者がいるということが聞こえてきた。しかし実際には何事も起こらなかった。天皇の「お言葉」の原案には「私は敗戦の責任を深く国民に詫びる」との表現が含まれていたにもかかわらず、長らく待ち望まれていた主権回復を祝う挨拶では、在位の意向が表明されただけで、個人的な戦争責任には一言も触れられていなかったのである。なぜ謝罪の言葉が削除されてしまったのだろうか？　天皇の助言者の一人が、表現上の疑問点を指摘して、天皇を説得したからだと言われている。「今となって、なぜ陛下がこれほど強い言葉で謝罪される必要があるのでしょうか[24]」。

巡幸、そして「現人《あらひと》」

天皇の退位をめぐる陰謀が展開しているなか、保守派エリートはＧＨＱと協働し、天皇を「人間」へと変身させるために大々的な宣伝活動に乗り出した。彼らは、天皇は全国を巡って、文字通り臣民と同じレベルに降り立ち、貧しく、空腹を抱え、悲惨な境遇にある人々と親しく交わるべきだと考えていた。普通の日本語で「巡幸」

といわれる天皇の旅行には、行幸すなわち「威厳ある天皇の訪問」の持つオーラは避けられないものだったが、一方この歴訪は、「大衆《マス》との意思疎通《コミュニケーション》を重んじる天皇制」の始まりをしるすものでもあり、これ以降、天皇はいわゆる著名人へと変身するのである。

天皇の地方巡幸は費用のかかるものであったが、占領期間中ずっと続けられ、最終的に裕仁は沖縄以外のすべての都道府県へ足を運ぶことになった。現人神として有名な白馬に跨って勲章を飾り立てた大元帥としてしか知ることのなかった君主が、いまや突如として人々のかたわらに立ち、いままでけっして話しかけたこともない人々と、必死になって会話しようと試み、フェルトのソフト帽に洋服とネクタイという新しい装いで、ぎこちなくよろよろ歩いているのである。一九五四年八月に終了するまで、天皇は計一六五日を巡幸に費やし、全行程は約三万三〇〇〇キロに及んだ。巡幸の多くは周到な計画に基づくものであった。天皇の一行が真珠湾攻撃の六周年記念日に広島へ降り立ったのは偶然とは思えない。おそらくこれは、ある行為を別の行為で相殺する象徴行為のゲームであったろう。その後、天皇は長崎を訪れ、原爆症で死の床にあったベストセラー作家永井隆を見舞っている。

痛々しいほどに形式ばった裕仁にとって、巡幸は異例の大仕事であった。意図されたとおりのものもあればそうでないものもあったが、それは天皇の新しいイメージを作り上げるうえで大いに役に立った。天皇が威厳を捨て去り、会計士か小さな町の校長先生のような服装で、臣民に話しかけようとしていたこの時期ほど、「君臣一如」が生き生きと機能して見えたことはなかった。無論、それが巡幸の目的であったのだ、くさびを打ち込み、天皇と国民を融合させ、人々の天皇崇拝を世俗化することが。同時に、裕仁はこのような仕事を不平も言わず淡々とこなしていったため、実際に国民の苦しみと犠牲のシンボルになるという、まったく予期しないことが起こった。国民は天皇の姿を見てかわいそうに思うことがよくあったのである。

この巡幸の立案者が誰であるかはよくわからない。入江相政など宮内省の高官は、後に、裕仁自身が降伏の後すぐに、臣民のなかに入っていきたいと考えていたことを明らかにしている。その年の一二月八日、何人かの人々が皇居内の清掃を申し出て、このとき天皇が彼らと少しだけ言葉を交わしたことが、大きな意味を持つことになった。一月一日、『朝日新聞』は天皇の詔書に関する記事の中で、この君主を「やさしい紳士」と表現し、もっと効果的な広報活動が必要であると書いた。二日後『朝日』は、イギリス王室が国民との間に効果的な交流を持っているとの記事を掲載した。(25)

裕仁は一九二一年、皇太子時代にイギリスを訪問して以来、イギリス王室の在り方に強い印象を受けていた。一九四五年の終わり頃、天皇の助言者たちは、挿絵の多いイギリス王室に関する英語の本を天皇に与えた。そこには、国王が民衆に交じっている写真や、炭鉱労働者を視察するため炭鉱内にもぐって行く写真などがあった。この本は学習院院長の山梨勝之進が宮内省へ持ってきたもので、彼はまたレジナルド・ブライスを宮中に紹介した人物でもあった。(26)この本が、熱心な禅の信奉者であるイギリス人ブライスがもたらしたものかどうかは別としても、彼はまもなく、天皇が自らの人間性を宣言するときだけでなく、それを明らかにする活動においても主要な仲介者となった人物である。

この祖国を離れたイギリス人がしたためた覚書が翻訳されて、一月一三日、天皇のもとに届けられた。そのなかで彼は、天皇が自分のこれからの行動について自らマッカーサーに積極的な提案をする機は熟していると書いていた。「天皇は精神的に国民を統率せらるるべきで、政治的に支配せらるるべきではない」とブライスは強調した。「天皇は詔勅によりて御自身の御意見を発表せらるるに止まることなく、親しく国民に接せられ、その御行動にも表裏なき一貫したる誠をもって、国民の誇りと愛国心とを鼓舞激励せらるるべき」なのである。より具体的には、天皇は自ら全国を巡幸し、あるいは炭鉱を(これこそあの本の力だ!)、あるいは農村を訪ね、国民の語る所に耳を傾け、国民と語り、彼らに色々な質問をするべきなのである。

天皇は自らの心情を吐露し、人の声に似た音を出すオルガンの音栓を引き抜かなくてはならない。そして(食糧を余分に持っておる者は、同胞に)食糧を分配しようではないかと訴えかけなくてはならない。……(中略)……そして今でこそ我が民族は衰えているけれども、我々は元々偉大なる潜勢力を持っておる。世界文化、殊に文学及び国民生活の方面に於ては、将来比類なき貢献を為すべき力をもっておるではないか。というう如くお諭しになるとよい。[27]

日本人の間では、「藩公は見える。公方さま(将軍)は見ると目がつぶれる。天子さま(天皇)は目に見えない」ものだと言われてきた。堅苦しい宮中の役人にとって、君主が庶民と交わるために文字通り下々の所まで降りて行くというのは、考えただけでも下品なことであった。ましてそんなことをすれば、天皇が共産主義者によって暗殺されるかもしれないではないか。しかし天皇はブライスの提案を積極的に受け容れ、マッカーサー元帥は巡幸の背後から、熱烈な支持を送った。[28]

ここでも再び、明治時代に前例があった。一八七二年から一八八五年にかけて、明治天皇は全国各地に六回も行幸し、建設途上にある天皇中心の近代国家に民衆の支持を動員しようとした。二人の君主が人々のところに出かけていこうとした行為には、驚くほど似かよった点があった。どちらの場合も、国内が混乱して不安定になり、急進主義的なイデオロギーが鼓吹されて天皇制への支持が危殆に瀕しているような状況下で行なわれたのである。裕仁が祖父の行列に自分の前例を見出していたにせよ、自身の治世においては全国巡幸は前代未聞のことであった。それは裕仁の内向的な性格やそれまで彼が培ってきた頑なまでの超然としたスタイルにそぐわないものであ

1926年に即位してから戦争終結までの20年間に，天皇裕仁は，荒れ狂う軍国主義国家の大元帥として，またイデオロギーの難攻不落の中心として，次第に重要な役割を果たすようになった．天皇が美しい愛馬白雪号の馬上から閲兵する姿は，多くの人にとって忘れがたいものであった．

ったことは言うまでもない[29]。

天皇が一般の人々と交わる準備がまったく出来ていなかったこと自体が、この宣伝活動にとって大きな利点をもたらすことがわかった。天皇は対話を試みようとするのだが、口ごもったり、落ち着きがなくそわそわしてしまうために、人々はこれほどまでに世間から隔離され、傷つきやすい魂に、同情の念を募らせていったのである。他人を当惑させるほどのぎこちなさは、天皇が比類なく純粋で無垢な人間であるというイメージを強めた。苦痛を味わうことはわかっているのに、このような巡幸を喜ぶばかりか熱意をもって行なったことは、天皇は心から臣民に献身する君主であるという主張を強化することになった。天皇の社交性のなさは、彼が人間的であり、同時に世間ずれしていない人物であるという印象をますます与えた――つまり、天皇は真に「精神的な」存在なのであった[30]。

天皇の苦痛はまた、人々に罪の意識を抱かせることにもなった。戦争終結まで日本人は、国家の掲げる大義を推進してゆく上で、どれほど小さな失敗も、天皇にたいして謝罪するよう教えこまれてきた。天皇の巡幸は、奇妙な形でこの自己批判と謝罪の大衆心理を蘇らせた。天皇が国民のためにこの巡幸を行なっていることは明らかだったが、それが天皇にとって当たり前なことでも、またかんたんに出来ることでもなかったことも明らかであった。陛下を困惑させ、ご不便をおかけしていることにたいしては、以前と同じように謝罪しなければならないという感情が生まれてきた。こうして天皇への敬意が形を変えて現れることになった。もちろんこの感情が「民主主義」と関係があるかどうかは別問題である。陳腐な比喩だが、「雲の上」から降りて、臣民と同じ焼け野原

周到に計画された天皇裕仁の地方巡幸は，天皇が「臣下」たちと直接接する未曾有の機会となった．軍服を脱いだ平服姿で，群集に向かってちょいちょい帽子をかざすしぐさは，天皇の「民主的」イメージの重要な部分となった．この写真の地方巡幸では，天皇は皇后を同行している．よく見ると，ヘルメットをかぶった米軍憲兵が行列の中にいる．

を歩むことによって、天皇はかつて誇り高かった国民が遭遇している窮状を、自らの身に体することになった。天皇は、我知らず、人々の悲しく打ちひしがれたナショナリズムの、あるいは少なくとも国民的悔悟の情感をかき立てる存在となった、圧倒的に白人ばかりの占領軍のなかで、ただひとり力ある日本人として。

色メガネでみていた西洋のジャーナリストたちには、この感情はわからなかった。彼らは超越的な存在であったかつての天子と、現在のごく普通の人間との間の対照に目を奪われていた。AP通信のラッセル・ブラインズによれば、天皇の臣民は突然気がついたのであった、「天皇は背が低く、痩せていて、撫で肩であり、その動作はぎこちなく、つねにひっくり返りそうになっていた。天皇のあごは貧弱だった。かん高い声で話す会話は無意味なことばかりだった。天皇の顔はほくろ——日本人にとっては幸運の印——だらけだった。固い口髭は別として、あご鬚は不ぞろいで、しばしば剃らなければならなかった。その弱々しい目は、厚い角枠の眼鏡で覆われていた。洋服はだらしなく、靴は擦り切れていた。天皇には気の利いた侍従が大いに必要であった」。天皇は、歓呼する群衆に応えて、フェルトの中折れ帽をたえず持ち上げてうなずいていた。まるで「再び沈黙に相対するのを恐れてでもいるかのように[31]」。

天皇のぎこちない立ち居振る舞いは、最初の巡幸の時から目についた。一九四六年二月一九日、天皇は横浜の工場と闇市を訪れた。闇市は「面白い」と天皇は言った。翌日、天皇は引き揚げ者の援護局を訪れ、二つの質問を公式に行なった。一つは「引き揚げてくる軍人や一般邦人は、どんな気持ちで日本に帰って来るのか?」であり、二つ目は、台湾や朝鮮の旧植民地の臣民が「本当に感謝して」もとの土地にもどれるように、どのようなことがなされたのか、というものであった。NHKラジオが録音したこの「対話」は二月二二日に放送され、相手のどのような答えにも「あっ、そう」と応じる天皇の一種独特の言い回しを多くの人が耳にすることになった。NHKの解説者も述べたように、天皇はまるで「箱」から出て来たばかりのように、その動作も言葉もぎこちなかったのである。[32]

天皇は大勢の人を惹きつけた。彼らは茫然と見とれ、まれには涙を流した。新聞には感情のこもった手紙や詩歌が寄せられた。「密雲を破って天日」が現れたことに有頂天になっていたのである。天皇が浸かった風呂の湯を瓶に詰めたり、天皇の歩いた道の石ころを拾ったりした。共産主義者を名乗る者でさえ、当時許されていなかった日の丸の旗を思わず振り回していることもあった。[33] 時がたつにつれて、庶民と一緒にいる時の天皇の苦痛も和らぎ、口調もはっきりとしてきたと言われたが、必ずしもそうとは限らなかった。巡幸が始まってほぼ二年後、広島に到着した天皇の発言は次のようなものであった。「ここではかなりの被害があったようだな」[34]。

天皇の周りを取り囲んだのは日本人だけではなかった。そのなかでも外国のジャーナリストやアメリカ軍人が、とくに目についた。これは、天皇が横浜を初めて訪問した時から見られた光景である。アメリカ兵が天皇の車を取り囲み、ボンネットの上によじ登ったり、競って握手を求めたりした。「天皇にお近づきになること」は、日本人と同様、アメリカ人にとっても伝染しやすい熱病であることが明らかとなった。もちろん、日本人とアメリカ人とではその感情の中味は異なっていたが、君主の存在にたいする畏敬の念と、有名人の存在に熱狂する感情との間には共通する要素があった。

もっと印象的なのは、巡幸儀礼でアメリカ人の果たした役割が、格式ばった、ほとんど封建的と言えるようなものであったことである。天皇はどこへ行っても、儀仗兵のように先導する米軍の憲兵隊や兵士によって護られていた。こうした護衛は、政府が急進左翼や右翼の攻撃を恐れて米軍に要請していたものであった。もっともそういう攻撃はついぞ起こらなかったのだが。しかしこの要請に応えたＳＣＡＰは、たんに物理的な身辺警護以上のものを提供することになった。つまり、天皇制と裕仁個人へのアメリカの支持を具体的な目に見える形で示して見せたのである。このようなことはすべて、退位問題が盛んに議論され、天皇が依然戦犯として起訴される可

天皇が旅をする

天皇の地方巡幸は1946年にはじまり，沖縄以外のすべての県に及んだ．民衆は，一様に敬意を表して天皇を迎えた．畏れおおいという気持ちと，単純な好奇心が入り混じっている場合が多かった．

「天から降りてきた」天皇裕仁は，ときにはずいぶん下のほうまで降りていった．写真は1949年，巡幸で九州の炭鉱に入った裕仁．

皇室の状況がめまぐるしく変化するので困った老女が，天皇の傍らに立って，新たに人間となった天皇の姿をさがしているかのような一枚.

天皇巡幸は，時折，武装した占領軍兵士が護衛したが，その写真はあまり残っていない．この写真は，緊張したアメリカ兵が銃剣つきライフルを構えた様子が写っている珍しい例.

能性が想定されていた時期に始まったものであった。小学三年生の子供が書いたひとつの作文が、巡幸のこの特殊な局面を捉えたものとなっていた。それによれば、道の両側はぎっしりとお迎えの人達でうずめられ、最初にはジープが現れ、その後に自動小銃を肩にかけたアメリカの憲兵が続いた……、それから、天皇が現れた。群衆が混乱すると、アメリカ人護衛兵がジープで突っ込んだり空砲を撃ったりして、道を空けさせたのである。(35)

巡幸は驚嘆と興奮を巻き起こしながらも、健全な不敬行為も生み出した。天皇の「あっ、そう」という言い回しは、至る所でからかい文句となり、巡幸それ自体も「世直し三コウ」の一つとされた。それは当時、メディアをにぎわしていた三つの出来事が、いずれも「コウ」という音を含んでいたことに引っかけた冗談である。一つは新興宗教の「璽光尊」、二つ目は最初に世耕《せこう》弘一という国会議員が暴露した軍需物資隠匿問題、三つ目が巡幸である。一九四六年一〇月、名古屋では、巡幸に実に滑稽な随行員が加わった。突然、招かれざる車が天皇の車列の最後尾に出現したのである。そこに乗っていたのは、誰あろう「熊沢天皇」――真の皇統を継いでいると主張していた――その人であった。こうしたカーニバル的な要素は、つねに巡幸の表面下に潜んでいた。

巡幸をつうじて、天皇は「ホーキ(箒)」としても知られるようになった。左翼漫画では、頭に箒の剛毛を付けた天皇が描かれることもあった。というのも、天皇の訪問予定地は、どこも掃除されて綺麗になったからである。天皇は臣民の生活状況を視察していると思い込んでいたが、彼が連れて行かれたのは、当然のことながら、ぴかぴかに磨き上げられた清潔な場所ばかりであった。天皇が通過する予定地では、道路は修復され、建物は建て直され、河川も清掃された。天皇は塵一つない宿に泊まった。通り道にはござが敷かれ、天皇が視察する予定の田んぼの脇には、台座が設けられた。GHQの報告書によると、「常に、花枝で飾られた柱やアーチ」が天皇行列の通り道に沿って設けられていた。天皇が現実を見ないですむように、膨大な費用が費やされ、その額は、時には地方政府の財政を破綻させてしまうほどにもなった。(36)

巡幸が常態化すると、地方の政治家は自分の威信を高めるために、天皇の巡幸をしきりにせがむようになった。行列の最後尾には、時には一〇〇人もの宮内省の役人がこの新しい民主主義の象徴に随行しており、中には、地方巡幸を利用して、闇米やその他の「贈り物」を徴発する腐敗分子もまじっていた(当時は、貴族階級でさえ食糧の不足を感じていたのである)[37]。こうした行き過ぎと腐敗もあって、巡幸は一九四八年の初めに一時中断された。しかし、その頃までに天皇は間違いなく、戦時中の現人神とは異なる人物になっていた。――もっとも、ある種の尋常ならざる性格は、いまだに保持してはいたが。英字新聞『ニッポン・タイムズ』の「天皇裕仁――日本を統合する」と題する記事は、「自分を人間にしようとする天皇の現在の努力は、幸運にもいかなる困難によっても妨げられてはいない」と賞賛している。記事は人間天皇の持つ多くの才能を列挙して、「扇子を足の爪先ではさんであおぐことは、誰にでもできることではない。天皇裕仁はこのような曲芸が出来るだけでなく、それを泳ぎながらやってのけることもできるのである。天皇はまた雨の中を、片手で傘をさしながら泳ぐこともできる」とも書いていた[38]。

天皇の巡幸は一九四九年春に再開された。当時でも、天皇のカリスマがすべてを厳粛に支配していたわけではない。宮中で侍医をしていた小島憲は、天皇の四国巡幸に随行した際、そのことに気づかされた。宇和島市で随行員たちは、天皇の荘厳な訪問のためにわざわざ風呂場を修繕した旅館に宿泊していた。ところが天皇は風邪気味であったので、風呂には入らないことにした。そんなときは、随行員が用意された風呂を使うことが慣例となっていたので、小島は同僚の医師と一緒に風呂に入った。ところが彼らが湯船に浸かっている時、突然お湯が抜かれてしまい、二人は空っぽの風呂桶の中で震え上がることになった。なぜこんな奇怪な出来事が起こったのかといえば、旅館側は、風呂場の修繕費用の一部を回収するため、天皇が浸かったのと同じお湯に浸かりたがっていた市長や議会の議長といった地方政府の高官に高い代金で風呂を使わせるつもりでいたのである。ところが天皇が身を清めるのをやめたため、風呂の修繕費の回収ができなくなった旅館が腹にすえかねて係の者に栓を抜かせたというわけだった。小島は風邪を引き、数日間熱を出した。[39]

一九五一年一一月には、それほど愉快ではない出来事が、天皇の京都巡幸の際に起きた。占領も終わりに近づき、冷戦状況の中で日本の再軍備やアメリカとの同盟について激しい議論が展開されていた時期であった。京都大学の急進的な学生が、敵意に満ちた質問を記した公開質問状を天皇にわたそうとしたのだ。この時、天皇の前で、彼らは国歌の代わりに「平和の歌」を歌った。これが天皇の巡幸にたいする、最初の公然たる抗議行動であった。大学側は学生たちの質問状を天皇にわたすことを拒否し、八人の学生を節度を欠いた行動をとったことを理由に無期停学処分とした。[40] この事件は人々にとって、わずか一〇年か二〇年前の「危険思想」にたいする抑圧を思い出させることになり、この新しい天皇制民主主義の中に過去の遺産が根を張っているように見えたのである。

ある男の砕かれた神

一九七七年、『砕かれた神』という、天皇を痛烈に批判した書物が出版された。それは、天皇が突然神から人に変身したこと、聖戦における至高の象徴から「民主主義」の曖昧な象徴へと転身したことを批判したユニークなものであった。著者である渡辺清が一九四五年九月から一九四六年四月にわたってこの日記を書いたとき、彼は正規の教育をわずかばかり受けただけの復員兵であった。渡辺は敗戦の年の一一月に二〇歳になったが、自分の誕生日を祝った様子はない。彼は天皇に裏切られた憤りで消耗しきっていたのである。[41]

渡辺は一五歳で海軍に入隊し、一九四二年、戦艦武蔵に乗りこみ、四四年、決定的な大敗北を喫したマリアナ海戦に従軍した。このころすでに、戦況は日本に不利となっていた。戦艦武蔵の沈没で戦友のほとんどは死亡したが、彼は奇跡的に生き残った。渡辺は最も早く召集解除された一人であり、天皇の降伏を告げた放送の約二週間後には、神奈川県の故郷の村に復員していた。他の復員兵らと違って、彼は軍隊から何もかすめ取らずに帰郷したため、隣り近所の利に敏い復員兵の息子たちと比較されて、肩身のせまい思いをした。

若い兵士だった渡辺は、米国の心理戦の専門家が行動分析表の中の「天皇崇拝者」という項目に分類した人々の誰よりも熱烈に、かつ無条件に天皇を崇拝していた。彼は天皇の「聖戦」についてのすべての言葉を信じ、戦いながら死んでいくことを望んでいた。敗戦を迎えた時、渡辺の搭乗していた軍艦でも、復員後の故郷の村でも、天皇が処刑されるという噂が流れた。渡辺は天皇は自殺するだろうと考えた。敗戦の責任を取り、敵から辱めを受けるのを避けるためにも、それは当然のことのように思えた。しかし天皇は自殺しなかった。敗戦の混乱がこれ以上ひどくならないようにするために、天皇はとどまっているのだろうか。おそらく、陸軍や海軍の兵隊のほとんどが復員し終わったならば、天皇は退位するつもりなのだろう。天皇の命令に従って死んだ人々にたいして、天皇が責任を表明しないなどとは考えられないことだった。

渡辺の日記は、東京湾において降伏調印式が行なわれた九月二日から始まっている。この時、日本の艦艇にまでも星条旗が掲げられているのを見て、渡辺は引き裂かれる思いがした。こんな屈辱がまたとあるだろうかと、彼は日記に書いた。故郷に帰ってから何日もの間、彼はほとんど何もしなかった。食事さえも家族とは別に摂った。連合国の軍隊が東京になだれ込んできた時、彼は泥だらけの軍靴で自分の「胸ぐら」を踏みにじられているような気がした。東条のへまな自殺未遂は、彼に嫌悪感を催させ、天皇が最初にマッカーサーを訪問した時には、信じられないような衝撃を受けた。二人の指導者が友人同士のように並んで写っている有名な写真を見て、渡辺は吐き気がした。その写真はまた、「天皇ともども本当に敗けてしまったのだ」という事実を、決定的な形で彼の心に刻みつけた。なぜ天皇は恥ずかしいという思いをひとかけらも見せないのか。渡辺にはまったく理解できなかった。そのため彼の絶望感は限度を超していた。「天皇はその元首としての神聖と権威を自らかなぐり捨て、敵の前にさながら犬のように頭をたれてしまった」と渡辺は書いている。彼にとって「〝天皇陛下〟はこの日に死んだ」のである。

続く数カ月の間、彼は裏切られたという感覚にとりつかれて苦悶し、自分自身のあまりの怒りが恐ろしくなった。渡辺は、もはや自分自身を含め、何も、そして誰も信じられなくなった。もし天皇が本当に戦争をしたくなかったのなら、なぜ開戦の詔書に署名したのだろうか？　なぜ天皇は真珠湾攻撃の責任を東条に押し付けているのだろうか？　なぜ天皇はそれは自分の命令によって行なわれたのだと言わないのだろうか？　報道も彼を愕然とさせた。つい昨日まで「聖戦」のスローガンを鼓吹していた新聞が、いまや軍国主義者、官僚、財閥の共同謀議について語っているのである。新聞で本当なのは死亡広告だけだと言った人がいると、渡辺は賛意を表しつつ日記に書き留めた。

報道機関が突然アメリカ式民主主義を称え、「昨日の敵は今日の友」とやりだしたのを見て、渡辺は激しく無意味の感に捉われた。もし「それほど仲良くする必要があるのなら、はじめから戦争などしなければよかったのだ」。なぜ自分の命を賭けてまで戦わなければならなかったのだろうか？　政府が宣伝している「一億総懺悔」を、この一〇月の初めに、どう考えればよいのか？　日本人一人ひとりが懺悔するなど無意味である。むしろ、天皇も含めて戦争を始めた直接の責任者が国民にたいして懺悔するのが本当だろう。

ある女性の知人は、彼が間違っていると言った。天皇はロボットだったのであり、その名においてなされたことについて責任はないというのだ。マッカーサーとの写真もたんなる「マッカーサーの演技」なのだ。しかしあまり教育を受けていない渡辺のような十代の兵隊たちの多くは、天皇は神のような存在であり、絶対的な信をおいた至高の価値であるということを疑うことなどなかった。すべてが真実であったのだ。一〇月半ばまでに、彼は激しい憤りで消耗したため、皇居に火をつけ、お濠の松の木に天皇を逆さまに吊し上げて、(帝国海軍において水兵になされたように)樫の棍棒で天皇を打ち据えることを夢想し始めた。また、天皇を海の底へ引きずりおろして、彼の命令で始まった戦争の結果、そこに横たわることになった何千もの死骸をその眼に見せてやりたいとさえ想像した。天皇の髪をつかんで、海底の岩床にその頭をごんごんつきあてている所も見た。自分は気が狂ってしまうのだと、彼は思った。

一〇月下旬には、渡辺は天皇制を国民投票にかけることを考えた。ほとんどの日本人が天皇を支持するだろうことは、認めざるをえなかった。渡辺は天皇の逮捕には絶対反対であった。もしそうなれば、勝者による復讐の裁きとなってしまうからである。彼の村では、人々はすでにマッカーサーのことを新しい天皇、あるいは天皇の上に立つ新しい国王と呼び始めていた。人々の移り気に彼はむかむかした。同胞の日本人たちは、誰であろうとも、その時もっとも権力を持っている者にただ単に身をすり寄せていっただけなのだ。「時代が変わったのだ」と人々はいつも言い続けているが、渡辺はそのような薄っぺらな実利主義に加わる気はなかった。

一一月七日、誰もが夢中になった感傷的な『りんごの唄』に対する嫌悪感を、渡辺は記している。数日後、天皇がまるで鉄道員のような新しい制服を着せられている、これは、天皇が逮捕されることもなければ、退位することもないだろうと、皇室が確信するようになった証なのではないか、と渡辺は書き記した。しかし天皇自身の考えはどうなのか？　その月の半ば頃、彼は村の役人が「聖戦」が実際にはいかに侵略戦争であったかについて話をしているのを聞いた。この同じ人間が、かつては戦争支持の演説を行なっていたのである。

ＧＨＱが主な戦犯の逮捕に踏み切った時、渡辺は反対意見を書き記している。日本人は自分たちでそのような裁判を実施すべきなのだ。一一月下旬、天皇が靖国神社を訪れ、天皇の名において始められた戦争で死んだ兵士らを参拝したと聞いた時、彼は死者の霊魂がこの君主をどのように出迎えただろうかと考えた。しかし、そもそも霊魂などというものは存在するわけがないと彼は結論した。なぜなら、もし存在するなら、彼らはとうに天皇を呪い殺していただろうから。数日後、渡辺は天皇の新しい写真が学校に配布される予定であると聞いた。このことは彼に、戦艦武蔵の沈没の日のことを思い起こさせた。そのとき、ある士官が、サラシでぐるぐる巻きにされた重い天皇のご真影を腕に抱えて海に飛び込むのを見たのである。その重みが彼を死に至らしめたに違いなかった。

天皇制の打倒を呼びかける共産党のポスターを目にした時、渡辺は思わず苦笑してしまった。戦時中、天皇への忠誠心は「赤心」と一般的には言われていた。今、彼は、共産党のポスターに同意している自分に気がつき、彼は自分がまったく異なった「赤」い心を持つようになったことを認めたのである。一二月初旬、彼はあらゆることを自分で判断することに決めた。もう二度と、他人の言うことを無批判に受け入れることはすまい。

一二月一五日、国家神道解体の指令が出された日、渡辺を「兵隊くずれ」として馬鹿にした五人の「やくざ」と喧嘩になり、したたかに叩きのめされた。傷を負って床に横たわっているとき、渡辺は自分がふたたび戦艦武蔵に乗り組み、四六センチの砲弾を無差別に日本に向けて発射している場面を想像した。そして彼は呪いの言葉を書きつけた。

天皇がなんだ
日本がなんだ
愛国心がなんだ
民主主義がなんだ
文化国家がなんだ

ふん、そんなものはみんなくそくらえだ
ペッ！

一二月二一日、訪ねてきた横須賀の知人から、渡辺自身が天皇を盲目的に信じ切っていたことの責任を質された。彼は、マルクス主義ヒューマニストである河上肇の書いた二冊の本――『近世経済思想史』と、古典的な著作『貧乏物語』と、ラッキー・ストライクという煙草を三箱渡辺に残していった。渡辺は、アメリカ製煙草の方は川に捨ててしまったが、二冊の本は彼を新しい世界へと導き入れることになった。

一九四五年の大晦日、渡辺は、SCAPが日本の民主化の進展状況に関する報告書を発表したことを書き記している。報告書は、国家神道の廃止によって天皇制を支える最後の邪悪の根が破壊され、封建的要素が一つ一つ除去されつつあると主張していた。天皇が居坐る限り、これは嘘だと渡辺は考えた。SCAPの声明は、戦時中の大本営発表を思い出させた。一月一日、天皇の「人間宣言」の日、彼は河上の経済思想史の本を読み終えた。彼にはとりわけマルクスの章が啓発的であった。

てっきり退位の声明だと思っていた天皇の元日詔書を読んだ時、渡辺の怒りは、ふたたび肉体の上に現れた。彼はめまいを感じ、「冷たい血」が足の裏からのぼってくる気がした。彼は怒りを「吐き捨てたい」と感じた。とくに彼は天皇が「現御神《あきつみかみ》」であったことを否定するくだりに激しい憤りを感じた。それはまるで、裕仁が国民と「狐と狸の化かし合い」を演じているように読めたからである。

詔書が「詭激の風」と道徳の衰退に警告を発している点もまた、彼を激怒させた。そのような状況を引き起こしたことにたいして、天皇でなくて誰が責任を負っているというのだろうか？　天皇自身が、いまだ戦争責任を取っていないというのに、国民の道徳衰退について話すことなどできるのだろうか？　領主はその城が陥落したときには、責任を取った。船長は船が沈没する時、責任を取る、と渡辺は述べている。八月一五日の詔書でも、一月一日の詔書でも、「私の責任である。謝罪する」との一言さえなかったではないか。天皇が日本の民主化に指導的役割を果たしたことをマッカーサーが賞賛したという記事が新聞に出たとき、渡辺はこれは甘くない砂糖のような矛盾だと批判した。民主化は民によってのみ達成されるのだ。だからこそ、デモクラシーは民主主義と訳されたのである。この四つの文字は、字義通りには、「人民 - 主権 - 主義」を意味する。正式な教育を八年しか受けておらず、ごく最近まで熱烈な天皇崇拝者であった渡辺としてみれば、憤怒に駆り立てられるまま、ずいぶん長い道のりを歩んできたのだった。

「人間宣言」のすぐあとから、渡辺は天皇を信じたことにたいする自分自身の責任について、深く考え始めた。彼は、共産党が「天皇制打倒」を放棄したことに失望した。また同時に、近所の人が彼の父親に、日本はアメリカ合衆国の四九番目の州になるべきだと言っているのを耳にして嫌悪感を催した。この同じ男が「鬼畜米英」と戦えと周囲の人々に触れ回っていたのを渡辺は思い出したからである。一月下旬に戦争犯罪法廷が正式に設置されたことは、渡辺を困惑させた。中国人や東南アジアの人たちが日本人を裁くのは正しいように思えたが、アメリカ人に関する限り、それほどはっきりしてはいなかったからである。彼は真珠湾攻撃が誤りであったことは認めたが、原子爆弾を落とした人々が日本のことをそう簡単に「平和と人道の敵」などとどうして言えるのだろうか。

一月下旬、渡辺は河上の『貧乏物語』を読み終えた。彼はその本を賞賛したが、ささいな点で著者と意見を異にするところがあった。河上は、貧乏な小作農の娘たちに値段の高い化粧品を売る店を、貧乏人にたいする搾取の例として批判していた。しかし田舎育ちの少年だった渡辺にとって、貧しい田舎の娘たちが、他の若い女性と同じようにきれいになりたいと願うのはしごくあたりまえなことであった。二月一日、河上の訃報に接して渡辺は衝撃を受けた。この年老いた教師は、渡辺にとって、盲目的に歩んできた自分の目を開いてくれた点で真の意味での教師だった。「無知ほど恐ろしいことはない」と渡辺は書き記した。

二月初旬、渡辺はGHQが公開した天皇家の膨大な財産に衝撃を受けた。彼は天皇を金品と結び付けて考えたことは一度もなかった。これこそ、自分の無知をさらけ出すことになったもう一つの例だと感じた。渡辺は、自分自身の戦争責任問題と格闘し続け、ついに戦争が侵略戦争だったという事実を受け入れるようになった。戦争当時、彼はそれが侵略であるということに気づいていなかったが、だからといって自分の責任が消えてなくなるわけではないと彼は確信した。何百万もの人命が奪われ、犠牲の血が流され、敗戦を迎えてようやく、彼は侵略戦争だったことに気づいたのである。いまや彼は、自分のまわりで死んでいった同僚の兵隊だけでなく、アメリカ人を殺すために撃った数え切れないほどの砲弾についても考えた。二月半ば、親戚が彼に学校に行ってはどうかと勧めたとき、彼は冷笑的な態度をとった。「学問も、芸術も、文化も」、すべては虚しく思えた。結局、それらは侵略戦争を防ぐことなどできなかったのだから。

二月二二日、渡辺はサイパンから復員してきた兵隊と天皇が会話を交わしたという話を耳にした。「戦争は激しかったかね?」と天皇は尋ねた。「ハイ、激しくありました」。「ほんとうにしっかりやってくれて御苦労だったね」と天皇は付け加えた。「今後もしっかりやってくれよ。人間として立派な道に進むのだね」。ふたたび渡辺は絶望感に苛まれた。おそらく天皇は、まともな人間なら誰でも持っている責任感を持ち合わせていないだけなのだ、と彼は考えた。天皇は少なくとも次のように言うことはできなかったのだろうか、「私のためにご苦労かけてすまなかった」と。

天皇が帽子を振ってにこやかに挨拶する巡幸を、人々があれほど簡単に受け入れたことは、渡辺にとって不可解なことであった。彼はその責任の一部が、天皇の戦争責任をまともに取り扱わなかった報道機関にあると考えた。今や世の中の流れは、軍国主義者や大財閥に戦争の責任を負わせ、天皇をその犠牲者――「かわいそうなロボット」、あるいは「真の平和主義者」――にする方向へと向かっていた。こうした事態は、報道機関は戦前に軍部に追従していたため、おそらく自らの責任逃れのためにとっている戦術なのだろうと彼は推測した。渡辺は天皇の行為が国民全体に与える「心理的な影響」についても考えをめぐらした。もし国民全体が天皇にしたがうならば、国民は最終的にはたった一つの指導準則だけを持つことになってしまうだろう、つまり「天皇さえも責任を取らずに済ませてしまったのだから、私たちが何をしようと責任を取る必要はない」ということである。

三月八日、発表された憲法改正草案に関する自分の考えを記録した渡辺は、「神」から「人間」へ、そして「象徴」へと形を変える、天皇の変わり身の速さに驚いた。彼は、「天皇が憲法上この国の象徴になるくらいならいわしの頭の方がまだしもだ」と苦々しげに叫んだ。数日後、彼は自分よりかなり年上の、中国戦線で従軍していた数人の退役軍人と話をする機会があった。その中の一人が、現地で犯した残虐行為について、まったく良心の呵責も感じないで話をしているのを聞いて、渡辺はショックを受けた。その男の無責任さは天皇の無責任さを反映しているのだろうか？　もし自分が中国へ送られていたとしたら、自分も軽い気持ちでそのような行為に加わっていただろうか？

三月半ば、渡辺は一人のアメリカ軍兵士とけんか騒ぎを起こした。そのGIは、まっ赤な口紅を塗ってまっ赤なドレスを着た日本人女性と一緒に歩いていたのである。道路わきに避けることを拒んだ渡辺は、その女性の腕にぶつかり、それに腹を立てた米軍兵士が彼を蹴飛ばしたことからパンチの応酬となった。周りに人だかりがして、四人の日本人巡査がようやくけんかを引き分けた。渡辺は警察署へ連行され、説教を受けた。彼はアメリカ人という敵にあれほど近寄ったことはなかった。アメリカ人は獣のようなにおいがし、「毛唐」とはよく言ったものだと思った。翌日、いまだ怒りで煮えたぎりながら、彼は日本人男性とつきあうことを拒否したフィリピン人女性のことを考えた。彼女たちの中には、日本兵に弾丸を発射した者さえいたのである。渡辺は、彼女らを素晴らしいと思った。この頃、サンキュー、ハロー、グッバイ、オーケー、アイラブユーなどのアチラ言葉がはやっていたが、彼はそれに嫌悪感を感じていた。

四月初旬、渡辺の小学校時代の元教師が彼にたいし、戦争に敗けたのは残念だったが、考えようによっては敗けてかえって良かった、もし勝っていたら、日本では民主主義どころではなかっただろうと語った。この同じ教師が、かつては若い生徒たちに戦争へ行くよう熱心に説いていたのである。渡辺は、この教師がそのことを考えてみたことがあるのかどうか、当然のことながら疑問に思った。その数日後、渡辺はある事件を記録している。長い間死んだものと諦められていたある兵隊が復員したとき、自分の妻が弟との間に七カ月の子供を身ごもっていたというのである。おびただしい暴力がふるわれ涙が流されたあと、男は親戚の所へ去って行った。

四月二〇日、渡辺は故郷の村を離れ、東京で職に就くことになった。彼は、今では誰でも天皇に手紙を書くことができると聞き、故郷を去る前に自分も書こうと考えた。渡辺は天皇を呼ぶのに、降伏前では考えられなかった「アナタ」という普通の言葉を使い、次のように書いた。自分は「アナタ」の命令に従って、「アナタ」のために一生懸命に戦ってきたが、敗戦以来、「アナタ」にたいするすべての信頼や希望を失ってしまった。したがって、自分は「アナタ」との関係を断ち切りたいと願っている、と。彼は帝国海軍によって支払われたすべての給与の明細と、兵役に服していた年月に受け取った思い出せる限りの品々の明細を提示した。そこには、食糧や洋服そしてその他の品までも列挙されていたため、じつに長いリストとなった。彼の計算によると、それらすべての合計金額は四二八一円〇五銭となった。渡辺は手紙に四二八二円の為替を同封し、こう結んだ。

「私は、これでアナタにはなんの借りもありません」

第一二章　ＧＨＱが新しい国民憲章を起草する

——憲法的民主主義㈠

一九四六年初め、マッカーサー元帥は突如として、後に「占領によるおそらくもっとも重要な達成」と呼んだものに着手した。一八九〇年に施行された「明治憲法」を新たな国民憲章に取り替えようというのである。[1]アメリカは以前から、明治憲法は責任ある民主的政府の発達にはふさわしくないとみていた。こうした批判的な見方は、アメリカ政府の内部調査や政策文書の多くにみられる。それはまた、日本降伏のころ米軍向けに作成された『日本案内 Guide to Japan』には、とくにはっきりと書かれていた。この案内には、初期の明治政府は旧薩摩、長州藩出身の旧武士階級に支配されており、彼らは憲法のモデルを西欧に求めた結果、とんでもない雑種を生み出した、と記されていた。「明治憲法はプロシアの専制政治を父に、イギリスの議会政治を母にもち、薩摩と長州を助産婦として産み落とされた、両性具有の生き物である」と、この案内は断じていた。[2]

一九四六年に、この両性具有の生き物の性別を変更するということは、すなわち、その基礎をなす権威主義的なドイツ法的モデル——日本の法律専門家のほとんどは、その教育を受けていた——を捨て去り、かわりに英米の法観念に根ざした憲章に置き換えることを意味した。一九四六年三月六日、日本政府自らが手がけたものとして新憲法草案が公表され、審議・採択のために国会に提出された。しかし実際にはこの憲法のもともとの草案は、東京の第一生命ビルでの一週間の秘密会議で、GHQ民政局員が英語で書き上げたものであった。この尋常ならざる企てに参加したアメリカ人たちは、この会議を我が「憲法制定会議」と呼んだ。GHQ内部の覚書によれば、彼らは古い明治憲法の胴体をえぐり出して空っぽにし、「骨組みと頭書」だけを残した。そしてこの古い外皮に、英米やヨーロッパの民主主義的理念と、さらにそれ以上のものを詰め直した。すなわち、この新しい憲法の下で、日本は国家の主権の発動としての戦争を放棄したのである。

君主制と民主主義の理想と、そして平和主義の結合――およそ近代国家のうちで、これほど見慣れない憲法はあったためしがない。そしてそれまでまったくなじみのなかった文書が、やがて国民憲章としてこれほど完全に吸収され、力強く擁護された例は少ない。この憲法には、征服者の痕跡がまぎれもなく認められたし、日本の保守派エリートたちには衝撃を与えた。そして実際、そこには相反する二つの面があった。しかしそれは、人々の平和と民主主義への熱望を、じつにきわだったやり方でひきだしたのである。(3)

両性具有の生き物の性別変更

憲法改正の根拠は、ポツダム宣言のなかのいくつかの漠然とした項目に求められる。その第六項は、「日本国国民を欺瞞し、世界征服の挙に出ずるの過誤を犯さしめたる者の権力および勢力は、永久に除去せられざるべからず」と宣言している。この条項は、主として戦争犯罪にたいする裁判や、軍国主義的、超国家主義的な活動や団体に関わった個人を公職から追放するさいの法的根拠となった。しかしまた、将来、政府の権力濫用にたいして憲法上の歯止めを確立することを求めた条項とも解釈できた。ポツダム宣言第一〇項では、「日本国政府は、日本国国民の間に於ける民主主義的傾向の復活強化に対する一切の障礙を除去すべし。言論、宗教および思想の自由並びに基本的人権の尊重は確立せらるべし」とされている。これと関連して第一二項も、「前記の諸目的が達成せられ、かつ日本国国民の自由に表明せる意思に従い、平和的傾向を有し、かつ責任ある政府が樹立せられれば、連合国の占領軍は、直ちに日本国より撤収せらるべし」と約束していた。

東京のマッカーサーとその部下は、こうした条項と、「日本政府の封建的、独裁主義的傾向を修正する」という占領の全般的目的についての指令にもとづいて、日本の憲法体系を根本的に変えなければ自分たちの任務はまっとうできないと結論した。[4] 一九四六年一月初旬、ワシントンの政策担当者は、日本の憲法体系の欠陥を批判した極秘電報をマッカーサーに送り、日本の「統治体系」を改革して真の参政権、国民による行政の支配、選挙民を代表する立法部の強化、基本的人権の保障、地方自治の拡大を実現することを求めた。そして、ひとつの重大な点において、SCAP内で支配的であった考えよりもワシントンの方が急進的であった。ワシントンからの電報は、日本人は「天皇制を廃止するか、あるいはより民主主義的な方向にそれを改革するよう奨励されなければならない」と勧告していたのである。[5]

東京でも憲法改正の必要性は確信していたものの、旧憲法のいかなる修正も日本政府が自ら行なうべきであるというのが、マッカーサーの当初の方針であった。ここでも、いつもながらの矛盾が存在していた。アメリカは、憲法改正をつうじて日本人が自らの「自由に表明せる意思」に基づいて、民主主義を受け容れよと命令していた。さらに、降伏後の日本の保守内閣が真に国民の意思を代表する政府であるかのようにふるまっていた。しかし実際は、SCAPも日本の民衆も、めまぐるしく交替する政権みずからも、誰もそんなことは一瞬たりとも信じていなかった。

それでも、SCAPは当初、こうした状況下では最適と思われることを行なった。一九四五年一〇月までには、日本側にたいして、憲法を改正すべきであると、公式・非公式のルートを通じて伝えていた。その後数カ月日本側の返答を待っている間に、干渉がましい試みはまったくしなかった。次第にわかってきたのは、民衆がたちまちアメリカの意向を理解したということであった。私的グループや政党が、すすんで憲法草案を作成・公表した。そのなかには驚くほどリベラルな内容のものもあった。メディアは、こうした活動を追いかけ、GHQもメディアの動向を綿密にフォローしていた。これとはまったく対照的に、日本政府はカメのように動きが鈍く、アメリカ人たちが何度ポツダム宣言の文言をくりかえしてもその意味を理解しなかった。日本人によるさまざまな憲法改正案のなかでも、政府案は公表時期もきわめて遅く、また内容的にも明らかにうわべだけを取り繕ったものであった。内閣の憲法調査委員会の起草案が国民にあざ笑われたのを機に、GHQは大胆にも秘密の「憲法制定会議」を召集した。こうして憲法の改正問題に関しては、保守派は自ら墓穴を掘ったのである。

アメリカは、公式レベルでは二つのルートで憲法調査を開始させたが、そのひとつは悲劇的な結末を迎え、もうひとつは笑い話となった。悲劇のほうは、一〇月四日にマッカーサーが、当時東久邇内閣で国務大臣を務めていた近衛公爵に対し、個人的に憲法改正に関する調査研究を実施するように告げたことから始まった。数日後、ジョージ・アチソンが、このプロジェクトについて近衛と詳細な話し合いをもった。近衛がマッカーサーに会った翌日に東久邇内閣は総辞職したが、近衛は憲法改正問題の推進者に指名されたと自任していた。アチソンと最高司令官の温かい支持を受けて、憲法改正問題を天皇と議論して皇室の庇護の下に移し、少人数の憲法専門家からなるグループを組織した。近衛はこの新しい任務を本気に考えていた。金に不自由しない貴族の貫禄を発揮して、自腹を切って箱根の旅館の三階を借り切り、作業チームが邪魔されない場所を確保した。今やどう見ても、憲法改正問題は天皇の事業となったかのようであった。メディアも、憲法の改正は天皇自身によって進められていると伝えた。

当時、近衛の公的な立場は曖昧ではあったが、彼にはずば抜けた影響力と個人的カリスマ性があった。一九三七年から一九四一年という非常に重要な時期に、二度首相を経験しており、それによって彼の威信は大いに高まったが、最終的にはそれが彼を破滅に導くことになった。日本が中国を相手に「殲滅戦」を開始した一九三七年に首相だったのは近衛である。一九三八年に日本が「東亜新秩序」を宣した時も首相だったし、一九四〇年に日本がナチス・ドイツ、ファシスト・イタリアと枢軸同盟を締結した時も近衛政権であった。したがって、驚くべきは、一九四五年のうちに近衛が戦犯容疑者に指定されたことではなく、マッカーサーとアチソンという、アメリカの軍部と文民を代表する二人がともに、憲法の民主化を推進するのに近衛が最適の人間と考えたことであった。

一一月一日、マッカーサー司令部は、近衛のプロジェクトとの絶縁を公然と宣言した。そこには実際的な理由があったが、裏切られた苦痛がそれで減じたわけではない。近衛は不利な立場にあった。戦犯として起訴されそうな気配が濃厚になっていたからである。メディアによる近衛批判の高まりとGHQ内部の秘密覚書からも、このことは明らかであった。それに加えて、憲法改正という重大な問題が、何週間もの間、内閣の権限の及ばぬ所で進められている事実に幣原内閣が苛立ち、憤慨していたのである。

事態を危機に至らしめたのは、そして一連の過程で天皇をめぐる政治の複雑さを明らかにしたのは、近衛の自己宣伝の才能だった。一〇月末、天皇の退位を示唆した挑発的な記者会見の場で、近衛はマッカーサーとの会談内容に言及した。最高司令官が「(決然タル口調ヲ以テ)憲法ハ改正ヲ要スル。改正シテ自由主義的要素ヲ十分取入レナケレバナラナイ。敢然トシテ指導ノ陣頭ニ立タレヨ、ツイデカカル運動ヲ余(近衛)ガ指導シテハ如何カト示唆サレタ」と暴露したのである。それまでSCAPは、憲法改正が宮中主導で進められているように見えるのを歓迎してきたが、近衛のあまりにも率直な発言によって、この見せかけがひっくり返されてしまった。

このような失態を演じながらも、近衛は調査を進めていった。一一月二二日には、具体的な問題点や懸案事項を二二項目にわたってまとめ上げ、「帝国憲法改正要綱」として天皇に上奏した。天皇の権限を明確にすることに主眼が置かれ、権力が天皇の名の下に濫用されることを防止する方策が明記されていた。しかし、近衛の勧告は、アメリカ人が伝えていた関心事に、近衛が注意深く耳を傾けていたことを示していた。近衛の第一の要点は、「天皇統治権ヲ行ナウハ万民ノ翼賛ニ依ル旨ヲ特ニ明ニス」であった。つまり、今回の敗戦は、主として軍部による権力の濫用に起因しているので、軍部が内閣と国会に従属すること、すなわちつまるところは「国民の意思」に従属することを明確にする必要があるというのであった。

近衛は、現行の憲法下では「法律ノ範囲内ニ於テノミ」という文言によってつねに人権が制限されてきたという批判に理解を示し、国民の自由は法に優先することを明記すべきだと勧告している。近衛はさらに、非常事態において国民の権利を停止し得る非常大権の条項の削除を提案した。従来、国務大臣は天皇にたいしてのみ責任を負ったが、今後は帝国議会にも責任を負うことにし、総理大臣の選出手続きも確立されるべきであるとした。またエリートたちの議会外の議会とも言うべき貴族院の廃止も提案した。

しかし、このような具体的な目標を提示した近衛のイニシアティヴもここまでであった。近衛の要綱の正確な文言は一カ月後に『毎日新聞』に掲載されたが、政府の公式文書としてはついに公表されなかった。近衛が進めた憲法改正プロジェクトは、SCAPの高官の脳裏に深い印象を与えることはできなかったようである。しかし、天皇の退位に関する挑発的な発言にもかかわらず、公爵は天皇のために微妙な奉仕もした。近衛の活動が広く報道されたため、天皇は軍事よりも平和に専念しているという新しいイメージを作り出す助けとなったからである。

SCAPがしばらくの間近衛のイニシアティヴを容認したことで、アメリカは皇室の特権と選挙にもとづく政治との間で一種のバランスをとるような、穏健な憲法改正で満足するだろうという印象が強まった。しかしこの印象が誤解を生み出した。近衛の後に憲法改正にたずさわった政府の担当者たちは、SCAPが近衛の構想よりも急進的な変革を求めていることを認識できなかったために、大きな代償を支払うことになった。近衛自身も生きてこのゲームの結末を見届けることはできなかった。一二月六日に彼の名前が他の八人と共にA級戦犯容疑者の公式リストに載った。その一〇日後、逮捕予定の日の未明に、近衛は服毒自殺した。(6)

明治男の難題

日本政府による笑い話のような憲法改正の試みは、一〇月二五日に開始された。この日、幣原内閣は独自の憲法問題調査委員会を設置した。たいへんな自信家で、政治・行政の幅広い経験を持つ、法律学者の松本烝治が委員長に任命された。松本は、憲法ではなく商法の専門家であったが、吉田外相が強く推して指名された。松本の公正さは、激動の数カ月においても変わることはなかったが、彼の自信は思いもよらぬ試練にさらされることとなった。(7)

幣原や松本や吉田のような支配層にとって、憲法を改正するなどじつに軽薄な考えで、アメリカ人のとんでもない思いこみ以外の何物でもなかった。そのため当初は、彼らもマッカーサーの声明など、さほど真剣に考えなかった。幣原は、近衛にも木戸幸一にも、憲法の改正は必要でもなければ、望ましくもないと語っていた。彼は、明治憲法を民主主義的に解釈するだけで十分対応できると考えていたのである。幣原首相は、公の場所でほぼ同様のことを語った。一〇月一一日の最高司令官との会談後、幣原は迂闊にも憲法改正の必要はないと報道陣に語った。「憲法問題調査委員会」という名称は、「改正」もしくは「修正」という表現を意図的に避けたもので、委員長の松本烝治は、誰もがそこに込められた意味を見逃さないように気をくばった。松本は、「委員会は直ちに憲法の改正を意図するものではない」、「調査の目的は憲法改正の要否であり、もし必要があるということになれば、その諸点を明らかにすることにある」と公言した。これはたんなる虚勢ではなかった。数年後、すべてが終ったとき松本は無念そうに述懐した。「われわれは問題を意のままに処理できると思っていた。われわれは(既存の憲法を）そのまま温存しても問題ないだろうとさえ思っていた」と。なにしろポツダム宣言は、日本が「日本国国民の自由に表明せる意思」に従って将来の政府の形態を選ぶことを認めていたではないか？

そうした考えの甘さはまもなく痛感されることになった。しかし当時の上層階級の男にとっては、こういった態度はまったく自然なことであった。近衛と同様に、彼らも明治生まれの特権階級の男だった。明治憲法の真髄――「神聖にして侵すべからざる」天皇に主権が存すること――は、彼らにとって聖域であった。そのうえ、守旧派の人々は、憲法に何の修正も加えなくとも、第一次世界大戦期に一〇年以上にわたって、議会政治と「大正デモクラシー」が繁栄するのを目撃してきたのである。こうした点から見て、既存の憲法の文言は十分に柔軟性のあるものに思われた。軍国主義者たちが憲法を濫用したとはいえ、反軍国主義者の文官たちは基本原理に手を加えずとも、間違いなく現状を正しい方向に軌道修正できるだろう。事実、明治憲法の基本理念のすべてが間違っていたわけではない。新憲法が施行される以前に、農地改革、婦人参政権、労働組合法、経済の民主化を含めた広範囲な改革政策が既存の明治憲法の下で実施されたのである。しかし問題の核心は、次の点にあった。日本の民主化を可能にしたのは、旧憲法でも「穏健派の」旧エリート文官でもなく、改革に使命感をもった大君、すなわちアメリカ人というよそ者であったという事実である。アメリカ側からしてみれば、ひとたびアメリカ人が日本から引き揚げてしまえば、厳しい締め付けが復活するのを防ぐ憲法上の保証がなかった。この点を日本の保守派はまったく理解できていなかった。

憲法改正にこのように懐疑的であったにもかかわらず、幣原と松本は一〇人のメンバーからなる権威ある委員会を設置した。その中には有名な法律学者が何人もいた。独裁的な松本は、しばしば一人で重責を背負おうとする傾向があったが、委員会は一〇月二七日から二月二日の間に秘密会議を二二回ほど行なった。これほどそうそうたる権威が集まっていたにもかかわらず、そこには驚くべき欠陥があった。明らかに幣原首相は、この諮問委員会に、憲法改正のための基本原理や簡潔な政治的指針に関して真剣な指示を与えなかった。委員会のメンバーも、日本が軍事占領下に置かれているという明白な権力の実態に無頓着であったように思われる。彼らはアメリカの憲法思想を支えている、法的・哲学的原理をまったく把握できず、しかもそれについて尋ねることさえ拒否した。ポツダム宣言と降伏条件が存在していたにもかかわらず、多数の国からなる連合国側が、日本をどのようにとらえ、日本の主権回復を考える前に日本に何を要求しているのかも考慮しなかったのである。

もっとも印象的なのは、これらの学識経験者たちが、何千万という普通の日本人が「民主主義」をどんなふうに理解しつつあるか、彼らが何を望み、何を受けいれる意志があるのかについてまったく無関心であったことである。彼らが憲法改正のために唯一参照したのは、明治憲法そのものだった。その他の憲法のモデルを無視したばかりか、当時民間グループが発表していた憲法草案を検討することさえしなかった。松本委員会の認識の甘さとエリート意識は、こうした彼らの観点からして、自己破滅的なものであった。委員会は、島国的な自己満足と近視眼的な専門知識の哀れな一例として、歴史にその名を残すことになった。

一九四六年二月半ばになって、松本はこのおざなりな態度の愚かさに遅ればせながら気づき、憲法改正におけるイニシアティヴを取り戻そうと虚しい努力を続けたあと、占領当局を次のように説得しようとした。ここで問題なのは東洋と西洋の根本的相違である。「法律制度ハ或種ノ植物ニ類似セリ。一国ノ植物ヲ他国ニ移植スルモ或ハ性質ヲ変ジ或ハ枯死スルモノ少カラズ。現ニ欧米ノ「バラ」ヲ日本ニ移植スルニ少クトモ其ノ香気ガ殆《ほとん》ド全ク失ワルルコト多シトス」と、GHQ宛の覚書〔松本案ニ関スル説明補充〕に記したのである(8)。この東は東、西は西の即席話は、red rose〔紅い薔薇〕というよりも、red herring〔燻製のにしん。人の注意をそらすものの喩え〕と言うべきだろう。なぜなら、ここには東洋の土壌に適さない白人の植物、あるいは「西洋」と「日本」の文化の衝突という単純化よりもはるかに大きな問題が存在しているからである。基本的な対立は、欧米の二つの法思想体系の間の対立だった。過度に単純化して言えば、ドイツの立法および行政法とドイツ流の「国家機構論」の基礎が染みついたこうした専門家たちは、アメリカ人が人民主権や人権を重視していることにはほとんど興味を抱いていなかったのである(9)。

松本は委員会を強引に運営した。彼らは、ある程度の憲法改正は避けられないといったん観念するや、「松本四原則」として知られる指針を採用した。これは、一二月八日の衆議院での答弁で公にされたもので、以下の項目よりなっていた。(1)天皇が統治権を総攬せられるという大原則にはなんら変更を加えないこと。(2)議会の議決を要する事項を拡充すること。その結果として従来のいわゆる大権事項をある程度制限すること。(3)国務大臣の責任を国務の全般にわたるものたらしめ、国務大臣以外のものが、国務に対して介在する余地なからしめること、そして同時に、国務大臣は議会に対して責任を持つものたらしめること。(4)人民の自由および権利の保護を強化すること。またこの自由と権利の侵害に対する救済方法を完全なものとすること。

委員会は明治憲法の天皇条項については、天皇は「神聖ニシテ侵スベカラズ」という文言を「至尊ニシテ侵スベカラズ」に改めるという、たった一語の変更を勧告した。委員会が採択した、いわゆる松本案には、最終的には一〇の修正項目が加えられたが、この天皇に関する最小限の文言上の変更は——委員会のメンバーにしてみれば大きな変更であったが、他の人から見れば形ばかりのものでしかなかった——、この改正案の持つどうしようもなく保守的な性格を象徴するものとなった。ポツダム宣言であれほど強調された基本的人権に関しても、松本委員会は、日本臣民の自由および権利は法に他に定めがある場合を除いて侵されないという修正を提案したにすぎなかった。GHQ内では常々批判されてきたことだが、降伏前の日本における人権と自由への抑圧は、まさしく「法によって」なされてきたのである。

近衛とは異なり松本は、SCAPの希望を聞くことは頑として拒んだ。米国法に精通しながら松本委員会のメンバーに入っていなかった高木八尺《やさか》は、草案は却下されるだろうと松本に警告し、GHQの意向を聴取した方がよいと迫ったところ、松本はさえぎるように突っぱねてしまった。「あくまでこの改正というのは自発的に、自主的にやることであるのであるから、今後もアメリカの意向を問い、打合せをする必要はないと思う」と。(10) 幣原首相もまた、その気になれば容易に出来たのに、マッカーサーの意向を正確に知ろうとはけっしてしなかった。憲法改正作業のこの重大な局面において、保守主義者にとってまさに「手遅れ」になるまで、勝者と敗者はまったく意思疎通を行なわなかったのである。

これらの政府高官や名だたる学者たちがアメリカの要求を察しえなかったことは、一九四六年以前における日本のエリートたち——どこから見ても立派な国際人に見えたのだが——のアメリカ理解の意外な限界を物語っていた。幣原首相は親英家で、その英語力は、シェイクスピアやミルトンが常に周辺に置かれていたと言われ、ほとんど伝説的であった。外交官としての最後のポストが駐英大使だった吉田茂も、同様に「オールド・リベラル」として評判が高かった。また松本も英語に堪能で、学問の分野(東京帝国大学)にとどまらず、議会政治(貴族院)でも、官僚行政(南満州鉄道と法制局)でも、内閣(商工大臣)でも、最高の官職を歴任してきた。松本の讃美者によれば、彼は「若い頃は相当に社会主義者」で、常に「心からリベラル」であった。(11)

しかし親英家とか「オールド・リベラル」と言われたからといって、親米家であるとか、アメリカに関して造詣が深いというわけではない。アメリカで実際に憲法を学んだことのある少数の法律専門家には、松本委員会への参加要請はなかった。米国憲法および「自由主義」憲法理論を扱ってもっとも著名な日本の参考書にさえ、ポツダム宣言が最重要事項に挙げた人権については、短く表面的な解説が加えられているだけだった。降伏前の日本で「自由主義」憲法の理論家としてもっとも有名だった美濃部達吉の著書は、この盲点の見事な例証であった。一九三〇年代に、美濃部は超国家主義者に糾弾され、東京帝国大学を退官してまもなく、帝国議会の議席から追放された。天皇は神聖かつ超越的存在ではなく、国家の「機関」であるとする彼の理論が国体の本質に背くとみなされたためである。しかし、その美濃部の著書でも、アメリカの自由主義思想において決定的に重要とされている人権問題には微々たる関心しか示されていない。一九三二年に出版された有名な明治憲法の研究書の第五版でも、臣民の権利義務というテーマには、わずか二七ページしか当てられていない(総頁数六二六)。「米国憲法の由来及び特質」だけを取り上げたそれ以前の本の中でさえ、美濃部は権利章典を八ページで略述しているにすぎない。[12]

迫害された美濃部がこの憲法改正論争に加わる機会を与えられたらどうしたか。じつは、それは考えるまでもない。実際、彼にはその機会が与えられたからである。彼は松本委員会のメンバーであり、その所見を自らただちに発表した。彼は武骨に熱意をこめて説いた。明治憲法の改正を急ぐ必要はない。どんなことがあっても、国が外国の占領下に置かれている時期に、憲法改正を行なうことは不適切である、と。近年の諸問題が生じたのは、明治憲法の欠陥によるものではなく、憲法の真意が曲解されたことによるというのが、美濃部の考えであった。美濃部は、明治憲法下の天皇の地位を問題視することはなかった。西洋の憲法でも「神聖な」とか「不可侵の」君主という言葉を使っていると指摘した。[13]

新しい国家憲章への民衆のイニシアティヴ

松本委員会は、メンバーの文民エリートたちが専制的で反民主的なままであり、それに対して、大多数の普通の人々の間では、アメリカ人が推進する民主主義をうけいれていることが明らかになったために、歴史のゴミ箱へと葬り去られることになった。たとえば、明治憲法において神格化された天皇への崇拝を喜んで放棄する日本人は多数いたのである。松本委員会が改正案の仕上げの段階にあった頃に公表されたある調査によると、調査の対象者のうち天皇の地位の変更を希望しない者は、わずか一六%にすぎなかった。[14] 明治憲法の下で人権と主権を否定された民衆は、自分たちの状況が改善される機会を歓迎した。このことは、GHQの高官が注意深く指摘しているように、次の二点において明らかであった。まず第一に、私的機関や個人が提案していた憲法修正案の多くが、自由主義的で進歩的なものだったこと。第二に、松本委員会の改正案が派手なスクープによって公になった時、メディアはこれを反動的であると批判し、民衆の強力な支持を得たことであった。

近衛や松本の憲法改正プロジェクトの他にも、少なくとも一二の憲法修正案が一九四五年秋から一九四六年三月にかけて提示された。そのうち四つは政党によるものである。公表された順番でいうと、共産党、自由党、進歩党、そして社会党であった。大日本弁護士会連合会も、天皇の特権の制限、議会の権限拡大、貴族階級の廃止、国民投票制度の導入を提唱して、憲法論争に参加した。民間団体や個人から提出されたものもあった。その中でもっとも影響力があったのは、憲法研究会である。この団体は、リベラルで左翼的な知識人から構成されており、大内兵衛と森戸辰男、すなわち戦時中にその異端的な見解のゆえに東京帝国大学から追放された二人の著名な学者も含まれていた。もう一つの民間団体である憲法懇談会は、稲田正次という一個人の思想を基調とし、人々の尊敬を集めていた代議士・尾崎行雄のような人も名を連ねていた。

こういった憲法論議に加わった個人のなかで、高野岩三郎ほど影響力を持っていた者はいない。進歩的知識人であり、社会党と憲法研究会による草案作りの一員でもあった高野は、個人としても重要な憲法草案を公表した。社会党の長老で、昔は「穢多」と呼ばれ、後に部落民と呼ばれて厳しい差別を受けていた人々の指導者であった松本治一郎は、性急で一風変わった提案をした。「日本共和国連邦」を作り、各「共和国」(九州、関西、関東、東北)はそれぞれ大統領と内閣を持つとしたのである。[15]

これらの提案のうち二つ——共産党と高野の提案——だけが天皇制の全面的廃止を提唱していた。天皇制の存続を支持していた他の人も、天皇の権限を大幅に削減することを提案していた。憲法研究会の草案では、主権の所在を天皇から国民へと明文で移し、天皇の機能を「国民ノ委任ニヨリ専ラ国家的儀礼ヲ司ル」と制限していた。社会党は天皇制を廃止すべきかどうかで意見が分かれたが、結局、天皇の権限を事実上すべて儀礼的なものだけに制限することで、存続を支持するとした。社会党は二月下旬まで憲法草案を公表しなかったが、「象徴としての」天皇という基本概念は、GHQの高官がこの概念を採用するずっと以前に、すでに社会党の議論のなかに登場していたのである。憲法懇談会は本質的には「議会のなかの国王」というイギリス式の概念を採用しており、「日本国ノ主権ハ天皇ヲ首長トスル国民全体ニ淵源ス」と明記している。大日本弁護士会連合会や日本自由党などの保守的な団体は、天皇制の存続を強調したが、天皇の特権を制限することは支持した。日本進歩党は、主要政党のなかでもっとも右翼的で、名称と実態がくい違っていたが、この党でさえ「議会ノ権限ヲ拡大強化シ、大権ノ運用ニ議会ヲ関与セシメ」ることの必要性を説いていた。

このような政府以外が出した提案には、自由主義的な人権条項も含まれていた。一九四五年一一月に公表された共産党の七項目からなる「新憲法構成の骨子」では、その第五項で、「人民は政治的、経済的、社会的に自由であり且《か》つ議会及び政府を監視し批判する自由を確保する」と宣言している。また第六項では、「人民の生活権、労働権、教育される権利を具体的設備を以て保証する」と明記されている。これらの訳ありげな条項は、明らかにソビエト連邦の一九三六年の「スターリン憲法」を翻案したものであった。社会党の提案は、高野の個人的な提案や彼がその策定に一役かった憲法研究会の草案と同様、基本的な「言論、集会、結社、出版、信仰、通信の自由を確保す」と明示しているだけでなく、「老後の生活は国の保護を受く」などの経済的権利、婚姻における「男女の同等の権利」の保証といったジェンダーに関する権利も含まれていた。[16]

憲法研究会の提案は早くに提示され、しかも自由主義的な内容であったので、GHQ民政局は特別な関心を示した。それが「穏健派」や「オールド・リベラル派」の提案よりも、結局のところはるかに日本人自身による民主的な視点を表現していたからである。さらにまた、明治憲法は制定されてからそれほど時間が経っているわけでもなく、その誕生にイデオロギー的偏りもあったことに人々の注意を向けさせた点でも、有益だった。また、日本の将来構想を考えるさいに、参考とすべき単一の日本の歴史、伝統、文化が存在するわけでもないと指摘していた。近代における日本の経験は、さまざまに解釈可能であり、日本固有の民主主義の創造のためにいくつもの教訓を引き出すこともできる、としたのである。新しい憲法のために発揮されたこうした民衆のイニシアティヴは、旧憲法の擁護者たちが後生大事に必死で守ろうとしているのとはまったく異なった未来と過去が想像できることを明らかにした。

明治憲法を崇拝していた人々は、当然のことながら、天皇中心の価値観は大昔からずっと大切にされてきて、それがこの憲法に表現されたものであるかのように言いがちだった。しかし実際には、制定されてから六〇年もたっておらず、台頭しつつあった国民国家日本にふさわしい憲法のモデルをドイツに求めた一握りのエリートたちが作り出したものであった。天皇はドイツ流の権威主義が日本化されるための媒介であった。明治期の寡頭政治の支配者たちは、この選択を行なうにあたって、政府外の人々から提起された自由主義的な憲法草案をいっさい拒絶した。そのなかで最もよく知られたのは、「自由民権運動」から生まれた草案であった。

憲法研究会は、明治期のこの反政府運動と、それを通じて日本に導入された自由主義的で急進的な西洋の伝統の双方から思想的影響を受けていた。高野自身がまさにその典型的な例であった。一八七一年に生まれた高野は、明治憲法によって近代天皇制が成立した時、すでに一八歳になっていた。この新しい「国体」が、その後の悲劇的な事態を生じさせたのだと、彼は確信していた。高野は自らの憲法私案とともに公表した「囚われたる民衆」という評論の中で、このことを明らかにしている。高野はそこで、人々が明治憲法のもとでどのように天皇制の奴隷になってしまったかを詳述し、自分の思想は自由民権運動から多大な影響を受けたと述べているが、この明治初期の急進的な運動に注目したのは彼だけではなかった。憲法研究会の参加者のなかで、唯一人憲法の専門家と呼べる鈴木安蔵も、この明治初期の参加型民主主義の運動から影響を受けていたのである。一九二七年、鈴木はその急進的思想のゆえに京都帝国大学経済学部から追放されたが、その後は、自由民権運動思想の研究に身を捧げた。高野も鈴木も、守旧派がまったく逆の方向から実行していたのと同じことをしていた。すなわち、一九世紀末期の日本における固有の「民主主義」の伝統への注目である。(17)

占領軍当局にとって、そのような歴史の批判的利用は、欧米のバラを日本に移植しても香気がなくなるなどという議論よりも、はるかに説得力を持つものであった。とくに、改革を推進していた人々のなかに、カナダ人外交官、E・H・ノーマンの業績を通じてそのような見方に親しんでいたものが少くとも数人いたからである。ノーマンは、日本における近代国家の形成を研究した西洋人歴史家の草分け的存在だった。この重要な時期にカナダ政府代表として日本に駐在していたノーマンは、一九四五年九月初旬に鈴木と会い、「国体」の批判的研究をさらに展開するようにと勧めた。(18)

憲法研究会の草案に民政局が好意を持ったことは、のちに新憲法起草に重要な役割をはたすことになるマイロ・E・ラウエル陸軍中佐が民政局長のコートニー・ホイットニー准将宛てに作成した部外秘の覚書に明らかである。それによると、憲法研究会の草案では、なおある種の権利(法執行機関の行なう取り調べについての制限や刑事被告人の保護を含む)が無視されている。しかし、全般的には、この草案は「著しく自由主義的な諸規定」——人民主権、「出生、身分、性、人種および国籍による差別待遇」の禁止、貴族制度の廃止、労働者に認められなければならない広範囲な利益の保証などを含めた——が盛り込まれている点で高く評価できる。いくつかの補足的条項が必要とされるが、この草案は、「民主主義的で、賛成できるもの」だった。(19)

毎日新聞

昭和二十一年二月一日

憲法改正・調査會の試案

立憲 君主主義を確立

國民に勤勞の權利義務

憲法問題調査委員會試案

第一章 天皇

第二章 臣民の權利義務

第三章 帝國議會

改正試案の焦點

大臣は議會にも責

衆院の豫算審議

千島、樺太はソ聯領

議會に常置機關

會期延長は議決に

1946年2月1日付『毎日新聞』は，松本委員会の保守的な憲法改正案を掲載．戦後日本の新聞史上，有名なスクープのひとつとなった．

数週間後、松本委員会の憲法草案が予想もしない形で公表されて、大騒ぎになったのは、このような状況においてであった。一月の最後の日、『毎日新聞』の記者・西山柳造は、松本委員会が私的会合を開いていた部屋で修正憲法の草案が入ったバインダーを見つけた。彼はそれを「拝借」し、急いで新聞社へ持ち帰って、同僚たちと各項ごとに手分けして書き移したのである。その後草案を元通り綴じ、こっそりと戻した。見事な礼儀正しさだが、もはや返す必要もなかった。なぜなら、委員会のメンバーは、二月一日付の『毎日新聞』を買えば、この秘密草案のコピーを欲しいだけ手に入れることができたのだから。

『毎日新聞』のスクープについては、当時、いくつかの誤解が見られた。民政局の高官たちは、日本政府による意図的なリークであると考えた。ホイットニー准将はマッカーサーに、記事は吉田外相が「観測気球」を打ち上げたものだと語っている。[20] また、『毎日新聞』が盗み、公開したもの——書き移した際のいくつか細かい誤記はあったが——が委員会の最終案であると一般に誤解されてしまった。スクープされた草案は、委員会がＧＨＱに提出する予定のものよりも保守的な程度がまだ低かったことがのちに明らかとなる。

しかし、この草案でさえ、虚飾的で、反動的で、時代の雰囲気や要求から完全にかけ離れたものとして、嘲弄の的となってしまった。『毎日新聞』の社説がこの件についての平均的意見だっただろう。社説は、ほとんどの国民が「あまりに保守的、現状維持的のものにすぎない」この政府試案に、深い失望を感じており、この試案が「法律家見習」による文書の寄せ集めであって、「新国家構成に必要なヴィジョン、政治的識見、理想に欠けている」と述べていた。そして、憲法の改定とは、「単に法律の問題でなく」、むしろ「極度に政治的な営為」であって、松本とその同僚たちは、「日本が革命期にあることを全く理解していない」ことをただ露呈しただけだとした。[21]

ＳＣＡＰが引き継ぐ

日本政府は、みずからの頑迷さに対し、恐るべき早さで代償を支払わされることになった。二月一日から三日の間に矢継ぎ早に行なわれた一連の決定において、マッカーサーと民政局の側近は、日本政府にはポツダム宣言の要求を満たすような憲法草案を作成する能力はなく、ＳＣＡＰが指導しなければならないと結論した。[22] この大胆な決定は、日本人にたいしてだけではなく、アメリカ本国政府にたいしても、マッカーサーが行使していた権力が尋常ならざるものであったことを明らかにすることになった。二月一日、元帥の部下は、次のような覚書をまとめた。それは、彼らが一週間ほどかけて降伏に関する基本文書を吟味した結果であり、結論として、最高司令官は「日本の憲法構造を変革するのに適当と考えられるいかなる措置をもとりうるという、無制約の権限」を有するとしていた。[23] 翌日、マッカーサーは、日本政府を指導するための修正事項の骨子を作成するよう民政局に指示した。二月三日、マッカーサーは、より詳細なモデルとなる憲法を作成すれば、日本の頑固な役人をもっとうまく指導できると判断した。

これが、これから始まる民政局の異常な一週間の先触れであった。二月四日、ホイットニーは部下を召集し、秘密議事録によると、次のように伝えた。「これからの一週間は、民政局は憲法制定会議の役割をすることになる。マッカーサー元帥は、日本国民のために新しい憲法を起草するという、歴史的な意義をもつ仕事を、民政局に委託された」。日本の新しい憲法は、マッカーサーが欠くべからざるものと言明した三原則に基づいて作成されることになった。ホイットニーがこの会議に持ってきた走り書きのメモには、次のように記されていた。

I

天皇は、国家の元首の地位にある。The Emperor is at the Head of the State.

皇位は世襲される。

天皇の職務および権能は、憲法に基づき行使され、憲法に示される国民の基本的意思に応じるものとする。

II

国の主権のひとつとしての戦争は、廃止される。日本は、自国の紛争解決のための手段としての戦争、さらに自国の安全を保持する手段としての戦争でさえも放棄する。日本は、その防衛と保護を、今や世界を動かしつつある、より崇高な理想に委ねる。日本のあらゆる陸海空軍はけっして認可されず、あらゆる交戦権はいかなる日本軍にも与えられない。

日本の封建制度はその役割を終える。The feudal system of Japan will cease. 貴族の権利は、皇族を除き、現在生存する者一代以上には及ばない。華族の地位は、今後はどのような国民的または市民的な独自の政治権力を伴わない。

予算の型は、英国の制度にならう。[24]

このような大まかなガイドラインからモデル憲法を作成するための時間はどれくらいなのか？　憲法草案は二月一二日までに完成させ、マッカーサー元帥の承認を得られるように準備しておかなければならない、と、ホイットニーは部下に伝えた。

占領下において、マッカーサーの華麗な手法をこれほど見事に例証するものは他になかったであろう。側近たちは、連合国とアメリカ政府の基本文書を手際よく分析し、マッカーサーの持つ包括的な権限を確認した。マッカーサーはこのきわめて重要な瞬間をとらえて、自分に与えられていた命令を誰も夢想だにしなかったかたちで解釈した。というのも、ほかのいかなる実力者やその側近であれ、アメリカ人が日本のために憲法を起草するよう提案したことも、そもそも想像したこともなかったからである。立憲君主制、絶対平和主義、封建制度の廃止などの原則だけを大仰に宣言し、細かいことは部下に委せるというやり方も、いかにもマッカーサーらしかった。もともとマッカーサーにとって、最高司令官であることと、最高の存在そのものであることとの間の境界線は細いものにすぎなかったが、二月初旬のこのきわめて重要な時期には、両者の区別はほとんど完全になくなっていた。[25]

マッカーサーは、何カ月もの間、日本政府に圧力を加えることを慎重に控えてきたにもかかわらず、なぜこの時期になって突然、決定的な行動を取ろうとしたのだろうか？　なぜ日本人に自らの手で民主的な政府を樹立させなかったのだろうか？　とくに、日本人の間に独自の民主的な声が沸き起こりつつあったこの時に？　マッカーサーがモデルとなる憲法の作成を民政局に命じたまさにその日、世論調査の結果が発表された。それによると、日本人の大多数は憲法修正を支持しており、この問題を研究するための組織を選挙で選ぶことを望んでいた[26]。ポツダム宣言が示しているように、もし占領軍の目的が「日本国国民の自由に表明せる意思」に沿って、より民主的な社会の創造を目指すことにあるとすれば、このような調査結果は、民主主義が草の根レベルで発展していることを示すものであった。にもかかわらず、なぜこの時点でＳＣＡＰは日本政府の肩代わりをして憲法草案を作成することにしたのだろうか？

それは、このころしばしばそうであったように、やはり天皇の地位に関わっていたのである。マッカーサーの迅速な行動は、天皇を擁護するためにはそうしなければならないと考えたからである。つまり、マッカーサーは、彼が押さえ込もうとしていた超保守主義者たちと基本的には同じ心配から行動を起こすことを決意したのである。最高司令官の三原則の中で、天皇の地位の問題が最初に挙げられたのは偶然ではない。それは、マッカーサーがもっとも関心を払っていたことであった。戦争放棄や封建制度の廃止は彼にとって二の次で、天皇制と天皇個人を救うことに世界の国々からの支持を獲得するために必要だと彼が考えた条件なのであった。これはマッカーサーが約束していた日本の「非軍事化と民主化」を否定するものではなかった。天皇はこの方面でも救世主になりうるからである。憲法修正をめぐる緊張にみちた壮大なドラマは、日本の保守主義者たちが最も大切にしている目標が、まさに政府自身の超保守主義的傾向によって危険にさらされていると思われたところに端を発していたのである[27]。

ホイットニー准将は二月四日の部下への説明でこの点を明らかにした。ＧＨＱによる憲法草案の提出期限を二月一二日に設定したのは、日本側の憲法草案がまだGHQに正式に提出されておらず、日本側高官と非公式の会談を持つ予定の日だったからである。二月四日の会議の議事録によれば、ホイットニー准将は、「日本側の草案は、非常に右翼的傾向の強いものになるだろう。自分としては、外務大臣とその仲間に、天皇を護持し、彼らになお残されている権力を保持したければ、決定的に左に舵を切った憲法を受け容れるしかない、ということを納得させるつもりである」と述べた[28]。

この主張は、その後日本政府代表との間で開かれた多くの会議において、何度も繰り返されることになる。日本の高官たちが何度も聞かされたのは、「マッカーサー草案」という基本モデルを受け容れることによって、天皇制の全面的廃止を謳うような急進的な修正案を抑えることができるだろうということだった。元帥は、一九四六年初頭のこの時点において、皇室は二つの方向から深刻な脅威にさらされていると考えていた。第一は、日本国民からの脅威である。高野や共産党の憲法草案に具体化された「共和」思想は、時が経つにつれて強力になるだろう。第二は、諸外国からの脅威である。連合国陣営のなかには天皇に強く反対する国々が存在し、近いうちに憲法改正の諸条件に干渉するようになるだろう。

この外国からの脅威についていえば、日程の問題が以上のように突然表面化したのは、多国籍の極東委員会(FEC)がまもなく組織されようとしていたからである。事実、一月三〇日には極東委員会発足の準備のために「極東諮問委員会」の委員たちが東京でマッカーサーと会見し、憲法改正の進捗状況を尋ねている。極東委員会は、二月の終わり頃に正式に活動を開始する予定であった。二月一日、最高司令官は、部下からもたらされた不吉な報告によって、「憲法改正について政策決定をするという貴官の権限は、極東委員会がこの問題についての政策決定を公示するまでは実質上減じることはない」と知らされた。この覚書はさらに次のように続く。それ以後は、憲法改正に関するマッカーサーの指令は、四カ国からなる連合国対日理事会のいずれかの構成メンバーの異議があればそれに服さなければならない。対日理事会は、極東委員会が活動を開始した直後に東京で活動を開始する予定である。こうして、突如として、天皇や天皇制に敵意を抱く国が、マッカーサーの権限をしのぐ可能性が出てきたのである。[29]

このような状況下でマッカーサーが直面した課題は、極東委員会が実質的な活動を開始する前に、ポツダム宣言の要請を満たし、なおかつ天皇制の存続を可能にするような憲法草案を公の討議にかけることであった。民政局がモデルとなる憲法の草案を書き上げ、ホイットニーたちが松本やその同僚に、草案の背景となっている論理を説明したが、このときも、君主制の存続が松本たちの主要な関心事であった。だからこそ、アメリカの草案を日本側に初めて提示した時、ホイットニーは、この点について長々と説明したのである。ホイットニーは松本とその同僚数名に次のように語った。

あなた方が御存知かどうか分かりませんが、最高司令官は、あなたがたの天皇を戦犯として取り調べるべきだという、次第に強くなりつつある外の圧力から天皇を守ろうという決意を固く保持してきました。ですからこれまで最高司令官は、天皇を護ってきました。そうすることが正義に合すると考えていたからであり、今後も力の及ぶ限りそうするでしょう。しかしみなさん、最高司令官は万能ではありません。とはいえ、最高司令官は、この新憲法の諸規定が受け容れられるならば、天皇は事実上安泰になると感じています。これを受け容れることによって、日本が連合国の管理から自由になる日がずっと早くなるだろうし、日本国民のために連合国が要求している基本的自由が、日本国民に与えられることにもなるだろうと感じているのです。[30]

このやり取りの趣旨は、ホイットニーらが「内閣で最も反動的な分子」とみなしていた吉田外相のような人物にも、やがて納得された。吉田は五月に総理大臣に就任したが、後になって、保守派の同僚たちに、わざわざ次のように説明した。敗戦と占領という状況下においては、憲法の修正は観念的な法律問題ではなく、国家の救済、「皇室の御安泰」、そして占領の早期終結という実際的な政治問題だった、と。(31)

GHQの「憲法制定会議」

民政局の「憲法制定会議」は、すぐに召集された。第一生命ビル六階の舞踏会場は、あちこちに机が寄せ集められて、作業場と化した。二四人のアメリカ人たち――一六人の軍人と八人の民間人――が、マッカーサーの三原則を一週間以内にすべてそろった国家憲章に拡充するという仕事を命じられたのである。

四人の女性を含む作業グループは、ただちに運営委員会と七つの小委員会に分けられた。それから毎日、通常は午前七時か七時半頃から真夜中まで、集中的に作業を続けた。あるメンバーによれば、作業部屋は「巨大な牛の囲い場《ブルペン》」のようであった。小委員会と運営委員会の間でひっきりなしにやりとりがあった。ホイットニーは、夜半に及ぶ作業の進捗状況について逐一報告を受け、それをマッカーサーにも伝えた。時間はあまりにも切迫していたので、これが一体どれほど大胆不敵な企てであるのか、誰にも考えるゆとりはなかった。(32)

この起草委員会の多くは軍人だったが、職業軍人は一人もいなかった。メンバーには、ホイットニー准将に加えて四人の弁護士、すなわちチャールズ・L・ケーディス陸軍大佐、アルフレッド・R・ハッシー・ジュニア司令、マイロ・E・ラウエル陸軍中佐、それにフランク・E・ヘイズ陸軍中佐、ほかに元下院議員でプエルトリコ知事も務めたことのあるガイ・J・スウォウプ司令、行政学の博士号をプリンストン大学で取得したばかりのミルトン・J・エスマン一等中尉、ノース・ダコタ州の新聞編集員で発行人でもあったオズボーン・ハウギ海軍中尉、ウォール街の投資家フランク・リゾー陸軍大尉、民間諜報機関の専門家ロイ・L・マルコム海軍少佐、社会科学の教授ピーター・ロウスト陸軍中佐、経営学教授であったセシル・ティルトン陸軍少佐、外事担当リチャード・A・プール海軍少尉、中国専門の歴史家サイラス・H・ピーク博士、戦前日本に滞在した経験のあるジャーナリスト、ハリー・E・ワイルズといった面々が含まれていた[33]。政治的立場は、保守的な共和党支持者からニューディール派の民主党支持者まで、多岐にわたっていた。ホイットニー自身は忠実な共和党の支持者であった。チャールズ・ケーディス大佐は運営委員会の委員長であり作業チームの実質上のリーダーだったが、誇り高きニューディール派として、ローズベルト政権下で豊かな実務経験をもっていた。

起草委員会のなかで軍政用の訓練を受けていた数人は、日本語も多少理解した。しかし日本についての正確な知識を持っており、日本に滞在した経験もあったのは、ピークとワイルズを除いては、二二歳のユダヤ系女性、ベアテ・シロタだけであった。彼女はウィーンで生まれ、ピアニストだった父親が日本の東京音楽学校に職を得た関係で、子供の頃に両親とともに来日し、東京のドイツ系の学校に一二歳になるまで六年間通った。両親はその学校を「ナチスの傾向が強すぎる」として、アメリカン・スクールに転校させた。高校を卒業した一五歳のとき、彼女は流暢な日本語を話し、他に四つの外国語を操るようになっていた。第一生命ビル六階の「牛の囲い場」に参加する前は、アメリカのミルズ・カレッジを卒業したあと、戦時中は米国海外放送課報サービスと米陸軍戦時情報部——そこで彼女はプロパガンダ放送用の日本語の台本を書き、放送もしていた——に勤務し、さらに『タイム』誌の日本担当であった。シロタの両親は戦時中、軽井沢で拘束され、窮乏生活を送っていた。両親の家で、日本人の子供や使用人、女性、芸術家、知識人といった人々と長年定期的に接触してきたシロタは、既存の憲法下で続いてきた個人の自由への侵害を、肌身に感じていた。降伏後、日本へ戻った彼女は、民政局に職を得て、弱小政党や政治における女性の役割などに関する調査をしていた[34]。

シロタは、人権に関する小委員会に配属された。GHQの「憲法制定会議」は、創造的な能力のある彼女を得たことで、若く溌剌とした、理想主義的で驚くほど世界的な視野を持ったヨーロッパ系ユダヤ人女性の、類いまれな視点を持つことになった。彼女はまた、日本とアメリカ双方の文化に精通しており、とくに抑圧や迫害といった問題に敏感だった。シロタとはちょっと違って、もっと偶然の幸運が働いた例が、若き海軍少尉、リチャード・A・プールが天皇に関する新条項を起草する任務の二人のうちの一人に任命されたことだった。プールは自分の任務に適した特別の資格を持っているわけではなかったが、横浜生まれで、しかも誕生日が天皇とおなじであった。[35] 松本たちは、GHQ内部のこうした活動をまったく知らなかった。もし彼らがこの熱気溢れる舞踏会場を覗いていたら、身をよじって嘆き悲しんだことだろう。

アメリカ人チームの一人ひとりの経歴は、作業場の雰囲気全般を、階級による差別のないものとするのに役立った。階級は無視され、意見は自由に交わされた。ケーディスは、彼の下で作業したほぼ全員から賞賛を受けた。人の意見によく耳を傾け、他人の能力を最大限に引き出す才能と、明晰な方向感覚を持っていると誰もが言った。彼はまた、「旧世代の日本派」のエリート主義に対して、ニューディール派らしい懐疑を持ち合わせていた。彼のこうした傾向は、プールとのちょっとした冗談のなかにも見出すことができる。横浜で生まれたプールが六歳半で日本を離れたと聞いて、ケーディスは、「それならきっと大丈夫だ」と言ったのである。これは遠回しの皮肉であった。アメリカ人たちがなぜ、これほど急進的な憲法改正をひるまずやれたのか、その理由を知るのにおおいに役立つ皮肉であった。プールが後に語っているように、「全体的に見れば、占領体制が、古い日本に浸かり切っておらず、きわめて新鮮なアプローチを持ち、おそらくそれゆえにまったく斬新な考えを恐れずに日本で試してみようという人々によって運営されたことは、健全で好ましいことだった[36]」。

ベアテ・シロタは、GHQの行動が「傲慢であった」とする主張に対しては、いっそう断固として拒絶している。彼女は、憲法の草案作りによって日本人に何か大層なことを教えようとしていると思ったことは、一度もないと回想している。むしろ、彼女も周囲のアメリカ人も、より抑圧の少ない社会――それは、大多数の日本人が望んでいたにもかかわらず、日本の指導者からは得られなかったものである――を創造する手助けをしているのだと、強く信じていたのである。シロタの場合、自分の個人的な体験から、日本人女性が法律上も結婚生活においても抑圧されていることを良く知っていたので、日本人女性にたいして並々ならぬ共感をもっていた。またシロタは、思想警察の連中が実際に活動している様子を子供の頃から目にしていた。彼らは定期的にシロタの両親の家を訪れ、招待客に関する情報を使用人や料理人から収集していた(日本人や外国人の招待客の名前が書かれたディナー・テーブル用のカードを料理人たちからとりあげたりもした)。こういった個人的体験は誰でもできるものではないが、彼女の態度は、憲法制定会議の参加者たちの間に見られた典型的な態度でもあった。こうして彼らが後に「ヒューマニズム」の精神と呼んだ、理想主義的な精神――つまり、抑圧を取り除き、民主主義を制度化するために自分たちは特別な任務についているのだという共通の感覚――によって、六階の「牛の囲い場《ブルペン》」にいる人々はそれぞれの政治的見解の違いを完全に乗り越えることができたのである。[37]

この精神は、周囲の人々にも広がっていった。正確にどれくらいかは計測できないとはいえ、こうした精神の存在は憲法の内容に明らかな違いを生み出していった。すなわち、彼らは起草作業において、立憲君主制のあるべき形がどのようなものであれ、常に最も寛容で自由主義的な方向に原理を解釈していったからである。同時に、民政局の憲法制定会議は、最高司令官の三大原則に加えて、いくつかの声明やモデルによっても、穏やかに導かれていた。ポツダム宣言はその一つであり、「SWNCC二二八」と呼ばれた「日本の統治体制の改革」に関するアメリカの公式ガイドライン(SCAPはこれを一月一一日に受領)もその一つである。国連の創設に関連して発表された諸原則や、民間の団体や個人が発行したさまざまな憲法草案にも注意が向けられた。何年も後になっ

新憲法を解説する

新憲法について国民を啓発するため，占領軍の肝いりで，8 枚の「憲法以前・以後」のポスターが作成された．それによると，戦後の新しい民主主義の核心は，次のようなものであった．

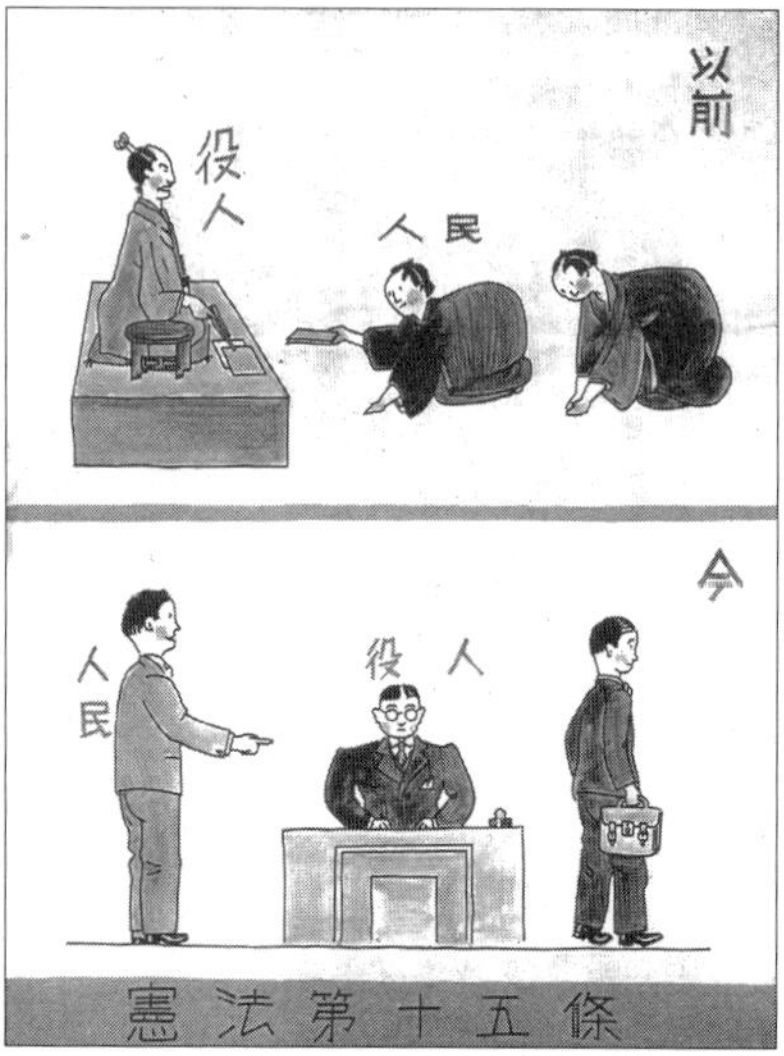

第 15 条　昔の権威をかさにきた公務員ではなく，国民の公僕としての公務員．

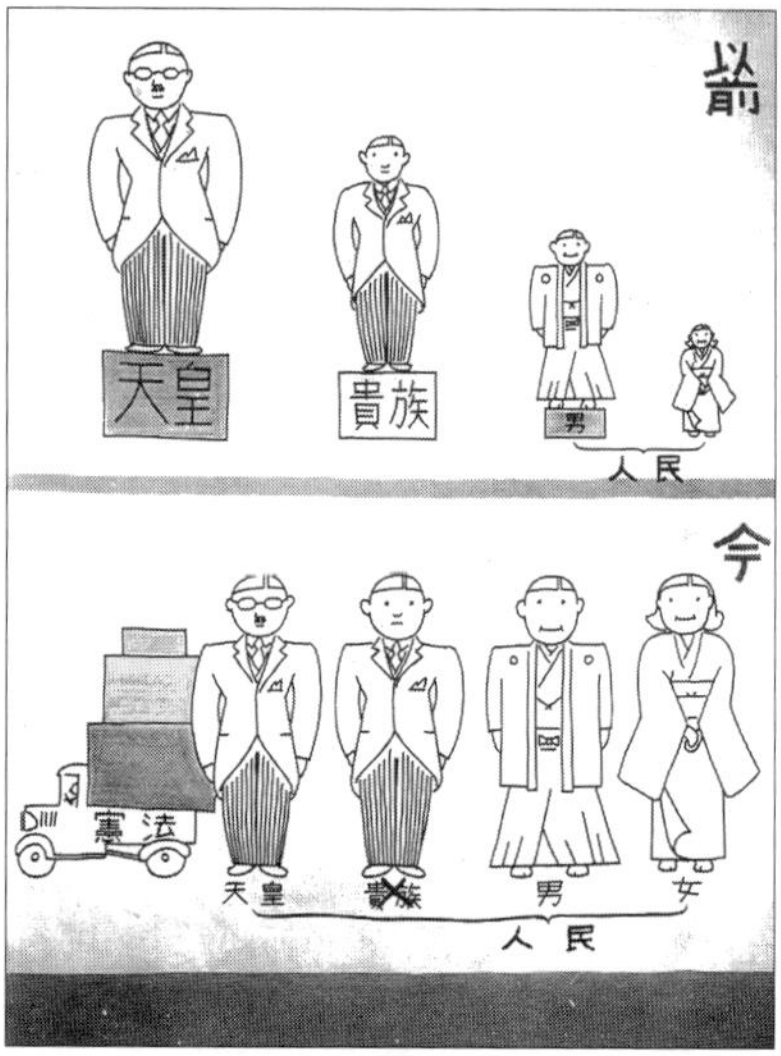

第 14 条　昔の不平等に対して，法の下のすべての人の平等．

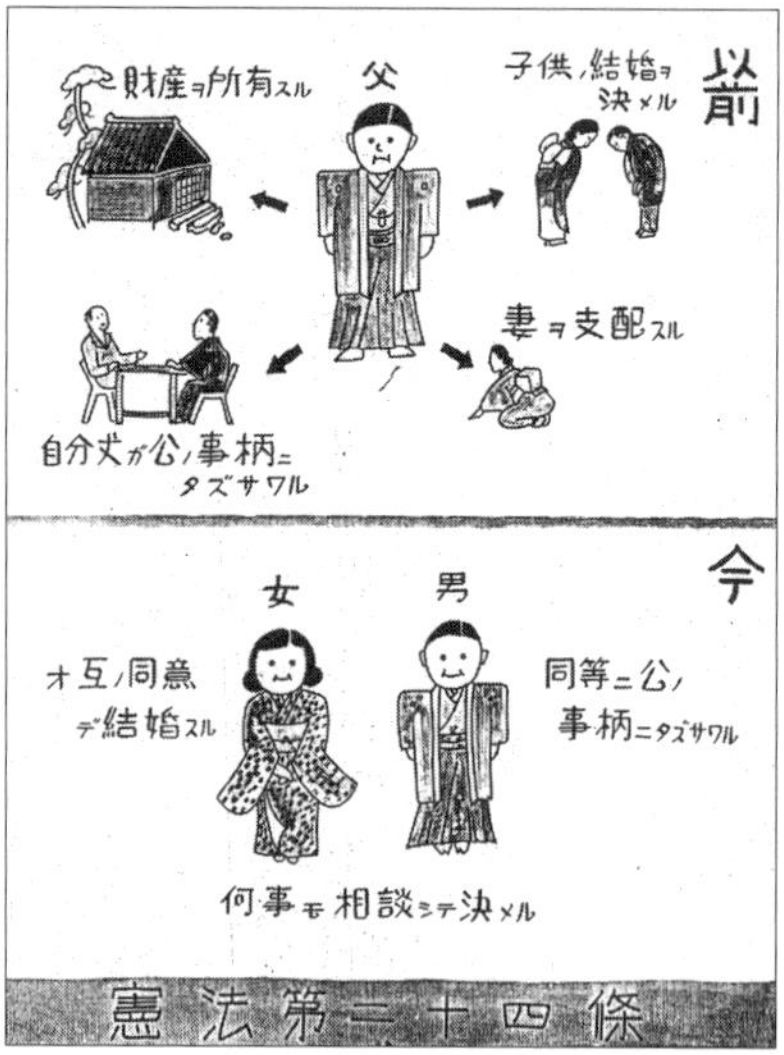

第 24 条　家父長制の終焉，夫婦の平等．

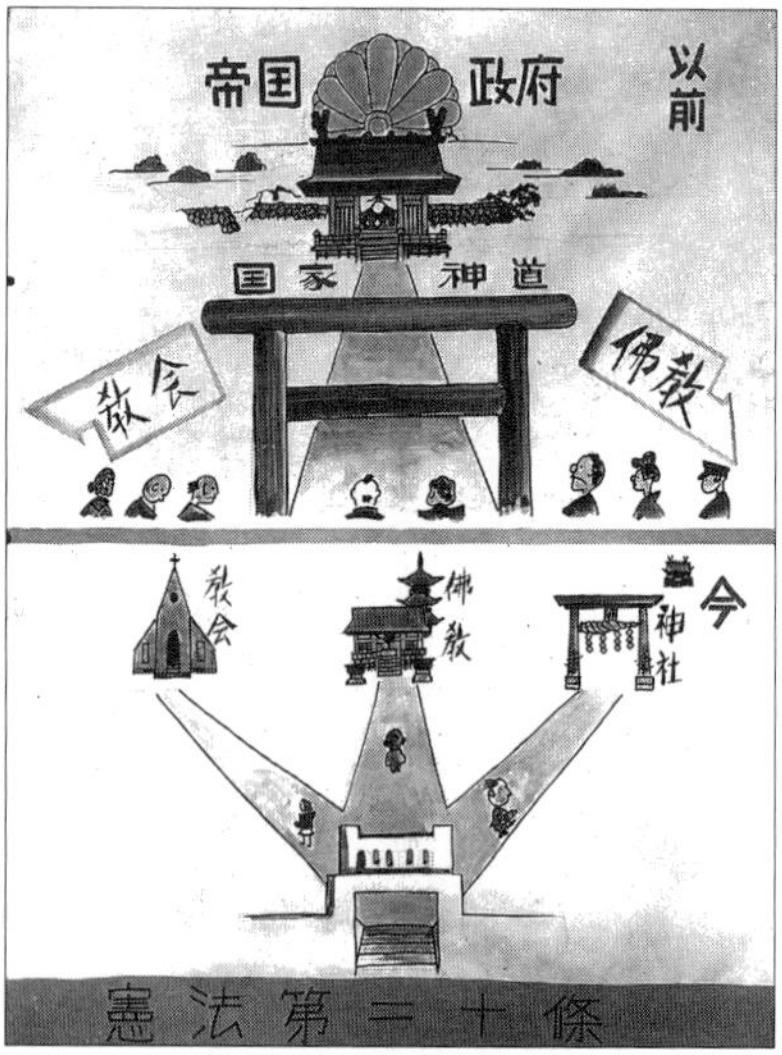

第 20 条　国家神道ではなく信教の自由．

第 66 条　戦前の軍人主導ではなく文民による内閣.

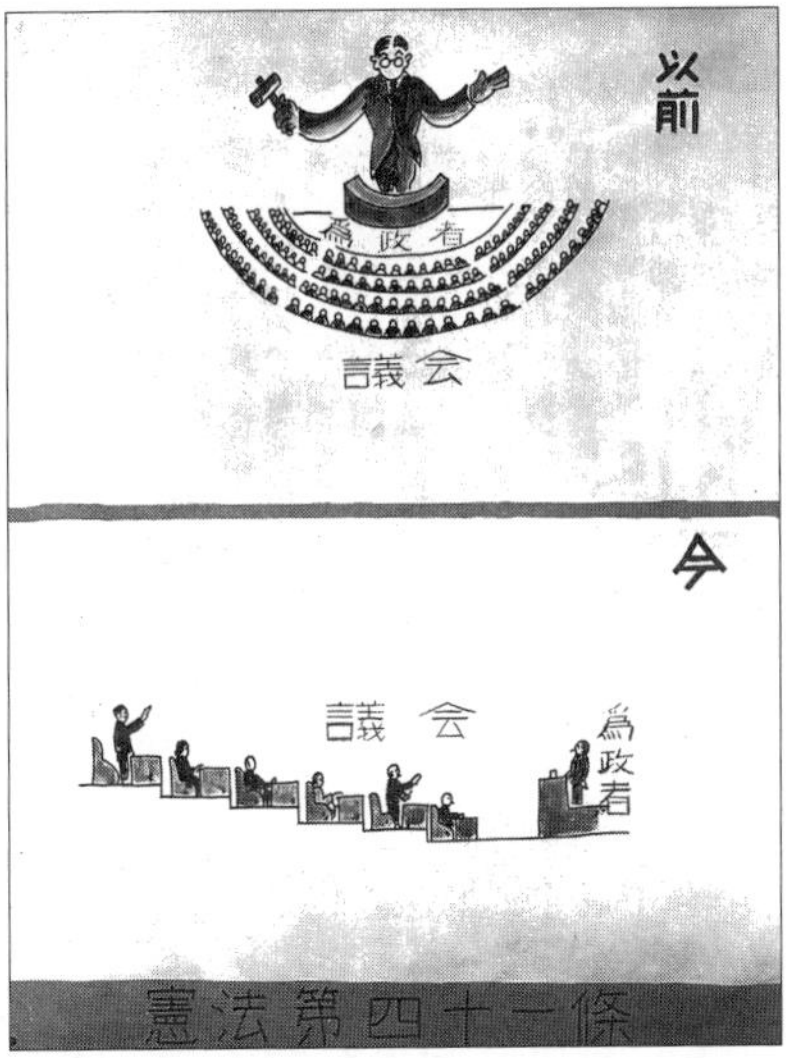

第 41 条　政府の主導ではなく，国権の最高機関は国会.

第 95 条　特定の地方に関する立法は，国会ではなく，その地方の自治体自身が行うこと.

第 83 条　為政者の専断ではなく，国会による財政管理.

てケーディスは、GHQ草案が「ガルガンチュア〔ラブレー作の物語の主人公で、鯨飲馬食する巨人〕のような民政局から現れたパンタグリュエル〔ガルガンチュアの息子でやはり巨人〕」だったという考えを強く否定した。むしろ、それとは正反対にGHQ草案の起草には「日本側からの情報が非常に役に立った」とケーディスは主張している。[38]さらに委員会は、大急ぎで、そしてほとんど手当たり次第に、短期間で入手しうる外国憲法の英語版をかき集めた。ベアテ・シロタは運転手付のジープを使って、いくつもの大学図書館を訪れた。一個所からあまりに多くを借り出して怪しまれないようにするために、あちらで数冊、こちらで数冊と借り出し、全部で一〇冊から一二冊もの文献資料を手に入れたのである。[39]

この重要な一週間の間、マッカーサーの皇帝のような手法は、最も巧妙な形をとってあらわれた。彼は部下たちの日々の起草作業から完全に距離を置きつつも、常に彼らの作業の様子に関心を払った。そして自分が絶対に譲ることのできないと宣言した基本的なガイドラインの解釈と具体化について、部下たちに自由裁量権を与えた。こうすることで、マッカーサーの三大原則は再考され、洗練された。比較的下級の部下たちがマッカーサーの抽象的な考えを具体化する責任を負ったのである。こうした瞬間は、著名な人物と同様に、無名の者にも歴史に業績を残せるという躍動的な感覚を与えてくれるものである。

例えば、マッカーサーによる天皇に関するやや固苦しい規定を、新憲法の前文に続く第一章へと根本的に書き換えたのはケーディスのチームであった。プール海軍少尉ともう一人の若手将校ジョージ・A・ネルソン・ジュニア陸軍中尉が担当した小委員会が、天皇に関する部分を書く任務を負っていたが、マッカーサーの「天皇は国家の元首の地位にある」という最初のあいまいな文言を単に無視した。この二人の若者は、運営委員会と協力して、最高司令官が一度も言及しなかったやり方で天皇の地位を再定義し、天皇は国家および国民統合の「象徴」であると表現したのである。さらにケーディスのチームは、主権は完全に国民の下に存するという考えを明確にした。日本にとっては、これは革命的な概念であった。[40] 民政局のチームはこのようにして最高司令官の指示をよりはっきりさせただけでなく、可能な限り自由主義的な解釈を与えた。同時に彼らは、天皇という核心の問題に、憲法研究会の憲法草案に似た表現で枠組みを与えたのである。

同じように、「日本の封建制度はその役割を終える」と漠然と命じたマッカーサーの第三原則を基礎に、代議政体と広範囲にわたる市民的自由、ならびに詳細な人権保障条項が生まれた。「国民の権利と義務」を明記した章は、世界で最もリベラルな人権保障規定であったし、現在でもそうあり続けている。この章は、主にベアテ・シロタの尽力で、「両性の本質的平等」も保障するものになった。ちなみに、アメリカ合衆国憲法にもこうした保障規定は明示されていない。起草委員会はまた、日本の非軍事化に関するマッカーサー指令の文言と意図も自由に和らげてしまった。この条項に関して個人的な責任を負っていたケーディスは、「国権の発動たる戦争は……自己の安全を保持するためでさえ」も放棄するという元帥の断定的な考えを、あまりにも行き過ぎたものとみなした。ケーディスは、いかなる国家も国内外からの脅威に対し、憲兵隊や沿岸警備隊などを維持し、自国の安全を保障する権利を持っていると考えた。そこで自らの裁量で、戦争放棄条項の最初の項を次のように修正してしまった。「国民ノ一主権トシテノ戦争ハ之ヲ廃止ス。他ノ国民トノ紛争解決ノ手段トシテノ武力ノ威嚇又ハ使用ハ永久ニ之ヲ廃棄ス」。交戦権や陸、海、空軍の保持を否定する同条項の第二項については、基本的にマッカーサーの指令通りに残されることになった。さらにケーディスは、「自己の安全を保持するため」の適度な再軍備の可能性を意図的に曖昧なままにした。これによって、その後数十年にもわたる論争の火種を植え付けたのである。[41]

憲法における戦争放棄条項は、ＳＣＡＰの「くさび戦術」の輝かしい実例の一つであった。というのも、つい昨日まで国家の主権は戦争と結びつけて考えられていたが、今や公式に国家の主権は急進的な反軍国主義と関連づけられたからである。しかしそこには単なる巧みな政治的操作以上のものが関係していた。というのは、戦争の放棄という理想は、それ自体多くの人々の心に訴える力を持っていただけでなく、近年の歴史に先例をもっていたからである。それは、世界が壊滅的な戦争に突入する前の一九二八年、つまりこの当時から二〇年もさかのぼることもない時期に、ケロッグ＝ブリアン条約(パリ不戦条約)という形で結実した、国際的に大きな関心を集めた平和構想であった。正式には「戦争抛棄に関する条約」として知られるケロッグ＝ブリアン条約が、GHQ草案のなかの戦争放棄に言及した文言に最も明確なモデルを提供したのである。

ケーディス大佐は、ずっと前からこのケロッグ＝ブリアン条約に掲げられた理想の崇拝者であった。そして幣原首相をはじめ、芦田均や吉田茂などの閣僚も全員が元キャリア外交官であったため、戦争放棄条項が慣れ親しんだ文言であることに気付かないわけにはいかなかった[42]。事実、この構想は彼らの周囲で息を吹き返しつつあった。日本は一九二八年にケロッグ＝ブリアン条約に調印しており、その原則への違反行為が、ちょうどこの頃に開廷されていた東京戦犯裁判における被告人の罪状として暴露されていた。このような状況下、ケロッグ＝ブリアン条約の戦争放棄に関する文言は、言葉の上でも、法的にも、両刃の剣となった。つまり、新憲法草案のなかでは戦争放棄条項となって天皇を護持するために使われ、同時に東京裁判では天皇のかつての部下であった軍人や政府高官たちを切り捨てたからである。

理想主義と文化帝国主義についての考察

「モデル」憲法を制定するという最高司令官の突然の決断によって、旧憲法を「修正する」という考えそのものが全面的に否定され、廃棄されることになった。内部での議論や一般大衆にたいする発表もなしに、突然、既存の憲法はあまりにも欠点が多いため、その全体を廃棄しなくてはならないと宣言されたのである。残ったものは、「修正」というレトリックだけであった。現実は、古い憲法を捨て新しい憲法に置き換えることであり、松本委員会のアプローチとはほとんど完全に対立することになった。松本委員会が、明治憲法のこちらをつまんだりあちらを押し込んだり、完全に明治憲法の枠組みのなかで考えたのに対して、民政局のチームはこの既存の憲章に、否定すべきモデルとして、また、日本を間違った方向へ導いた元凶としてしか、関心を示さなかったのである。既存の憲法を各条項ごとに研究するために時間を費やすことなどまったくなかった。

しかし第一生命ビルの舞踏会場でアメリカ人たちが再発明した日本は、アメリカ合衆国の小さな複製とみなされていたわけではない。後にケーディスは、起草委員会が日本の新憲法を作成する際に、アメリカ憲法を参考にしたことはほとんどなかったと主張している[43]。結局日本は、天皇制で包装した、イギリス式の内閣制度による代議政体となっていた。にもかかわらず、アメリカ式の民主主義という政治的理想主義は、連合国の諸宣言とも相まって、最終的に生み出された新憲法に明確な刻印を残すことになった。このことはとくに日本国憲法の前文に当てはまる。そこには、アメリカ合衆国の独立宣言、ゲティスバーグの演説、アメリカ合衆国憲法、さらには大西洋憲章とテヘラン宣言という戦時中の二つの宣言文を思いださせる文言となっていた[44]。

政治に理想をもち、聡明な(そして多くはまだ若い)人々にとって、これ以上高揚させられる任務は想像もつかなかった。GHQ草案の作成者たちに与えられていた石板は、すでに皇室の菊の紋章が浮き彫りされていたとはいえ、基本的には何も書かれていない真新しい石板であった。そして日々の議論を記録した秘密議事録には、彼らが強烈な目的意識を共有していただけでなく、高度な技術的能力をもち、専門的な意見のやり取りがあったことがはっきりと示されている。起草委員会の弁護士のなかには憲法の専門家は一人もいなかったが、松本が商法の専門家でありながら憲法にとりくんだのと同じように、アメリカ人たちが任務を回避することはなかった。しかし彼らは自分たちのなかでの基本的な意見の相違を見すごすことはしなかった。行政学の専門家であるエスマン陸軍中尉が、このプロジェクトの進め方があまりにも性急かつ秘密主義的であると批判すると、彼は五日間の「休息と娯楽」許可証を与えられた。同僚たちが秘密裏に封建制度の痕跡を除去しようと猪突猛進の勢いで起草作業に取り組んでいる間、エスマンは日光にある徳川幕府初代将軍の立派な廟を探索して時を過ごすことになった。エスマンが戻ってきた時、草案作りは終わりに近づいていたが、最終草案の作成に貢献する時間はまだ少しだけ残っていた。新憲法のなかで、立法府は行政省庁の上にあるとしたのは、エスマンの提案だった。(45)

憲法の制定過程に関するエスマンの言い分が受け容れられなかったのは、保守的だからではなく、非現実的だったからであった。目前の任務達成のために与えられた一週間という時間があまりにも短い時間であることを否定する者はいなかった。しかし、この作業日程は、最高司令官からの命令だった。草案作りの秘密主義的なやり方を批判した時にエスマンの念頭にあったのは、「民主主義を深く信望している日本人学者」の支持と専門知識を積極的に取り入れて、作業を真に〔日米の〕協働的なものにすることが望ましいとの考えであった。そうすれば、最終的な草案が大衆の民主主義的感情を反映し、日本の文化や社会により堅固に根ざしたものになるであろうと考えたのである。しかし実際には、早急な草案作りと同じように、この秘密主義的なやり方もマッカーサーが命じたことだったのである。最高司令官の壮大な構想の下では、起草中の憲法は日本政府にたいしてだけでなく、世界中の誰にたいしても――アメリカ議会の政策決定機関や占領軍司令部内の修正に反対する者たち、そして極東委員会に集結しつつある連合国陣営の多くの国々にたいしても――秘密にしておかなければならなかったのである。

エスマンが日光へ去って、残った委員たちは憲法草案起草の作業を加速できたが、一方で、後世の評論家がするであろう質問を自らに投げ、それに自分たちが満足できる解答を見出す作業も行なった。すなわち、自民族中心主義的ではないだろうか？　あるいは文化帝国主義的では？　論争の結果、得られた答えは次のようなものであった。現代の世界においては「政治道徳ノ法則ハ普遍的ナリ」と主張することは適切であり、また必要でもある。――そしてこの文章は、最終的にGHQ憲法草案の前文に組み込まれることになった。そのような自由主義思想を日本に押しつけることが、賢明か、また可能か、という疑問にたいしては、そうした変化に抵抗しているのは日本の国民ではなく、日本政府であるというのが答えであった。そして、もし日本国民がアメリカ側の提案を好ましいものと考えなかったらば、後になって憲法を変えることはいつでも可能でもあった。(46)

「憲法制定委員会」の運営委員会と小委員会とがやりとりしているとき、以上のような議論が時々起こった。メンバーの一人が「アメリカの政治的経験や考え方に基づいた理想の憲法と、日本の現政権の営為や過去の経験との間の明らかな相違」を指摘した時、ケーディスはそのような相違が存在すると認めながらも、「アメリカの政治的イデオロギーと、最良あるいは最もリベラルな日本人の憲法思想の間」には、そのようなギャップは存在しないとする立場を取った。また別の時点で、より慎重な姿勢を取っていた二人の委員会メンバーが、憲法修正には厳しい制限を設けるべきであり、一九五五年まではいかなる修正も許可すべきでないと提案した。二人の論理は「日本国民はまだ民主主義を受け容れる準備ができておらず、自分たちは不可解な考え方をする国民のために自由主義的な憲法を起草するという居心地の悪い立場にいる」というものだった。ケーディスと運営委員会は直ちにこれを却下した。彼らの主張によれば、この憲法は責任ある有権者を前提として、「それなりに恒久的であるだけでなく、複雑でない修正手続きを備えた、柔軟性のある文書でもある」ことを目指して作成されたものだったからである。(47)

起草者のあいだには、自分たちが何を作成しているのかについてある種の曖昧さがあった。彼らのほとんどが、日本のために本物の憲法――単なる見本あるいはガイドラインとしてではなく、理想的なものという意味においての「モデル」憲法――を起草しているのだと疑いもなく信じていたようだ。しかし彼らの草案が帝国議会で承認される前に、どのような変更が加えられるのかについては、誰もはっきりとは分からなかった。ある時点で彼らは、日本政府がGHQ草案を「そっくりそのまま」否定するかもしれないという恐怖を口にしさえした。(48) 憲法制定に関与していたアメリカ人のほぼ全員が当初から次のことを当然のことと考えていた(それは結果的に間違いであったことがわかるのだが)。すなわち、日本の国会が採択する憲法が最終的にどのようなものであれ、それは日本人によって検証され、必要な場合には、時を経て修正されるであろうと。(49)

二月一〇日、憲法制定会議を召集してから六日目に、ホイットニー准将が完成した新憲法草案を最高司令官に提出した。ホイットニー准将はこの草案が「アメリカのほぼ全ての政治思想を代表する」民政局メンバーたちによる、熟慮を重ねた上での共通の見解を具現化したものであること、そしてまた、日本国憲法の歴史的発展過程を考慮に入れ、アメリカやヨーロッパの憲法における原則をつぶさに観察した結果、起草されたものであることを指摘した。また、草案は憲法に関連する事項については先進的な考え方を示すものであるが、同時に先例のないものは何も含まれていない、と言明した。GHQの憲法草案は、政治的民主主義ばかりでなく、経済的、社会的民主主義も確立しており、強力で健全な、中道的な文書であると特徴づけられると。ホイットニーはその点に関して次のように語っている。「政治思想的には極右から左派寄りへと大きくふれたが、極左の急進的な概念には全く屈していない(50)」。

マッカーサーはいかにも彼らしい鷹揚さをみせて、提出された草案に一個所だけ変更を加えた。「国民の基本的人権に関する宣言」の修正に関する制限を削除したのである。二月一一日——図らずも紀元節に当たっていた——マッカーサーは、そのような事態になるとは露知らぬ日本政府に、草案を提示することを許可したのである。(51)

第一三章　アメリカの草案を日本化する
――憲法的民主主義(二)

二月一三日、ホイットニー准将と三人の側近は外務大臣公邸を訪れ、松本烝治と吉田茂にＧＨＱ草案を提示した。このとき吉田の側近である白洲次郎と公式通訳者も同席していた。日本側はこの会議が二月八日に提出済みの松本案について話し合うためのものだと考えていたが、ホイットニーが有無を言わせぬ態度で松本案を一蹴したため、驚愕した。通訳者はいたが、松本も吉田も白洲も、英語はよく理解できた。ホイットニーは言葉を慎重に選び、ゆっくりと話した。彼はこの日、インフルエンザで高熱を出していたので口調に独特の激しさと鋭さが加わっていたかもしれない(1)。

ホイットニーは、「先日、あなた方が提出した憲法改正案は、……自由と民主主義の文書として、最高司令官が受け容れることはまったく不可能である」と述べた。その上で、ＧＨＱ民政局の作成した憲法草案のコピーを渡し、これは「日本の状況が要求している諸原則を具体化した案」で、マッカーサーの承認済みのものであると説明した。ホイットニーに同行した三人の側近たちがこの会議の直後に残した詳細な会談記録によれば、日本側は「明らかに愕然とした表情を示し」、「一瞬、一座に激しい緊張感がみなぎった(2)」。

アメリカ側は公邸の庭へ下がり、交渉相手が英語の文書を読む時間を与えた。白洲も庭に出てアメリカ人たちのなかに入ってゆくと、ホイットニーは穏やかに言った。「われわれは、あなた方の原子力の陽光を楽しんでいたところです We have been enjoying your atomic sunshine.」。このどぎつい一言は、誰が勝者で誰が敗者なのかをはっきりと思い出させた。一九五六年に出版されたマッカーサーの伝記のなかで、ホイットニーはこのエピソードを愉快そうに披露し、まさにそのとき、おあつらえ向きに、B29がその上空を飛んでいたと付け加えた。(3)

ホイットニー准将は自分の一言が効果的な「心理的な矢」を放ったと思った。そして彼はまだ何本かの矢をもっていた。松本と吉田が三〇分ほどで草案を熟読し終えると、双方は再び交渉のテーブルについた。するとホイットニーはまた辛辣な言葉を放った。GHQ草案に示された諸規定を受け容れることが、天皇を「安泰」にする最善の保証である、もし日本政府がこの方針を拒否するならば、最高司令官は、日本国民に直接この草案を示す用意がある、と。ホイットニーがこのように言うことは彼の権限を超えたものだったが、あとからマッカーサーは、この脅しを強く支持した。アメリカ側が記録した会議録では、ホイットニーは次のように付け加えている。

最高司令官は、これが、多くの人々から反動的とみられている保守的グループが権力に留まる最後の機会であると感じています。そしてそれは、左に急旋回することによってのみ、なされうると感じています。そしてもしあなた方がこの憲法草案を受け容れるならば、最高司令官があなた方の立場を支持することを確信されてもよいと感じております。この憲法草案を受け容れることがあなた方の生き残りのためのただ一つの可能性であること、さらに、日本国民は、この憲法を選ぶか、こうした諸原則を包含していない何らかの形の憲法を選ぶかの自由を持つべきだと最高司令官が決断されたことは、いくら強調しても強調しすぎることはありません。

通訳者を介さずにこれを聞いた日本側は苦悩の色を隠せなかった。「白洲氏はまるで異物の上に座ったかのように背筋を急に伸ばした」とホイットニーは回想している。「松本博士は息を呑んでいた。吉田氏の顔は暗雲に覆われていた」。悪い知らせをもたらした人々が帰る段になると、吉田は気を取り直して、このやり取りを完全に秘密にしておいて欲しいと頼みこんだ。

保守派の最後のチャンス

二月一三日の会合において、ホイットニーは日本がつかむことのできる一本の藁を差し出しておいた。彼は、草案の基本原則に交渉の余地はないが、全面的な受け容れは必ずしも必要ではないと明言した。松本は、まさにこの最後の藁を摑んだのだが、数日後には状況は絶望的であることが明らかになった。当初松本は、個人的には、GHQ草案は法律を知らない「素人の」作った案だと馬鹿にし、国会を一院制とする非現実性を指摘していた。しかし、この一院制構想は、アメリカが取引の種として日本に譲歩するつもりの問題点のひとつであったことを、松本は後に知ることになる。(4)

日本政府が最高司令官の信頼を完全に失ってしまう前に、白洲と松本はホイットニー説得の最後の試みを行なった。日本の保守派のエリートは、民主主義の理念をアメリカと完全に共有している、今問題になっているのは、そこに至る方法だけだ。白洲はホイットニーに宛てた手紙のなかで、アメリカのやり方は「飛行機のように直線的で直接的」であるのに対し、日本はジープで「迂回したり、曲がりくねった、細い道」を通らなければならないのだと述べた。白洲はこの手紙の中に、出発点から目的地まで山の中を通る曲がりくねった日本の道と、同じ目的地にまるで飛行機で向かうようにまっすぐ行くアメリカ人とを描いたスケッチを同封した。ホイットニーは文化の違いを図示したこのスケッチにも動かされることなく、白洲に書き送った。最高司令官は草案の小さな変

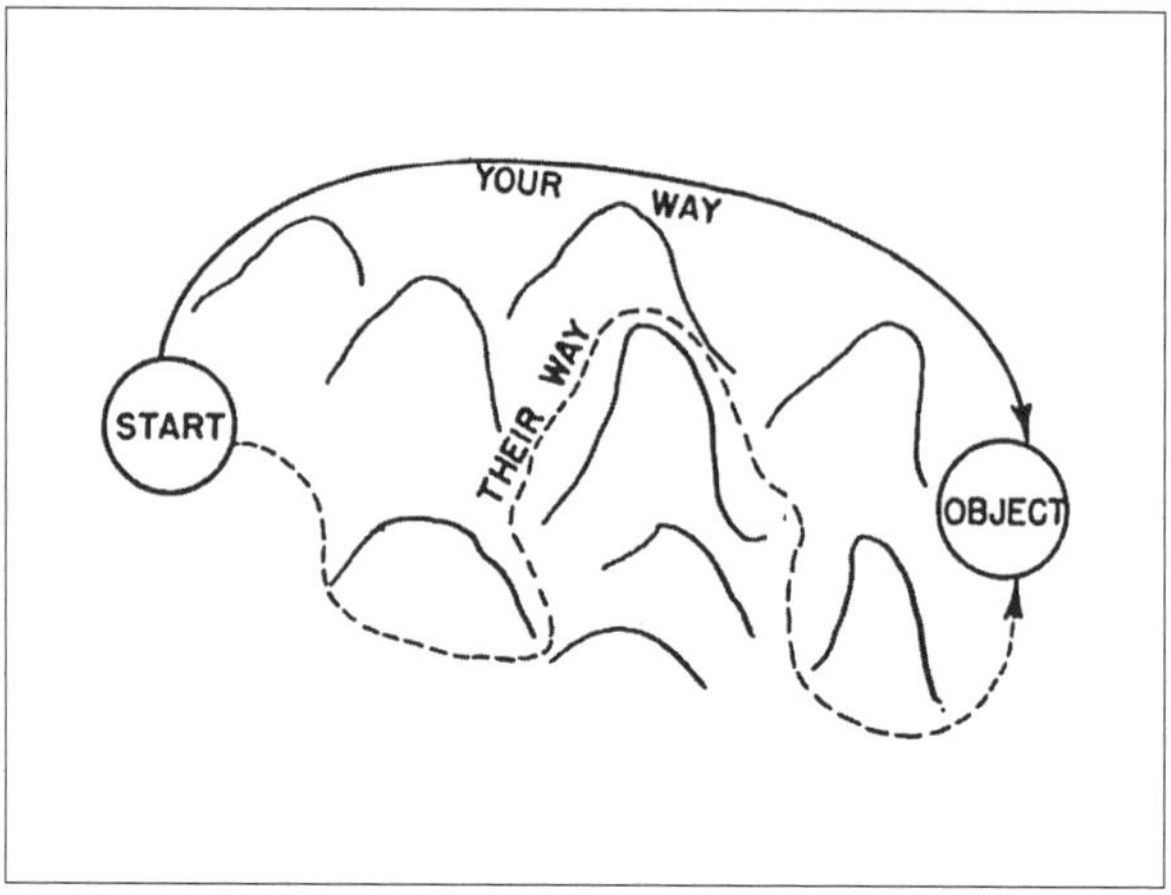

1946年2月，白州次郎が書いた「地図」．1949年発行のアメリカの公式報告に掲載されている．白州によれば，日本の民主化という日米の目標は同じだが，松本委員会が好むアプローチは，険しい山々を踏破するように，間接的で回りくどい(their way)．それに対してアメリカ流のアプローチは，飛行機で乗り付けるように直接的である(your way)．白州によると，日本人は民主主義に直接移行する準備ができていないのだが，アメリカ人は憲法改正問題において，そのような「国民性」をうんぬんするような忍耐はもちあわせていないのであった．（*Political Reorientation of Japan* より）

更は認めるだろうが、「原則および基本形態」については いかなる変更も許さないだろう、と。[5]

松本は、国情にそぐわない憲法は、専制や悪政を招くことになると主張した（ここ数十年の日本の専制と悪政は、松本には何ら問題ではなかったようである）。信じられないことに、松本は、GHQに最後通牒を突きつけられても、日本国民は長期にわたる、ゆるやかで慎重な政治的保護を必要としているのだから、松本委員会の憲法草案は、この観点から理解されるべきだと主張し続けたのである。松本は、ホイットニーに次のような手紙を書いた。「之ヲ比喩的ニ言エバ」自分の草案は、「多数ノ国民ニ飲マセ難キ苦キ薬ヲ糖皮ニ包ミテ飲マセントスルモノ」である。これより急進的なものは、穏健派にショックを与え、過激な人々を刺激し、国内を大混乱に陥れるであろう。[6]

民政局の人々にとってこれは何度も聞かされた退屈なセリフであった。改革の過程でアメリカが何を提案しようとも、保守派はそれが「混沌と混乱と共産主義」を誘発するだろうといつも唱えつづけた。日本政府は頻繁に赤化の危険を引き合いに出したので、「われわれは共産主義の脅威に対するワクチンを接種した」と、のちにケーディスは語っている。忠実な共和党支持者のホイットニーでさえ、この日本政府の「終末論的な」くどい説明には我慢ならなかった。彼は松本に、もし内閣が四八時間以内に行動を起こさない場合、SCAPは約束通り、草案を直接日本国民に発表するだろうと伝えた。[7] 松本はついに断腸の思いで認めざるをえなかった。他の者たちは戦争の勝利を失ったかもしれないが、自分は明治憲法を失ったと。

GHQは、二月一三日の会合後、日本側は直ちに閣議を開き、審議を開始するだろうと期待していた。そのため、ホイットニーたちは、草案のコピー一五部を、松本と吉田が適当と見なした人々に配布できるよう手渡した。しかしアメリカの思惑に反して、日本政府は重要課題に全員で決然と取り組むことをしなかった。それどころか内閣は、二月一九日まで、この日の会議の内容を知らされることさえなかったのである。一九日、松本は蒼ざめ、震えながら初めて閣僚たちに報告した。ホイットニー准将は松本草案はまったく受け容れられないとして、代わりにGHQ草案を提示した。アメリカは日本政府にGHQ草案の受け容れを強制してはいないが、マッカーサー元帥は、この草案が天皇に反対している人々から天皇の「身柄」(松本はここで英語のpersonを使った)を守る唯一の方法であると確信している、と松本は述べた。[8]

閣僚のなかには、アメリカの立場は絶対に受け容れられないとただちに反対する者もいた。幣原首相もそれに同感だったが、後に国会での審議で重要な役回りをはたすことになる芦田均は受け容れに賛成して、説得的な議論を展開した。もし内閣がGHQの要求を拒否し、アメリカが脅し通りにGHQ草案を公表したら、不吉なシナリオが展開されることになるだろう。「卑屈に」なっているメディアはアメリカを支持し、内閣は総辞職を迫られるだろう。そしてアメリカの草案を支持する人々が前面に出てきて、差し迫った総選挙で勝利を収める可能性がある、と。要するに、保守派は、人気のある民主主義支持勢力に議席を奪われないように注意しなければならなかったのである。[9]

この問題については、さらに審議を重ねることになり、幣原がマッカーサーと三時間にわたる会合を行なった後の二月二二日に、ふたたび閣議がもたれた。この時、GHQ草案のなかで天皇と戦争放棄をあつかった第一章と第二章の概要の翻訳が初めて配布された(政府は驚きと混乱のあまり、二月二六日までGHQ草案の完全な翻訳を配布しなかった)。幣原は、最高司令官の話は理解しえないものではなかったと報告した。マッカーサーは、自分は日本のために誠心誠意努力しているのであって、「如何にもして天皇を安泰に」することを深く念じていると強調した上で、ソ連やオーストラリアのような国々の恐るべき意向についてほのめかした──それは「想像に及ばない程日本にとって不快なもの」であった。幣原首相はまた、「戦争を拋棄すると声明して日本がmoral leadership(幣原はこれを英語で言った)を握るべきだ」という元帥の信念を紹介した。[10]

幣原はGHQ草案の大幅な修正にいまだ望みをつないでいたが、松本は同日、明治憲法のほんのわずかの部分さえ救済する見通しがなくなったことを悟った。アメリカ側は彼に、明治憲法を改正の基礎として使用することは「不可能」であると直截に通告したのである。自尊心の高いこの学者官僚は歯ぎしりをしながら、「この新憲法草案のうち、あなた方が基本的であり、変更を許さぬものとお考えの条項はいくつですか?」と問うと、ホイットニーは次のように答えた。「ここに書かれてある全体が基本となるものであり……概して言えば、この文書は一つの統一体である」。ラウエル大佐が付け加えた。「新憲法は相互に織り合わされたひとまとまりのものとして書かれたものであり、従って削除可能な部立てや章は一つもない」。松本の要請により、アメリカ側は二院制の国会の設立を容認したが、両院とも国民の投票で選出されると明記させた。[11]

二月二二日、幣原と数人の政府高官がアメリカの草案について天皇裕仁に概略を説明した。この日は、GHQ草案を「原則として」承認するかどうか回答する最終期限であった。このとき、天皇ははっきりと答えたといわれている。GHQは、天皇が提案された修正をいかなる留保もなく承認したことを日本側から伝えられた。この問題について、天皇はおそらく閣僚たちほど躊躇しなかったことは理解できる。天皇は自分の「身柄 person」

が保護されること、また自分の地位がより簡素なものになることがよくわかっていたからである。天皇の忠実なる役人たちとは異なり、天皇裕仁は自ら不敬罪を犯す心配もなく、明治風の天皇制を変更することについて自由に思いをめぐらすことができた。いずれにせよ、天皇がGHQ草案を承認したことによって、閣僚たちの良心の呵責も和らぎ、GHQの要求に従うことができるようになった⑫。

この間の出来事の日付は、まるでアメリカ愛国主義風の星占いのようであった。ホイットニー准将が嬉々として記したように、GHQ草案の完成期限である二月一二日はエイブラハム・リンカーンの誕生日であった。幣原内閣に言い渡した受け容れ回答期限の二月二二日は、ジョージ・ワシントンの誕生日に当たっていた⑬。政府が最後通諜に屈した後でさえ、幣原内閣の閣僚の間では「激しい闘い」が展開されたことを民政局は知らされた。無任所大臣と書記官長を兼務していた楢橋渡は、この問題についての主たる情報提供者であった。彼は舞台の裏側で繰り広げられた闘争を直截な言葉で描いている。楢橋によると、旧い天皇制を擁護するしぶとい生き残りは、官僚や元軍高官、そして財閥の指導層の中にまだたくさん存在していた。官僚の権力は、公僕というよりは、天皇の忠実な僕《しもべ》というエリート的な地位に由来していたので、自分たちの権威が著しく失墜することを恐れていた。また楢橋の観察によれば、もっとリベラルな閣僚でも、もし天皇の特権が奪われた場合、テロや暗殺が起こるのではないかと本気で恐れていた⑭。

翻訳マラソン

このような事態の展開のなかで、東久邇宮が公に天皇裕仁の退位を示唆するという事件が起こった。天皇の「身柄」と天皇制は、突如として、かつてなかったほど危険に晒されているように思えた。三月四日、幣原内閣がSCAPに憲法修正のための草案を正式に提出したのは、このような状況下であった。これはのちに「最初の日本政府草案」として知られるようになるものである[15]。この草案は、一見した所では、GHQ草案の日本語訳とほとんど異なるところはなかった。しかし実際には松本とその側近たちは、GHQ草案の意図を変えてしまうような用語法を使うなど、さまざまなやり方で、GHQ草案を骨抜きにしたのであった。

三月四日午前一〇時、松本とその助手の佐藤達夫は、二人の通訳を伴ってGHQに日本側草案を手渡した。ここに、彼らが英語で書かれたGHQ草案に向き合った二月一三日の「原子力の陽光」会議が再開され、今回は日本側が草案に英語訳をまったく付けずに提出したのである。そこから、日米双方が一緒になって日本語を英語にもどす三〇時間のマラソン会議が始まった。アメリカ側は和英辞書と首っ引きで、日本側草案ともともとのGHQ草案とを比較検討する作業を行なった。この長時間にわたる不眠不休の苦闘の間、双方は軍用携帯食と五ガロン缶入りのコーヒーで元気をつけた。日本側にとっては、ほしくもない憲法を受け入れる場面であり、この食事のまずさは彼等の苦悩をじつによく象徴しているように思われたにちがいない。

これは、どんなに想像力を駆使しても、あまり楽しい場面ではない。しかし、芝居がかった場面が時折見られることもあった。松本とケーディスは、すぐに天皇と内閣の関係について激論を戦わせ始めた。ある時点で、苦境に立った天皇主義者は、国体だけでなく、日本語まで直しにきたのかとニューディール主義者を非難した。正午を過ぎてまもなく、松本は怒りのあまり席をけって出て行った。憲法草案の翻訳と修正は佐藤と二人の通訳に任されることになった。彼らは、二世の翻訳者や通訳者に支えられた、少なくとも一六人のアメリカ占領高官と渡り合わなければならなくなったのである。

内閣が天皇の上にあることの重要性をはっきりと示すために、ケーディスが一方の拳をもう一方の拳の上に乗せた時、佐藤とケーディスの間に緊張の瞬間が訪れた。佐藤はこの考え方そのものよりも、ケーディスのボクサーのような意気込みに強い印象を受けた。ケーディスの方は、日本人というものは天皇より政治的に優越するものが存在するなどとは考えることすらできないのだと結論した。そのような考え方はケーディスからみると「神秘主義的で」矛盾に満ちたものであった。ケーディスの観察では、日本人は、天皇は明治憲法の下では本質的に無力な存在であると主張するかと思うと――これは、天皇をいかなる戦争責任からも完全に切り離すためのもっとも重要な論拠であった――、一方では、至高の支配者としての天皇の特権は不可侵のままにしておかなければならないと主張していたからである[16]。

英語と日本語のバイリンガルだったベアテ・シロタは、こういった折衝のなかで力を発揮した。シロタは、古風なやり方で日本側に好意を示すことで、憲法の中にフェミニズムの大義をさらに押し込むことができると考えた。この若い「ひょろ長い女の子」(ケーディスの言)は、さまざまな場面で日本の立場を支持する側に回った。そのため、佐藤がシロタの手になる女性の権利に関する条項に至ったとき、ケーディスは、彼女が日本側に親切にしてきたのだから、今度は日本側が彼女に親切に対応すべきではないかと言葉巧みに勧めて、成功した。この友好的な互酬によって、現代の憲法のなかでも最も強力な男女平等の条項が生き残ることになった。他にもう一つ芝居がかった場面があった。それは吉田外相の側近で、そつがなく、英国で教育を受けた白洲次郎が、作業の場に現れ、アメリカ側にちょっとした心理的な一太刀を浴びせた時だった。マラソン会議のほぼ半分が過ぎた頃、すでに真夜中をだいぶ超えた時間に白洲が現れ、皆が死に物狂いで翻訳している日本語草案の部分を、その場で大まかに英訳して見せたのである。白洲は日本語草案をポケットに入れて持ち歩いていたのだった[17]。

この精も根も尽き果てるような会議のなかでアメリカ側は、日本人がGHQ草案を「翻訳」する際に、多くの実質的な変更をもぐりこませていたことを発見した。例えば英語の「advice and consent(助言と同意)」は、日本語版では「輔弼《ほひつ》及協賛(advice and assistance)」となっていた。日本政府の翻訳と称するものは、「人民ノ意志ノ主権」を強調したGHQ草案の前文を省略し、華族制度の廃止を条文化した条項を削除し、衆議院の権威を制限するような参議院の創設を提案し、中央政府による支配を容易にするように地方自治に関する条項を変更してあった。さらに政府は、多くの人権保障に関する条項を、時には明治憲法を連想させるような決まり文句を再び挿入することで骨抜きにした。言論、著作、出版、集会、結社の自由は、いまや「安寧秩序ヲ妨ゲザル限リニ於テ」のみ保障され、同様に、検閲は「法律ノ特ニ定ムル場合ノ外」には行なわないことになった。労働者が団結したり、団体交渉したり、集団行動をする権利も同様に「法律ノ定ムル所ニ依リ」という文言で束縛された。また日本政府の草案では、外国人に関する権利など、多くの特別の権利についても削除するか、あるいは弱められていた。外国人の権利は憲法以外の立法措置による方が、より適切にカバーできるというのがその理由だった⑱。

最後にはさすがに頑強な佐藤も目はかすみ、疲れ果ててしまったが、それでも彼は、ある種の権利は憲法外の立法措置に委ねた方が良いということをアメリカ側に説得するのに成功した。佐藤はまた「people」や「sovereignty」のような重要な言葉や概念に関しては、特定のニュアンスを持った訳語を残すことにも成功した。このように微妙で基本的な点において、政治やイデオロギー、言語や文化が機能して、日本側の憲法草案をアメリカのものと異なったものにしてしまったことは、避けられない事態であった。

このことが最も明らかになったのは、アメリカの人民主権の考え方の中核である「people」の概念の場合であった。「people」は、アメリカ人の経験に組み込まれている「We the People(われわれ人民)」という表現が持つあらゆる歴史的、文化的意味合いを呼び起こすものである。日本人には人民主権に比し得る伝統がない。明治憲法は「臣民 subject」については語ったが、「people(人民)」については語らなかった。松本とその側近たちは、「people」にたいしてどのような訳語をあてはめたらよいのかという問題に直面した。一つの候補としては「人民」であり、これは、アメリカ合衆国憲法やエイブラハム・リンカーンの古典的な公式「government of the people, by the people, for the people(人民の、人民による、人民のための政府)」の訳において通常使われてきた。しかし現在では、「人民」という言葉は社会主義や共産主義の意味合いを持ち、権力に抵抗する人々という意味を持ってしまう。

外務省が準備したＧＨＱ草案の当初の訳文では、「people」を「人民」としていたが、松本と佐藤はそれをやめて、本質的に保守的な用語である「国民」という用語を採用した。「国」と「人々」を表す二つの漢字で書かれる「国民」という言葉は、日常用語であり、人々が溶け合って国民(nation)になるという意味を持っている。ここには、人民と国や国家、あるいは天皇を含んだ最高権力との間に、潜在的にでさえ、いかなる敵対的な関係を暗示するものも存在しない。それどころか、政府があとでわざわざ説明したように、「国民」には天皇自身も含まれているのであり、従って、天皇と「国民」は一つであるということを表しているのである。戦時中、「国民」は宣伝用スローガンのなかでよく使われた言葉で、「日本人」や「大和民族」と本質的には同義語であった。

佐藤達夫は後に、なぜ「国民」という、全員一致的な含意をもったナショナリスティックな言葉が新憲法で選ばれたのかを率直に説明している。「国民という言葉を採用したのは(一)国家の一員としての人々の意味合いを強調したかったからである、そして(二)人民という言葉は排他的で、天皇制に反対する人々という意味を伝えてしまうだろうと考えた」からであった。民政局のアドバイザーたちは国民という言葉の持つ保守的意味合いに注意を促したが、ホイットニー准将とケーディス大佐はその区別をあまり重要とは見なさず、翻訳をそのまま生かすことを許した[19]。

「sovereignty」は、論理的には「主権」である。しかし日本政府の草案では、幣原首相の勧めもあって、「至高(supreme height)」という訳語に置き代えられた。「主権」と異なり、「至高」は意味のよくわからない古風な言葉である。二つの漢字は字義通りには「最高の高さ」という意味であって、政治的意味合いをまったく伝えていない。実際のところ、二〇世紀半ばに暮らしていた日本人にとって、この言葉はほとんど意味を持たなかった。

そして、もちろんそれが重要だったのだ。そのような曖昧な言葉を通じて、保守派はアメリカ人の「人民主権」に込められている急進的な力を鈍らせ、不明瞭にしてしまおうと望んだのである。彼らは「sovereignty」を天皇と同等か、それ以上に置くなどということは、考えるだけで仰天したのだった[20]。

この三月の第一週に、意図的に歪曲された憲法草案の翻訳が、三〇時間におよぶアメリカ人の試練を生き延びたことは、政府にとって喜ばしい勝利だった。しかしすべてが終ったとき、この勝利の甘さは半減されていた。国会が最終的に採択した憲法草案のなかに「至高」という言葉は挿入されず、「主権」という言葉が使われたからである。三月五日午後四時頃、マラソン会議から誕生した草案には、日本側がその前日に提出したものとはおよそ一〇箇所以上もの実質的な相違点があった。そしてそのいずれもが、もとのGHQ草案に近づけるためのものであった[21]。

三月五日、佐藤が「マラソン」の終わりに向けて最後の努力をしていたころ、日本政府もいわば自分たちの大団円に向かっていた。GHQへ戻らなかった松本は、その日の午前中、二月二二日以来の経緯を詳細に内閣に説明した。閣僚たちは昼休みのため閣議を中断し、午後二時に再開した。この時、ささやかではあったが象徴的な儀式が行なわれた。一〇通の英語のGHQ草案──そのなかには民政局が何週間か前に日本側に手渡したものもまじっていた──が、集まった閣僚たちの前に初めて示されたのである。この土壇場になってできることは何もなかった。閣僚たちは自らの運命を支配している外国権力の具体的な証拠品を目のあたりにしたのである。

午後四時三〇分頃、幣原と松本は皇居へ赴き、いま置かれている状況を天皇と協議して、翌日に日本政府草案と勅語を発表する準備をした。午後八時、閣議に戻ると幣原はすぐに、「今となっては致方あるまい」という天皇の言葉を伝えた。皇室の侍従次長・木下道雄の日記には、これが宮中にとってどれほど深い傷となるような大混乱を引き起こしたかが克明に記されている。天皇は退位への巨大な圧力を感じており、「世界の空気」は「天皇制に反対」であったと、木下は書いている。マッカーサー司令部は必死であった。木下は、幣原内閣に強烈な印象をあたえた文句——もしアメリカの造った原案を受け容れられない場合は、天皇の身柄を保障できない——を、自らも日記に記した[22]。

GHQは内閣に対し、佐藤との間で合意を見た憲法草案を受け容れるかどうかをその日のうちに決定するよう要求していた。天皇の承認を得たことで、集まった閣僚たちは草案受け容れの手続きに入った。午後九時を少し過ぎて閣議が散会するに当たり、幣原は短い演説をした。芦田均がその様子を日記に書きとどめている。「斯る憲法草案を受諾することは極めて重大の責任であり、恐らく子々孫々に至る迄の責任である。この案を発表すれば一部の者は喝采するであろうが、又一部の者は沈黙を守るであろうけれども心中深く吾々の態度に対して憤慨するに違いない。然し今日の場合、大局の上からこの外に行くべき途はない」と総理大臣は述べた。この言葉を聞いて閣僚たちは涙ぐみ、首相も涙を拭ったのであった[23]。

憲法草案を発表する

三月六日、新憲法は、天皇と民主主義の理念と平和とに同等の重要性を与える形で、賑々しく一般の人々に公表された。天皇の名で、幣原首相は憲法修正事項の詳細な「概要」を発表し、新しい諸理念への支持を訴える力強い短文を添えた。数時間前に首相と閣僚たちが涙にくれていたことなど誰も想像できなかった。天皇裕仁の勅語も同時に公表されたが、その中で天皇は、国家の既存の憲章を「根本的に」改正する必要性を簡潔に訴え、自分の希望に従うよう政府に要請していた。同日、マッカーサー元帥は、「余が全面的に承認した新しき且《か》つ啓蒙的なる憲法を日本国民に提示せんとする天皇並びに日本政府の決定に……深き満足を表するものである」と述べた[24]。

これら三者のレトリックは、新しい天皇制民主主義の創造をめぐって、その後に続く論争の基調を定めることになった。幣原は、勅語を「喜んで内閣に与えた」天皇への感謝にあふれた定型的な賛辞で謹話を始めた。「天皇陛下にはわが国民をして世界人類の理想に向い同一歩調に進ましめるため非常なる御決断を以て、現行憲法に根本的改正を加え、以て民主的平和的国家建設の基礎を定めんことを照示せられたのであります」。

首相はさらに、人類の歩みは戦争から平和へ、残虐から慈悲へ、隷属から自由へ、専制と混乱から秩序へと向かうことを感動的な口調で語った。暗示的な言い回しで、提案された憲章の平和主義的な性格のゆえに、日本は世界の前衛となるだろうと示唆したのである。「もし日本の国民が多国間関係という家族の中で名誉な位置を占めるとするならば、我々は日本国憲法が国内においては民主的な政府のための基盤を確立し、対外的には戦争廃止のため世界の他国をリードすることを意図しなくてはならない。すなわち我々は国権の発動としての戦争を全面的に放棄し、他国とのあらゆる紛争を平和的手段によって解決するという我々の決意を、全世界へ向けて宣言しなければならないのである」。さらに首相は、全国民が天皇の慈悲深い希望を尊重してゆくだろうとの信念を表明し、この憲法草案は「連合国総司令部との緊密なる連絡の下に」公表されたものであると告げて謹話を締めくくった。

草案要綱発表の際の天皇裕仁の勅語は以下の通りである。

朕曩《さき》ニポツダム宣言ヲ受諾セルニ伴イ、日本国政治ノ最終ノ形態ハ日本国民ノ自由ニ表明シタル意思ニ依リ決定セラルベキモノナルニ顧ミ、日本国民ガ正義ノ自覚ニ依リテ平和ノ生活ヲ享有シ文化ノ向上ヲ希求シ進ンデ戦争ヲ抛棄シテ誼ヲ万邦ニ修ムルノ決意ナルヲ念《おも》イ、乃チ国民ノ総意ヲ基調トシ人格ノ基本的権利ヲ尊重スルノ主義ニ則リ、憲法ニ根本的ノ改正ヲ加エ、以テ国家再建ノ礎ヲ定メムコトヲ庶幾《こいねが》ウ、政府当局其

レ克ク朕ノ意ヲ体シ、必ズ其ノ目的ヲ達成セムコトヲ期セヨ

事実上、天皇は臣民に対し、提案された新憲法を支持するよう命じていた。これは天皇が決して真の権力を行使しないという考え方とは矛盾している。これによって、その後の「憲法修正」の公的プロセスにも、民主的な国民憲章を天皇がその慈悲において与えたということを強調する、ふるぼけた勅語の形式が残されることになったのである。㉕

幣原と同様に、マッカーサー元帥も荘厳な調子で平和や民主主義、文化を語った。彼は提案された憲法を「人間関係の最も進歩した観念に完全に対応したもので……一種の折衷的憲法であり、実質的には知的で正直な人間が唱える数箇の異なった政治哲学の混合である」と述べた。また元帥は草案作りの際のGHQの関与を小さく見せるのではなく、強調することを選んだ。「この憲法は五カ月前に余が内閣に対して発した余の命令についで日本政府閣僚と当司令部の間における労多き調査と数次にわたる会議ののち書き卸《おろ》されたものである」。例によって、この声明は必ずしもすべて真実というわけではない。しかし、憲法草案作成のプロセスにSCAPが密接に関与していたという点は明らかにされたのである。

一方、憲法草案が民政局で生み出されたことを認めるのはタブーであった。日本の政府高官は、GHQ草案に言及することは許されていなかったし、メディアもこの点について公然と憶測をめぐらすことは禁じられていた。続く国会審議も、見せかけだけのものという雰囲気が漂うこととなった。GHQは国会審議を舞台裏から厳しく監視し続けており、さまざまな機会を捉えては、憲法の基本原則――改正された天皇の地位、交戦権の放棄、国民主権、さらには高邁な理想を掲げた憲法前文――が、明治憲法下における天皇と同じように、神聖にして侵すべからざるものであることを明らかにした。しばしば、GHQは国会で出された提案を密かに促進したり、邪魔

したりした。このような活動に詳しいあるアメリカ人によれば、民政局のスタッフは、「閉ざされた扉の向うで働く官僚的な人々」なのであった[26]。

繰り返しになるが、これは箱の中の自由であった。しかし日本人は、そこに箱が存在していることを知っていた。憲法に関する限り、アメリカがかなり介入していたことは公然の秘密だった。まず第一に、笑いものとなって葬り去られた二月一日の「松本草案」と、いま政府が自からの手で作成したものだと主張している進歩的で新しい文言との間には、天と地とほどの違いがあることに誰もがただちに気がついた。『デイリー・ヨミウリ』が言ったように、「反動的な松本草案」は「吹き飛ばされて」しまったのである[27]。老人ばかりの幣原内閣がみんな揃って回心したとは、だれも思わなかった。この二つの草案が、同じ書き手から生まれたなどとは想像もつかなかったのである。

それ以上に、日本語の草案には、その原則の部分だけでなく、ぎこちない文体にも、外国人の介入が明らかであった。構文は歪み、奇妙な句法が混入していた。貴族院には学者も少なからずいたが、彼らに配布された公式の英語翻訳版を参照する者も出てきた。日本語の草案とその英語版が同時に公表されたということ自体、実状を明らかにしていた。貴族院議員の高柳賢三はハーバード大学で勉強した憲法専攻の法律学者だったが、後に「翻訳の方が(日本語の)原文よりも理解し易い」と述べた[28]。

新憲章の真の出生地についてマスコミが論議するのを阻止する任務は、GHQの民間検閲部に任されることとなった。「SCAPが憲法を起草したことに対する批判」は、検閲官がその検閲指針として用いた「削除または発行禁止処分の対象となる項目」(いわゆるキー・ログ)の正式な一分野となり、SCAPの関与に関して云々することは一切禁止であることが明文化された[29]。しかしジャーナリストらは、草案の「へんな日本語」や「おかしな言葉使い」に注意を向けさせようとした。GHQの検閲官の青鉛筆で、日本語草案に「翻訳があまりよくない」と書いてある例もあった[30]。しかし労働過剰の検閲者には全てを見つけ出すことはできず、おおむね支持を表明していた新聞でも、社説中に嘲弄をそっと滑り込ませようとした。例えば『朝日新聞』は政府草案について「何となくサイズの合わない、借りてきた洋服のよう」であると書いた。また『時事新報』は、台所から日本料理の香りが漂ってきたのに、その後実際に供されたのは西洋料理であることがわかったようなものだと書いている。箸は片づけてフォークとナイフを持ち出すことが必要だったのである[31]。

こうした状況の下で、人々の議論には深いシニシズムと混乱がつきまとっていた。とはいえ、提案された憲法には、敗北し戦火に破壊しつくされた国において、希望と理想を指し示す灯台の光のような大きな魅力があった。日本人は、二〇世紀中葉にあって最も進んだ開明的で「折衷主義的」な思想を具体化した国民憲章を採択しようとしている、と告げられていた。国権の発動としての戦争を放棄し、幣原の言葉にあるように、この国は自分たちが世界をリードしているとさえ見なしていたかもしれない。四流国に成り下がったと言われた、自尊心の強い民族にとって、これは心慰む新しい種類のナショナリズムであって、しっかりつかまえておくべきものであった。

いずれにせよ、この新提案にたいする人々の反応は、松本草案の時のように圧倒的に否定的というのとは大違いであった。共産党だけが反対であった。共産党の立場ははっきりしていた。天皇制の存続は反民主的であり、軍国主義者から最も厳しい弾圧を受けてきた自分たちではあっても、いかなる国も自己防衛の権利を否定することとは非現実的であり、差別的であるというものであった。その他の主要な政党は三月の草案を承認した。社会党は政府の新しい立場が本質的に自分たちのそれまでの主義主張と同じであるとさえ主張した。

幣原連立内閣の屋台骨を形成していた二つの保守政党は、政府の発表を批判する立場にはなかったが、彼らでさえ驚くべき態度で支持を表明した。自由党は草案の特徴であると考えた三つの原則をとくに賞賛した。天皇制の存続、基本的人権と民主主義的原則の尊重、それに戦争放棄による平和国家の樹立である。超保守的な進歩党でさえ、劇的な転換を行ない、新しい草案を「心から」歓迎すると宣言した。進歩党の主張では、天皇は歴史的に一度も直接支配を行なったことはないのだから、提案された新憲章の下での天皇の立場は、歴史と現実の双方に合致するものであった[32]。このような正当化は何度も繰り返されているうちに、たやすく新しい真理となる。保守主義者の多くは不承不承に草案を承認したことは明らかだったが、三月半ばになると、大多数の保守派は、この危機的な時期に天皇と皇室を守るためには新しい憲章が必要である、とするマッカーサー元帥の信念を共有するようになっていた[33]。

何週間かたつと、一般の人々は提案された新憲法が意味する所をはっきりと理解するようになった。三月六日に内閣が発表した詳細な「概要」は、いまだ重々しい形式的な文語体で書かれていたが、総選挙の一週間後の四月一七日、日常の口語体の文章がそれに取って替った。「第四政府草案」として知られる最終版は、六月二一日、正式に国会へ提出された。

水は流れ、川は残る

技術的な理由から、新憲法は明治憲法の「改正案」として、天皇によって国会に提出されることとなった。マッカーサーと日本の天皇制支持者双方にとって、これは幸運であった。憲法の制定と天皇の救済が一度に行なえたからである。この後、天皇は憲法制定の重要な段階のすべてにおいて関与することとなった。六月二〇日、天皇は、既定の手続きに則って、臨時国会の開会を宣し、修正された憲法草案をその他の法案と共に提出すると述べ、さらに国会がこれらの案件を「調和の取れた精神で」審議するよう希望すると宣したのである。新憲法は主権が国民にあることを明文化していたが、それは実際は天皇自身からの贈り物として国民に与えられたものだということになる。「上からの革命」と「天皇制民主主義」は、この儀礼を通じて融合したのである。

憲法草案が国会に提出された頃には、超国家主義的で反動的な政治家はすでに追放されていた。新しく選出された衆議院は多様なグループからなり、女性議員も見られた。保守派が引き続き衆議院を支配していたものの、全体としては前任者たちよりも柔軟で、さらに相当数のリベラルや社会主義者を数えることもできた。貴族院では、占領軍のパージで空席となった議席が、新しく選出された学識豊かな世界的視野をもつ人物たちによって埋められていた。最もやかましいはずの保守派が沈黙を強いられていたのだから、立法府は民意を代表していなかったと主張することもできるかもしれない。しかし現れつつあった真に民主的な情熱に和した新しい声を国会が反映していたということも、同じくらい真実であった。

どこから見ても、その後の国会審議は活発で実質を伴ったものだった。両院本会議や委員会での議論は、合計一一四日を費やした。憲法問題の内閣首席スポークスマンとして松本烝治の後任となった国務大臣・金森徳次郎は、約一三〇〇もの公式質問に答え、時に返答は詳細にわたった。両院における国会審議の筆記録は最終的に合計三五〇〇ページを超えるものとなった[34]。

国会議員にとって最も重大な関心事は、「国体」は変更されたのか否か、もし変更されたのなら、どのようにか、という点であった。次に重要な関心は、驚くべき「戦争放棄」条項第九条の意味であった。しかし、ほどなくして、議員らは全ての条項に注意を向けるようになった。翻訳マラソンで政府代表を務めた佐藤達夫は後に、当時GHQは「民意を最高の形で代表する国会に対し、多大なる敬意を払っていたようだ」と認め、国会の審議で「草案の中でメスを入れられなかった個所は一つもなかった」と述べている。彼の推定では、議会で提案された変更――その全てがSCAPの承認を必要とした――のうち「八〇から九〇%」はそのまま採用されたのである[35]。

新憲法が国体に根本的な変更をもたらしたかどうか、という質問にたいする政府の返答は、絶対変更はない、というものであった。金森も新首相・吉田茂もともに、このもっとも感情的になりやすい問題に、こっけいなまでの精力を注ぎこんだ。ほとんど伝説的なフェミニスト加藤シヅエは、このとき国会議員に当選し、彼らの行動を後に巧妙な筆で描写した。彼女によると、まず吉田が「国体は維持された！　担当大臣が説明する！」と声高に叫ぶ。すると今度は金森が演壇に上がり、婉曲的でわかりにくいことをのどを鳴らして(加藤の手記によれば、「グルグルグルグル」と)言うのである。(36)

加藤のこの書き方は冷淡だが、天皇と国体に関するかぎり、吉田と金森の説明は、感情的な論理によって支配されていて、とても法的な精密さや正確な歴史認識とはいえないものであった。吉田は「天皇家と国民の間に区別は全くないのであります……天皇と臣民は一つの家族である……国体は新憲法によってほんの僅かの変更も被ることはない。日本古来の精神や思考が新憲法では異なる言葉を用いて表現されているに過ぎません」と、いかにも天皇主義者らしいことを言う。すると連歌の付け合いのように、金森はこれを受けて、「水は流れるが、川はとどまる。この点にこそ憲法草案に関する我々の基本的な考え方が存する」と主張して、不易流行なるお題目を披露するのであった。(37)

こういう不可思議な新憲法の肯定は、はじめから予期されたところではあったが、民政局内部では、ある種の驚きでもあった。ホイットニーは、七月半ばにマッカーサーに行なった報告の中で、新憲法が国体を変更することはないと公式に主張することは、この新しい憲章の民主的精神を損なうものであり、権威主義、狂信的愛国主義、軍国主義、また日本の「独自性」や人種的優越を主張する古い神秘主義へと逆戻りする道を開くものだ、と述べている。これをうけて、ケーディスが金森に対し、憲法が人民(国民)主権を断固として守るものであることを明確にするよう要求した。「至高」が「主権」という言葉に取って替えられたのは、この時だったのである。(38)それでも国会の多数の議員にとっては、新憲法は天皇の地位を超越的な場所にとどめ置いているからこそ受け容れることができるのであった。芦田均を委員長とする衆議院憲法改正小委員会の最終報告は、このような考えを承認し、また正当化している。

改正憲法の第一章は、万世一系の天皇が国民至高の総意に基き、天壌と共に永劫より永劫にわたり国民を統合する君主としての地位を確保せらるることを明記したものであります。かくて天皇は国民の中にありながら、自ら実際政治の外に立ち、しかも国民生活の中心、精神的指導力としての権威を保有せられる厳然たる事実を確認し得たことは、委員の絶対多数が最大の歓喜をもって迎えた所であります。(39)

この恭しい文章に、感情的でナショナリスティックな挑戦の気配がただよっていることは明らかである。しかしこうした主張を通じて、多くの人が、ほんの数カ月前には夢想だにしなかった立場を、良心にやましさを感じることもなく取ることができるようになったのである。それまでは考えられなかったことを考えなければならなくなったとき、天皇の地位は、新しい天皇制民主主義においてかえって上昇し、いまや政治を超えたものだと主張することさえ可能となったのである。一九四七年、新憲法が発効してまもなく、吉田は義理の父で元内大臣だった牧野伸顕に私的な書簡をしたため、天皇と政治のより明白な分離の結果、天皇の「内的地位」――おそらく天皇の精神的役割という意味であろう――は、「その分だけ一層拡大するであろうし、天皇の地位はいっそう重要性と微妙さを増すだろう」と語った。(40)

しかしこのような皇室崇拝的な議論のさなかにあっても、閣僚や議員のなかには冷静さとユーモアを失わない者もいた。例えば関係者の間では、新憲法は「山吹憲法」と言われていた。この新しい憲章の下では、天皇は今や山吹の花――花は美しいが実をつけない――みたいなものだという冗談である。同様に金森のことを詠んだ二首の狂歌が、厳粛に論争を行なっている最中の国会で回覧された。それは憲法と剣法をかけたもので、「かにかくに善くたたかえり金森のかのケンポーは何流ぞ」と問い掛けると、返歌は、「金森は二刀流なり国体を変えておきながら変わらぬと言う」。すると金森はこれを見事にかわして、熟達した剣士であることを証明した。「名人の剣《つるぎ》二刀の如く見え」。政治の内容はどうあれ、とにかく器用で頭の回転の早い男たちであった。(41)

民主主義を「日本化」する

国会審議中のある時、ケーディス大佐は貴族院を訪れ、GHQは「国会においてあまり多くの修正案が出されていないことを残念に思っている」と議員らに伝えた。(42) 彼は心底そう考えていたのである。アメリカ人たちは多くの時間を費やして、議員が改正のプロセスに積極的に関与するよう促していた。改正のプロセスこそ、民主主義の実践の見本となるべきものであり、日本国民の「自由に表明せる意思」を反映した政府を樹立するというポツダム宣言の高邁な理想を具体化するものと期待されていたからである。国会は自らの望むどのような変更も自由に行なうことができた——ただし、GHQの基本原則に違反しない限りではあるが。

国会審議に関して当時はっきりしなかったことは、SCAPの見えざる大きな手がどのあたりまで届いていたのか、あるいは日本側が提案した修正が、GHQの——あるいはその夏、憲法に多大な注目をしていた極東委員会がGHQを経由して発した——内密の指示をどの程度反映していたのか、という点であった。アメリカは両院の活動にたいする関与をカモフラージュするため、細心の注意を払っていた。指示は書面よりも口頭で伝えられた。SCAPの要求により、衆議院憲法改正小委員会の主な仕事は秘密の会合として行なわれ、そこでアメリカ側からの指示が内密に伝えられた。こうした干渉を会合の記録に残すことは許されなかった。憲法自体に関する自由な論議は、国会においてもメディアの上でも奨励されたが、SCAPがこの新憲章の作成に決定的な役割を果たしたことに触れることは、一九四九年まで禁じられた[43]。

ＳＣＡＰの不可侵の権力がいたるところに及んでいたことは、占領の終結後、実にぴったりの文句で表現されることになった。一九五七年から六四年まで調査を行なった、権威ある日本の憲法調査会によると、アメリカが国会審議中に直接の干渉を行なわなかったときでさえ、彼らの要求は「心のテレパシーのようなものを通して」やはり日本側に推し量られていたというのである[44]。貴族院議員で元内務省の高官だった沢田牛麿は、異例な情熱をもって占領下の強制に抵抗した。沢田は憲法草案の採択に反対票を投じた理由として、憲法改正にふさわしいのは国家が主権を取り戻した後だと主張した。さらに新しい憲章を急いで採択することは意味がないと述べ、『朝日新聞』の比喩を借用して、「新憲法は結局、借りてきた洋服に過ぎず、つぎはぎだらけで、何よりもどうしようもなく身体に合わない」と主張した[45]。結局国会は、政府の六月草案にたいしておよそ三〇の修正事項を可決した[46]。しかし重大な実質的変更の多くは、ＳＣＡＰあるいは極東委員会からの指示によるものだった。普通選挙権や立法府の優位、総理大臣や内閣閣僚の半数以上を国会議員から

昔から民の娯楽であり教育の手段であった紙芝居を使って，街頭の群衆にあたらしい憲法の意味を教えている．のぼりや看板には，「新憲法施行記念」とある．

選出することなど、重要な民主的諸条項を強化するよう国会を導いたのは、ＳＣＡＰを経由した極東委員会からの圧力であった。極東委員会の主張により、全ての閣僚が「文民」でなければならないと規定する条文を国会は付け加えた(47)。

日本側の主導による重要な変更は、比較的少なかった。驚くべきことに、国会は華族制をただちに廃止する（皇室は別として）という社会党からの動議を投票で可決した。アメリカは単に、華族に将来にわたる特権を付与することはやめるよう要求しただけであったが。ワイマール憲法や一九三六年のソビエト憲法の影響もあって、社会党はまた、すべての国民は健康で文化的な最低限度の生活を営む権利を持つとした条項や、すべての国民は労働の権利と義務を負うという条項を、労働条件の法による規制とともに導入することに成功した(48)。

草の根からの圧力が功を奏した興味深い事例としては、成人教育学校や夜間学校に関わっていた教員連合が、義務教育を六年間の無料初等教育に制限する文言の削除を国会に飲ませたということがある。教育はエリートのみを利するものであってはならないと主張する教員連合は、政治家のみならず文部省やＧＨＱにたいしてもロビー活動を行なった。最終的な条項は、全ての国民に対し、法律によってその能力に応じて平等な教育を受ける権利を保証し、その後の法律で、いわゆる六三制という九年間の義務教育制度を確立する基盤となったのである(49)。

憲法の最終草案の中で最も民主的なもののひとつもまた、草の根のイニシアティヴによって実現した。それは、これ以降の公式文書に使われる言語の性質そのものに影響を与えた。当時、憲法も含めた法令や文書は、一般国民にはおよそ近づき難い文語体で書かれていたが、四月半ば以降、政府が提出する文章が口語体で書かれるようになったのである。これはたんに象徴的な変化であっただけでなく、実際的な意味でも大きな変化であった。つまり法律も公文書全般も、特権的なエリートのものとは見なされなくなったということである。その結果、民法および刑法の全文献が順次口語体に変換されることとなった。この広範囲にわたる変更の導入を決定したのは、全く日本の意志であり、しかもそれは政府から出たものではなく、言語改革のためにロビー活動をしていた学者や知識人がイニシアティヴを発揮した結果であった[50]。

反動的な修正の動きとしては、政府や国会は、在留外国人法に基づいて外国人にも平等な保護を提供するという条項の廃止に成功し、GHQの当初の意図を掘り崩した。この動きの基礎は、佐藤達夫が、翻訳マラソン直後の数時間で作り上げたものである。彼はこうした保護の提供は憲法草案の他の個所で保証されているから重複であるという理由で問題の条文の削除を求めるという、民政局にとって一見あまり重要でないように見える要求を行なった。アメリカはこれを承認したが、それは日本側が訳文づくりを通して進めていた草案の骨抜きによって、他の保護条項から外国人を締め出していたことに気がつかなかったからであった。ここで鍵となる言葉は「国民」であり、これは憲法にいう「the people」をよりナショナリスティックな意味へと近づけるために選ばれた言葉だった。そもそも、保守派が「国民」という言葉を使ったのは、人民主権の意味合いを弱めるためだけでなく、国家が保証する権利を日本国籍を持つ人々だけに制限するためでもあった。アメリカ側は「すべての個人all persons」が法の前に平等であることを認めさせようと意図しており、GHQ草案の中には人種や国籍による差別を明白に禁止する文言が含まれていた。しかし佐藤たちは言葉のごまかしを通じてこのような保証を削除してしまったのである。「国民」とは、「あらゆる国籍の人々all nationals」のことだと占領軍には主張し、それによって実は政府は、台湾人やとりわけ朝鮮人を含めた何十万という旧植民地出身の在日外国人に、平等な市民権を与えないようにすることに成功したのである。この修正のもつ露骨な人種差別性は、その後の国会審議での「用語上の」修正をへてさらに強化されていった。これが一九五〇年に通過した、国籍に関する差別的な法案の基礎となったのである[51]。

戦争を放棄する……多分

全世界にとって、憲法草案の中でも最も衝撃的であったのは、序文で触れられ第九条で条文化された「戦争の放棄」であった。当然のことながら、国会でもこの点が集中砲火を浴びた。結局議員たちは第九条の文言を修正し、その真の意味は誰にも分からなくなるようにしてしまった。あいまいさを漂わせるガスが立ち昇り、占領の遺産の中でも最も人を迷わせるものとして生き延びることになった。すなわち、第九条は自衛目的での限定武装を許可しているのだろうか、それとも禁止しているのだろうか？　国会に提出された第九条は以下のように書かれていた。

国の主権の発動たる戦争と、武力による威嚇又は武力の行使は、他国との間の紛争の解決の手段としては、永久にこれを抛棄する。

陸海空軍その他の戦力は、これを保持してはならない。国家の交戦権は、これを認めない。

これは日本が不安定な世界の中で非武装国家になることを誓ったものなのだろうか？　多くの国会議員は、これは確かにそういう意味であり、だから第九条は日本を危険に晒すものだとして懸念の声をあげた。日本がやがては国連の加盟国になるという考えに魅せられていた議員たちは、全ての加盟国は集団安全保障に貢献するという国連の要請に日本が応えられなければ、加盟は不可能になるのかとたずねた。「第九条は自衛目的の武装さえ禁止しているのか?」という直截な質問に対して、政府はたいていそうだと答えたが、時にそうではないと答えることもあった。こうした入り組んだ審議が終わってみると、記録をさかのぼればどんな立場も正当化できる発言が発見可能ということになった。

四月四日、国会に登院する前、松本烝治は枢密院の秘密会合に出席し、「交戦権」の放棄は自衛のための戦争も禁止しているのかどうかという直截な質問を受けた。彼の返答は禁じていないというものだった。「「交戦権」とは宣戦布告した戦争のことである」と松本は言明した。「しかし自衛行為まで禁じるという趣旨を有するものではない」[52]。他方、国会の開会に当たって、吉田首相はそれとは反対のことを述べた。六月二六日、吉田は第九条は交戦権だけでなく、自衛権の放棄をも必然的に伴うものであると指摘した。一九三一年に始まった日本による侵攻を含めたあらゆる侵略戦争は、自衛の名のもとに進められたのである、と。

二日後、野坂参三が憲法上そうした制約を設定することに真っ向から反対した時、首相はこの点を詳しく説明することとなった。この共産党の指導者は、正当な戦争と不当な戦争を区別する必要があり、この点に留意すれば、いかなる国家も自衛権を保持することは明らかである、と言明した。このとき、「現実主義者」を自負していた吉田は、理想主義が現実的であると主張している自分に気づいた。吉田は、「戦争は国家の合法的な自衛権によって正当化される場合もあるということが主張されてきたが、しかし私の考えでは、そのような認識は有害である」と反駁したのである。日本は今後の安全保障を国際的な平和組織に委ねることになるだろう、と。そして吉田はその後の数年間、このような第九条の解釈を様々な形で繰り返したのである[53]。

審議の最終段階において、芦田均が委員長をつとめる、強い権限を持った憲法改正小委員会の提案により、衆議院は第九条の文言の変更を採択した。続く貴族院の承認を受け、以下が新憲法における最終的な文言となった。

日本国民は、正義と秩序を基調とする国際平和を誠実に希求し、国権の発動たる戦争と、武力による威嚇又は武力の行使は、国際紛争を解決する手段としては、永久にこれを放棄する。

前項の目的を達するため、陸海空軍その他の戦力は、これを保持しない。国の交戦権は、これを認めない。

このような変更の提案はすべてGHQの承認を得るよう要求されていたので、芦田は事前にGHQに新しい文言について許可を求めていた。ケーディス大佐もホイットニー准将もただちに承認した。この三人の間で、この修正の論拠が議論されなかったことは間違いない(54)。

その後、このいわゆる芦田修正は、第九条がその最終的な形において自衛のための再武装を禁止していないという議論の論拠となった。その主張によると、第一項は九条の目的としての国際平和の維持を謳ったものである。その場合、第二項の導入句(「前項の目的を達するため」)により、国際平和を妨害する侵略戦争のための能力が放棄されるべき「戦力」となる。芦田自身のちに、この変更によって自衛のための武装へと道を開くことが、当初からの目的であったと主張している。しかしこの点は国会審議中に問題化することはなかった。その後何十年も機密扱いとされた芦田の率いる小委員会の議事録が明らかにしているところでは、芦田も他の委員も、この修正について、あからさまに「自衛」の容認という観点からは決して議論しておらず、またその過程を通して自衛を容認するという暗黙の了解があったという証拠も見あたらない。国会での議論にしばしば見られたように、様々な文句が飛び交い、議論の一貫した筋を追いかけることは、多くの場合不可能であった。実際には芦田は、戦力を保持しないという日本の約束を、もっと「受動的」でない形で断定するために、自分はひたすら九条を検討しているのだと述べている(55)。

憲法の最終草案が国会で議決されるとき、政府の首席スポークスマンが、第九条は一切の戦力の保持を禁じていることを確認している。衆議院における秘密討議に幾度か参加した金森が、第九条の新しい文言について貴族院憲法特別委員会で説明するよう要請され、このとき彼はあらゆる武装の絶対的な放棄であることを強調した。九月一四日、彼は「第九条の第一項は自衛権の放棄を謳っているわけではないが、この権利は第二項のもとに事実上放棄されているのである」と委員会に述べている。彼は「第二項の実質的な趣旨は自衛戦争でさえ行なってはならないということなのである」とも言い換えている。前首相の幣原も同様にこの委員会で、第二項のもとでは「日本は外国と戦争するためのいかなる戦力も持つことはできないという事実は非常に明白」であると、いかなる曖昧さもなく明言した[56]。

このころ、極東委員会が議員の多くが首をかしげるようなやり方で介入してきた。七月、極東委員会はマッカーサー元帥に、「civilian(文民)」のみが内閣閣僚の地位に就くことができると規定した条文を憲法に付け加えるよう要請したのである。元帥はこの要求を無視したが、九月二一日、ワシントンでの会議に参加した極東委員会の中国代表が、第九条の新しい文言に注目し、このような曖昧な文言では何らかの形で今後の再武装への道を残しておくことになるかもしれないと指摘した。しかし極東委員会は第九条の文言を厳しいものにするよう要求する代わりに、内閣閣僚を civilian に制限するよう、再び要求したのである。マッカーサーとGHQは、極東委員会の非難を避けるためには、これに従わざるをえないと考えた。

九月二六日、貴族院で提案されたこの遅ればせの変更は、当然混乱を引き起こした。もし第九条が陸海空軍を禁止しているならば、論理的に考えて、内閣閣僚が選出されるような軍の常設は有り得ないように思えた。それならば提示された条項案は「元」軍人が内閣閣僚の地位につくことを防ぐことを意図したものであるのだろうか、と議員は質問した。そうだとすると、最近の戦争で国のために尽くした若者らを確実に差別することになる。この極東委員会の要請を検討するために特別に設立された貴族院の委員会は、そのような条項は必要ないと結論した。マッカーサーの方は、極東委員会の機嫌を損ねてはならないと伝えてきた。そこで貴族院議員は「civilian」に相当する新しい言葉を造り出すことに集中せざるを得なくなった。「文民」という新しい造語が採択されるまでに七つほどの候補が検討された[57]。

極東委員会の意図が何であれ、新憲法の第六六条となったこの奇妙な文民条項は、第九条はいかなる戦力の保持も禁ずるものであるという主張を弱めるという、意図せざる効果をもたらすことになった。内閣から軍人を締め出すということは、軍人の存在が国家機能の一部であると考えていることになるからである。一〇月二一日に、金森が新憲法について秘密裏に枢密院で説明するにあたって、一カ月前に貴族院の委員会で行なったのとは全く異なる解釈をしてみせたために、この曖昧さは複雑な様相を帯びることになった。特権的組織たる枢密院(新憲

「戦争放棄」の理想は,『あたらしい憲法のはなし』という小冊子のなかでは,このように図解されていた.この図はすぐに誰もが知るところとなった.『あたらしい憲法のはなし』は,1947 年に文部省が発行したもので,数年間中学校で教科書として使われた.

法の下で廃止される予定であった)の議事録によれば、金森は「国際平和の維持のための軍隊の保持は容認されていると解釈している」と述べたのである。[58] 一一月三日、新憲法が公布された日に刊行された『新憲法の解釈』という本のなかで、芦田均は初めてこの解釈を公にした。第九条は「侵略戦争に適用されることが意図されているのであって、それゆえ同条項は自衛目的のための戦争や武力による威嚇または武力の行使を放棄するものではない」[59]と。GHQはこの見解にたいして異議を唱えなかったが、明確に日本政府を支持したともいえなかった。

吉田首相はその後何年にもわたって異なる意見を表明した。一九五〇年一月、彼ははっきりと次のように言った。「日本の場合の自衛権とは、軍事力に訴えない自衛権なのである」。同じ月、参議院(貴族院の後継)での発言でも、吉田は、「もし我々が心の片隅で武力による自衛という考え、または戦争の場合に軍事力によって自衛するという考えを保持するならば、我々は自ら日本の安全保障を妨げることになるだろう」[60]と言ったのである。この老齢の首相によれば、真の安全保障とは他国の信頼を勝ち取ることにあるのであった。

吉田のこうした言葉には確かにスタンドプレーのようなところがあった。というのは、占領の終結を早め、世界各国に日本が再び受け容れられるようになる最良の方法は、軍国主義の徹底的な放棄を強調することにあると確信していたからである。しかし同時に第九条は、敗北に打ちのめされて戦争を嫌悪し、世界の多くの国々から日本人は本質的に軍国主義的で信用ならないと非難されていることを重く受け止めた人々にとって、抗し難い心理的な魅力があったのも事実である。戦争の放棄——ケロッグ＝ブリアン条約の理想の純粋な具現者になるという可能性——は、敗北の中でも自分たちには独自の価値があるのだという肯定的な感覚を保持する道を提供したのである。

こういった出来事が起こってから三五年の後、チャールズ・ケーディスは、第九条の解釈における日本の矛盾を振り返って、一五世紀のイギリス人裁判官の言葉を思い出したという。それは「人間の思考を裁いてはならない。悪魔だって人間の思考はわからないからだ」という言葉だった。(61) 第九条に関していえば、混乱はマキャベリズム的なごまかしの意図にはじまったのではなく、草案の文章のまずさから発生したものであった。そのうえ、占領が続いているという状況の下では、自衛の問題は差し迫った関心になることはほとんどなかった——一九五〇年、朝鮮戦争の勃発を契機に再武装が開始された時までは。そしてその時保守派とアメリカは、芦田によるかすみのかかったようにわかりにくい修正文言のなかにあった抜け穴を見つけ、逆に再軍事化に反対する者たちは「平和憲法」には非武装中立の理念がしっかりと埋めこまれていると確信し、この理念の下に結集した。第九条はその後何十年にもわたって国家を苦しめる論争の試金石となったのである。

既成事実に対応する

国会議員らは憲法草案に反対票を投じることは自由であった。しかし、結局反対票を投じたのはほんの僅かだった。衆議院では四二一対八で採択され、貴族院では——採択がすなわち華族そのものの廃止を意味したのだが——圧倒的多数の起立票により採択された(GHQの調べによると、三〇〇票のうち反対票は二であった)。反対票のほとんどは共産党議員のものであった。

こうして勝者の理念がほぼ全会一致で受け容れられたことは、人を見下したような英米の研究者が以前から主張してきた、日本人には権威に追従するという「根深い封建主義的性向」があるという観察を裏書するものだと、皮肉屋なら言うだろう。一九四六年初めに国務省のジョージ・アチソンが語ったように、「アメリカ的なるものを——アメリカ製機械だけでなく、アメリカ人の考え方をも——日本が模倣する時代」の夜明けが訪れたのである。(62)

確かにその通り、と言う者もいたであろう。日本における懐疑派もリベラル派も当時ほぼ同じ憂いを口にしていたからである。しかし当時の政治的・イデオロギー的なダイナミズムはこうした単純な大衆心理学的分析ではとても説明できるものではない。新憲法採択への大多数の賛成票は、実際のところ、体制順応主義や封建主義といった「日本的」価値観を反映したものではなく、むしろどこにおいても見られる民主的な政党政治の特徴を示したものであった。つまり党の規律ということである。共産党を例外とすれば、右から左までの政党の指導者たちが修正を支持したから、党員もそれにならったのである。

実利を追う保守派の指導者の多くは、今は征服者に従っていくより他に選択肢はほとんどないけれども、いずれ多くを元に戻すことができるだろうとも思っていた。民主的で平和主義的な国民憲章を採択すれば、占領終結の日を早めることになるだろう。そして再び独立を獲得しさえすれば、憲法は修正できるのだ。吉田茂はのちに、これがアメリカの改革全体にたいする自分の考え方だったと、後悔の念をにじませながら述べた。吉田は正直に、「自分の心のなかにはいつも一つの考えがあった。それは見直しを必要とすることは日本が独立した後に見直せるはずだという思いであった。しかし一度決まってしまったものを再び変えることは、そうたやすいことではなかった」と述べている(63)。

明治天皇生誕九四年に当たる一九四六年一一月三日、天皇裕仁は新憲法の公布を告げ、六カ月後に施行することになった(愛国主義的な日付合わせに関しては、敗者も勝者と同様に熱心であった)。全国各地で祝賀の式典が催された。東京ではこの日を祝うため、皇居前に一〇万人もの人々が詰め掛けた。天皇の気前のよさを示すものとして、三三万人の服役者に恩赦が与えられた。これが天皇が主権を大々的に行使した最後の機会であった(64)。

一カ月後、日本は天皇中心の暦に従って時を数え続けるという発表があった。一二月五日、政府は国会での質問に答えて、「元号制」の維持を明言したのである。それは、現天皇と関連する元号と、在位年数を組み合わせて年を数えるものである。この数え方によれば、憲法公布は昭和二一年にあたっていた。これは保守派にとって

憲法「改正」を国会に発表する天皇裕仁(1946 年 11 月 3 日．この日は明治天皇の誕生日でもあった)．

心慰むような勝利であった。天皇制があればこそ日本人は独特であり、他者には共有できない国土に生きているのだということを、日々繰り返し確認できる、素晴らしい方法であった。これで出版物に印刷されている日付を見るたびに、人々は天皇の存在を思い出すであろう、と。(65)

一九四七年五月三日、憲法が発効した日は、誰にとってもそれぞれに思い出の日となった。皇居前広場で日本の吹奏楽団が、『星条旗よ永遠なれ』を演奏してこの日を祝った。(66) 枢密院の前議長で裕仁に明治憲法を個人教授した清水澄《とおる》は、この数カ月あとに自殺した。枢密院は新憲法採択の最終議決を実施した機関であり、清水は天皇制が民主化されたことに苦悩したのであった。(67) 他方、天皇の末弟・三笠宮は、東京帝国大学発行の新聞に注目すべき論評を寄せ、その日の祝典の実施方法が非民主的であるとして天皇と政府を非難した。三笠宮は病気で出席できなかったものの、祝典のいくつかの点に困惑した。なぜ招待は彼にのみ宛てられ、妻の名はなかったのか。なぜ招待状は天皇にのみ触れ、皇后については触れていないのか。つい最近になって初めて国会に代表を送り込んだ日本人女性たちが困難な闘

新憲法下で最初の国会召集を祝う花火(1947 年 5 月 20 日，皇居前広場).

争に直面していると感じるのは、しごく当然だと三笠宮は書いている。

三笠宮は祝典をラジオで聴いていたが、皇室にたいしてのみ使われてきた敬語がいまだに使用されていることに驚いた。もし本物の民主化が実施されるというのなら、言語もまた民主化されなければならない。言語の民主化を始めるのにふさわしいのは、これまで天皇にたいしてのみ使用されていた特別の言葉使いをまず改革することだろう。三笠宮はまた、天皇裕仁が祝典の最初から参加していたのでなく、堂々たる入場を行なったことにも驚き、さらに吉田首相が、天皇の入場を「天皇陛下、万歳!」の三唱によって迎えたことにも仰天したと書いている。このようなことは、例えば即位式にはふさわしいかもしれないが、主権が国民に移行するはずの祝典にはあまりふさわしいものとは思えなかった。

これは実におどけたコメントで、偶像破壊的であった。これでは、天皇裕仁が自分の退位について思いめぐらしている時、三笠宮を自分の後継者としても、皇太子の摂政としても退けたのも不思議ではない。三笠宮の思いはここで止まらなかった。彼はあえて次のように言った——彼がここで大得意になっていることは容易に想像できる——もし祝典の企画者が、「天皇陛下、万歳」ではなく、天皇に「全日本国民、万歳！」という歓呼の音頭をとらせたならば、もっと適切であっただろう。あるいは、首相が天皇を含めた全員を率いて、万歳三唱を行なっても良かったかもしれない。あるいはまた、新しい平和国家日本を代表して、天皇が世界中の国民のために万歳を唱えることもできたかもしれない。いずれにしろ、三笠宮によれば、皇室の民主化が真の日本民主化の先駆けとなるべきであったのだ。[68]

新憲法の採択はGHQと政府の双方を慌ただしい動きのただ中へと駆り立てることとなった。民事法、刑法、民事訴訟法、親族法、皇室典範——全てが本質的な修正あるいは口語体での再起草を迫られた。同時に、大規模な教育改革も推進された。新憲法が発効したその日、政府は『新しい憲法、明るい生活』と題したポケットサイズの小冊子を二〇〇〇万部発行した。この驚くべき数字は、小冊子が日本の各家庭に一部ずつ備えられることを意図したものであった。

『新しい憲法、明るい生活』は三〇ページの小冊子であった。芦田均(衆議院憲法改正小委員会委員長)による発刊の言葉が一ページ、喜びにあふれた挿絵の入った序文が一三ページ、それに憲法の全文で構成されていた。GHQの主張によって発行されたこの冊子は、憲法そのものと同様、強制の下で書かれた文章であった。が、同時にまた多くの日本人が抱く理想主義も表現していた。「マッカーサー憲法」の修正は、占領軍が撤退する以前から、保守派のグループにとって国家主義の大義名分となっていたが、『新しい憲法、明るい生活』というタイトルの単純で楽観的なレトリックは、その後何十年にもわたってあらゆる修正の試みをくじくに十分な大衆的魅力を持っていた。

芦田はその短い発刊の辞を、平易だが感動的な言葉で始めている。「古い日本は影へ投げ捨てられた。新しい日本が誕生したのである」。今や国民は人間性を基に互いを尊重し合うであろう。民主主義を実践するであろう。

諸外国との関係は平和の精神において実践されるであろう。新憲法が大胆率直に「我々はもう戦争をしない」と宣言したことは、人類の高い理想を言い表わしたものであって、平和世界の建設こそ日本が再生する唯一の途である——。

序文は五月三日を新しい日本の誕生日であると語るところから始まり、憲法の最大の「贈り物」は、「国民による、国民のための、国民の政府」を意味する民主主義であると宣言している。天皇はもはや現人神ではなく、国民統合の象徴である——それは富士山が風光明媚な日本の象徴であり、桜の花が日本の春の優しさを象徴しているのと同じような意味合いである。また新憲法は、二度と再び戦争を行なわないという誓いですと説明された(その箇所に挿絵があって、大砲、爆弾、戦車、軍用機、軍艦などで一杯のゴミ箱に、死んだ魚が一匹と、飛んでいる蠅が二匹添えられていた)。平等、人間の尊厳、幸福、「自由の喜び」が強調され、自分自身の良心に従って生きることが重要なのであった。男女は平等である(この箇所に付された挿絵では、若い男女がひざまずき手を取り合って、そこにハートのマークが重なり合っていた。握り合った手の上には感嘆符が付いていて、仰天した老男女がうしろに隠れて見ている)。官吏は今や公僕である。国会は国民の声である。司法は憲法の番人である。そして新憲法の精髄は「国民の政府と国際平和」なのであった(69)。

これは征服者の要求によって行なわれたプロパガンダであり、極端に単純化された表現であったことは間違いない。そして、それが国民の琴線に触れたのである。憲法が既成事実となったときにどれほどの強制力をもつようになったかは、明治憲法の頑迷な支持者であった日本政府の高官たちでさえ、時とともに新憲章の基本原則の多くを是認するようになった事実を見れば明らかである。イデオロギーの上で著しい変貌を遂げた、格好の例は政府のスポークスマンだった金森徳次郎である。金森は、GHQの「憲法制定会議」の前に自由党の保守的な憲法修正案の草案の作成を手伝った。吉田内閣の憲法問題担当大臣としては、GHQ改正草案を不承不承ながら政

新しい民主主義を日本化する

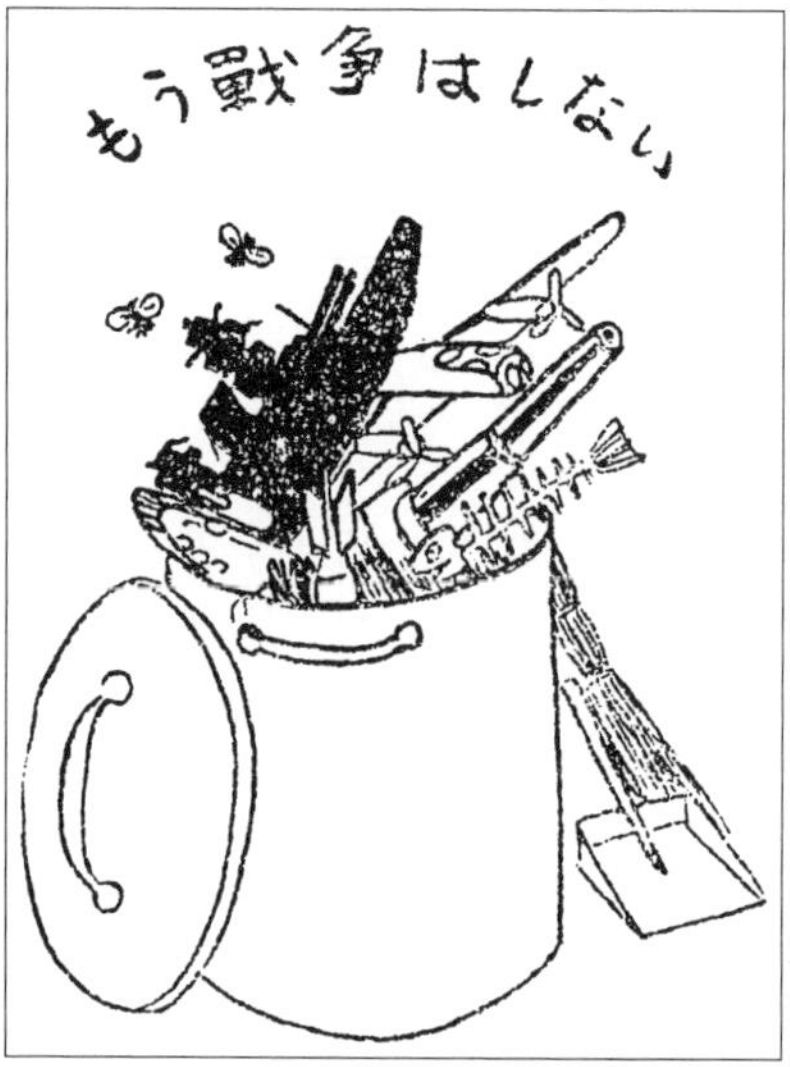

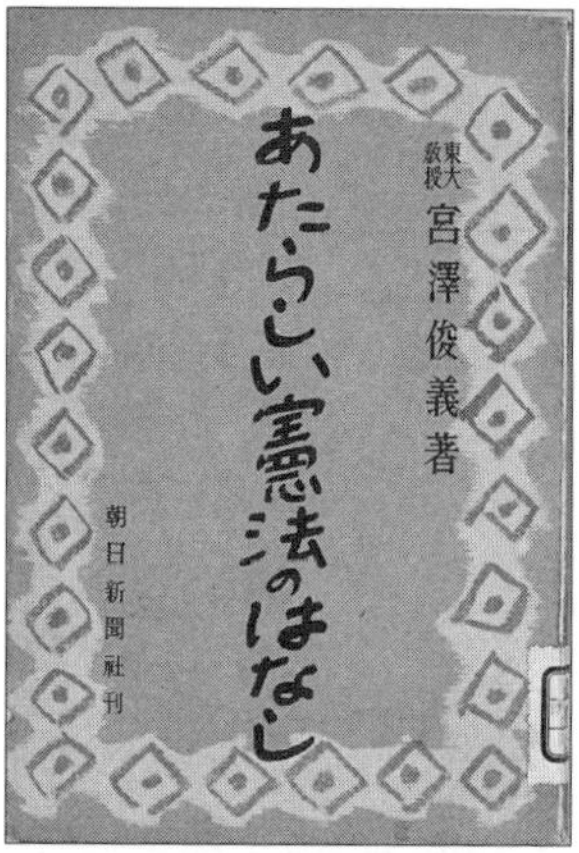

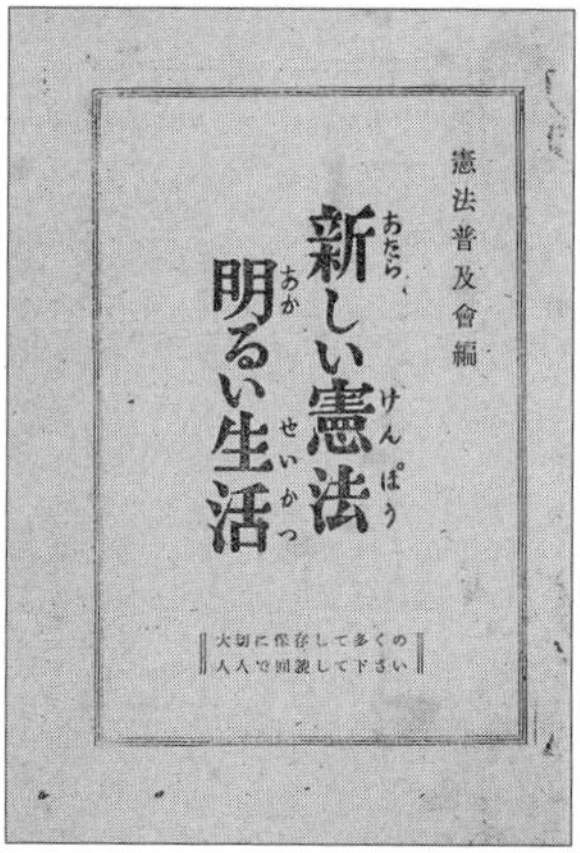

1946 年，新憲法の公布にあわせて大量に配布された政府発行の小冊子『新しい憲法 明るい生活』には，戦争放棄(上)，結婚の自由と両性の平等(下)を説明した図が掲げられていた．

新憲法を説明した子供向けの本は，出版社にとって重要なジャンルとなった．中段は紙芝居．

世界平和と友好(上)，憲法の三本柱(国民主権，民主主義，国際平和主義)の図．いずれも『新しい憲法のはなし』(1947年)より．

府自身の苦心の作として提案することを余儀なくされた。このような大変な作業が終了してから二年後、金森は子供向けの『少年と少女のための憲法のお話』の執筆を引き受けた。彼はまだ天皇を美化していたが、同時に力を込めて平和、国民主権、そして基本的人権という偉大な理想についても書いた。金森は若い読者に向けて次のように語りかけている。憲法の改正は細心の注意をもってのみなされるべきである、と。そして金森は、「我々は間違いなく、憲法を尊重し守っていかなければならない。そして、道のりは長いけれども、着実に一歩一歩、このような理想の光へ向かって共に歩もう」と結論した。この言葉は、けっして強要されたものではなかった。[70]

憲法問題担当大臣として金森の前任者だった松本烝治は、新憲法という既成事実にそれほど安々とは順応しなかった。屈辱を味わって何年か後、松本は新憲法の最終版を読むような堕落は決してしなかったと、傲然と言い放った。[71]他方、自分たちは後世の人々から軽蔑を受けるだけだろう、と涙ながらに閣僚を前に語った前総理大臣・幣原は後年、自分こそがマッカーサー元帥に戦争放棄の理想を最初に語ったのだ、と自負心をもって主張するようになった。これは十中八九、たんに年老いた男の思い違いの回想であろう。――しかし、それが事実であれ作り話であれ、幣原が「反戦」の理想を心から受け容れたことは、新憲法が結局の所、確かに日本の理想を反映していたという主張の真実性を補強する事実であった。[72]

新憲法に関する天皇裕仁の本心は知られていない。しかしケーディス大佐と彼のスタッフだった何人かの面々には、天皇から感謝の意が表せられた。各人に、皇室の紋章である花弁一六枚の菊が金で浮き彫りにされた小さな銀製のカップが贈呈されたが、この贈り物には新憲法の施行を記念するという銘が彫られていたのである。[73]

第一四章　新たなタブーを取り締まる
——検閲民主主義

一九四六年四月、東京の劇場でバイオリンを弾きながらじつにふとどきな歌を歌っている芸人がいる、という通報がGHQに入った。聞いてみると、「チョコレートとチューインガムがありゃ、日本の女は簡単になびく」などと歌っている。もっとスキャンダラスだったのは、「猫もシャクシも口をひらけば民主主義。だけど、天皇が二人いる民主主義なんぞあるものか」というくだりだった。民主主義、裕仁、マッカーサーをいっしょくたに愚弄している。アメリカはこの上演を禁止した(1)。

この処分が占領当局の気紛れではなかったことは、劇場をとりまいていた大勢の日本人が証言するだろう。この国に新たにもたらされた自由は、公の表現活動の隅々にいたるまで、検閲官僚組織によって取り締まられていたからだ。まもなく日本人は、なにが新たなタブーに触れるかをすばやく察知して、適切な自己規制をすることを学んだ。究極の権力に挑んで勝とうなどとは考えなかった。

この国の第二の天皇であるマッカーサー元帥が侵すべからざる存在であることを、物書きや編集者にいやというほど思い知らせたのが、一九四六年一〇月の「権力者崇拝」事件である。『時事新報』が「権力者崇拝」と題する論説で、マッカーサーの伝記が出版されてベストセラーになってこの方、お追従の投書が新聞や雑誌にどっと寄せられたことをとりあげて、「二千年に亘って心に浸み込んだ治者崇拝」について穏やかな論調で警告したのである。こうした投書は、つい先ごろまでは天皇裕仁専用だったことばで最高司令官をほめたたえていた——いわく、「生き神様」、「密雲を破って」現われた「天日」、さらには「神武天皇の再来」まであった。『時事新報』の論説は、一部、次のようにコメントしていた。

政府は優れた神様か偉人か指導者によって国民に与えられるのだ、という考えが直されないかぎり、民主政治は早晩破滅するだろう。マッカーサー元帥が引きあげる翌日から、たちまち誰かかわりの生き神様を探しだして、その下に太平洋戦争をしたような独裁政治がもたらされるのではないか、とわれわれは危惧する。……マッカーサー元帥の戦後日本の賢明な統治と日本民主化の努力に対して国民が報いる道は、決して元帥を神様として礼賛することではなく、むしろ、そのような卑屈な心を捨て去って、何者にも頭をさげぬ自尊心をもつことである。

これは至極まっとうな議論であって、掲載される前にGHQ当局の承認も受けていた。しかしこれが英字新聞『ニッポン・タイムズ』に英訳転載されると、民間諜報局長チャールズ・ウィロビー少将の命令で、アメリカ憲兵隊によって即座に押収されてしまった。「趣味が悪く」、占領軍およびその最高司令官の評判を傷つける、というのがその理由だった。(2) 超保守派のウィロビーは自らの権力を公に顕示することはめったになく、この高圧的な介入はその数少ない例のひとつである。この事件は、日常的に行なわれていた検閲の厳しい実態をよく示していたのと同時に、占領軍が「左翼的」、あるいは、アメリカの政策にほんのわずかでも批判的、とみなした論評にたいする統制を強化していく前兆でもあった。さらにはこれを、入念に計画され、管理された、民主化政策の本質を象徴するできごととみる人も多かった。

幽霊官僚機構

検閲は、一九四五年九月から四九年九月まではGHQ内の精巧な装置によって、その後は多少かたちを変えて、日本が主権を回復するまで継続的に実施された。占領初期には、このような統制は、外国軍隊の安全が確保され、改革政策の実施が軌道に乗るまでの暫定措置と想定されていた。一九四五年九月一〇日付の「言論及新聞の自由」に関する最初の公式GHQ覚書も、「真実」に反したり「公安」を害したりしないかぎり「言論の自由に関する制限は絶対最小限に」とどめる、と明言している。[3]

しかし現実には、検閲機構はすぐに独自の生命をもつようになった。民間諜報局のなかの民間検閲部(CCD)にひとつの官僚機構が生まれ、野放図に広がっていったのである。CCDの検閲官たちは民間情報教育局(CIE)内の「積極的」デモクラシー推進派に強く支えられていた。[4] 検閲は、新聞、雑誌、教科書、一般書、ラジオ、映画、古典芸能を含む演劇と、あらゆる形態の報道と演劇表現に及んだ。[5] CCDの調査官は最盛期には全国に六〇〇〇人以上いたが、その大部分は英語のできる日本人で、疑わしい文書を特定しては、それを翻訳あるいは要約して上司に提出していた。一九四七年末には、主要日刊紙約七〇紙と、すべての書籍と雑誌を含む多くの出版物が、事前検閲の対象となっていた。CCDの出版・演芸・放送課(PPB)だけでも、月平均で「新聞二万六〇〇〇号、通信社刊行物三八〇〇点、放送台本二万三〇〇〇本、広報印刷物五七〇〇点、雑誌四〇〇〇号、書籍および冊子一八〇〇点」もの資料がなだれこんでいたと推定される。これにくわえて、CCDの四年間の「政権」期間中に、なんと三億三〇〇〇万点という驚くべき数の郵便物が抜き取り検査され、電話も、およそ八〇万の私的な通話が傍受された。[6]

検閲は日本語だけでなく、外国語で書かれたものにも及んだ。被征服者が勝者の読む物をなんでも読むなど許されない、ということである。アソシエート・プレス(AP)、ユナイテッド・プレス(UP)両通信社が配信するニュースは、吟味のうえで、日本語に翻訳して使っても「安全」であると認定してもらわなければならないときもあった。ウォルター・リップマンなど通信社と契約して書くコラムニストたちも、太平洋を渡ろうとして似たような障碍にぶつかった。こうしたさまざまな検閲活動から、ついには禁止事項の長大なチェック・リストが生まれたのは必然だっただろう。なかでもとりわけオーウェル的だったのは、禁止事項のなかに、検閲が行なわれていることをけっして公式に認めてはならない、という項目が含まれていたことである。検閲制度が確立されてまもなく、すべての編集者・出版事業者に、次のような極秘通告があった。

一、この通告の目的は本検閲局管轄区域の全出版者が検閲の手続の公開の望ましからぬ事について完全なる了解を持って欲しいという事にある。

二、全出版者は出版物の組立に当り検閲の具体的証跡を——(例えば墨で印刷面を抹消するとか、糊付にするとか、余白を残すとか、文章を中途半端で切るとか、〇〇や××を使用すると言った風にするという事を)——現わさぬ様にする事をすでに了解している筈であるにも拘らず、今尚明確に了解していない向もある。

三、係官の事や執務状況に関する記事を公表する事を許さぬ。この事は唯新聞出版物検閲関係のみならず、放送、映画演劇の検閲に関しても適用される。

四、例えば「検閲通過」とか「占領軍出版許可」とか其他検閲或は検閲局に関する事如何なる事も記してはならない。

このように検閲の存在がおおっぴらに認められていなかったから、一九四九年末にCCDが解散して、検閲が事実上終了したときも、それについての公式発表はなかった。「民間検閲の終了について報道発表はない」という極秘お別れの方針のもと、まるで幽霊だったかのように、CCD官僚組織は音もなく舞台から消えたのである。(7)

検閲はかなり急速に緩やかになるだろうという当初の期待に反して、民間検閲部の監視は月を追うごとに厳しく、重箱の隅をほじくるようになっていった。この点で、降伏からほぼ一年たったこの時期に「権力者崇拝」論説の載った新聞が押収されたことは、GHQの検閲政策の硬化を示すだけでなく、軍国主義的・超国家主義的思想の排除、という当初の主眼から乖離しはじめた瞬間を画する事件でもあった。CCDで責任ある地位をいくつか歴任したロバート・スポールディングは、ウィロビーのあの行為は三つの結果を遺した、とのちに語っている。CCD検閲官の増員につながった。検閲官たちに極端に用心深い心理を育てた。そして、煩雑な「チェック」手続きを蔓延させ、そのために、マスメディアの言論コントロールに、GHQ全体の局や部からおびただしい数の職員が関わるようになった。(8)

占領下の検閲は、周到さにおいても、威圧的なことでも、降伏までの一五年間に日本で行なわれていた検閲には及ぶべくもなかったが、それでも、『斜陽』を書いた太宰治から川端康成まで、名だたる文学者の多くが検閲官の青鉛筆を経験することになった。谷崎潤一郎の場合、驚いたことに一つの短編全体が「軍国主義的」という理由で発禁処分になった。しかしこれについては、谷崎には誇るべき同輩がいた。トルストイも『戦争と平和』について、CCD検閲官たちにその妥当性を疑われたからである。それでも、中村光夫のような辛辣な文芸評論家でさえ、占領終結直後の結論として、日本の戦後文学と言えるものは何もない(中村によれば「肉体の行為」の描写ばかりだ)が、作家にあたえられた自由は、戦前から戦中にかけてのじつに過酷な検閲制度の下での扱いとはまったく比較にならない、と言っている。⑨

敗戦前の検閲と敗戦後のそれの両方を体験したジャーナリストたちは、戦後の「自由」についてこれほど楽天的ではなかったが、それでもたいていは、征服者の手のほうが柔らかだったと認めている。穏健派の月刊誌『文藝春秋』編集長だった池島信平は、そもそも日本語を解さない人間に検閲されることに反発していたが、GHQの検閲が日本の軍部ほど強圧的ではなかったことは認めていた。あの頃は「まかり間違うと生命にも関係が」あったからだ。⑩ 左翼系雑誌『改造』の編集者だった松浦総三もCCDの格好の標的だった。松浦は占領時の検閲制度についての著作で知られるが、アメリカの検閲付き「デモクラシー」は、あの厳しい「レッドパージ」後期においてさえ、帝国主義日本の「天皇制絶対主義」の弾圧にとうてい及ぶものではなかったと考えている。同時に、一九四八年から一九五一年にかけての期間は、占領によってあおられた希望のせいで、その分いっそう強く幻滅させられた進歩的・左翼的作家たちにとっては暗黒の時代だった、とも思っていた。⑪ 一方、ラジオ番組の制作にあたっていた人たちは、アメリカの監督下にあった長い幕間を、「依然として言論の不自由時代」だった、そしてある意味では戦時中の統制より「やかましかった」と語っている。日本の思想警察を相手にしていたときは、少なくとも検閲官の審査用に台本を英訳する手間は要らなかったからである。⑫

SCAP高官たちは、自分たちの民主化アプローチにはギブ・アンド・テイクの微妙な均衡が要求されることを痛いほど意識していた。当初から、検閲政策とセットになって、言論の自由と、政府によるマスメディア統制の解除とが強調されていた。一〇月四日にSCAPの「人権指令」が出されると、編集者や出版事業者がCIE（民間情報教育局）に呼ばれ、「マグナ・カルタ」ともみなすべきこの指令を果敢に解釈するよう激励された。これまでとは違って、今では政府を批判することも、天皇制を論議することも、マルクス主義を奉じることも許される、と告げられたのである。⑬ しかし、じつはそれはかなり分裂症的な世界だった。勝者による検閲は、ときとして、以前の日本帝国政府による「危険思想」弾圧キャンペーンと不気味に重なって、戦後民主主義を最初から骨抜きにしていたからである。作家や出版者はこのことを「マグナ・カルタ」とほとんど同時に知らされたことになる。なぜなら、マスメディアはまさにその翌日から、しだいにCCDの出版物検閲制度にからめとられはじめて、守らなければならなくなった新しい禁制をはっきりと認識させられたからである。

検閲の存在自体を「検閲する」政策は、アメリカに偽善という後ろ暗い影を投げかけ、この制度を軍国主義者、超国家主義者たちによる古い制度にも見劣りするものにした。一九三〇年代末までは、削除させられた部分に×や〇の印を残すことが許されていたからである。つまり、少なくとも戦争前までは、読んでいる物からなにかが削除されていればそうとわかった。×や・を数えて、そこに何が書かれていたのか推測してみることもできた。したがって、ふたつの検閲制度を両方とも経験した一部の作家たちが、SCAPの「表現の自由」にかなりシニカルな評価をくだしたのも不思議ではない。ある作家は、SCAPのやり口は「真綿で首をしめるような」ものだったと表現した。「戦時中の内閣情報局であったら番茶くらいは出たものであった」と少なからぬ恨みをこめて皮肉る者もいた。(14)

容認されない表現

出版、放送、報道、映画、文筆などに携わる人たちにとって、SCAPによる実際の検閲の運用には不透明なところがあって、どこまで言うとこの新しい思想警察を怒らせるのか、その限界に挑んでみたい気にさせるくらいだった。これは一部には、CCD(民間検閲部)の検閲官たちが秘密の「キー・ログ」を拠りどころに仕事をしていたためだろう。「キー・ログ」とは、禁止事項を並べたチェック・リストで、これはまったく公にされなかった。どのような表現が許されないのか、その厳密な基準が検閲される側には知らされなかったのである。その結果、あらゆる形態のメディアにかかわる人たちは、何がよくて、何がダメなのか、二つの曖昧模糊とした指標に頼って判断するしかなかった。まず、占領開始後何カ月もたたないうちにＳＣＡＰが発令した、出版、放送、映画に関する包括的「コード(規準)」(「報道は厳に真実に則するを旨とすべし」「直接または間接に公安を害するが如きものは之を掲載すべからず」「連合国に関し虚偽的又は破壊的批評を加うべからず」などの項目を含む「プレス・コード」)。それに、経験で鍛えた想像力。つまり、これまで検閲官がなにを許可したかを基準に、どんなものなら見逃されるのか推測したのである。[15] しかしこの方法は、間違いが起こりやすいだけでなく、検閲官の堪忍袋の緒を見誤った場合、経済的痛手も大きかった。このような状況では流言が不安をかきたて、そんな雰囲気は不健全な自己検閲に発展しやすかった。

ＣＣＤがチェック・リストとして用いた極秘キー・ログは、政治的動向につれて毎月のように変化した。初期のリストには三十数件の禁止事項が挙げられていた。一九四六年六月現在のＣＣＤキー・ログで「削除又は掲載発行禁止の対象になるもの」とされていた項目は次のとおりである。

ＳＣＡＰに対する批判
軍事裁判(すなわち東京戦争犯罪法廷)批判
ＳＣＡＰによる憲法起草(新憲法にＳＣＡＰの果たした役割についてのいかなる言及も含めて)に対する批判
検閲制度への言及
アメリカ合衆国に対する批判
ロシアに対する批判
イギリスに対する批判

朝鮮人に対する批判
中国に対する批判
その他の連合国に対する批判
連合国全般に対する批判
満州における日本人の処遇(日本降伏後の、ロシア人および中国人による日本人戦争捕虜および民間人の取扱いを指す)に対する批判
連合国の戦前の政策に対する批判
第三次世界大戦への言及
ソ連対西側諸国の対立についてのコメント
戦争擁護のプロパガンダ(「戦争、および戦争における日本の行動を、直接あるいは間接に擁護するいかなるプロパガンダも」という表現になっている)
神の国プロパガンダ
軍国主義のプロパガンダ
国家主義のプロパガンダ
封建的価値の賛美
大東亜共栄圏のプロパガンダ
全般的(日本の)プロパガンダ
戦争犯罪人の正当化あるいは擁護
親交(とくに連合軍兵士と日本女性との親密な交際を指す)

検　閲

一、わが國と交際のあった國々、およびその國とどんな交際をしたかについて[redacted]研究しよう。
そして年代表を作って、そのことがらを記入して置かう。
二、國際的な平和事業について[redacted]研究してみよう。
どんなものがあるか。どんなことが

（22）

1947 年 10 月，GHQ の検閲官は，他国との関係を説明した小学六年生の教科書から日の丸の旗を削除するよう命じた．このころ日の丸は，軍国主義と超国家主義のシンボルとみなされていた．

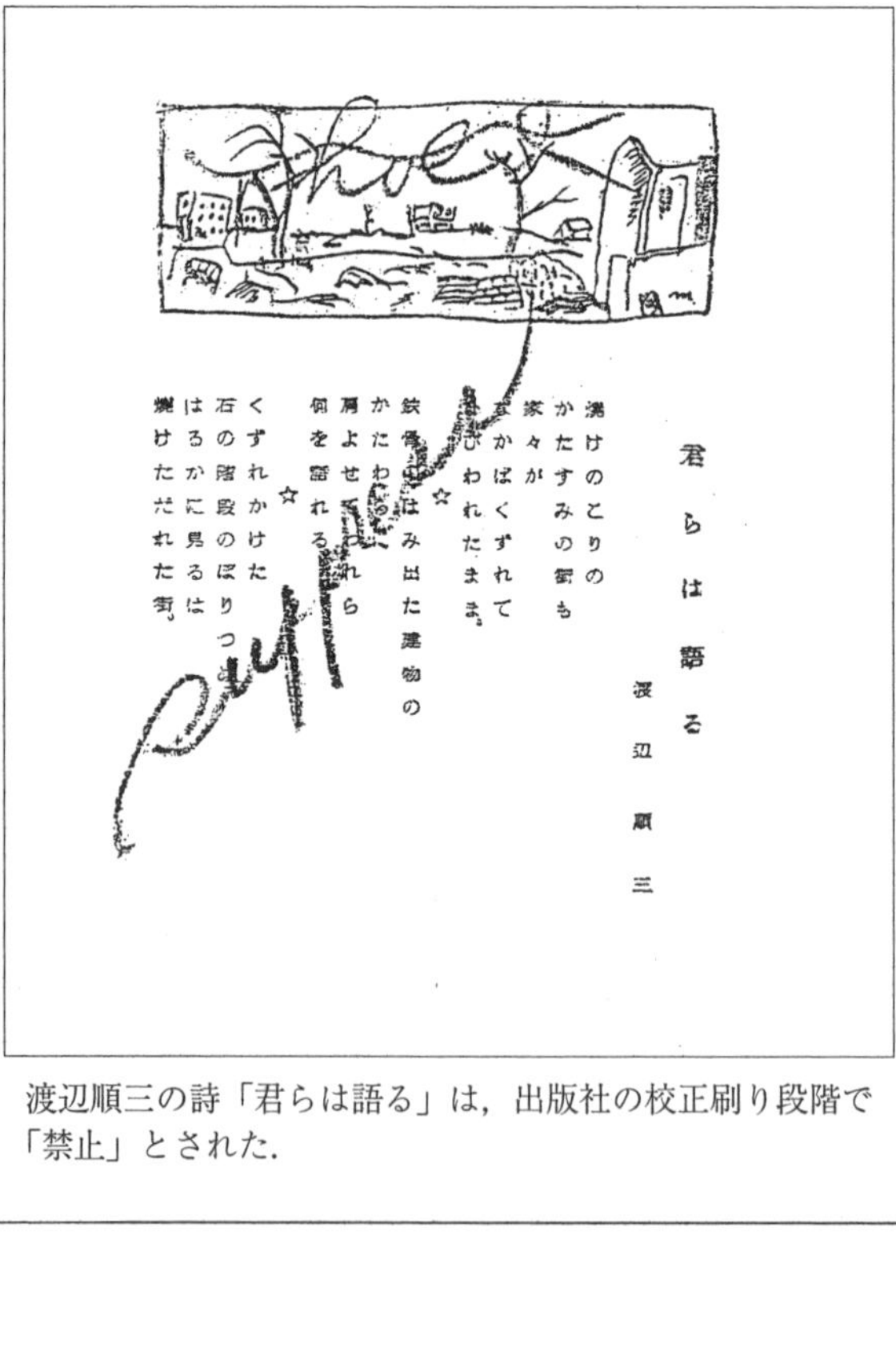
君らは語る

渡辺順三

焼けのこりの
かたすみの街も
家々が
[illegible]かばくずれて
[illegible]われたまま。

☆

鉄骨[illegible]はみ出た建物の
かたわらに
肩よせ[illegible]れら
何を語れる

☆

くずれかけた
石の階段のぼりつつ
はるかに見るは
焼けただれた街。

渡辺順三の詩「君らは語る」は，出版社の校正刷り段階で「禁止」とされた．

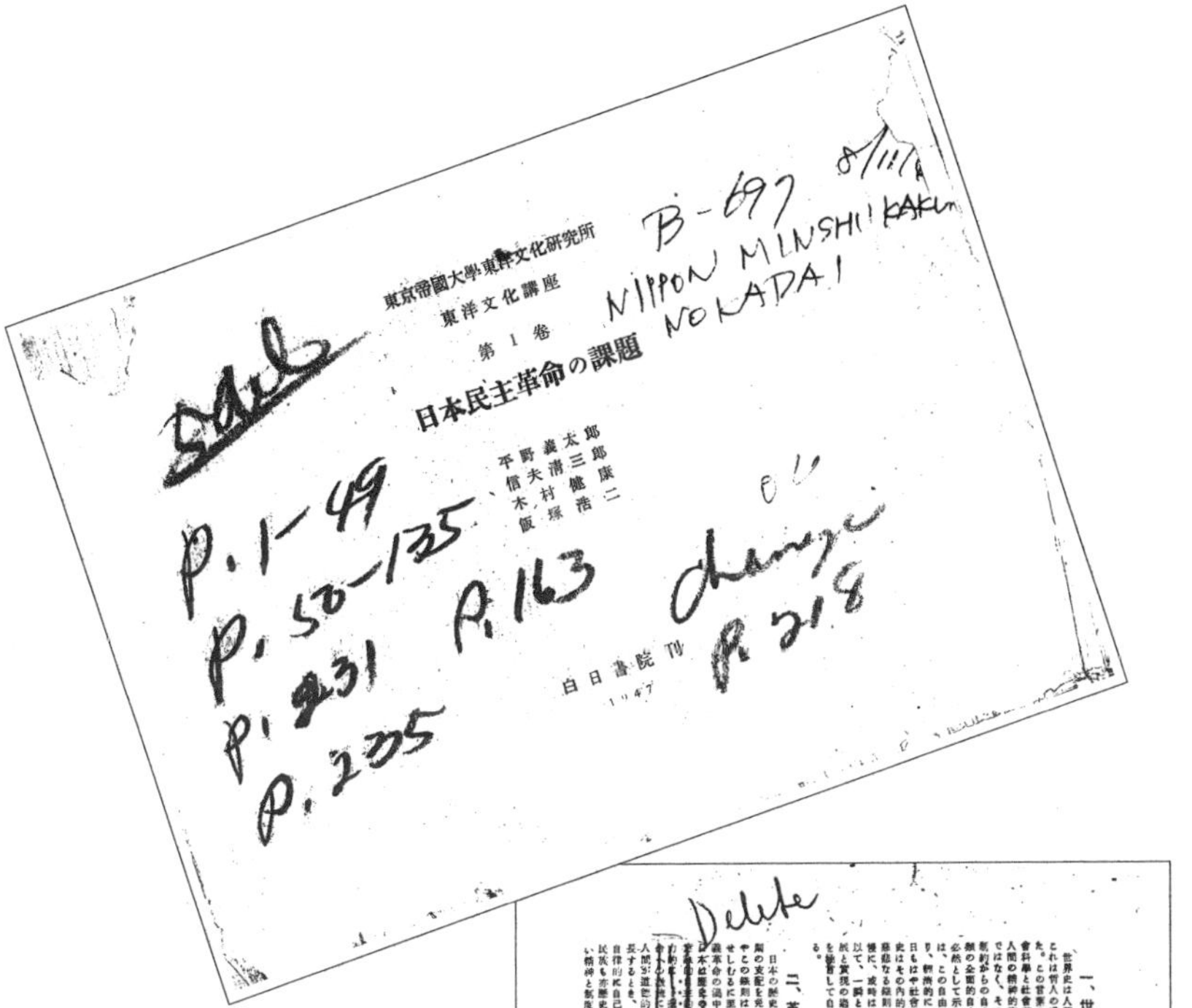

この本の表紙に記された検閲官の指示によると，進歩的学者による論文5編が削除を要求されており（5del. とある），それは本のはじめから135頁分がすっかり削除されることを意味した．

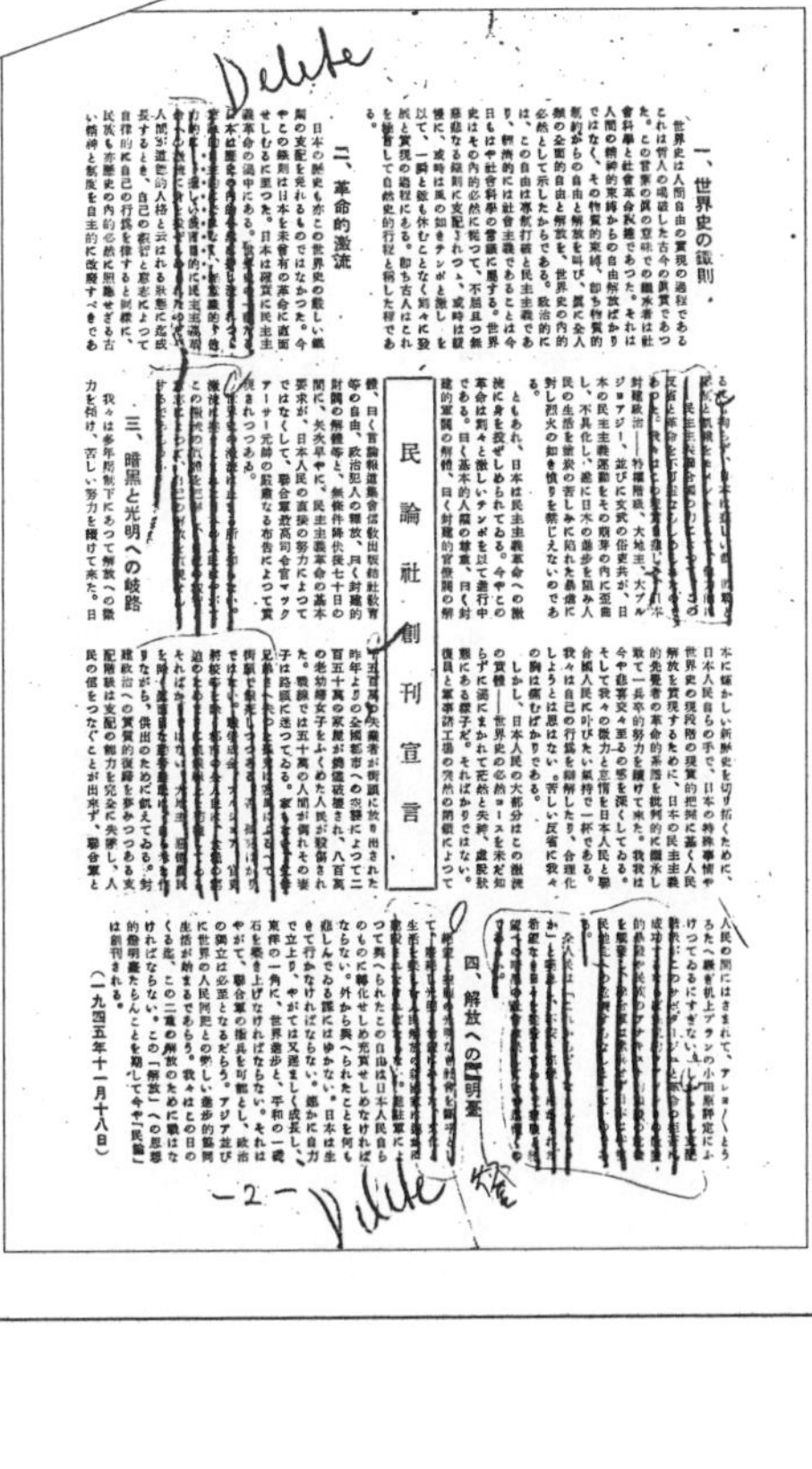

左翼雑誌『民論』1946年10月号に掲載予定であったこの「宣言」は，連合国は民主的であるとか，絶望を越えようといった内容にもかかわらず，大部分が「削除」とされた．理由は，悲惨な現状を詳しく述べているので，公衆の平穏を乱す可能性がある，ということであった．

闇市の活動
占領軍に対する批判
飢餓の誇張
暴力と社会不安の煽動(実際に検閲を受けた文書には「公安を乱す」と記されることが多かった)
虚偽の報道
SCAP(または地方軍政部)に対する不適切な言及
解禁されていない報道の公表[16]

たとえば、ゲラ刷りの検閲の場合、違反があれば、変更あるいは削除すべき個所に青鉛筆で印をつけて、プレス・コード一〇項目のうちのどの項目に抵触するのかを記入した定型書式を添付して出版者に戻される。[17]こうして日本人は、具体的にどんな性格のものが削除を命じられたかをおもな手がかりに、占領当局が漠然とした規則命令によってじつはなにを意図しているのかを判断した。今から見れば、常軌を逸しているとも、とんでもなくばかげているとも思えるような過剰検閲の事例もあるが、それも検閲を受ける側にとっては、戦勝国がなにをもって容認できる枠内にあるとみなすのか、判断する指標にはなった。

この内々のチェック・リストが示すように、容認されない言論表現は膨大な域に及んでいた。勝者である(当初はソ連を含めた)連合国についても、SCAPあるいはその政策についても、いっさいの批判は許されなかった。この国の最高権力は、六年以上にもわたって、いかなる責任からも超越していたことになる。強姦など米兵による犯罪はいうに及ばず、日本女性との親密な交際、占領軍のかかわる売春、混血児、といった微妙な社会問題も話題にしてはならなかった。冷戦の緊張の高まりについて公的に論評することも禁じられた。闇市に本格的

雪を検閲する

占領最初期の一定程度の検閲については納得できる理由もあるが，この教科書(1941 年発行)では，雪合戦の描写が好戦的として「墨塗り」の対象とされた．このように，行き過ぎた検閲の例もあった．

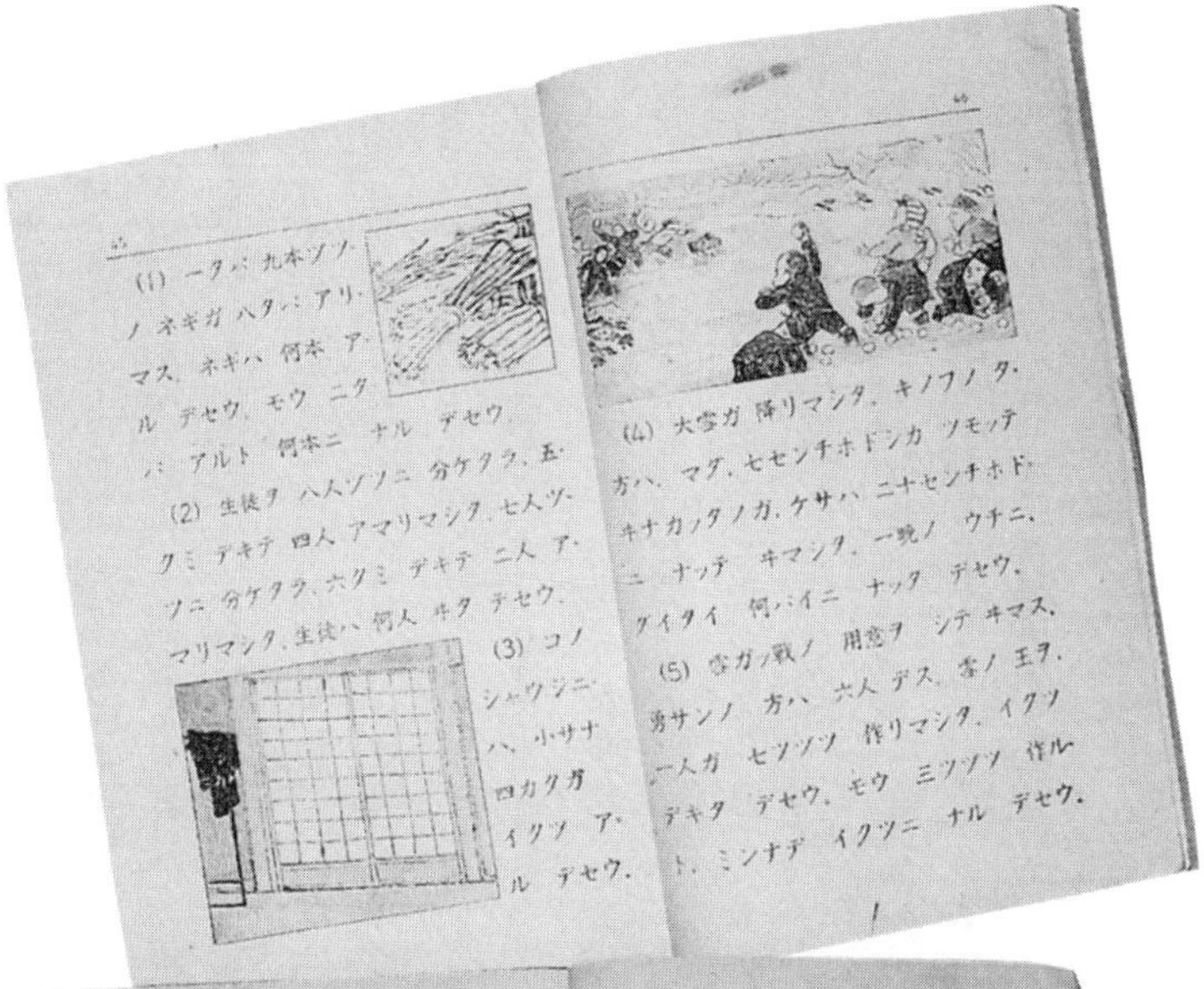

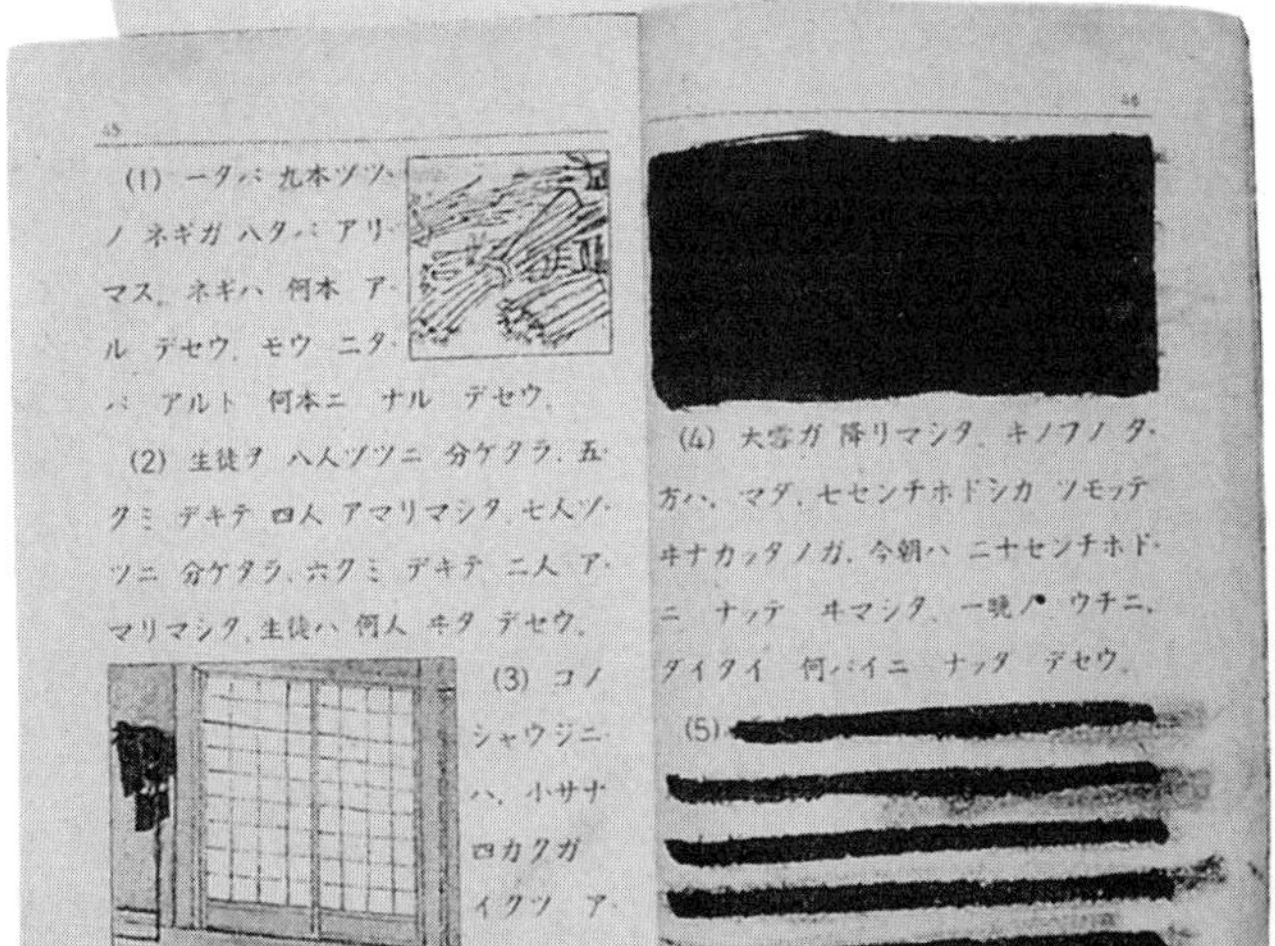

な批評的分析をくわえることも一般的には許されなかった。「封建的」価値を賞賛してはならなかった。ほんのかすかでも戦争中のプロパガンダを思わせるような意見を表明することも、もちろんタブーであった。

占領当初は、当然ながら、勝者にとって先の戦争についての議論の統制がなにより重要だった。戦時中の日本の凶暴な情熱に再び火をつけるような修辞をもちいての訴えかけは、占領要員の安全を脅かしたり、占領当局の改革計画を揺るがすかもしれないのであって、なんとしても抑えこまなければならないと考えられていた。また、もっと積極的な方向としては、この国の検閲機構が抑えこんでいた日本のさまざまな侵略行為、残虐行為について一般の国民を教育する必要のあることも、アメリカは考えていた。

これはもっともな任務であり、たいへんに難しい挑戦であり、微妙な仕事であった。なぜならそこには、敗者のプロパガンダをそのまま勝者のそれと置き換えるだけに終る危険性があったからであり、そして、結果としてついにそれを逃れられなかったのである。戦争についてのそれまでの話法はすべて誤りで、容認しがたいものとなった。勝った連合国の戦前の政策についてのいかなる批判も全面的に禁止された。過去のプロパガンダはすべてメディア規準にそっくり違反するものとなった。日本が戦争にのりだした当時の世界情勢(大恐慌の衝撃、世界的な資本主義の崩壊、保護主義と独裁政治へと向かう世界的趨勢、圧力でありモデルでもあった欧米帝国主義、西欧の人種差別、それに対抗する人種主義的・反植民地主義的な汎アジア思想)について、論議の余地があるとしてもまあ妥当と思われる意見を表明することも、社会不安をあおるだけでなく、「真実」からの逸脱とされた。占領軍の政策に対する批判、戦勝諸国に対する批判などは、いうまでもなかった。

今や「真実」は連合国側から見た戦争であり、メディアはそれを、不作為によってだけでなく、すべき行為としても積極的に裏書きしてみせなければならなかった。出版や放送に携わる人たちは、GHQのなかでもとくにCIE(民間情報教育局)の用意した見解をそのまま表明するよう要求された。戦争犯罪法廷に対する批判は許されなかった。さきのキー・ログに記載されていたように、戦争犯罪人として起訴された人物を公然と「正当化あるいは擁護」できない、ということである。東京裁判の被告には献身的な弁護人がちゃんとついていたにもかかわらず、メディアには、裁判官による最終判決はいうまでもなく、検察側の主張をも、無批判に支持することだけが要求されたのである。

SCAPによる戦争犯罪キャンペーンは日本人の心理の非武装化に重要な役割をはたした。とくに、連合国A級戦犯裁判は、その膨大な証拠書類と口頭での証言によって、隠された陰謀と残虐行為の歴史を、これでもかというほど効果的に暴露した。それは絶好の反面教育だったのだが、それが検閲のフィルターをとおると、たとえば、法廷の構成や運営には疑義を呈してはならない、あるいは、被告は無罪の判決が出されるまでは有罪と推定しなければならないといった、あまり肯定的ではない教訓をマスメディアや一般大衆に与えるだけに終った。法廷では、被告側弁護人が、日本の指導者たちは合法的な国益を追求していると信じていたのであり、「勝者の裁き」であることがこの裁判を根本的に歪めている、といった論陣を張ることができた。しかし法廷の外では、メディアはこのような主張を支持することが許されないばかりか、反対に、もっと大きな網を投げてもっと多くの戦争指導者を起訴すべきだといった趣旨の裁判批判も許されなかった。こうして日本国民は、戦争について自国政府が検閲や機密によってひた隠しにしていた多くのことを知ったが、それを語ることは許されないという、すでにすっかりお馴染みの逆説のなかにおかれたのである。

戦争についての容認されない表現はさらに広い範囲に及んでいた。汎アジア主義、「支那匪賊」や「鬼畜米英」を相手にした聖戦、といった戦時中のレトリックはもちろん、そうしたレトリックとたいてい対になっていた「大和民族」の優越性への賛辞が認められなかったのはいうまでもない。死、破壊、敗北などを公に語ることはもっと大きな問題になった。この点では、適切に表現することによって悲しみを癒すという作業を検閲が妨害し

1949年になってはじめて，占領軍は永井隆による原爆投下についての本『長崎の鐘』の出版を許可したが，戦争末期に日本軍がマニラで行った蛮行について記述せよ，という奇妙な要求をつけた．

た、ともいえるだろう。それは、広島と長崎の意味に公然と正面からとりくめなかったことに、もっとも生々しく現われていた。

原爆体験を書くことは、はっきり禁止されていたわけではない。降伏後一、二年間は、広島周辺の地域刊行物を中心に、多くの作家が原爆についての散文や詩を発表している。しかし同時に、永井隆など被爆者の初期の著作が発禁処分になり、原爆に関連した文書の多くが大幅な削除を強いられた。一九四六年八月に雑誌『ニューヨーカー』に掲載されたジョン・ハーシーの「ヒロシマ」は、このテーマをあつかったもっとも感動的な英語の作品であった。この短編は、六人の被爆者を素描して読む者に深い印象を残したが、日本では、メディアでこそとりあげられたが、翻訳で読むには一九四九年まで待たなければならなかった。原爆体験はタブーだと口から口へと伝わった結果、直接の検閲と広範な自主規制とが結びついて、この関連の著作はほとんど完全に姿を消した。それでも一九四八年末になると、永井隆の本が出版され、原爆文学がようやくおずおずと登場することになった。このような状況では、原爆を生き延びた人たちが、互いに手をさしのべて支えあったり、核戦争が個人のレベルでどのような意味をもつのかを他の人に語ったりすることはきわめてむずかしかった。さらに、科学的な文書にも公然たる検閲が及んだ。原子爆弾の炸裂とそれに続く放射線の影響に関する報告書は、その多くが占領終結間際まで公表が許されなかった。日本の科学者や医者は——ひいては、広島と長崎で放射能の影響について調査したアメリカ人科学者の一部も——六年以上ものあいだ、原爆被害者に知らせたらきっと役に立ったであろうデータにまったくアクセスできなかったのである。[18]

原爆による破壊の視覚的記録となると、さらに徹底的に隠蔽された。一九四五年八月から一二月にかけて、約三〇人の日本人カメラマンからなる一団が広島と長崎で記録映像を撮影したが、そのフィルムは一九四六年二月にアメリカに押収され、日本にはコピーの一本たりともあってはならないという命令によって、残らずワシントンに送られてしまった。[19] 原爆が人間にどんな結果をもたらしたのかをありありと描いた最初の創造表現は、画家の丸木位里と丸木俊の夫妻が一九五〇年に出版した小さな画集だった。夫妻が広島でその目で見た光景、人から聞いた光景を描いた『ピカドン』である。同じ年には、『幽霊』と題する絵の展示も許可された。見る者の心を凍らせるようなこの絵は、丸木夫妻の共作になる、原爆の犠牲者を力強く描いた連作屛風画(『原爆の図』)の第一作となった。ふたりがこのような絵を描いたのは、原爆による破壊の恐ろしさがそれを経験した者たちの手によって視覚的に記録されないまま終るのではないかと恐れたからだった、と丸木位里が後に語っている。[20] 壊滅した広島と長崎の写真が一般国民の前に示されたのは、占領も終り、原爆投下からちょうど七年たった、一九五二年八月だった。このように、唯一の核戦争体験国の国民は、原子爆弾のもたらす結果について、それを体験していない国の人たちよりも無知なまま、その意味を公に語ったり討論したりする自由をもたないまま、核時代の初めの何年かをすごしたことになる。[21]

それも連合国から見れば、日本人は自ら蒔いた種を刈った、というだけのことだった。広島と長崎を頂点とする日本の都市への凄まじい爆撃も、日本がアジア太平洋地域のほかの国ぐににもたらした惨状にたいする当然の報いだった。一九四九年初めには、占領当局がようやく規制を緩めたために、原爆がなにをもたらしたのかを記述した被災者自らの体験が出版されるようになったが、このときも、この「当然の罰」の意識を文字どおり露呈させるケースがあった。ウィロビー少将の主張で、永井隆の『長崎の鐘』の初版に、一九四五年の日本軍による

「マニラの虐殺」についてアメリカ側の書いた長文の付録をつけさせたのである。これはいかにも鈍感な勝者の論理だった。およそアメリカの意図とは逆に、あたかも長崎とマニラが似たような残虐行為だと言っているかのような解釈がなりたったからである。いずれにしても、ふつうの人たちの多くは、家族や知人の死、自分自身の苦難を、当然の報いとして甘受することなど感情的にできなかった[22]。

公然と嘆き悲しみたい、死せる者を悼み讃えたい、という衝きあげるような欲求が、検閲官たちの容認できる範囲を驚くほど逸脱して発露した事例もあった。もっともよく知られるひとつが、もと帝国海軍少尉吉田満の書いた悲哀にみちた散文詩である。吉田は東京帝国大学在学中に学徒動員され、運命の巨大戦艦「大和」に乗りくんだ。一九四五年四月、「大和」は、沖縄に向かって航行中に、三〇〇〇人近くの乗員とともに海底に沈んだ。生き残った吉田の苦悩が一九四五年一〇月半ばにインスピレーションとなってほとばしり、「大和」の最期を目撃者ならではの詳細さで記述させた。吉田を衝き動かしたのはさまざまな感情だった。戦友たちの死が犬死であったという印象を抹消したい、彼らを辱しめから救いたい、彼らの誠と勇気を記して遺したい、死せる者たちを、そして──どこの国の海軍兵士も同じだろう──偉大なる艦船の死を、悼みたい……。

二三歳の吉田は、さらに、こんなにも多くの戦友の命を奪った死が、どうして自分を選ばなかったのか、という思いの痛みと闘っていた。そして、「大和」のごく僅かな生き残りのひとりとして──さらには、艦橋から最後の戦闘の一部始終を目撃した者として──この一篇の詩によって戦闘報告書、死亡通知、追悼文を書いたのだった。そして、その最後をこう締めくくった。

乗員三千余名を数え、還れるもの僅かに二百数十名
至烈の闘魂、至高の錬度、天下に恥じざる最期なり[23]

吉田満のこの『戦艦大和ノ最期』は、日本の戦争体験から生まれた数少ない重要な文学的記録のひとつとして認められている。当時の検閲官もその質の高さは認めたものの、同時に、このごく個人的な「日本軍人精神」の喚起が、読者の悔恨だけでなく、報復の念も誘うことを恐れた。その結果、この本は一九四六年と一九四八年に発禁処分となり、一九四九年半ばになってやっと要約版が出版されたが、全文が読めるようになったのは占領終結後だった。

戦死者を悲劇の犠牲者として扱い、公に悼む行為は、『大和』より慎ましいかたちであっても不許可の憂き目にあった。一九四八年半ば、長与善郎の小説から次の部分が削除された。「大事なひとり息子がソロモンの海戦で名誉の戦死を遂げても、この状況ではそれをおおっぴらに泣いたり、悲しみをあらわしたりはできなかった〔日本語原文が発見できないので検閲官の英訳文から訳者が再和訳〕」。この場合、「占領軍に対する批判」が検閲官の挙げた理由だった[24]。同じ年の初め、歌人のヤノ・マタキチ〔原資料ローマ字表記〕も、我が子に捧げた歌集のなかの多数の歌を不許可にされた。ヤノは、嫁いだ娘が終戦後に満州で餓死したこと、息子がシベリア抑留中に死亡したことを後になって知ったのだが、その歌の多くが「反ソ連的」であることを理由に禁止処分になった。息子の命は「勝つために捧げし吾子の命なりき断じて捧げじ敗戦のために」と詠んだ短歌は「右翼のプロパガンダ」であるとされ、「敗戦のしもとはあまりに酷なりき幼き者に何の罪ある」と嘆き、この若者たちがどんな罪を犯したのか、と問いかける歌は「社会不安の煽動」として処分された[25]。

壺井繁治の詩集に青鉛筆を入れた検閲官たちはもっと戸惑ったようだ。日本資本主義の「蜂窩」にあって疎外され、飢え、呻く人びとについてのくだりや、「混り気ない血一色の旗」のもとに戦い、死んでいった戦士たちの描写を削除してもまだ、「歴史」と題される詩のこんな部分に直面したからである。

旗は地に墜ちて
ラジオ・ボックスの中から
神の声がもれて来る
うつろに、ふるえて、哀しげに
歴史そのものに記録さるべきこのひととき

詐ってつくられた神話の頁は
この日、閉じ
人民の眼はあらたに開かれて
あたりの現実を直視する

あまりに惨憺たる廃墟の街
屍はすでに跡かたもなくかたづけられて
怨みだけ残り
業火に斃れたる人々の怨みをこめて
雑草は廃墟の上に蔓る

八月十五日の上に重なる八月十五日

国を亡ぼした者と
国を建て直そうとする者との
はげしい戦いの一年間
三百六十五日の歴史は
明日の時間へ流れ入る
明日の二十四時間を
歴史的時間として充実せよ
献身と勇気と確固たる信念をもって

（後略）

詩人本人と同じくらい、検閲官たちも確信がもてなかったのだろう。禁止処分になったのはこの詩の第三段だけだった。天皇を「神」と呼んでいる冒頭はそのまま通り、第四段の「国を亡ぼした者」の漠然とした含意もそのままだった。㉖

一方で、栗原貞子の「握手」という才気ある詩が容認しがたいことについては、検閲官たちにも疑問の余地はなかった。

ハロー、アメリカの兵隊さん、
昨日まで戦争ごっこに夢中だった
小さな軍国主義者達は

玩具の武器を捨て、呼びかける。
ハロー、アメリカの兵隊さん、
小さな彼等の胸の中に
何かしら未知の民族への
あくがれが湧く。

ハロー、アメリカの兵隊さん
昨日まで僕等のお父さん達と戦ったのは
あなた達だったのでしょうか。
大人から教えられた鬼畜と云う影は
微塵もなくて
大口を開けて明るく笑う
アメリカの兵隊さん！
僕等あなたの大きな手と
握手したいのです。[27]

ほんのかすかでも戦争を思わせる表現にたいする検閲官たちの過敏さは異常なまでで、ほとんどばかばかしいと言うべき域に達していた。川端康成の小説では、特攻隊員の死にさりげなく触れた部分が検閲にひっかかった。

国のためにすすんで死んでいった人びとの愛国心を賞賛し、今や深い挫折の底に沈むもと軍人たちも同じ滅私の精神を平和推進の力に向ければいい、と期待する坂口安吾の短い原稿は、「軍国主義的」という理由で禁止処分になった。「戦争によって平和がどんなに尊いか教えられたとしたら、今わたしたちが憶えている人たちはむだに死んだことにならないだろう」という意味のごくシンプルで自然な英文を、検閲官たちは「国家主義のプロパガンダ」として英語の教科書から削除した。戦災で焼け野原になった都会の土地で野菜を作っている見慣れた風景を詠んだ、

焼跡の菜園雨に打たれをり

の句は、「アメリカ合衆国に対する批判」として禁止された。長崎の地にもう芽を出した植物に喩えて、廃墟から立ちあがって新日本建設にエネルギーを投じよ、と少年に語りかける小文を少年雑誌から削除させたのも同じ理由だった。

次の歌も妥当な範囲をはるかに越えているとされた。

一円と二十銭なる竹槍でみいくさせしも夢のまた夢

一九四七年に、あるアメリカ人ジャーナリストが、カトリック系の雑誌『コモンウィール Commonweal』で、SCAPの過剰検閲の典型的な例としてこの短歌をとりあげ、実際にはこの慎ましやかな詩は「自らの政治的・軍事的未熟さについて嘲笑的にコメントする現在の日本人の傾向を」よく映しており、それは「常識的にも、人

間性の観点からも、好ましい態度である」と主張した。この批判はＣＩＥ（民間情報教育局）新聞・出版班長のダニエル・インボーデン少佐の猛反撃を呼んだ。少佐は日本人を「この奇妙で不可解な国民」と呼び、「マッカーサー元帥が検閲制度を確立したことを神に感謝する」と言ってのけた(28)。

戦争に関する検閲政策のなかには、所詮は用語の変更でしかないようなものも含まれていた。日本人がアジアでの戦争を指して使っていた「大東亜戦争」という呼称が禁じられ、代わりに「太平洋戦争」と呼ばなければならなくなった。この変更は、宗教的・超国家主義的教化の排除を目的としたＳＣＡＰの広範にわたる命令の一環として一九四五年一二月半ばに導入されたが、これは語義的《セマンティック》帝国主義の行為に等しいものであり、ひいては予期せぬ結果も生んだ。「大東亜戦争」は、そこに侵略的排外性はあるものの、あの戦争の中心を中国と東南アジアにはっきりと据えていた。ところが新しい名称は、戦争の重心をあきらかに太平洋に移し、日本とアメリカ合衆国とのあいだの紛争を第一義的にした。この変更には陰謀の要素はまったくなく、征服者の反動的自民族中心主義の反映でしかなかったが、結果として、日本と戦ったアジアを、この占領における多少なりとも意味ある役割から基本的に閉めだし、先の戦争を特定するための用語から排除してしまったのである。このような不得要領な呼称変更は、日本人に戦争の罪を自覚させるどころか、自分たちがアジアの隣人たちに何をしたかを忘れさせるだけであった。

勝者を浄める

占領軍に対する批判や連合国に対する批判については、ばかばかしい事例が検閲官のファイルに少なからず収まっていた。アメリカ軍の行進の写真から小犬が削除された。部隊の尊厳を損ねるという理由からである。軍隊そのもの、軍隊を象徴する物（ジープ、英語の標識など）を視覚的記録からそっくり消去することは、もっとふつうに行なわれた。まるで、映画や写真から占領の印をすべて消せば、主権のないことを日本人が忘れられるとでもいうかのようであった。[29] 米兵がめざましいまでの効率の良さで東京を占領したさまについての小さな漫画も発禁処分になったので、そこにあった「チュウインガムの威力や恐るべしだね、全く」というずばり的を射たセリフも読まれることはなかった。また、五月の明るい陽をあびているのはジープだけにみえる、と皮肉った洒脱な川柳も大衆の目に触れなかった。[30]

別のレベルの「発禁」扱いだったのが、日本政府がまかなわなければならなかった巨額の占領軍維持経費——ときには通常国家予算の三分の一にも達した——である。これについてメディアが直接触れることは何年ものあいだ許されなかった。一九四六年、報道各社に、どうしても占領軍経費に言及しなければならない場合は、これを「終戦処理費」と呼ぶように、という通達があった。その翌年にはさらに当たり障りのない、予算上の「その他」経費とするよう検閲官から命令された。[31] どうしようもなくばかげた「占領軍に対する批判」の禁忌には、自由やデモクラシーを謳いあげる言説の一方で、身を苛む飢餓があることの矛盾について日本人があれこれ考えることはならない、という意味も含まれていた。『改造』一九四八年二月号に掲載予定だった次の詩も、検閲官によって英訳され、そして「禁止」と書きこまれた。

時間　時間になると
爺さんごはんです
婆さんごはんですとこえがかかり
ふたりの膝元にはそれぞれの
古びた膳が運ばれて来るのだ

膳はいつもとぼけていた
米のごはんの外にも
思想の自由
言論の自由というような
あぷれげえるとかものっかってはいるのだが
なんのかんのと言えばすぐにも
だまって食ってろとやられる仕組みの
配給だけがのっかっているのだ
爺さん婆さんはだまって
その日その日の膳にむかい
どこまで生きるかを試めされているみたいに
配給をこづいてはそれを食うのだ
ある日の朝のことなのだ
膳になるにはまだはやかった
庭には桃の花が咲いていた
爺さんも婆さんも庭へおりると
腰の曲りをのばしたりしていたのだが
天に向かって欠伸をした㉜

この詩は不朽の名作ではないかもしれない。しかし、敗戦後すでに二年半が経過しているのに、この程度も言うことが禁じられていたという事実は、文芸評論家の江藤淳のいう、占領時代の「閉された言語空間」についてじつに多くを語っている。きのうまでの軍国主義的な超国家主義者がきょうは平和を愛する国際主義者になっている、その変わり身の速さについて皮肉をこめた疑問を投げかける論者さえも、検閲官の鉤針を感じることが(必ずというわけではなかったが)あった。占領下で政治が骨抜きにされている、という指摘もしばしば沈黙させられた。この国の著名な新聞人のひとりである馬場恒吾は、戦後の内閣は凡庸である、なぜならどの首相もイエスマンにならざるをえないからだ、とする記事を、降伏の三年後になっても出版させてもらえなかった(33)。

このような柔らかな独裁主義にとって、漫画で辛辣に風刺されるという災難は不可避だろう。世紀の変わり目ころの日本に、都会的に洗練された漫画家の一群が出現したのだが、そのリーダーが北沢楽天だった。西欧の影響を受けたすばらしい挿絵画家だった楽天とその仲間は、『パック』という名前のユーモア雑誌にたくさんの漫画を発表して、日本文化の奇矯さ、社会の不公平、政治の腐敗や欺瞞を鋭く風刺した。一九三〇年代以降、世相についての辛辣な皮肉が禁止されると、新世代の漫画家たちが登場した。そのリーダー格の近藤日出造は才能あるカメレオンで、政治的潮流に巧みに乗ったが、そのときどきの標的をずばり刺し貫くことでは一貫していた。近藤をはじめとするこの漫画家たちは、当初は、自分たちは政治的に中立であり、インスピレーションは「健全なニヒリズム」だけで、「ナンセンス漫画」を描くことだけに誇りをもっていると主張していた。しかしほどなく、ほとんどひとりのこらず、日本の戦争を熱烈に鼓舞宣伝するようになっていった(34)。

映画産業でも同じだったが、漫画家は降伏後の追放を事実上無傷で逃れ、ほとんど間をおかずに、自分たちこそ民主主義の先頭に立って戦うと宣言した。一九四六年一月に刊行再開された月刊誌『漫画』——戦時中は主要なプロパガンダ媒体だった——の表紙をかざったのが、牢獄の鉄格子のむこうにいる哀れな東条英機を描いた近藤日出造の漫画だった。近藤をはじめとする漫画家たちの変わり身のすばやさを象徴している。彼らは、タブロイド紙『民報』など、新しい左翼系出版物にもかなりの数の作品を描いた。しかしこの漫画家たちも、民主主義にも限界のあることをすぐに知らされた。『漫画』の戦後創刊号で、和服の女が大柄なアメリカ人兵士にしがみつくように踊っている近藤の絵が、印刷不許可になったのである。二カ月後の三月号では、もうひとりの有名な漫画家、杉浦幸雄の作品が検閲官に禁止処分にされた。米兵相手のパンパンがタバコを手にして浮浪者の横に立っている漫画だった。売春婦の相対的な豊かさの源泉がどこにあるのかは一目瞭然だった。着ている着物と羽織が星条旗の模様になっている。「正業につきなさいよ」と、その女が浮浪者に説教している。うしろの壁に貼ってある左翼のポスターには「天皇制打倒」の文字。

杉浦のこのウィットに富んだ諧謔は、CCD(民間検閲部)にとっては三重に忌むべきものだった。天皇を攻撃し、経済危機を強調し、米兵と日本女性との「親交」に注目させたからである。別の雑誌にもじつにうまい漫画が載った。戦犯たちが大男のMPに襟首をつかまれて追いたてられている絵の下に、「大君を置き去りにしてみんな行き」と見出しがついている。目前に迫った戦犯裁判から天皇が除外されていることを皮肉っているもので、勝者にはとうてい容認できなかった。[35]

天皇は公式には風刺禁止の対象ではなく、実際しばらくは、いくつかの雑誌——とくに左翼系月刊誌『真相』など——が天皇をとりあげた漫画を敢えて載せていた。[36] しかし一九四七年以降は、ごく穏やかな当てこすりさえほとんど姿を消した。しかし、権威にたいする風刺に関してもっとも注意を要する公式規制は、この国を現実に統治していたひとりの外国人の扱いだった。マッカーサー元帥は、地上に降りるまえの天皇とまったく同じで、侵すべからざる存在であった(CCDの検閲官として働いていたあるヨーロッパ人は、SPCDを密かにSociety for the Prevention of Criticism of Douglas〔ダグラス(・マッカーサー)批判防止協会〕と読み替えて、ひとり悦に入っていたという)。マッカーサー配下の占領軍も、最高位の将校から最下位の志願兵や軍属に至るまで、批判から――あるいは賛辞以外のなにものからも――しっかり隔離されていることでは同じだった。占領軍幹部将校は、原則として、メディアのインタビューにも応じられないことになっていた。SCAPはその政策をもっぱら記者会見と配布文書によって伝達し、それをメディアは従順に報道するものとされていた。まさに権威を笠に着た「チャネルド・ニュース」の構造で、外国人ジャーナリストたちはこれを危険な前例になると懸念していた。[37]

日本におけるマッカーサー流民主主義の展望を――あるいはその本質を――笑いものにするなどきわめて危険な企てだった。ユーモア雑誌『VAN』は、一九四七年一〇月号から数点の漫画の削除を命令されて、この教訓を身にしみて学んだ。その漫画のひとつでは、小さなマッカーサーが、「日本」と書いた札を首につけた大きな、しかし優しい顔の竜と向きあっている。竜の背中には「デモクラシー」と書かれた鞍がのり、頭部にはくつわのように綱がかけられ、その端を握ったマッカーサーが「やれやれ、どうやら手なずけたわい」と呟いている。当時のアメリカの新聞か雑誌だったら、占領軍の直面していた途方もない難題と、マッカーサーの部分的な、あるいは、いまだ判然としない成功を描く、ごくありふれた漫画だったろう。しかしCCDの検閲官たちはこれを、まだ鞍に乗れていない、つまり「日本の民主化にてこずっている」ことを示す、マッカーサー批判であると解釈したのである。[38]

それでも、占領時代には独創的でおもしろい漫画が生まれなかったわけではない。戦後のコマ割り漫画のなかでもっとも優れている、長谷川町子の『サザエさん』が初登場したのは一九四六年四月だった。以来一貫して、妻であり、母であり、娘であり、姉である、元気いっぱいのサザエさんを中心に、家族の日常生活の喜びや落胆が、魅力的で機知にとんだ女性の視点から描かれた。『あんみつ姫』は、昔のお城に住む物怖じしないお姫さまの活躍で、少女たちを大いに楽しませた。一風変わった名前は、あんみつがお姫さまの大好物であることからきている。この国でもっとも独創的で、もっとも崇拝されている漫画家、手塚治虫は、一九四六年にデビューをはたした。手塚は、日本の枠にとどまらず、サイボーグやロボットのいる想像の世界にとびだすことで、善悪だけでなく、科学、人間性、個人のアイデンティティといった挑発的な問題を提起した。[39]

こうした例からもわかるように、もっとも優れた漫画は政治の領域の外に存在した。たしかに、『朝日新聞』連載の清水崑をはじめとする新聞漫画家たちも、吉田首相のような戯画化しやすい政治家の滑稽な言動をとぼけた漫画に描いてよく知られてはいた。しかし清水自身が語るように、彼のような漫画家たちも、ほんとうのところ政治漫画を描いたわけではなく、「政界漫画」を描いたにすぎなかった。[40] ごく稀に例外はあったが、特定の政治観も、権力や権威の濫用についての鋭い批判も、世界を見渡す視野も、提示することはなかったのである。占領軍の手法のもとでは、そのような批判的なものの見方を公の場で発展させることなどほとんどできなかった。漫画家たちの残した視覚的記録を見るかぎり、それはまるで占領者のいない占領だったかのようである。

占領政策に対する根本的批判を禁じたのと同じ論理が、連合国全般に対する批判にも適用された。勝者について悪く言うことは、その道徳的権威を傷つけることになる、という理屈である。したがって、「外の世界」も日本人向けには清らかなものとして提示されなければならなかった。戦いに勝った連合国とその世界についてのどんな言説がプレス・コード違反とされたのか、古川純教授が左翼系月刊誌『改造』を対象に若干の事例研究をしている。ここで古川が証拠資料とともに挙げるリストによれば、『改造』は次の部分について削除命令を受けた。西欧連合国のなかにある有色人種にたいする差別への言及。終戦後の中国で日本軍が共産軍への投降を肯んじず、国民党政府軍を待って降伏したことへの言及。合衆国で黒人に選挙権のないことへの疑問。ソビエト連邦を「社会主義国」、アメリカとイギリスを「資本主義的」、中国を「半植民地的」とする表現。「民主主義的勢力」ソ連邦と「反動的帝国主義的勢力」のアメリカとのあいだの対立の指摘。日本経済が国際資本主義に従属させられるのではないかという不安の表明。ファシズムを「資本主義の矛盾」の「政治的表現」とする記述。資本主義全般についての(たとえば、羽仁五郎など、著名なマルクス主義学者による)批判。

『改造』の違反事例はこれだけではない。一九四六年半ばには、アメリカ人ジャーナリスト、エドガー・スノウによる朝鮮についての文章を翻訳した記事で、「「朝鮮は今や米国の新たなる第一線の一部である……」」とあるアメリカの高官が非公式に筆者に洩らしたが、之は、参謀本部の大多数の考えを反映したものである」の部分が削除命令を受けた。検閲官は理由を「untrue(真実ではない)」と記している。占領軍が創りだした新しい歴史では、「連合国全般に対する批判」は中世から近世にまでさかのぼって追及された。そのため『改造』は、一九四七年八月号の「ダンテとコロンブス」と題する随想から、「スペイン、ポルトガル及び後発のオランダ、イギリスに代表される近代ヨーロッパの海外発展において、新たな土地を植民地として獲得する傾向が支配的であった」とするくだりを削除するよう命じられた。一九四八年一〇月には、このときすでにCCDの要注意リストで公式に「極左」と断じられていた『改造』は、編集後記で、アメリカ議会下院の「反アメリカ的活動委員会」に倣って「反日本的活動」に関する委員会設立の計画が進行している、と書くことを許可されなかった。この委員会は結局は実現しなかったのだが、当時たしかに検討されていた[41]。

厳しい検査にさらされたのはほかの出版物もおなじことだった。内村鑑三も、その自伝的作品が再版されたとき、死後の検閲処分を受けてしまった。不許可になったのは若き日の在米当時のエピソードを語った章全体で、ニューヨークには殺人やアルコール中毒が東京より横行している、などと書いてあった。削ったCCD検閲官は、「これは真実の話かもしれない。しかし日本人に知らせるにはまだ早い」と批判した[42]。アメリカ国務長官だったコーデル・ハルの若いときのポーカーの腕前になにげなく触れる、といった些細なことも削除を命じられた。ところが、ウィスコンシンのキャンプ・マッコイに捕虜として抑留されていた日本人の自伝的物語は、「アメリカ人は教養がありそうで案外無智だね。新聞を信じているんだからね。日本人の中にだって、今時新聞を信じる奴なんてそう多くはいやしないよ」の部分を削除されただけで、一九四六年半ばに検閲を通過している。一方で、ある英和辞典の編纂者は、動詞 denounce の例文として、"No imperialism is more denounced today than the imperialism of the United States."〔今日、アメリカ合衆国帝国主義ほど糾弾されている帝国主義はない〕という文章をもぐりこませようとしてあえなく失敗している。(43)

こうしたあきれるほど綿密で神経質な検閲は、先の戦争でのアメリカの同盟国に対する批判とみなされるちょっとしたコメントにも及んだ。「中国に対する批判」として禁止されたのは、降伏後の日本軍部隊が中国の国共内戦に利用されたことや、残留日本人にたいする虐待への言及、「半植民地あるいは植民地の状態から脱却しつつある」国という表現などだった。国共内戦についての論議はタブーではなかったが、混乱をきわめた動乱の生々しい描写は、妥当な範囲を越えるとみなされることがあった。(44)

こうした弾圧は、当初はソ連についての否定的コメントにも及んでいた。一九四六年一月には、占領におけるソ連の役割について懸念を表明したことで哲学者の田辺元が検閲を受け、長老国会議員の尾崎行雄さえも、一九四六年四月の『改造』に書いた記事で、ほんのついでのようにソ連内での抑圧に触れた部分を不許可にされた。『思想の科学』の一九四六年一一月号に載ったラインホルド・ニーバーの『光の子、闇の子』に関する記事は、スターリン独裁を批判しているとして大幅な検閲を受けた。占領下の日本でも冷戦の緊張がもはや紛れもない事実となっていた一九四八年九月に、次の一節が「ロシアにたいする批判」として『世界』から削除された。「ソ連邦は、自国で絶対的で独裁的な政策をとっているために、小国にたいしても高飛車な独裁的態度をとるのである」。(45)

この一点の汚れもない連合国の神秘的イメージのおかげで、非現実的なばかりか、ときとしてほとんど超現実的でさえある公的世界が形成されることになった。戦いに敗れ、外界から遮断された日本人は、戦勝国連合の崩壊も、中国の国内分裂も、西欧帝国主義・植民地主義を相手にしたアジアの闘争の復活も、冷戦の緊張の決定的出現も、核武装競争の始まりも、すべて知らないことになっていた。いうなれば、ちょっとしたタイムワープのなかにいたわけだ。旧戦勝国同士は今や新たな闘争と論戦に突入し、そこでは彼らが第二次世界大戦中に使ったプロパガンダが相も変わらず繰りかえされていたというのに。

この非現実世界で、日本人は、戦勝国のあいだの「原子力に関する競争は世界平和の確立という視点から歓迎すべき現象ではない」と懸念を表明することはできなかった(一九四六年五月に「連合国全般に対する批判」として禁止処分)。「なかでもとくに、今日の朝鮮はアメリカとソ連の接点となっているだけでなく、両国の国際的命運に深く関わっている」と警告することも許されなかった(一九四七年一月に禁止処分)。西側が「鉄のカーテン」のレトリックを採用してからかなりたっても、日本の作家は、「アメリカとソ連のあいだの意見の衝突は現在広く流布している」と報じることも、これが将来誰の目にも明らかな対立につながらないといいと期待することも禁じられた(一九四七年一二月に「公安を乱す」として発禁処分)[46]。

映画を検閲する

六年半にわたる占領期間に、日本の映画撮影所で一〇〇〇本前後の長編映画が制作された。一九四九年までは、すべての映画台本は、事前に、英語で、二部、SCAPの「アドバイザー」に提出しなければならなかった。アメリカ側が満足する脚本ができあがるまでにはそうとうな意見の応酬があった、というケースは数限りない。黒澤明のように、こうした規制にもかかわらず活躍した映画監督がいた一方で、亀井文夫のように、戦後はたしかな地歩を得られないままに終わった映画作家もいた[47]。

黒澤明にとってはGHQによる統制など、戦時中の、とりわけ天皇崇拝と抑圧された性的妄想によって倒錯した阿呆検閲官どものそれに較べたら、とるにたりなかった。黒澤は戦争中に監督としてデビューし、戦時中の四作品――『姿三四郎』とその続編、『一番美しく』、未完成の『虎の尾を踏む男達』――すべてが、一九四五年一一月にSCAPが「封建的かつ軍国主義的」だとして廃棄を命じた二三六作品に含まれていた。[48] しかしそれも、新しい日本のもっとも影響力をもつ映画革新者として黒澤がいち早く頭をもたげる妨げとはならなかった。一九四六年から一九五二年までの占領期に監督した映画は八本。まず、ナイーブなまでに理想的な「民主主義映画」である『わが青春に悔いなし』(一九四六年)、続いて、廃墟のなかでのロマンスと逆境の紆余曲折の物語、『素晴らしき日曜日』(一九四七年)をつくった。

占領が進むなかでも黒澤はひきつづきその時代のテーマをとりあげたが、初期の作品の希望と理想主義にはしだいに影がさしはじめた。『一番美しく』や『わが青春に悔いなし』では女性だった主人公が、男性に変わった。それもたいていはきわめて人間的で、ときには過去に呪われているが、たいていの場合、拝金主義の不誠実な社会に足をとられて身動きがとれなくなっている男である。そんな主人公を演じるのはいつも決まって三船敏郎で、ヤクザ(『酔いどれ天使』一九四八年)、復員兵の犯罪者(『野良犬』一九四九年)、金で動くジャーナリスト(『醜聞(スキャンダル)』一九五〇年)、絶望し混乱した無垢な男(ドストエフスキーの『白痴』を下敷きにした『白痴』一九五一年)と、その境遇はどんどん暗さを増していく。一九五〇年に封切られた名作『羅生門』でさえ、中世を舞台にしながら、そこでの性、犯罪、両義性――そして、すべての者の語る物語の相対性――の描写は、同時代のありようを鏡のように写していた。[49]

亀井文夫の体験は黒澤と対照的だった。黒澤はGHQの監視など肩をすくめてやり過ごし、許容される枠内で想像力豊かに活動した。しかし、もっとはっきりと理想主義的でイデオロギー的である亀井は、新しい検閲民主主義というこの禁じられた領域を身をもって生きることになる。そのことがはっきりしたのは、一九四六年に『日本の悲劇』と題する短いドキュメンタリーが上映不許可になり、さらに、亀井が山本薩夫と共同監督した野心的長編、『戦争と平和』が大幅なカットを強要されたときだった。

『日本の悲劇』は、主として戦時中に撮影されたフィルムを利用して、日本を侵略的・破壊的な戦争に導いた支配層の力を痛烈に分析していた。政府の宣伝ニュース映画を中心に、既存のフィルムを巧みに編集した亀井のきびきびしたモンタージュ・スタイルは、戦争中のアメリカ軍宣伝映画の首席監督だったフランク・キャプラの手法にそっくりだった。そこには少なからぬ皮肉があった。キャプラの編集技術の代表作である『汝の敵、日本を知れ Know Your Enemy — Japan』と題する反日映画がリリースされて一年もたたないうちに、亀井の『日本の悲劇』が作られたことである。『日本の悲劇』は、日本共産党(いわゆる講座派)お墨付きのマルクス主義路線にかなり忠実にそった分析で、封建的因襲と、天皇制における支配者集団の軍国主義と弾圧とを強調する内容だったが、基本的にキャプラの戦時中の宣伝映画とたいして違わなかったのである。

亀井のこのドキュメンタリー映画のなかできわだって印象的だったのは(キャプラなら絶賛したことだろう)、天皇裕仁が、厳粛な軍服姿の国家指導者から、ネクタイに上着とソフト帽という平服の、ちょっと背を丸めた文民の姿に変わっていくオーバーラップの場面だった。東宝、松竹、日活という大手はすべて、自社の映画館でこのドキュメンタリーを上映することを拒否した。イデオロギー的配慮というより採算を考えた結果のようだが、のちに亀井が語っているように、はじめのうちは観客から野次がとんだし、スクリーンに下駄を投げつけた客もひとりいた。それほど注目も集めず、ようやく好奇心の強い観客——日に二五〇〇人程度——の関心をひきはじめたところで、一九四六年八月、GHQによって突然上映が禁止された。

亀井は左翼ではあったが共産主義者ではなかった。一九二〇年代終りにソ連でドキュメンタリー制作技法を学

戦争と平和の間――亀井文夫の場合

反戦映画『戦争と平和』(監督・亀井文夫・山本薩夫，©東宝，1947 年)は，GHQ の検閲を受けたあとも，戦争の被害や戦後の苦難を明確に描写したシーンを多数含んでいた．アメリカ軍の空襲の恐怖(a)．少女売春婦の暗い表情(b)．東京の駅構内で餓死した元日本兵の死体(c)．

(a)

亀井文夫監督のドキュメンタリー『日本の悲劇』(1946 年)は，天皇を遠慮のない態度で扱ったため，保守政治家と占領軍検閲官の両方を怒らせた．観客の目の前で，画面の裕仁は軍服をきた戦争指導者の姿から背広を着た普通の人へと変身する．この映画は，一度公表されたあと，上映中止となった．

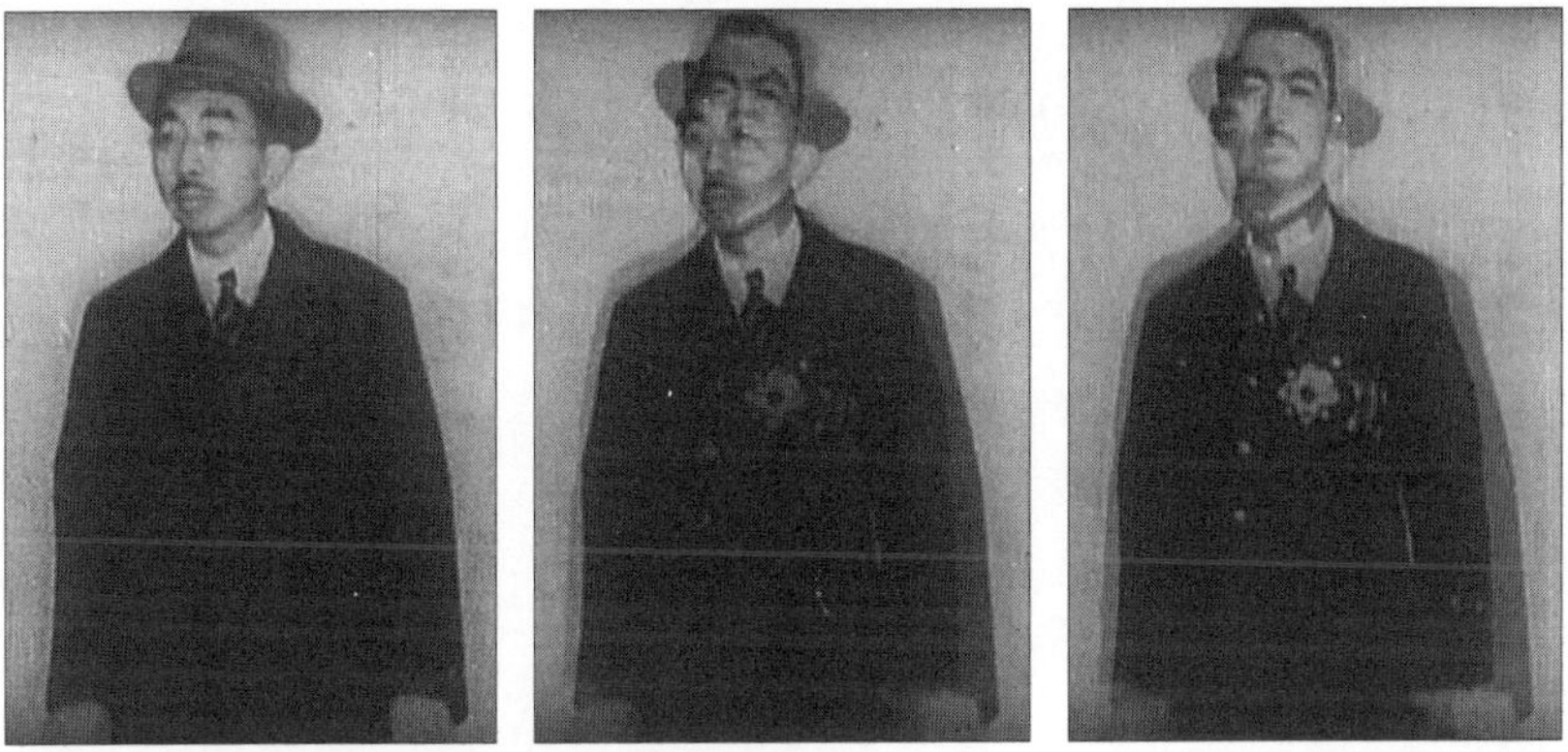

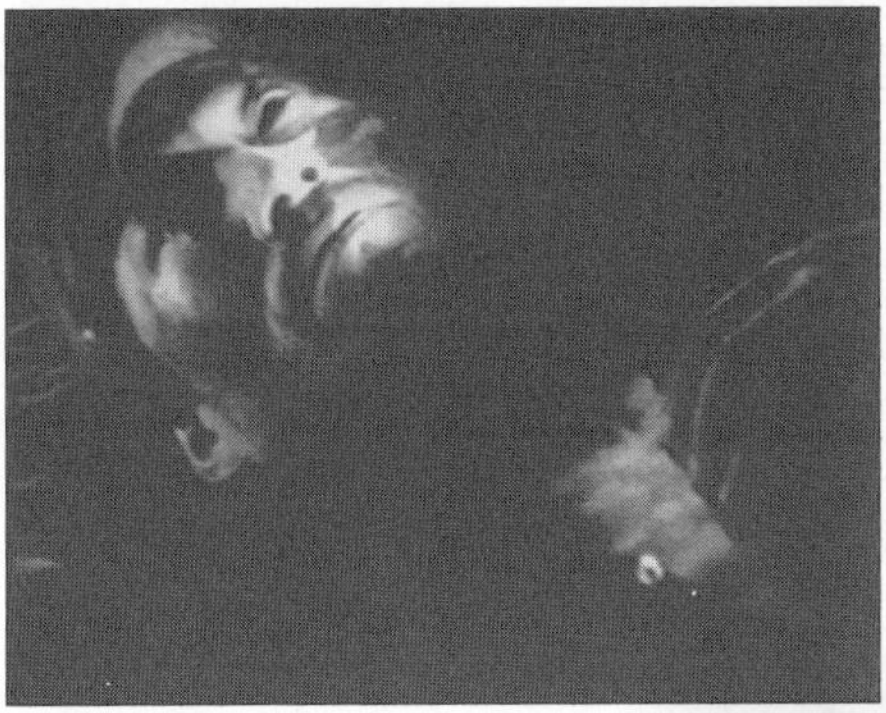

(c)

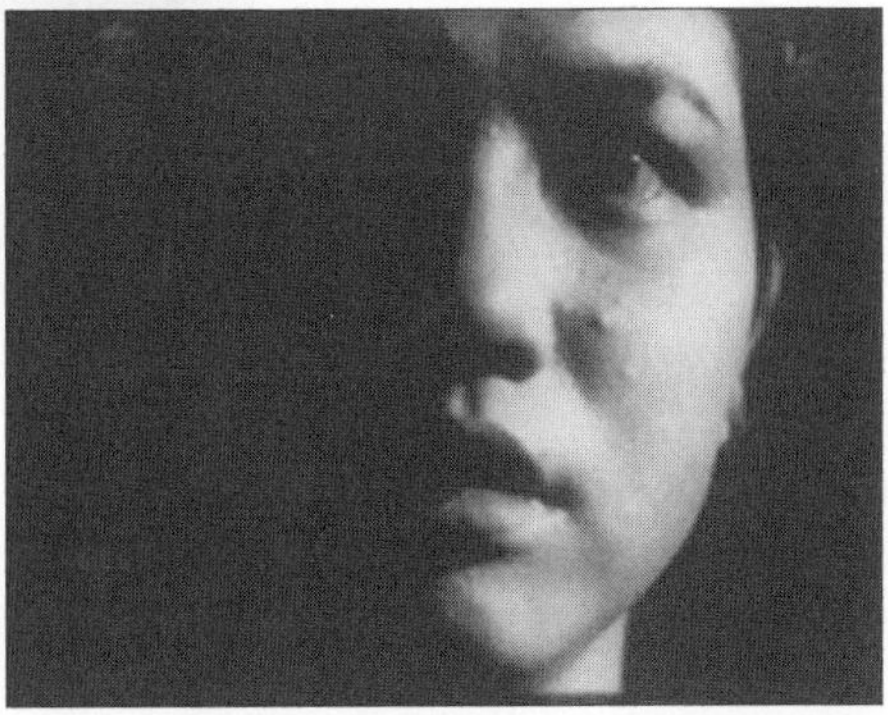

(b)

び、帝国陸軍とマッカーサー元帥の司令部との両方に上映禁止の処分を受けるというユニークな経験をした。一九三九年に中国での戦争を記録した陰鬱なドキュメンタリー映画『戦う兵隊』(内輪では「疲れた兵隊」と呼ばれていた)は、公式に軍部の援助を得て作られたのだが、「敗北主義的」だとして即座に回収されてしまった。『日本の悲劇』の制作も、CIE(民間情報教育局)からおおよそ同じようなかたちで強力な支援を受けていた。しかし、ウィロビー少将自らの介入で、封切りの約三週間後には、プリントもネガもすべて没収されてしまったのである。(50)

ウィロビーの介入は、吉田茂首相の要請によるものだった。亀井の天皇の扱い方を不敬とみた吉田が、ウィロビーの側近ふたりに、この冒瀆的作品をいっしょに見てくれるよう説得したのである。ウィロビーの側では、天皇の戦争責任を問わない占領軍の政策が暗に批判されていることのほうにもっと困惑していた。のちに亀井をはじめとする人たちが指摘したように、このドキュメンタリー映画の弾圧は、基本的に、天皇の戦争責任に関する真剣な論議が姿を消した歴史的瞬間を画していた。吉田といっしょにこれを見たアメリカ人のひとりによれば、このような「天皇のラジカルな扱いは暴動や騒乱を誘発する」かもしれない、というのがこの映画押収の表向きの理由だった。(51)

『日本の悲劇』の上映禁止処分は、SCAPの「デモクラシー」が実際のところ何を意味しているのか推し測ろうとしていた人たちに、少なくとも三つのことを教えた。第一に、絶対権力が、執拗なだけでなく、恣意的でもあること。結局、この事例から判断するところ、GHQが検閲処分したのは、降伏前の日本における軍国主義と権力の濫用にたいする日本人自身による批判であり、まさに占領軍が推進したいとしているような自由で批判的な論議だったといえる。亀井とそのスタッフは、そもそもこのプロジェクトをCIEの係官たちに奨められて実施に移したのであって、そのあとも忠実に検閲手続きを踏み、公開の公式承認も受けていた。製作者の岩崎昶《あきら》はこの映画の回収命令が出たと聞いて驚愕したし、ウィロビー自身も、このドキュメンタリーが実際は検閲方針に違反していなかったことを非公式には認めている。亀井自身は、自分はその七年前の帝国陸軍とのトラブルのころから変わっていないが、「こっちが変らないだけではなくて、社会情勢も実はあまり変わっていない、本質的には同じなのではないかと考えた」と皮肉をこめて述懐している。[52]

メディアに携わる人たちがしっかりと心に刻んだ第二の教訓は、真剣な批判には、耐えがたいほど重い値札がつくことがある、という現実だった。『日本の悲劇』は、撮影済みフィルムを構成して作られたにもかかわらず、その制作費は映画会社の日映にとって相当な負担になった。それが禁止処分になったことで、日映は倒産の瀬戸際まで追いこまれ、論争でも誘発してみようかと考えていた人たちに有無を言わせぬ警告となった。印刷媒体にとっても、直接の出版禁止処分はもちろん、発行の遅れも資金的に大打撃となりうるために、そこで働く人も同じように、真に思うところを表現することにかかる会計帳簿上のコストのほうを気にかけるようになった。[53]

第三の教訓はイデオロギーである。検閲の目的は変わっていた。その標的は、軍国主義や超国家主義から左翼へと、ゆっくりと、しかし確実に、振れていた。一九四六年にはこの変化がまだぼんやりしていたとすれば、亀井と山本薩夫が野心的長編、『戦争と平和』を完成させようとしていた一九四七年にはずっとはっきりしていた。CCD(民間検閲部)の下位レベルのある検閲官は、博識ぶりをひけらかして、『戦争と平和』の初期の台本に「明らかにドストエフスキーの有名な小説からとった」タイトルであると書きこんだ。題名はトルストイからとったものだが、内容は、長い間戦死したものと思われていた兵士が戦争が終って帰郷すると、妻は親友と結婚していた、というストーリーで、D・W・グリフィスの一九一一年の革新的な映画『イノック・アーデン』の翻案である。[54]『戦争と平和』は、『日本の悲劇』と同じように、最初は公式に奨励されていた。ただしこの場合は、新憲法の理想を謳いあげる映画として、GHQの意向にしたがって日本政府が奨励したのである。大手映画会社はすべて、この新しい国家憲章にもりこまれた理念を具体的に示すような映画を制作するように促されていて、東宝は、憲法九条の反戦理念を訴える長編映画を作ろうと、その監督として亀井文夫と山本薩夫を選んだ。CIEに指揮監督を受けながら完成した映画は、五月中旬に民間検閲部に提出されたが、たちまち、「いくつかの共産主義宣伝路線」に沿っているとして厳しく批判された。六月中旬に書かれた極秘メモでは、「デモを賞賛している、天皇を不名誉な集団と同一視している、降伏後の日本の飢餓と道徳的腐敗を過剰に露出している」とされていた。このメモにはさらに、『戦争と平和』は『日本の悲劇』と同じ「センシティブ(要注意)」のカテゴリーに入ると記されている。

この「共産主義宣伝路線」についてもっと具体的に記述したメモによれば、たとえば、労働争議とデモの場面は、「社会不安の扇動とSCAPに対する批判」として削除された。「デモ行進する者たちが、言論の自由や十分な食糧を要求する幕やプラカードを掲げ、沿道で見ている者たちが歓呼の声をあげ、行進にとび入りし、といった場面は、SCAPの検閲制度に対する批判と、労働争議の奨励を示唆している」というのがこのメモを書いた検閲官の説明だった。ならず者のスト破りが出てくるエピソードも大幅にカットされた。右翼のスト破りと天皇制支持の超国家主義者との関連を示唆する(実際のところ、ありえなくもないが)というのがその理由だった。こうした場面は、主要登場人物のひとりがスト破りたちに「アメリカのギャングの手法を思わせる」方法で袋叩きにあうところもあり、必然的に「遠まわしのアメリカ批判」になる、というのであった。

また、カメラに背を向けた男が街娼と交渉しているほんの短いショットと、キャバレーの場面で壁にハリウッド女優のポスターや白人のヌード写真が飾られている部分についても、「戦勝国に対する批判」と道徳的腐敗の「共産主義的」強調であるとみなした。CIE係官たちは、銀幕上でのキスは自由であり、民主的だと請けあっていたが、相手かまわぬ接吻とジルバなど夜の娯楽とが混じったこの映画のシーンは、「このような公共の場での愛情表現はアメリカの影響であることを示唆し、合衆国に対する批判」になるとした。

検閲官たちを怒らせたのは、占領下の社会的・政治的状況をあからさまに描写したシーンが多かったからだが、『戦争と平和』はじつは最初から最後までお涙ちょうだいの反戦メロドラマである。戦死公報が出て何年もたってから中国から帰還した主人公が、妻がすでに自分の親友と結婚しているのを知る。親友のほうも、中国での戦争体験によって精神に異常をきたすほど深く傷ついているが、主人公の息子にとってはすでに事実上の父親である。妻は、この悲惨な生活条件のなかで、二度目の家庭を内職の賃仕事で支えている。そして、観客のそれぞれの心に焼きついているたくさんの光景が映しだされる――戦闘の恐怖、中国人の苦しみと寛容、東京の空襲、不潔きわまる戦後の生活環境、たくましい浮浪児や子どものような売春婦、旧軍人の腐敗、食うや食わずの生活から快楽主義への逃避。このすべての悲惨と退廃の責任はいったいどこにあるのか？

映画は――これが検閲官の気に障ったのだが――その責任は、戦争にむけて天皇中心の社会教化をうまく利用した「強欲な者たち」にある、と答えていた。戦争のショックから精神を病んだ復員兵が、自分の置かれた苦境に気づき、狂気に駆られ、再び戦場にいると勘違いして「天皇陛下万歳！」と叫ぶ場面について、検閲官はこれを「ＳＣＡＰに対する批判」と判断した。「ＳＣＡＰは天皇制を承認しており、この場面は、天皇を思っているのは正気をなくしたもと兵士だけだと示唆することによって、天皇制を軽視する試みである」というのがその理由だった。場面は残されたが、不愉快なセリフは削除された。

最終的にＣＣＤは、審査官たちが当初提起した批判の多くをとりさげたが、それでも、ＣＩＥが五月にすでに承認していたラフカット版から少なくとも一七カ所、合計三〇分近くを削除するように要求した。こうした削除にもかかわらず、『戦争と平和』は公開され、敗戦後の日本を描いたもっとも気骨ある映画となった。この時代の苦悩、汚らしさ、緊張、希望、情熱をはらわたで感じたまま伝えたことでは、じつに稀有な映画だった。イデオロギーというより理想主義に動かされたその左翼的な視点は、検閲官の介入にもかかわらず紛れもなく残っていた。日本に犠牲にされた中国人を共感とともに描いているのも、当時の日本ではほかにあまり例のないことだった。戦争によって運命を無残に歪められた三人の主な登場人物は、最後には、この世のものとは思えないくらい高い次元の赦しと愛を体現する。映画の最後に——校庭で遊ぶ子どもたちの姿を背景に——語られることばは、教育によって平和と民主主義を慈しむようになるであろう新しい世代への夢をかきたてる。そしてこのすべてに、それを受けとめる観客がいた。批評家たちは『戦争と平和』をその年のもっとも優れた映画のひとつと絶賛し、大勢の人が劇場につめかけた。しかし亀井文夫は二度とこの成功を経験することはなかった。これ以降、監督として仕事をする機会がどんどんなくなったからである。

いくつかの場面をフィルム編集室の床に捨てたあとでは、いかに野心作の『戦争と平和』でも、最終的にあの時代の政治的・社会的雰囲気を正しく伝えることはできなかった。理由は単純で、そこにアメリカ人がいなかったからである。占領が存在していなかった。外国の権威がそこに見えなかった。見えてはならなかったからだ。とくに占領初期には、映画作家や写真家、さらには視覚芸術家たちも、アメリカの存在から目をそむけるように指示された。この禁止命令にも例外が許されることはあったが、それは穏やかでやさしい征服者の姿が映される場合だけだった。映画監督の山本嘉次郎が、占領が終了してまもなく、当時東京での撮影がどんなに難しかったかを回想している。すっかり焼け野原となった土地はもちろん、米軍兵士、ジープ、英語の看板、占領軍に接収された建物など、すべて映してはならないことになっていた。山本の映画台本のひとつから「焼け出された」ということばが削除され、別の映画では飛行機の爆音がサウンドトラックから消された。当時は日本の飛行機は飛んではいないのだから、その音は米軍の飛行機を想起させるしかなく、占領に対する批判を意図するものと解釈されたのである。(55)

「占領下」のスクリーンは、新しい想像の世界を映しだすだけではなかった。あるはずのものを見えなくもしたのである。

政治的左翼を抑える

SCAPの検閲は、公式には一九四七年以降しだいに緩和され、一九四九年一〇月、CCD(民間検閲部)の解散をもって終了したことになっている。伝統芸能は一九四七年半ばに事前検閲を解除された。まず五月に文楽が、つづいて六月に歌舞伎、九月には能が検閲対象からはずされた。一一月には古典歌舞伎の『仮名手本忠臣蔵』が「オールスター・キャスト」で舞台に帰ってきた(それまでは、このような封建的な忠義と復讐の物語は、新たにやってきた占領軍にたいする報復を誘うかもしれないと心配されていた)。一九四七年八月に、放送台本のほとんどが事前の承認を必要としなくなり、その三カ月後には、レコードも発売前に検査を受けなくてもよくなった。一〇月には、一四社を除くすべての出版社が事前から事後検閲に変更され、一九四八年九月には残る一四社もゲラ段階で承認を受ける義務から解放された。雑誌は、二八誌を除くすべてが一九四七年一二月までには事後検査対象に変更になったが、残る二八誌は、一九四九年一〇月までひきつづき発行前に承認を受けなければならなかった。主要な新聞と通信社は一九四八年七月末までにすべて発行前の検査対象からはずされた。

しかしこの公式な規制緩和を誤解してはならない。なぜなら、一九四七年以降、検閲は新しい様相をまとい、一九四九年にも終ることはなかったからである。じっさい、増殖しつづけるCCD機構は、数の上でピークを迎えたのは一九四八年だった。これは、検閲活動には「日本における権威主義的伝統を継続させる影響」があるとアメリカ国務省が苦言を呈してからもだいぶ後になる。リベラルな高官がGHQを去り、保守的なテクノクラートがその後任として赴任するのに応じて、検閲はより厳しく、恣意的で、予測不可能になっていった。とくに印刷媒体については、さらに隠微で陰険になった。出版社、編集者、作家の多くは、検閲が事前から事後になったことで自由になったと感じるどころか、それまで以上の恐怖を感じた。すでに発行されている新聞なり、雑誌、書籍が占領当局に不許可と判断され、回収を命じられた場合、その経済的打撃は痛烈だったからである。経済的不安感があるとき、検閲が曖昧で恣意的であることはSCAPの目的にとくに都合よく作用した。すでに市場に出した商品が検閲にひっかかる危険を敢えて冒せる出版事業者などほとんどいなかったからである。その結果、占領が進むにつれて、用心と自己検閲はますますあからさまになった。[56]

この萎縮戦術はほかのかたちでも使われた。事前検閲が行なわれていたころ、厳密にはプレス・コード違反ではないが、どうも好ましくない、と思われた記事については、留め置いたり、わざとどこかに置き忘れたりして、締め切りを台無しにするという手を使うGHQ高官がいた。日本共産党機関紙『アカハタ』からCCDに提出された、物議をかもしそうな記事によくこの手が使われた。CIEの情報課長でかなりの権力をもっていたドン・ブラウンの得意技として知られていて、CCDは問題のありそうな文書をブラウンにまわすことが多かった。また、占領期間中ほぼ一貫して供給不足だった紙の配給に非公式に手心を加えることで、GHQ高官が出版社に褒賞や罰を与えることもできた。読んでいいもの、悪いものを決めるうえで、もうひとつGHQの行使した陰険な影響力が、外国書の翻訳許可である。これにはCIEのブラウンの課の承認が必要だった。[57]

もっとあからさまな手段としては、アメリカの高官は気に障る作家や編集者を即刻馘にせよと要求することがあった。SCAPの初期の追放指令(一九四五年一一月)には、報道機関の幹部はほんのわずか含まれていただけで、真珠湾攻撃以前の軍国主義的・超国家主義的宣伝に関わった有力な報道関係者の公式な全面追放が始まったのは一九四七年も遅くなってからだった。この驚くほど遅まきの報道パージが一九四八年五月に終ったとき、審査の対象となった二二九五人のうち、追放処分になっていたのは一〇六六人だった(そのうち八五七人はすでに退職あるいは引退していた)[58]。

こうした「先の戦争」に関連した公職追放が終るか終らないうちに、こんどは、冷戦に関連した理由でアメリカにとって容認しがたい作家や編集者を解雇するように、GHQ高官が経営者に非公式に要求しはじめた。たとえば、『日本評論』の発行人だった鈴木利貞は、一九四八年一〇月に、副編集長を解雇するようにCIEのダニエル・インボーデン少佐に命じられた。この副編集長の「罪」は、カナダ人の進歩的歴史家であり外交官であるE・H・ノーマンが言論の自由について書いた記事や、有名な共産主義者、伊藤律が「新たなファシズム」について書いた記事を掲載しようとした、ということであった。解雇しなければ、鈴木自身が軍事裁判にかけられて、罰として沖縄送りになるかもしれない、と告げられた。副編集長はその月のうちに「退職」した。その後まもなく、いわゆる「一二月事件」が起こって、改造社の四人の編集者が退職させられた。このときも状況はそっくりで、二世のGHQ係官が『改造』の編集室を訪れ、沖縄での「強制労働」という同じ脅しをちらつかせたという。このような露骨な脅しが非常な重みをもって受けとられたのも、検閲活動にさらにもうひとつの側面があったからである。すなわち沖縄は、その戦略的好位置のために、アメリカによるきわめて厳しい管理のもと、秘密のベールにすっぽりおおわれたまま冷戦下の大規模軍事基地へと変貌させられているところだった。占領期をとおして、というより、一九五五年になるまで、沖縄についてのニュースや論評は報道メディアにいっさい登場しなかった。事実上目に見えない県である沖縄の流刑地としてのイメージは、まことに説得力があったのだ[59]。

反体制的な編集者にむかって、軍事法廷にひきだして重労働の刑を言いわたすぞ、と脅すのは、極端ではあるが、まったくのでたらめでもなかった。一九四八年九月に起こった、スポーツ紙にからむまったくばかげた事件も、検閲権力のとんでもない濫用のひとつの事例だろう。事件の発端は、『日刊スポーツ』の一九四八年五月二七日版に、「米国の裸体ショウ　トムスン氏大都劇場で紹介」という見出しで載った記事だった。GHQ「演劇課長」トムスンが、浅草の歓楽街でストリップを見て、あのストリップはたいしたことはなかった、アメリカの本場のレビュウを紹介したい、と日本人記者たちに言った、と書かれたのである。

この報道はそのとおりで、CCDの検閲を通っていたにもかかわらず、事後になって、SCAPの権威を攻撃するものとみなされ、正式な訴追手続きが始まった。九月一日、アメリカ軍事裁判は、編集長に一年の重労働の刑を宣告し、『日刊スポーツ』は六カ月間の発行停止処分と七万五〇〇〇円という高額の罰金が科せられた。すべて、プレス・コード第二条(公安を乱す)違反が公式の判決理由だった。上告の結果、編集長の刑罰と新聞の発行停止処分は覆されたが、法外な罰金は改めて言い渡された。この一年後、もう少しまじめな訴追手続で、三人の共産主義者の編集者が煽動的プロパガンダを出版した咎で裁判にかけられ、じっさいに重労働の刑に処せられた[60]。

一見すると、トムスン事件そのものがまるでバーレスクのように滑稽である。しかし、どこまでなら表現しても容認されるのか、その限界を探っているメディア関係者にとっては、このような出来事は意図的かつ組織的な恣意性を反映していると解釈するのが妥当に思えた。このばかげたストリップ事件は結局何カ月も尾をひいて、GHQの下っ端役人のちょっとしたハメはずしの域をはるかに越えてしまった。そして、最高軍事権力が適当とみなす範囲を、ほんの些細なことで、あるいは、ついうっかりと逸脱しただけで、どれだけ重い代償を支払わなくてはならないかを劇的に教えたのである。

一方で、『日本評論』と『改造』の事件はあからさまにイデオロギー的でもあった。それは、検閲の主たる標的がすでに右翼思想ではなく、左翼になったことをはっきりと示していた。メディア界ではそれは秘密でもなんでもなかった。当初の事前検閲から事後に移行したことじたいが、デモクラシーの新たな敵として左翼にはっきりと照準を定めるプロセスにほかならなかった。これが事実上公然たる方針になったのは一九四七年一二月である。このとき、事前検閲の対象として残された二八の定期刊行物のうち、「極右」だったのは二誌だけ(両誌あわせて部数は約四〇〇〇)で、残る二六誌は進歩的、左翼的な出版物だった。その発行部数は合計六〇万部。日本のオピニオン誌としてもっともよく知られていた雑誌もいくつか含まれていた。『中央公論』(部数八万)と『改造』(部数五万)は、戦争中に帝国政府から発行禁止の処分を受けていた。『世界の動き』(部数五万)は毎日新聞社発行の週刊誌。『世界経済評論』(部数五万)は、検閲官によると、「資本主義制度の「欠点」をことさらとりあげる傾向があり」、ソ連の社会主義が最終的に勝利すると予告している、とされていた。『世界』(部数三万)は国内問題については穏健だったが、アメリカ、イギリス、資本主義に対する批判に「よくある共産主義路線を援用している」とみなされた。

この二六誌は、当時刊行されていた進歩的で左翼的な雑誌のうちのほんの一握りにすぎなかった。しかし、CCDの趣旨は、社会主義、共産主義、マルクス主義の影響力を、見せしめによって弱めることにあった。つまり、そうした考え方を広めている、影響力をもつ代表的な著名人を厳しく取調べたのである。たとえば、月刊誌『潮流』(部数三万)をリストに加える決定を、検閲官の極秘文書はつぎのように説明している。『潮流』は、「もっとも重要な左翼刊行物と評価されている。執筆者の多くは左翼学者で、世界の工業、農業、経済、社会、政治問題について分析的に論評しているが、その結論は例外なく反資本主義的で破壊的である。これらの論述は、ほとんどが学識豊かで包括的に展開されて、熱狂的な共産主義的解説に特有の大仰なことばの羅列とは無縁であるために、プロパガンダとして非常に効果的である」[61]。標的になったほかの雑誌の寄稿者たちについても同じようなことが言われていた。こうした寄稿者たちには著名な学者が多く、その論述は、単純にマルクス主義のお題目を唱えるようなものではまったくなかった。『世界』の編集者は、岩波書店がいわゆる左翼出版社として名のとおっている出版社より反マルクス主義規準を全体としてずっと厳しく適用されているような感じをもっていた。そのことを質問すると、検閲官は、左翼に岩波書店の信用を貸したくないからだ、と答えたという。[62]

ＣＣＤの出版・演芸・放送課長に出世したロバート・スポールディングは、一九四五年一〇月四日の「人権指令」とほぼ同時に、検閲官たちが右と同じく左からのＳＣＡＰおよびアメリカに対する「反民主主義的な」批判にも注意するようになった、とのちに認めている。ＣＩＥの指示で放送されたもっとも初期のラジオ番組に、『愛国者にきく』と『出獄者の時間』とタイトルが二つある番組があった。当時釈放されたばかりのもと政治犯に、日本の過去の悪行について、新たな日本の展望について、意見を述べる機会を与える番組だった。しかし一二月にはこれが取りやめになった。そうした人のほとんどがマルクス主義者か共産主義者であることがはっきりしたからである。「左翼プロパガンダ」が明確なカテゴリーとしてキー・ログに記されるのは一九四七年半ばになってからだが、ＣＣＤは、日本のメディアにおけるソ連の影響と左翼的・共産主義的傾向について、すでに一九四六年末には詳しい内部調査の準備にかかっている。[63]

しかしじっさいには、膨大な量の左翼的分析が網の目をくぐりぬけていた。なかにはきわめて辛辣なものも、おそろしく教条的なものもあった。その一方で、有沢広巳、大内兵衛、大河内一男といった、すでに名士となり、幅広い読者にむかって書くことを許されていた「ソフトな」マルクス主義経済学者や労資関係専門家も、なんらかの時点で、なんらかの小規模な検閲処分の憂き目に遭っている。[64] 一九四七年半ばには、平野義太郎や信夫清三郎のような著名な歴史家が大がかりな検閲処分に遭った。東京大学の支援による叢書の第一巻『日本民衆革命の課題』から、平野の「ブルジョワ民主主義運動の歴史」と、信夫の「明治維新における革命と反革命」が全文削除の命令を受けたのである。[65]

公式の検閲制度の漸進的廃止は、アメリカにとってはジレンマだった。時期を同じくして、占領政策を保守的方向に進める「逆コース」が採用され、それにたいする左翼からの批判が高まることも予想されたからである。

一九四八年四月三〇日、CCDの中核である出版・演芸・放送課が、共産主義的メディアにたいして「一〇〇パーセントの監視」をするよう命じられた。直接のコントロールというより、情報収集が主たる目的だった。一九四九年初めには、日本の保守政権が、SCAPの同意のうえ、公式の共産党刊行物への新聞用紙の配給割当てを月八万六〇〇〇ポンドから二万ポンドに減らした[66]。一九四九年末ころから、GHQの積極的な協力のもとに吉田政権が行なった「レッドパージ」は、当初はマスメディアにそれほど深刻な影響はなかった。「削減」や「合理化」や、そのほか似たような婉曲表現を借りて、公共部門の急進的職員を対象に実施されたからである。しかし、一九五〇年六月二五日に朝鮮戦争が勃発すると、レッドパージは民間にも及びはじめ、ほかのさまざまな活動分野とともに、公共放送だけでなく出版と映画の業界にも吹き荒れた。

メディアからの「極左」追放の直接の引き金となったのは朝鮮戦争の開始だが、その数週間前にはすでに引き金に指がかかっていた。六月六日に、共産党中央委員会全委員の追放というマッカーサー元帥の指令が出され、翌日には、日本共産党機関紙『アカハタ』の幹部編集員一七人にも追放処分が及んだが、共産党そのものは合法的な政治組織として残った。中央委員追放の正当化としてマッカーサーは次のような主張をした。共産主義者による最近の煽動文書や不法行為は「日本国民を欺き、誤った道に進ませた過去の軍国主義指導者たちのそれに驚くほどの相似性をみせ、その目的が万一達成されるようなことがあれば、必ずや日本をさらに悲惨な破滅へと導くであろう。この無法状態への煽動が現時点ではいかに萌芽としか見えないとしても、それをこのまま放置していれば、連合国の方針見解の目的と意図を正面から否定し、日本の民主的諸制度の決定的抑圧、日本の政治的独立の機会喪失、そして日本民族の滅亡の危険を冒すことになるだろう[67]」。

朝鮮戦争の始まった翌日、六月二六日に、『アカハタ』は発行停止を命じられた(当初は三〇日間だったが、のちに無期限停止に修正された)。その後三週間で、共産主義あるいは左翼系の新聞およそ七〇〇紙が休刊させられ、一九五〇年一〇月には、こうした無期限発行停止処分はSCAPの公式数字で一三八七(別の計算では約一七〇〇)点の出版物に及んでいた。マッカーサー元帥も、その命令を実施した日本の保守政権も、共産主義指導者を戦前の日本における軍国主義者に相当するとみなすことでこうした追放や弾圧を正当化した。しかし、多くの人のみるところ、歴史上の前例としては、戦前の軍国主義弾圧に対する左翼の抵抗が迫害された事例のほうがこれにずっと似ていた。朝鮮での戦争に関してはアメリカの公式の立場に従うよう即座に強大な圧力がメディアにかかったのだから、帝国日本が「一億一心」を強制したことになぞらえるほうがずっと自然であった(68)。

左翼系新聞の発行停止と並行して、公共部門でのレッドパージの強化、その民間部門への拡大が起こった。こうした馘切りの中心目的は労働組織における左翼の影響力を殺ぐことだったが、この魔女狩りは、マスメディアで読まれるもの、聞かれるもの、見られるものをも変えた。報道業界から七〇〇人以上が排除された。放送界からは一〇四から一一九人(集計によって異なる)、映画産業からは一三七人だった。この人たちのほとんどが、九月までに即日解雇された。GHQによる初期の発行停止処分は「極左」出版物だけが対象になり、発行部数の少ない刊行物が多かったのだが、レッドパージはもろに主流を襲った。たとえば公共ラジオ局での追放処分は、一九五〇年七月二八日に多くの都市で一斉に行なわれ、即時追放になる各放送局の職員の名前が貼りだされた。場所によって(たとえば大阪)は、この処分はマッカーサー元帥の命令によって行なわれるという発表があり、指名された職員の排除にアメリカ軍憲兵が手を貸した、という報告もある(69)。

同じ日に、一流新聞でのレッドパージの第一波が起こった。解雇に対する民間部門の対応はさまざまだった。朝日新聞では、追放を指名された社員がひとりひとり重役室に呼ばれた。重役は顔面蒼白で、明らかにひどく動揺していた。経営側と社員のあいだに一九四六年以来激しい対立がつづいていた読売新聞では、私服刑事と会社の警備員とを両わきに従えた会社幹部が解雇を発表し、これは六月六日付けのマッカーサー元帥の書簡に従った措置であると宣言した。共同通信社では、解雇が告げられた後も社内にとどまろうとした社員が、経営側の要請で出動した武装警官に排除された。映画産業のパージは九月だった。GHQの労働課高官が各映画会社の重役を召喚し、それぞれの社の共産主義者をすべて追放するように、ただしそれを各自の責任で行なうように、と命じたのである。(70)

GHQは、日本帝国政府が治安維持法のもとで左翼的表現を狙ったときのような組織的弾圧にでることこそなかったが、活動停止処分、嫌がらせ、魔女狩りなどの手法は所期の目的を確実にとげた。進歩的・左翼的刊行物の多くが廃刊になった。編集方針を保守に転換したものもあった。(71) しかしそのこと以上に、デモクラシーを純粋に、理想主義的に信奉していたのにすっかり幻滅させられて、熱烈なアメリカ支持者から、懐疑派に、さらには完全な反米派に変わった人たちを少なからず生んだ。これに加えて、パージも、ブルジョワ的偽善だと非難する教条的左翼の独善的な言い分を裏づけることになった。

SCAPの検閲民主主義の統治は、占領期のより広い発展や成果との対照において、ほんとうに問題だったのだろうか? 答えは、イエスである。たしかに量的にみれば、印刷されたことばの氾濫に較べて、青鉛筆によるあからさまな検閲などとるに足りないものだった。メディアが、占領終了時に戦争中よりはるかに活況を呈していたのはまちがいない。しかしその一方で、占領が長引くにつれて、そのダイナミックさや多様性はしだいに失われた。それに、戦時中に弾圧に悩まされ、降伏直後は改革の活気に驚きかつ喜んだリベラルあるいは左翼的な人たちは、アメリカ人が絶対権力の行使を楽しむ姿を目撃して、さぞがっかりしたにちがいない。さらには、自分に反対する者に反射的に敵愾心をむきだしにするアメリカ人を見ても、覚えのあるその光景にやはり心が沈んだことだろう。

原子爆弾による広島と長崎の破壊のありさまを記録したのだが、アメリカに没収されてしまったフィルムの撮影に関わり、さらには、亀井文夫のあの不運な『日本の悲劇』のプロデューサーでもあった岩崎昶は、占領当局を「軍閥」と嫌みをこめて呼ぶようになった。『日本の悲劇』の劇場からの引揚げに抗議する手立てがまったくないと知ったときの感情を岩崎は、「アメリカ・グンバツの非民主主義は、日本に輪をかけたものだと、胸くそが悪くなる思いだった」とふりかえっている。独学ながら戦後映画評論の長老格にまでなっている辛口の批評家、佐藤忠男は、占領期に「奨励された民主主義」の時代と「圧迫される民主主義」の時代の二段階があったと回想する。しだいに激していったGHQの反左翼キャンペーンを『改造』の編集者として直接目撃した松浦総三にとっては、一九五二年初めに占領当局が実際に日本を離れるまで、「民主ジャーナリズムのルネサンス」――占領初期に匹敵する、開かれた、春のような雰囲気――は実現しなかった。[72] とくに占領については、そのときまで、率直に論議することなどできなかった。

この検閲民主主義は、イデオロギーを超越した根深いところに遺産を残した。表向き「表現の自由」を謳うなかで実施された秘密検閲システムと思想統制が、戦後の政治意識になんの害ももたらさなかったと、ほんとうに信じる人などいるだろうか？　屋根のてっぺんで「表現の自由」の旗を振りたてながら、その一方で、マッカーサー元帥の批判も、SCAP当局の批判も、巨大な占領軍全体の、占領政策全般の、アメリカをはじめとする戦勝連合国の、戦犯裁判における判決はもとより検察側の弁論の、勝った側が実利的な理由から「ない」と決めた天皇の戦争責任の、ありとあらゆることの、批判を徹底的に抑えこんでおきながら？　それは(正当化のために公式の根拠にされていたような)民主主義への脅威を取り除くための篩《ふるい》などではなかった。むしろ、圧倒的な権力に黙従することや、許容される振舞いについての押しつけられた合意に順応することを教えてきた古い教訓の書に、新たに書き加えられた一章だったのである。

この観点からみると、この「上からの革命」のひとつの遺産は、権力を受容するという社会的態度を生きのびさせたことだったといえるだろう。すなわち、政治的・社会的権力に対する集団的諦念の強化、ふつうの人にはことの成り行きを左右することなどできないのだという意識の強化である。征服者は、民主主義について立派な建前をならべながら、そのかげで合意形成を躍起になって工作した。そして、きわめて重要なたくさんの問題について、沈黙と大勢順応こそが望ましい政治的知恵だとはっきり示した。それがあまりにもうまくいったために、アメリカ人が去り、時がすぎてから、そのアメリカ人を含む多くの外国人が、これをきわめて日本的な態度とみなすようになったのである。

第五部　さまざまな罪

第一五章　勝者の裁き、敗者の裁き

アジアで第二次世界大戦が終ったとき、勝った連合国をとらえていたのは憎しみと希望だった。そして、この二つの感情が互いに絡みあってどこよりもはっきりと立ちあらわれたのが、勝者の執行した戦争犯罪裁判だった。日本軍がすべての戦域で犯した残虐行為が報復の欲求を激しくかきたて、戦争行為に関する従来の規則や慣例に違反して有罪とされた者たちは当然厳罰に処すべきだと考えられた。このような「通例の」残虐行為、あるいはより広く「人道に対する罪」と定義されている行為は、公式には「Ｂ級」戦争犯罪と規定されていた。それより高い地位にあってそうした犯罪の計画、命令、権限付与、防止不履行などにあたった行為は「Ｃ級」犯罪に分類された。現実にはこのふたつが混同されることが多く、「ＢＣ級」戦争犯罪と呼ばれるのがふつうだった。最終的には何千人という日本人がこうした罪に問われ、各地で戦勝国が実施した軍事法廷で裁かれた。

山下奉文、本間雅晴両司令官が、指揮下にあった部隊による残虐行為の責任を問われて、アメリカがフィリピンで開いた軍事法廷であわただしく裁かれ、処刑された。しかしこの二件を例外として、各地で開催されたＢＣ級戦犯裁判は、判例にもならず、たいした注意もひかず、日本国外で一般の記憶に残ることはなかった。法的な意味でも、人びとの記憶に残ったことでも、ひときわ影響力の大きかったのは、ごく少数の指導者が前例を見ない戦争犯罪について起訴され、有罪と認められた、極東国際軍事裁判だった。東京戦争犯罪法廷、東京裁判などの呼称でもよく知られる。

東京裁判は、ニュルンベルクでのナチス指導者の裁判ともども、「人道に対する罪」を拡大解釈し、さらには、「平和に対する罪」という大胆かつじつに大雑把な論法を新しく導入して、戦争に倦んだ世界中の想像力を当初はがっちりつかんだ。勝者の理想主義的言説によれば、連合国の行なった裁判はどのレベルにおいても公平かつ厳正な司法のモデルというべきものではあったが、東京とニュルンベルクでショウケースとして行なわれた「A級」裁判こそ、まさに司法の重大な発展を象徴するものだった。東京裁判の判事を務めたオランダのB・V・A・レーリンクの言葉では、「国際法が、戦争を禁止し、戦争を刑事犯罪とする道を歩み始めた」瞬間を画するものであった。

国家の犯した途方もない愚行について指導者個人の責任を問うことこそ、「法の発展にとって画期的な事件」であって、核時代において決定的に重要なものだと考えた人たちは、レーリンクをはじめ無数にいた。東京裁判の裁判長だったオーストラリアのサー・ウィリアム・ウェッブが、裁判開始時の発言で「今回の如き重要な刑事裁判は、実に世界史上に其の比を見ない」と述べたときも、同じことが念頭にあった。首席検察官を務めたアメリカのジョセフ・キーナンは、冒頭陳述で、この裁判の究極の原告は「文明」であり、この司法的営為が将来の戦争を防ぐことに失敗したら、文明そのものが滅びるだろうとことさら強調して、多くの日本人に感銘を与えた。(1)しかし現実には、連合国側の何人かが私的な会話で認めたように、こうした希望や理想も、裁く立場にあった人びとのダブル・スタンダードによって必然的に汚されていった。日本について言えば、司法の理想主義と、あからさまな勝者の裁きとのこの矛盾が、戦後の新しいナショナリズム台頭の温床となった。

厳しい裁き

前例のない戦争犯罪裁判はもちろん、大がかりな裁判でさえ、この戦争のあとに必至だったわけでは決してない。アメリカとイギリスの首脳の多くは、一九四五年まで、敵陣営の「大犯罪人」に対して迅速な即決裁判を考えていた。アメリカのコーデル・ハル国務長官は、イギリスとソ連の高官たちに、もし自分に決定権があったら、「ヒトラーとムッソリーニと東条と、やつらの主要な共犯者をひっとらえて、即決軍事裁判にかける。翌日の明け方には歴史的出来事が起こることだろう」と言っている。ヘンリー・モーゲンソー財務長官は、主にドイツを念頭に、連合軍が最高指導者のリストを作成し、捕えて本人と確認したら、即座に「国際連盟加盟国の兵士からなる銃殺隊」による処刑を執行すべきだと勧告した。ドイツが数週間後にも降伏しそうだった一九四五年四月の時点でさえ、イギリスがアメリカに、ドイツの最高指導者たちの「裁判なしの処刑」を承認するよう迫っていた。何年もたった後で、日本についてもそうすべきだったと何人かの高官が信じていた。(2)

こうした即決裁判の主張を先頭にたって攻撃したのが、ヘンリー・スチムソン陸軍長官だった。スチムソンは、公正な法手続きにのっとって迅速に判決を下すことこそ「文明の進歩と合致」し、「後世にはるかに大きな効果を残す」だろうと主張した。そして、自分としては軍事委員会による裁判を考えている、と言った。そうすれば、独自の「骨子」だけの規則を作れるから、一般の法廷や通常の軍法会議でも生じうる法技術的な問題を避けて、手続きの迅速化がはかれるだろう。そして、このような裁判なら、「歴史の判定」に耐えるだけでなく、敵側の犯罪を確かな記録として残すという教育的・歴史的機能も果たすだろう、と指摘した。スチムソンは、戦後まもなく出版された回顧録のなかで、侵略は「あまりに深刻で、あまりに忌まわしい犯罪であり、繰りかえされることは耐えがたい」と言っている。フィリピンの法律家で、東京裁判の判事のひとりだったデルフィン・ヘラニラは、このことばに共感し、日本のA級犯罪被告の判決に際して提出した厳しい別個意見書の結論に引用した。(3)

日本が降伏した時点で、日本人による戦争犯罪に関する連合国の方針は、すでにポツダム宣言にもりこまれていたものから大筋において変っていなかった。

吾等は、無責任なる軍国主義が世界より駆逐せらるるに至るまでは、平和、安全及び正義の新秩序が生じ得ざることを主張するものなるを以て、日本国民を欺瞞し、之をして世界征服の挙に出ずるの過誤を犯さしめたる者の権力及び勢力は永久に除去せられざるべからず。……吾等は、日本人を民族として奴隷化せんと

戦争犯罪人の絞首刑．1947 年，グアム．1945 年から 50 年にかけて，連合国(ソ連を除く)によってアジア全域で開かれた軍事裁判で，6000 人近くが残虐行為の罪で起訴され，900 人以上が処刑された．

し又は国民として滅亡せしめんとするの意図を有するものに非ざるも、われらの俘虜を虐待せる者を含む一切の戦争犯罪人に対しては厳重なる処罰を加えるべし。

これは非常に漠然とした文章だが、漠然としていなければならなかった。連合国は、戦争終結ぎりぎりまで、日本の戦争犯罪をどうあつかうべきか思案していたからである。ポツダム宣言のこの文言からいちばんはっきり伝わってくるのは、日本による捕虜虐待への連合国側の憤りである。戦後何年たってからも、さらには、ナチスによる極悪非道な大虐殺行為が明らかにされたあとも、じつにたくさんのアメリカ人、イギリス人、オーストラリア人が、このアジアの敵のほうがドイツよりはるかに憎い、と信じてやまなかった。この印象をさらに悪化させたのが、東京裁判の過程で明らかにされた統計である。その推計によれば、ドイツとイタリアの捕虜になった英米の軍人で囚われのまま死んだのは四％だったが、日本の捕虜になったアメリカと英連邦の軍人の死亡率は二七％だった。[4]

降伏直後は、日本軍の占領した地域で民間人と捕虜に残虐行為を働いたとして起訴される日本人は五万人に及ぶだろうと推測されていた。一年がすぎると、そうした容疑で捕えられ、裁判にかけられるのは一万人くらいだ、という予測に変わった。最終的には、アジア各地でおよそ五〇の軍事法廷が開廷された。オランダによって一二、イギリス一一、中国一〇、オーストラリア九、アメリカ五、そしてフランスとフィリピンによってそれぞれ一。[5]このほかに、ソ連による法廷もあったし、ずっと後になって、中国の政権をとった共産党政府も法廷を開いた。

ソ連と共産中国以外での裁判のほとんどは、一九四五年から一九四九年にかけて行なわれた。最後は一九五一年だったと思われる。しかし、こうした裁判の結果について正確なデータをそろえることは不可能である。理由はたくさんある。裁判が広い地域のあちこちに散らばって、さまざまな国の権限のもとに行なわれた。いつも正

BC 級戦犯裁判

1945 年から 1950 年の間に，数千人の日本人がアジアの小さな軍事裁判所で戦争犯罪のかどで裁かれた．見世物的な意味があった東京の「A 級戦犯」裁判とちがって，B 級や C 級の裁判は当時ほとんど注目されず，今日でもほとんど忘れられている．

日本海軍の将校を中国国民党政府が裁判にかけている(1945 年末，上海)．

戦争犯罪容疑で起訴された日本兵をビルマ人が指差している．後ろにいるのは英国兵(1945 年 12 月，ビルマ)．

日本人の戦争犯罪容疑者．一人は裸足．警護しているのは英国兵(1945 年 11 月，香港)．

米軍による軍事裁判で死刑判決を受けた日本の海軍将校(1949 年 3 月，グアム)．

確な記録が残っていたり、入手可能だったりするわけではない。とくに死刑が関わる場合など、ときどき判決が再検討されたり、変更されたりした。起訴にはなったが、裁判の前に死亡した容疑者も何人かいた。刑期満了を待たずに釈放になるケースも多かった……。それでも、各地でのこうした裁判の全体的な規模ははっきりしている。もっとも信頼できる日本の集計では、合計五七〇〇人がB級およびC級の戦争犯罪容疑で起訴された。このうち、死刑を宣告されたのが九八四人。終身刑が四七五人。有期刑が二九四四人。釈放が一〇一八人。そして二七九人が、なんらかの理由で判決を受けなかったか、裁判にかけられなかった。死刑判決を受けたうち、五〇人はのちに減刑された。そのほとんどがフランスによる死刑判決の減刑だった。最終的な死刑判決の数は、オランダ(二三六人)とイギリス(二二三人)の開廷した裁判でもっとも多く、次いで、オーストラリア(一五三人)、中国(一四九人)、アメリカ(一四〇人)、フランス(二六人)、フィリピン(一七人)の順だった。実際に処刑された者の数としては、九二〇だったという説が一般的に認められている。[6]

起訴された者の多くが将校で、一部には比較的高位の者もいたが、山下奉文と本間雅晴を別にすれば、名前のよく知られた者は少ない。ほとんどの被告は命令系統の末端にいた下級軍人であり、なかには、徴用されて尋問や収容所警備に当たっていた日本植民地人もいた。起訴された容疑者のなかには、一七三人の台湾人、一四八人の朝鮮人が含まれ、そのうち四〇人以上が処刑されている。[7]被告をひとりずつ裁いた法廷もあったが、集団で裁いたところもあった。もっとも規模の大きかったのはオーストラリアの開廷した集団裁判らしく、被告が九三人いた。アメリカの裁いたのは元帝国海軍の将校と兵卒四六人で、そのうち四一人に死刑判決を下した。これらBC級戦犯のおよそ四分の三が捕虜に対する虐待を理由に起訴された。告発の理由がなんであれ、犯したとされた罪は例外なく残虐であり、身の毛もよだつほどおぞましいものも多かった。捕えられ、裁かれるまで数年もたっていた容疑者もいたが、いったん裁判が開かれると、審理は非常に速く進むのがふつうだった。ことばの問題があったにもかかわらず、平均して二日前後である。[8]

これと同時に、ソ連は、満州、朝鮮北部、樺太で捕えた日本人に対する戦争犯罪裁判を秘密裏に行なっていた。そうしたひとつ、一九四九年一二月にハバロフスクで行なわれた裁判では、満州で三〇〇〇人もの捕虜を生物兵器の人体実験台にした「七三一部隊」に関与した一二人が裁かれたのだが、この法廷議事録は翌一九五〇年に英語で出版されている。しかしソ連は、そのほかに三〇〇〇人もの日本人を戦争犯罪人として秘密の即決裁判にかけたうえ処刑している可能性がある。[9] 中国の場合は、一〇回の正式な「連合国」軍事裁判で、一四九人の被告に死刑を宣告したが、これは国民党政権の法廷である。中国共産党のほうは、戦中と戦後におよそ一〇〇〇人の日本人捕虜に集中的な「再教育」を施したほか、終戦後一一年たってから、四五人の日本人戦争犯罪容疑者を裁判にかけた。この全員が禁固刑を言い渡されたが、一九六四年には最後のひとりが日本帰国をはたしている。[10]

ショーケース裁判——東京戦争犯罪法廷

数百万人の軍人、民間人の命を奪った長い戦争が終って、日本国内では当初、どこか遠い異国にいるこれら数千人の戦争犯罪容疑者の運命が大きな関心を呼ぶことはなかった。日本人が各地で犯した残虐行為が暴露されて、たしかに一般の人たちにそれなりの印象を与えた。しかし、権力ヒエラルキーの底辺にいる人間が真に権力を握る者たちの過ちを償わなければならないのは戦時でも平時でも同じであり、連合国の道理にしたがって遠い地で行なわれているこうした営為もそうした例のひとつにすぎない、と多くの人がみていたようである。すべてが語られ、なされたとき、前線の軍人たちが犯したおぞましい罪を償うのは、一握りの陸海軍将校とごく少数の高級官僚だけであることが明らかになった。そこには戦争経済の大立者はひとりも含まれず、政治、学問、報道で民族的傲慢と狂信的軍国主義を煽った民間の理論的指導者はまったくいなかった。

戦勝国は、最高指導者に対する東京のショーケース裁判、「日本のニュルンベルク」に、最高の責任をともなった関心をそそいだ。じつは東京裁判は、ドイツの戦争犯罪裁判の鏡に映った胡乱《うろん》な影でしかなかったが、数量的にみるかぎり印象はずっと濃かった。ニュルンベルク裁判は一九四五年一一月二〇日に始まり、およそ一〇カ月後に終了した。東京裁判のほうは、何カ月かの準備期間の後一九四六年五月三日に始まり、三一カ月間続いた。この長丁場の必然的結果のひとつとして、一般の人びとが戦争犯罪や戦争責任の問題に飽きてしまったことがある。一九四八年一一月、『毎日新聞』は、「その過程よりも如何なる刑の宣告がなされるかの一点に一般の注目がかかっていた」と指摘している。[11]

また、審理にあたった裁判官は、ニュルンベルクの四人に対して、東京は一一人。検察側は、最盛期には、一〇〇人前後の検察官に、補佐スタッフとして連合国から一〇〇人以上、日本人が二〇〇人近く付いた。裁判は四一七日にわたって八一八回開廷され、四一九人の証人の証言を聴き、さらに七七九人の宣誓証書、宣誓口述書を受理した。これはニュルンベルクよりはるかに多い。この法廷の権限のもとに、これまで機密扱いになっていた何千点もの文書が集められ、ほかの状況では不可能だった政策決定記録の集積ができあがった。これをさらに補って、指導的立場にいた何十人もの文民と軍人が尋問された。採用された証拠は四三三六点、合計三万頁にも及ぶ。法廷記録は、証拠物件と判決文を除いても、四万八二八八頁に達した。カナダの外交官で歴史家のE・H・ノーマンが指摘したように、この貴重な文書の山こそ、この裁判のもっとも永続的な遺産かもしれない。[12]

東京裁判憲章では、単純多数決で有罪判決が下せる、と規定されていた。じっさい、この膨大な手続きがようやく終結にたどりついた一九四八年末、裁判官席は割れていた。判決は七人の裁判官による多数意見によるもので、朗読に一一月四日から一二日までかかる長文だった。五人の裁判官から別個意見書が提出されたが、読みあげられなかった。ヘラニラ判事は多数意見の判決に署名はしたが、そこに含まれる判決の多くが寛容にすぎる、

極東国際軍事裁判所の裁判官席．戦勝 11 カ国を代表する判事たちが A 級戦犯被告を裁いた．

とする意見書を提出した。裁判長のウェッブ判事の意見は、表面的には多数意見に同調しているようで、じつはこの裁判とその判決をいくつかの点で痛烈に批判していた。フランス、インド、オランダを代表する判事からは少数意見書が提出された。インドのラドビノッド・パル判事の別個意見書は、一二〇〇頁に及ぶ多数意見判決書と同じくらいの長文だった。

この判決によって、日本のもと指導者七名が絞首刑になった。ほかに、一六名が終身刑、一名が二〇年の、別の一名が七年の、それぞれ禁固刑を受けた。服役した被告のうち五名は獄中で病死したが、残る全員が刑期半ばで出所した。もと外務大臣の重光葵は一九五〇年に釈放され、占領が終るや否や政界に復帰した。残る一二人は一九五四年から五六年までのあいだに仮釈放された。そして一九五八年には、生存していた一〇人が、戦勝国との協議のうえ赦免された⑬。

「法の発展にとっての画期的な事件」だったこの裁判の両義性は、レーリンク判事とウィロビー少将のかわした私的会話によく反映されている。理想主義者のオランダ人法律家と、一分のすきもなく保守的なGHQ諜報活動のキャップとは、対照的な性格にもかかわらず、東京裁判が進むにつれてしだいに親し

地方で行われたBC級裁判とちがって，主要な軍人や政治指導者を被告にした東京裁判は，広く注目を集めた．『アサヒグラフ』1946年5月25日号より．

くなり、よくいっしょにテニスをする仲になっていた。離日を控えて、別れを言うためにレーリンクがウィロビーを訪ねた。レーリンクは、裁判の推移については全面的に納得していたわけではなく、別個意見(二五人の被告のうち五人は無罪、終身刑を宣告されたうち三人の被告は死刑にすべき、とする意見だった)を出したひとりではあったものの、ニュルンベルクと東京の戦争犯罪裁判の全体としての理念についてはいささかの疑いもいだいていなかった。死ぬまで平和活動家を自認した彼は、両裁判の全体的な目的と公正さについて一貫して「好意的な意見」をもっていた。しかしウィロビーは違った。友にむかって、「この裁判は史上最悪の偽善だ」とはっきり言っている(14)。

ウィロビーと見方を同じくする者は戦勝国の陣営にほかにもいたが、公にそう口にするのは不可能だった。日本の指導者のうち誰を戦犯として逮捕するかの決定に大きな役割を果たしたエリオット・ソープ准将も、個人的には、東京裁判を「くだらない茶番」と一蹴していて、何年も後になってからこんなふうに述懐した。自分は「裁判にかける戦争犯罪人を選ぶ仕事をした。獣みたいな悪者というわけでも、傷害罪や殺人罪の犯人でもない。政治的な戦争犯罪人、国策の手段として戦争を利用した者、という例のじつに嫌な項目にくくられる者たちを選びだしたんだ。あんなことをしてよかったとは今も思わない。今でもあれは事後法だったと思う。ゲームが終ってからルールをつくったんだ。そうしてわれわれは、国策の手段として戦争を利用したという理由で、あの連中を絞首刑にしたわけだ」。

ソープが看破したように、A級裁判は基本的に復讐の営みだった(「われわれは血を欲しがって、驚くじゃないか、ほんとうに血を手にしたんだ」)。しかし、こうした新しいルールで裁くことに反対だった者たちの真の理由は、それが、感心すべき前例ではなく、寒心をおぼえるような前例だったからである。これからは、戦争をして敗れたら、その国で支配的地位にあり、自国の戦いを支持した者はすべて戦勝国によって戦争犯罪人として訴追されうる、という前例である。もうひとり、占領軍勤務だったチェイス少将も、「法廷に何度も足を運んだが、そのたびに、自分の国や戦時政府に対する義務を遂行した人間を裁くのはまちがっている、と強く感じながら帰途についた……。わたしは一〇〇パーセント反対である」とのちに書いた。そして、このような感情は米軍の同僚のあいだにも広まっていた、とはっきり言っている[15]。

ショーケース裁判についてひそかに深い疑念をいだいていたのは職業軍人だけではなかった。一九四八年三月、国務省政策企画部長ジョージ・ケナンが訪日し、その後、政策企画部宛ての最高機密報告書のなかで、辛辣な、腹にすえかねるといわんばかりのコメントをしている。ケナンは、この戦争犯罪裁判は全般的に、「国際司法の極致として賞賛されている。この裁判が、われわれの司法概念によれば、法手続きとして完璧に正しいこと、さらに、征服者が被征服者に、その軍事行動について公式な弁護と申し開きをさせるためにこれほどよくしつらえられた場を与えたことは歴史上かつてなかったことは否定できない」と指摘した。しかし続けて、東京裁判は「そもそもの最初から深刻な考え違い」だったと手厳しく非難した。敵の指導者の処罰は「不必要に手の込んだ司法手続きのまやかしやペテンにおおわれ、その本質がごまかされて」いる。いつ果てるとも知れぬ遅々とした進行(「終ることのない、屈辱的な苦しみ」)も問題をいっそう複雑にするだけである。そして、この裁判は「政治

長々と朗読される多数判決(英語)の日本語訳にイヤホンをとおして耳を傾ける被告人たち．東京裁判，1948年11月．25人の被告全員が有罪の判決を受けた．そのうち，東条英機元首相(前列左から3人目)を含む7人が死刑を宣告され，翌月に処刑された．

裁判で……法ではない」と一蹴したのである。ケナンはのちにイギリス側との会話で、この裁判が「発想から間違っていて、心理的に不健全」だった点で賛意を得ている[16]。

東京でA級裁判が終るころ、世界は変わっていた．勝った連合国の「連合」は冷戦によって崩れ，東京の裁判官席に代表を出していた国々は、内戦やアジアのあちこちでの植民地戦争に明け暮れていた。そして、アメリカの占領政策は舵を切り、初期の「非軍事化と民主化」の理想から逸れつつあった。起訴されたもと指導者たちは、日本の海外侵略は共産主義への恐れがひとつの動機だった、という主張を裁判で試みて、糾弾されていた。しかしこの主張が抑えつけられているまさにそのとき、アメリカは、もっぱら共産主義の世界的封じ込めをめざす国家安全保障の体制作りに邁進していた。東京裁判は、検察側のスタッフのひとりが「暗さを増す時事問題の影」と呼んだものに急速におおわれていった。ニュルンベルクと東京が国際的な法と正義の新たな秩序のゆきわたった平和な世界への地歩を固めるものと信じる人は、一九四八年にはもうほとんどいなかった[17]。

このシニシズムは二つの不作為行為に象徴的に表われた。ひとつは、ニュルンベルクの法廷議事録が四二巻の文書として二カ国語(英語とフランス語)で公表された一方で、東京裁判からは公式な記録がいっさい刊行されなかったことである。多数判決には検察側の主張の詳細な要約が含まれていたのだが、それさえも簡単には読めるようになっていなかった。全審理を記録した速記録は配布がでたらめで、連合国にも完全に一揃い手に入れた政府はひとつもない。日本政府が東京裁判から発生した資料を収集しているが、これは誰でも簡単に利用できるようにはなっていない。この裁判の記録は、事実上埋もれてしまったのである[18]。

もうひとつは、戦勝国側が、アメリカの先導で、先の戦争の最終的責任問題に連合国としてはこれ以上関心のないことを示す方向に急速に動いていたことである。逮捕されて巣鴨拘置所につながれていたA級戦犯容疑者は、実際に裁判にかけられた数よりずっと多かった。当初は、最初のショーケース裁判が終ったら、ほかの容疑者も逐次起訴されると言明されていた。しかし起訴はなかった。月日がたつにつれて獄中の容疑者の数はしだいに減っていった。だいたいは告訴棄却のかたちをとっていた。一九四七年六月の時点では五〇名が拘禁されていたが、東京裁判が終ったときにはそれが一九名になっていた。そのなかには、絶大な影響力をほこった右翼の大立者、児玉誉士夫と笹川良一のふたりのほかに、のちに首相になった岸信介もいた。岸は明敏かつ悪辣な官僚で、傀儡国家満州国で経済界の帝王として君臨し、何千、何万という中国人を強制労働させ、奴隷のようにこき使ったことなど、多くの行為の責任を問われていた。七名の被告が巣鴨で絞首刑に処せられた翌日の一九四八年一二月二四日、獄に残っていた一九名の容疑者全員が、証拠不十分という理由で釈放された。国際法の微妙な解釈に通じていないふつうの人間には、どこまでが司法で、どこからが政治的気まぐれなのか、理解できないのもむりからぬところではある[19]。

東京とニュルンベルク

日本のもと指導者たちとしても、戦争犯罪について責任を問われるだろうことは理解していても、連合国がここまで野心的だとは予想もしなかった。国際法の新しい規範をもちだすなど、ポツダム宣言のどこにも書かれていなかったのだから。この点で当初東京裁判は、新品の布地で仕立てた服のように史上前例のない点で、改革的な占領そのものに似ているようにみえた。マッカーサー元帥でさえ、この法的企ての規模と新機軸には驚いた。行きすぎだとも考えた。レーリンクとの私的な会話のなかで、自分としては、真珠湾のだまし討ち攻撃だけに罪状をしぼった略式軍法会議のような裁判をすれば正義は十分果たされると思う、と語っている。[20]

しかし、ニュルンベルクの前例があったせいで、それは不可能になった。ヨーロッパ戦勝国はドイツに対する戦争犯罪追及政策の全体的枠組みを、ドイツ降伏の一カ月後の一九四五年六月には、ナチス指導者の裁判の基本原則を規定した「ニュルンベルク国際軍事裁判所憲章」としてつくりあげていた。しかし、それが公表されたのはようやく八月八日になってからだった。ソ連の日本への宣戦布告の当日、広島への原爆投下の二日後、長崎の前日である。日本側にはこれを分析する時間がなかった。いずれにしても、ナチス指導者を罰することを明確に意図した原則が、最小限の変更を加えただけで日本にも転用されると予測すべき理由はなかった。

じっさい、連合国が日本の戦争犯罪人の扱いについて方針を明確にするまでには何カ月もかかった。この問題について多国間委員会が勧告を準備し、アメリカの部局間委員会が独自の提案をまとめているあいだも――ひいては、戦争犯罪を理由に日本人が次々と逮捕されているあいだにも――最終的な方針は不確定なままだった。ナチスに関しては戦争犯罪人の定義は「比較的単純」だったが、日本については「そのような境界線が確定されていない」と苦言を呈するワシントン宛てのそっけない覚書に、マッカーサー元帥が署名したのが一一月初旬だった。[21]ジョセフ・キーナンが首席検察官に任命された一カ月後、一九四五年も押しつまってから、ワシントンはようやくほかの連合国に、東京裁判は「極東戦域に適用できる範囲でニュルンベルクの形態に準拠する」と通知した。一九四六年一月一九日になってようやく極東国際軍事裁判の管轄と任務を発表したマッカーサーは、同時に「東京憲章」も布告した。「ニュルンベルク憲章」と対をなすこの指針は、アメリカの検察側スタッフとSCAPの法務部が起草したものである。ほかの連合国は、公布後に相談を受け、裁判開廷直前に多少の修正を加えただけだった。[22]

四月二九日、検察側から東京裁判所(Tokyo tribunal)に正式に起訴状が提出された。法廷規則にしたがって、被告たちには前もって送達されていた。起訴状は、被告たちを「平和に対する罪」「通例の戦争犯罪」「人道に対する罪」について訴追する五五の訴因から成っていたにもかかわらず、そして、裁判はこの起訴状にそって二年以上つづいたにもかかわらず、最終的な多数判決は、五五の訴因のうちの四五について、不必要、過剰、あるいはただたんに不明瞭として却下した。この裁判の複雑さと難しさの両方を判断するひとつの手がかりであろう。[23]ニュルンベルクでも東京でも、「平和に対する罪」と「人道に対する罪」の事前的法基盤が既存の国際法や条約にあることを立証しようとする検察側による努力に相当な時間と技術的議論が費やされた。しかしその論議にもかかわらず、これらの罪状については本質的にこのふたつの裁判が先判例となることは、事実上誰にも否定のしようもなかった。東京裁判の管轄権の重要な定義として、東京憲章は第五条で次のように規定している。

左に掲ぐる一又は数個の行為は個人責任あるものとし本裁判所の管轄に属する犯罪とす。

(イ)平和に対する罪　即ち、宣戦を布告せる又は布告せざる侵略戦争、若は国際法、条約、協定又は誓約に違反する戦争の計画、準備、開始、又は遂行、若は右諸行為の何れかを達成するための共通の計画又

A級戦犯を裁く東京裁判

東京裁判の実景．高壇になった判事席と被告席のあいだに検事団と弁護団が座り，日本や外国の傍聴人は左右に分かれて座っていた．撮影のため，強い照明があてられた．

A級裁判の被告たち．まだ軍服を着ている者もいる．彼らは巣鴨拘置所と市谷の旧陸軍司令部に設置された裁判所との間を，毎日バスで移動した．

被告を見下ろすように立つアメリカ憲兵．かつての日本の指導者たちに向かって，普通のアメリカ人兵士がおおいかぶさっているという構図のもつシンボリックな意味は，誰にも明らかであった．

1948 年 11 月，東京裁判が終わったとき，被告の総数は 25 人であった(ほかに 2 名が死亡，1 名が精神的不正常を理由に免訴)．全員が有罪とされ，7 名が死刑を宣告され，翌月，死刑は執行された．

は共同謀議への参加。

(ロ)通例の戦争犯罪　即ち、戦争の法規又は慣例の違反。

(ハ)人道に対する罪　即ち、戦前又は戦時中為されたる殺人、殲滅、奴隷的虐使、追放、其の他の非人道的行為、若は犯行地の国内法違反たると否とを問わず、本裁判所の管轄に属する犯罪の遂行として又は之に関連して為されたる政治的又は人種的理由に基く迫害行為。

上記犯罪の何れかを犯さんとする共通の計画又は共同謀議の立案又は実行に参加せる指導者、組織者、教唆者及び共犯者は、かかる計画の遂行上為されたる一切の行為に付、其の何人に依りて為されたるとを問わず、責任を有す。

平和に対する罪を規定する論述は、起訴状の訴因第一で展開された。そこで被告たちは、「東アジア並びに太平洋及びインド洋並びに右地域内及びこれに隣接せるすべての国家及び島嶼における軍事的、政治的及び経済的支配」を獲得する目的で、「共通の計画又は共同謀議」に参画し、その目的に反対する国ぐにに対して「侵略戦争」を行なった、と告発されている。一見単純明快なこの告発は、三つの大胆な前提に立脚している。まず、純粋に侵略的な戦争と、合法的な国家利害防衛に対する(たとえ誤解に基づいているにしろ)正真正銘の懸念から行なわれた戦争とを峻別する明確な基準が存在し、日本の戦争はすべて前者に分類される、と決めてかかっている。また、そのような侵略戦争を起こす包括的で継続的な「共同謀議」の存在を自明のこととしている。そして三番目に、将来の「平和に対する罪」への有効な法的・心理的抑止力確立という理想の中核として、それまでは国家行為とみなされていた行動について、国際法のもとで個々の指導者の個人的な責任が問われうる、と主張している。

裁判冒頭で検察は（ポツダム宣言の表現を踏襲して）被告たちが世界征服の挙にのりだしたとして非難したが、多数判決は、「これらの共同謀議者が本気で南北アメリカの支配を確保しようと決意したことがあるとは考えない」と、この点は明確に退けた。その一方で、検察の大幅な拡大解釈による主張は認めた。検察は、日本の上層部が参画した「侵略戦争を行なわんとする共同謀議」という犯罪は真珠湾の直前から始まった（マッカーサーならそう言っただろう）のではなく、さらには、日本が中国を相手にしておおっぴらな戦闘状態に入った一九三七年でも、「満州事変」を口実に満州国支配にのりだした一九三一年でさえなかった、とした。被告人たちが参画したとして罪を問われている共同謀議の発端はじつに一九二八年一月一日までさかのぼる、と主張したのである。このときアジア大陸占領の計画が始まった、と検察は申し立てた。[24] そして最終的に、そのとき以来のアジアの混乱と紛争の一八年間に七五六の個別の行為がなされ、それが「平和に対する罪」を構成する、として被告たちを告発した。検察側の費やした時間のほとんどが、そして多数判決文の何百頁もが、一九二八年から一九四五年にかけての日本の政策決定を微に入り細をうがって論述し、事実上そのすべてが侵略戦争をするための「共通の計画」に合致する、と主張していた。

「平和に対する罪」はこのように綿密に考察されたが、「人道に対する罪」のほうは法的概念としてそれほど緻密には展開されないままに終った。「人道に対する罪」の概念は、ホロコーストとして知られることになった大量虐殺政策について連合国がナチス指導者を罰することを主たる目的に、ニュルンベルクで発展させたものである。対照的に、東京の起訴状には「人道に対する罪」の独立した訴因はまったくなかった。裁判の過程でそれは基本的に「通例の戦争犯罪」および、ただの「殺人」と境界を接する罪として扱われた。[25] 検察側は、日本による捕虜と一般人に対する残虐行為に関して、しばしばおぞましい細部に及ぶ証言を提示し、こうした凶悪な行動は非常に広範にわたり、継続的で、形態が類似しており、最高指導層に発した、あるいは少なくとも容認された、共同の方針と計画を映すものである、と主張した。ここで法廷は、ニュルンベルク憲章にはない告発をすることになった。消極的責任あるいは代理責任の概念、すなわち、犯罪を行なったことではなく、なにかをしなかったことについての犯罪責任という概念をもちこんだのである。法廷で支持された訴因のなかには、命令あるいは授権のかたちでの戦争犯罪への直接的な関与(訴因第五四)だけでなく、「故意にまた不注意にその遵守を確保してその違背を防止する適当なる手段を執るべき法律上の義務を無視」して戦争の法規慣例に違反したこと(訴因第五五)も含まれていた。

東京裁判をドイツのそれから峻別する違いはほかにもあった。ニュルンベルクの四人の裁判官にはそれぞれ予備裁判官が控えていたが、東京の一一人の裁判官にはそれがなかった。この結果、裁判官席に空席の目立つことが一再ならずあった。検察団は、ニュルンベルクでは裁判を実施する戦勝四カ国を代表する四人の「主任検察官」によって率いられ、それぞれがどの罪状に責任をもつかを明確にして、役割を分担していた。東京では、首席検察官はジョセフ・キーナンひとりだけ。裁判に代表を出しているほかの一〇カ国からひとりずつ、一〇人の参与検察官がキーナンを補佐していたとはいえ、検察の方針や戦略におけるアメリカの支配は絶対に近かった。

ニュルンベルク裁判では英語、ドイツ語、フランス語、ロシア語の四カ国語が並行して使われた。東京裁判の基本言語は英語と日本語だったが、ほかに少なくとも六カ国語に対応しなければならなかった。コミュニケーションは煩雑をきわめた。当時の『毎日年鑑』は「言語上の困難はドイツと比較にならず」と記述している。大勢の翻訳者・通訳だけでなく、言語監督官や調整官が関わっていた。東京では同時通訳は不可能であることがわかったために、証人や弁護団の陳述は一センテンスずつ区切って通訳しなければならず、時間がかかった。検察団スタッフのひとりは、「証人尋問では、ペースがふつうの五分の一に落ちる」と言っている。(26)

しかし、このふたつの裁判を見て、両者の主たる違いは被告人と被告人が犯したとして告発されている犯罪の性格にある、とみる人が多かった。ヒトラーとその腹心たちに相当するような指導者集団が日本にはなかった(「共同謀議」が行なわれたとされる全期間を通して権力の中心にいたのは、じつは、天皇裕仁だけである)。ナチ党と、その下部にあったゲシュタポやSSのような組織(このおかげで、ドイツのケースでは共同謀議の主張が容易だった)に相当する組織もなかった。また、東京でも、南京やマニラでの虐殺をはじめ、すさまじい残虐行為のくりかえされたことが裁判の過程で明らかにされたが、それでも、ドイツの計画し実行したジェノサイドに真に匹敵するようなものはなかった。この違いを強調したのがパル判事で、「本件の被告の場合は、……ヒットラーの場合といかなる点でも同一視することはできない」ときっぱり言いきった。ウェッブ判事も同意見で、「ドイツの被告の犯罪が、日本の被告の犯罪よりもはるかに凶暴で多様で広汎なものであった」と述べている。[27]東京の被告たちは、告発されたその罪はいかにも極悪非道だったが、同等の立場で裁かれたナチスの被告たちが法廷全体に息をのませたような、人の姿をした悪魔のごときオーラをはなつまでには至らなかった。

ニュルンベルクの被告二二名のうち、三名は無罪になり、一二名が(うち一名は欠席のまま)死刑を宣告された。東京裁判では無罪はなく、二五名の被告のうち二三名が平和に対する「全体的共同謀議」に参画した(訴因第一)として有罪を宣告された。死刑判決を受けた七名のうち二名は、残虐行為について「授権しかつ許可し」たこと(訴因第五四)と、そのような戦争法規に違反する行為を防止しなかったこと(訴因第五五)をはじめとする告発についても有罪とされ、三名は、このふたつのうち訴因第五四についてだけ有罪とされた。もと陸軍大将松井石根は、配下の部隊による南京大虐殺の惨事の防止を怠ったという「消極的責任」だけを理由に死刑判決を言い渡された。一般大衆がもっとも驚き、衝撃を受けたのは、もと外務大臣で首相だった広田弘毅が死刑判決を受けたことだった。広田は、全体的共同謀議と、中国における残虐行為を防がなかったことを含めて、三つの罪について有罪とされた。どうやら、一一人の裁判官のうちたった六人の賛成によって絞首台に送られたようである。[28]

一般国民は、この裁判が終るずっと前にすでに飽きていたかもしれないが、一九四八年一一月一二日に判決が明らかにされると、議論は大いに高まった。まったく予想外の四つの別個意見が提出され、それぞれが裁判の運営や結論になんらかの意味で批判的だったことも議論の的になった。この点に関しては、ニュルンベルクには参照すべきなんの先例もなかった。別個意見書は法廷で朗読されなかったのだが、その趣旨はメディアにさかんにとりあげられた。パル判事は全被告を無罪とし、レーリンク判事は(広田を含む)五人を無罪としていた。ウェッブ判事と、フランスのアンリ・ベルナール判事は、天皇不起訴の決定でこの裁判が損なわれ、傷ついた、と言った[29]。

裕仁を平和主義者として押しだそうと強力なキャンペーンが展開されているさなかに、このような高いレベルで天皇の戦争責任の問題が喚起されたのは驚くべきことである。A級戦争犯罪を告発された被告は、全員そろって、二年以上にもわたって、迷いはほんの一瞬垣間見せただけで、主君を巻きこむかもしれないことばを避ける努力を律儀に重ねてきた。それが今、その懸命なる忠義にあまり説得力のなかったことがウェッブ判事とベルナール判事によって暴露されたのである。ウェッブは驚くべき無遠慮さで、「犯罪の指導者を、裁判にかけることができるのに、それが免責されているということ」を非難し、「戦争を行なうには天皇の許可が必要であった。もしかれが戦争を望まなかったならば、その許可を差控えるべきであった」と指摘した。それでもウェッブは多数判決を支持したが、その一方で、死刑判決を再審のうえ減刑することを、ごく簡潔にではあるが提案している[30]。

ベルナール判事のほうは、この裁判はあまりに公正さを欠き、技術的にも欠陥が多いから、いかなる判決を下すことも不可能だと考えた。ベルナール判事にすれば、日本の犯した「憎むべき犯罪」を痛烈に非難し、被告のうちの少なくとも何人かはこうした犯罪に重大な責任を負っていることを認めながらも、そこに天皇が不在であることは甚だしい不公平と映り、もはや被告たちを有罪とすることは不可能だった。日本による「平和に対する罪」には、「そこにひとりの主要な惹起者があり、その者が一切の訴追を免れていることで、本件の被告は、いずれにしても、その者の共犯者としてしか考えることができないということで」あった。天皇を「違った基準で」測ることで、これらの被告に対する訴訟が阻害されたばかりか、国際司法の意義も損なわれたとしたのである[31]。

穏やかならざる意見が表明されて、天皇も、日本人とアメリカ人からなる天皇の取巻きも、時を措かずにその沈静化に動いた。判決が言い渡されたその日、天皇はマッカーサー元帥に書簡を送り、退位するつもりはまったくないと宣言した[32]。その八日後、首席検察官キーナンが、天皇を戦犯として裁く根拠はない、とあらためて言明した。そして一一月二五日、新聞が前日に起こった注目すべき三つの出来事を報道した。戦勝国数カ国の代表からの減刑の申立てにもかかわらず、マッカーサーが多数判決をそのまま承認した。キーナンが、皇居に招かれて天皇とさしむかいで昼食をとるという稀有の幸運に浴した。そして、東条英機が、死を目前にして、ある新聞が「東条最後のメッセジ」と呼んだものを明らかにした。

こうして並べると、じつに印象的な三幅対の屏風絵のようだ。全判事一致ではなかった、としてマッカーサーが死刑判決を減刑していたら、天皇を「犯罪の指導者」として起訴すべきだったとするウェッブの主張に信認を与えることになっていただろう。そんなことは考えもよらなかった[33]。天皇が自分の忠臣たちの判決が確定したその日を選んで首席検察官と親しく食事をしたことは、きわめて趣味のいいふるまいとはいえないかもしれないが、時間がなかったのである。キーナンはまもなく離日することになっていたからだ。二人の男は三時間にわたって私的な会話をかわした。これが、天皇は自分の無罪を確認したことについてキーナンに謝意を伝えたかったのでは、という報道の憶測を呼んだ。

それでは、東条は？　東条は、主君にひけをとらず悔恨の情とは無縁だったが、主君のように膝を屈しはしなかった。「最後のメッセジ」は、日本は、挑発されたわけでもなく、国家安全保障上の法にかなった関心からでもなく戦争への道を進んだ、とする判決の基本前提に異議を申したてていた。東条はこう言ったとされている。「世界諸民族は自衛戦争の開始をみずから決定できる権限を絶対に放棄すべきではない」[34]。

東京裁判の死刑判決はアメリカ合衆国最高裁判所に上訴されたが、一二月二〇日、管轄権外であるとして棄却された。その三日後、死刑判決を受けた七人の被告は、SCAPの報道発表によれば、「アメリカ陸軍廃棄物資である作業着から記章のたぐいをすべて取り去った」服を着て、絞首刑を執行された[35]。彼らは、最後まで天皇の盾となれたことを慰めとして死んだのである。そして、遺産として、その後長く尾を引く議論を残したのだった。

勝者の裁きとその批判

ニュルンベルクもそうだったが、東京裁判も、法律と政治と芝居のないまぜだった。しかし、何年も後になってレーリンク判事が語ったように、ニュルンベルクとは違って「ほとんどがアメリカによるパフォーマンス」であった。「大々的な演劇公演のようでした。当時はそれがわからなかったが、本来あってはいけないほど「ハリウッド的」なるものにとりまかれていました。わたしはそれに気がつきませんでした」とオランダの法律家は言っている[36]。

気がついた者もいた。『タイム』誌は、東京裁判幕開けを報じる記事のなかで、舞台設定に強い印象を受けたと書いている。「暗い色調の胡桃材の鏡板、威圧的な演壇、好位置に設けられた報道関係者や映画撮影隊の席など、法廷は細心の注意をはらってしつらえてあった。クリーグ灯の照明はまるでハリウッドのプレミア・ショーのようだった」。この照明は誰にも眩しくて、ほとんど目がくらみそうだ、という表現がしばしば見られた。おそらく、映画のプレミア・ショーというより、撮影現場のように明るかったのだろう。じっさい、審理過程のほとんどが撮影された。「ハリウッドなみの照明」と言った日本人もいた。もっとも、その意図は『タイム』の記事より愚弄の度が強かった。[37]

この大芝居がくりひろげられた東京、市谷にある建物自体が、一種の劇的アイロニーを感じさせる。もとは、日本版ウェスト・ポイントともいうべきエリート養成学校、帝国陸軍士官学校の講堂だったのだが、終戦時には、陸軍省と統合参謀本部の臨時本部として使われていた。SCAPの命令で、日本政府がこの建物を一億円近くもの巨額の経費をかけて改修した。空調設備もセントラルヒーティングも入れた。傍聴席は五〇〇人分設けたが、このうち三〇〇席は連合国の一般市民用で、残りが日本人用だった。

傍聴席からは広大な広間をみわたすことができた。広間の片側には被告たちが一団となって座り、反対側に裁判官たちがいる。その前のフロアは、ちょっとした軍隊並みの数の役人たちでぎっしり埋まっていた。法廷職員、翻訳官、検察官、そして被告ひとりひとりに付いている弁護士たち。アメリカの憲兵が入ってくる者を検査し、見張っていた。白いヘルメット姿でいることが多く、たいていは被告たちを見下ろす位置にそびえるように立つ憲兵は、力ある者と敗れた者の構図として誰もが写真におさめたくなった。この舞台設定に置かれた被告たちは文字どおり矮小化され、尾羽打ち枯らした姿で被告人席に並ぶ年輩の男たちと、彼らが犯したとして非難されている犯罪の絶大なる規模との対比は、ときとして(占領にかかわるたくさんのことと同様)超現実的としか思えないのだった。

被告には日本人の弁護人だけでなく、遅ればせながら被告自身の要請で、アメリカ人弁護人もつけられ、五月半ば、裁判の始まる直前に着任した。しかしその一カ月後、裁判開始直後に、弁護団長を含む六人のアメリカ人弁護人が、準備時間不足を理由に辞任した。最後まで残った弁護人たちは、最終的には依頼人のためにかなりの働きをしている。「大犯罪人」の即決処刑に傾いていた戦時中の感情を考えれば、被告たちが告発に応える機会を与えられたことは驚嘆に値する。さらに、先例のニュルンベルクとは異なり、東京は憲章によって弁護側が裁判そのものに異議を唱えることも禁じられていなかった。そこで、高柳賢三と清瀬一郎という二人の傑出した法律家に率いられた被告たちは、この特権を利用して、裁判の合法性そのものに疑義を唱え、起訴状のなかのもっとも基本的な罪状についてその有効性を問うた。予想どおり、そうした疑義は却下されたが、被告側弁護人たちの張った論陣は、「勝者の裁き」に対する後のあらゆる批判の基盤をつくった。検察側がおよそ七カ月を費やして陳述したあと、弁護側はそれに応えるためにさらに多くの時間(法廷での一八九日を含めて)を与えられたのである。(38)

アメリカ人弁護人の任命は、議論の的になった東京裁判のある側面を反映した結果だった。この裁判が英米式の裁判手続きに則って行なわれ、日本のほとんどの法律専門家が学んだヨーロッパの伝統的法体系とは異なるものだという側面である。使われた言語は基本的に英語で、裁判官席にいた一一人の判事のうち、裁判長を含む七人が基本的に英米法を実践する法律家だった。こうした状況で、日本人弁護人はきわめて不利な条件で仕事をしなければならなかった。(39)起訴状のなかでもきわだってアメリカ的だったのは、検察側の陳述の中核をなした「共同謀議」の概念だった。陸軍長官スチムソンとその補佐官たちは、一九四四年末ころ、戦争犯罪の罪状リストに共同謀議を加えれば、ナチ組織の下位構成員だけでなく、ナチス指導者の訴追も迅速化できるという結論をだした。以来ずっと、法律家や歴史家の論議の的になってきた点である。(40)共同謀議説は、ナチスについては正当だったとしても、日本帝国が、なぜ、そしていかに、戦争に走ったかの説明としては、いかにも不自然な根拠ではあった。パル判事は、日本の指導者たちが国家の安全に対する脅威と認識したものに場当たり的に対応した、と見るほうが妥当と思われる事例を列挙している。この点に関しては、後の研究もパルのこの疑義を全体としては支持する傾向にある。法廷に提出された記録資料が、一八年間にわたる侵略戦争の「共通の計画」を暴露しているとする主張は、真摯な歴史分析というより、プロパガンダにはるかに近かった[41]。

共同謀議の罪状に対する法技術的な批判として、一九四五年以前の国際法にはそんなものは存在しなかった、という反論がなされた。ウェッブ判事も別個意見書のなかでこの点についてはっきりと、「国際法は、多くの国の国内法とは異って、純粋の共同謀議という犯罪を明示的には含んでいない。……それと同様に、戦争の法規と慣例も単なる純粋共同謀議を犯罪としない」と言っている。重大な国際的違反行為のための共同謀議が国際法のもとでの犯罪であると主張するのは、まったく正しいとウェッブも認めている。しかしそれも、東京裁判所には「英米の概念に基いて、純粋な共同謀議を犯罪にする権限はなく、また各国の国内法において共同謀議とされている犯罪の共通の特徴と認めるものに基いて、そうする権限もない」という事実を変えるものではない。それをすれば、「裁判官による立法を行なうことに等しい[42]」。それでも、ウェッブを裁判長とする法廷は、起訴状の訴因第一として提出された共同謀議という罪状を認めたのである。

ウェッブは「裁判官による立法」の問題をもち出しただけだが、暗に、戦後の新国際法秩序確立のヴィジョンに疑問を投げかけたことになる。「平和に対する罪」を違法とするという理想が恐るべき難問を突きつけていたからである。もしナチスと日本の指導者たちのこの裁判が今後の先例となるものだとしたら、それは、この指導者たちが、以前には国際法に規定のなかった罪状について訴追されている、ということにはならないのか？　レーリンク判事が別個意見書の冒頭で言っているように、「世界史上のある出来事に対して責任のある被告を、この戦争の前には、ほとんど知られていなかった罪状にもとづいて」審理することなど、法的にどうして可能なのか？　問題になっていたのは、この裁判に参加していた全員が熟知していた、神聖にして侵すべからざる原則だった――法律なくして犯罪なし、法律なくして刑罰なし(Nullum crimen sine lege, nulla poena sine lege)[43]。

とりくむべき課題の先駆性については、検察側もはっきり認めることがあった。冒頭陳述でジョセフ・キーナン首席検察官は、国際法のもとに国家の不法行為について個人としての罪を問う点では、この裁判が「先例のないものであることを率直に認め」た。[44] しかし全体として検察は、ニュルンベルクの場合と同じく、この訴追は既存の法律や条約に内在する概念や責任義務を大胆に構成しなおしているだけである、という議論を展開するのがふつうだった。「侵略戦争」の禁止は、一九二八年のケロッグ＝ブリアン条約〔パリ不戦条約〕において確立されていて、日本もこれに調印している、と主張した。さらには、キーナンが冒頭陳述で述べたように、「これら被告の不法行為の結果はあらゆる犯罪のうちでもっとも古い犯罪たる殺人を構成する人命の不法若しくは不当なる奪取となった」し、「我々がその科せられんことを求める処罰はかかる不法行為に相応ずる処罰で」ある、とした。[45]

弁護側も、裁判冒頭の異議申立てで、まさにこの「遡及的」あるいは「事後」法による訴追の問題を重点的にとりあげた。弁護側は、「侵略戦争はそれ自体として不法なものではなく、国家的政策の手段としての戦争を放棄した一九二八年のパリ条約は、戦争犯罪の意味を拡げてもいないし、戦争を犯罪であるとしてもいない」と主張した。さらに、国家の行為について指導者個人の罪を問うことの適法性に疑問を投げかけ、「戦争は国家の行為であり、それに対して、国際法上で個人的責任はない」のであって、東京憲章の規定は「事後」法であり、従って不法である」と、予想どおりの論述をした。これは軽々しく退けられる議論ではない。パル判事の反対意見書は、その相当部分が、国家主権や国内法に対する既存国際法の限界についての厳密な解釈にもとづいていた。要するに、この点については弁護側が正しい、というのがパルの結論だった。被告たちは、枢軸国が敗れる前には国際法に犯罪として規定されていなかった罪について裁かれていたのである。[46]

東京裁判は別の批判に対しても脆いことが証明された。A級戦犯として誰を起訴するかの決定に一定の政治的恣意性が働いていたことである（驚いたことにジョセフ・キーナン自身が、検察側の冒頭陳述において、「我々はいずれの個人に対しても、またその処罰に対しても、特別の興味をもつものではない。被告たちはある意味で一つの階級あるいは集団の代表である」と率直に認めている)。よしんばこれが「代表的」指導者に戦争責任について説明責任を問うための発見学習的あるいはショウケース的裁判であると了解したとしても、ある種の集団、ある種の犯罪がそこから見逃されていることはいかにも顕著である。人びとに恐れられた憲兵隊の隊長は誰も起訴されなかった。超国家主義秘密結社の指導者も、侵略によって私腹を肥やし、「戦争への道」を拓くことに親しく関与してきた実業家も、起訴されていなかった。[47] 日本が植民地統治していた朝鮮人と台湾人を強制動員したことは「人道に対する罪」として追及されなかったし、何万人もの外国人の若い女性たちを狩りあつめて帝国軍人に性的サービスを提供する「慰安婦」として働かせたことも訴追されなかった。また、検察団を支配していたアメリカ自身が、残虐非道さにおいて疑問の余地のない罪を犯した特定の日本人集団を、秘密裏に、そっくり免責していた。満州の七三一部隊で、何千人という捕虜を実験台に使って生物兵器を開発していた将校や科学者たちである(研究結果をアメリカに教えることを交換条件に訴追を免れた)。中国における化学兵器使用の証拠についても、検察は真剣には追及しなかった。[48]

さらには、東京裁判の裁判官の人選もかなり奇抜だったというか、少なくともいきあたりばったりだった。一一人の判事のうち、もっとも明敏で、人びとの記憶に残ったのはレーリンク判事とパル判事で、ふたつの主要な反対意見を書いている。国際法にそれなりの経験があったのはパルだけだった。当初任命されたアメリカの判事は、自分の資格が過小評価されたと知って、一九四六年七月に落胆のうちに去り、代わりの判事はとくにこれという印象を残さなかった。ソ連の判事は、レーニンのもとで法務長官だった人物で、一九三〇年代半ばにスターリン主義模擬裁判に参加していた。この人は裁判の公用語をひとつとして解さなかった(伝えられるところでは、知っていた英単語はたったふたつ、"Bottoms up!"〔乾杯!〕だけだった)。フランスの判事は、両大戦間期を西アフリカで植民地統治に携わり、レーリンクによれば、やはり英語を解さなかった。中国の判事は、アメリカで教育を受け、憲法に準拠する法律についての著作もあるが、判事としての経験はまったくなかった。フィリピンのヘラニラ判事は、バターン死の行進の生存者で、通常の裁判ならこれは即座に欠格理由になっていただろう。ウェッブ裁判長は、オーストラリアがニューギニアで開廷した軍事裁判で日本人の戦争犯罪訴追に関わっていた。弁護側は最後のこの二人の判事について疑義を申し立てたが、却下された[49]。

パルとヘラニラの両判事は最後の最後になって任命されたのだが、どちらも、どう裁定するか、裁判官席に着く前にすでにはっきりと意志を決めていた。「アジア人」のしるしとしてそこに座っていた二人は、まるで鏡に映したように正反対だった[50]。裁判の進行中、パル判事とウェッブ判事がかなりの審理を欠席していたのが目立った。しかし、裁判官の行動としてもっとも驚くべきは、一一人の判事全員が集まって、最終判決について真剣に討議する機会が一度もなかったことである。判決をどう論証し、どう提示すべきかについても同じだった。レーリンクの描写によれば、七人の判事が「判決文を書くことを内密に決めて……。その七人が草稿をつくり既成事実としてほかの四人にその結果を渡した」のである[51]。

この裁判が「公正」であったかどうかについての意見の相違は、「軍事」法廷の手続きとしてなにを適切と考えるかという前提の違いに表われる。陸軍長官スチムソンでさえ、一般の法廷でふつうにある、さらには軍法会議にもあるような、訴訟手続き上の規則や保証もなしにこのような裁判が行なわれるものとは想像だにしなかった。軍事法廷、あるいは「軍事委員会」の手法が採用されたのは、そうすることで、検察側にほかの状況では許されない手続き上の裁量が、とくに証拠の証拠能力有無の裁量が可能になるからである[52]。

あの時代背景のなかでは、それはまったく妥当なことに思われた。そもそも、勝者にとっては、敵が証拠を隠滅あるいは歪曲しようとするだろうと考えるのは至極もっともだったし、じっさいにそうしたことが起こっている[53]。また勝者の側は、被告たちがこの裁判を自らの行為の正当性をあらためて主張するための演壇として利用するのではないか、と恐れていた。これを防ぐために、被告たちが自己弁護の名目で持ちこむことのできる証言や「証拠」に制限を設けなければならない、と考えたのである。東京裁判憲章は、「本裁判所は証拠に関する専門技術的規則に拘束せらるることなし。本裁判所は迅速且つ適宜の手続を最大限度に採用且つ適用すべく、本裁判所において証明力ありとみとむるいかなる証拠をも受理するものとす」とはっきりと宣言している。戦争犯罪の裁判は一般の市民的手続きではなく、憲章の起草者たちが「極悪犯罪人」である被告たちにあらかじめ無罪を推定していなかったのは明らかである。

しかしながら、こうして勝者によって緩められた証拠規則が、裁判に恣意性と不公正の入りこむ余地を与えたことも明らかである。伝聞、日記の抜粋、宣誓なしの証言、原本が見つからない文書の写し、反対尋問のために出廷できない人物による供述書といった、もっと厳密に行なわれる審理でなら却下されたであろう証拠が、検察側によって法廷にもちこまれた。「証拠に関する専門技術的規則」にしばられないとはどのような意味なのか、ウェッブ判事がほとんど皮肉に近いコメントをしたことがある。何が許されるのか、許されないのかが、その日によって違っていて予測もつかない、日によって裁判官席に座る判事が違うからだ、と言ったのである。「一一人そろうこともあれば、たった七人しかいなかったこともある。特定の証拠に立証能力があるか否かについて、七人の判事の裁定が一一人の裁定と常に同じだとは言いがたい……。特定の証拠についてどのような決定に達するかまったくわからない[54]」。

確かだったことは、検察側のほうが被告側よりはるかに大きな財源を自由にでき、なにかの争点について裁判官から有利な扱いを期待できるのがふつうだったことである[55]。被告が日本人で、英語を基本言語として審理が行なわれている場合、有能な翻訳者の確保は決定的に重要になる。ところが、ある人の数えたところでは、裁判開始当初、検察側は一〇二人の翻訳者をそろえていたが、弁護側は三人だった[56]。日本語の文書を英訳して提出するか否かの決定権は検察側にほぼ握られ、その翻訳のチェックに至っては、とくに要請があったときにしか行なわれなかった。レーリンク判事が、記憶に残っていた事例についてのちに語っている。ある文書がおかしく思えたので、再確認を求めたところ、翻訳がまちがっていることがわかった。訂正後の正しい訳文のほうを記録に入れるようにと要請すると、問題を蒸し返すのは煩雑にすぎるとして拒否された、というのである。被告の証言はすべて通訳を通して裁判官に伝えられたのだが、通訳された英語がもとの表現よりわかりにくいことはしょっちゅうだった。翻訳や通訳が意図的に歪められたとか、基本的に不正確だったなどと言った人はいないが、翻訳された言語で裁かれることの(そして、七人の男にとってはそれで死刑判決を下されることの)意味についてじっくり考えた者も、勝者の側にはひとりもいなかった[57]。

ウェッブ判事とベルナール判事がそれぞれの意見書で強調したように、証拠に関するもっともあからさまな操作は、そこから天皇を遮断しようとする検察側の運動だった。この法廷では、そこに天皇が物理的に不在だったこと、天皇について証拠となるようないかなる論及も入念に排除されたことだけでなく、天皇による証言の欠如もまたきわだった特徴だった[58]。天皇を救うためのこの「勝者の証拠」操作に相当するものはニュルンベルクにはなかった。さらに、天皇の証言があれば何人かの被告にとっては有利だったはずなのに、弁護側からも異議申立てはなかった[59]。そればかりか、被告たちは投獄された瞬間から刑務所のなかで緊密に連絡しあって、天皇を守るために——もと外交官の重光葵のことばでは「日本民族の将来の為めに」——どんなことでもする決意を固めていた。一九四六年六月一八日に、天皇を裁判にかけない、とキーナンが発表すると、巣鴨にいたこの忠臣たちは人目もはばからず泣いた。重光は祝賀の歌を詠んだ。

大君は神にしあれば勝ち誇る敵の手出しもとどかざるはや

キーナンや検察側高官に天皇についてくりかえし嘆願していた木戸は、「之で自分の役目は真当に終った」と喜んだ。[60]

しかしじっさいは、被告たちの忠君の使命はこれで終ったわけではなかった。それから数年間にわたって、弁護側も検察側も天皇を透明人間にしておくことに等しく腐心した。この細心の注意にほころびが見えたのはたった一度、一九四七年一二月三一日、東条が、自分にとっても、ほかのすべての臣民にとっても、天皇の意向に反する行動など考えられない、と素直に証言したときだけだった。思いもよらないこの正直で被害甚大な発言に、キーナンは即座に対処した。天皇の側近を通して獄中の木戸と接触すると、天皇を罪に陥れるかもしれない発言を可及的速やかに正すように、被告仲間の東条を説得させたのである。ほかにも仲介者が動員された。東条は喜んでこれに同意し、実行の機会も一週間と措かずに訪れた。一月六日、キーナンの尋問のなかで、東条は先の発言を撤回した。[61]

被告たちは天皇を守るための暗黙の協定について喜んで裁判所と結託したが、裁判所は、容認できないもうひとつの証言については、被告の希望とはまっこうから対立する方針を採っていた。被告のほぼ全員が自らの主張の根幹をなすと信じていた論理の追求が、まったく許されなかったのである。勝者の目には、そしてこの法廷の目にも、そのような議論は「プロパガンダ」にすぎなかったからである。「侵略戦争」をするために一八年間にわたる共同謀議に参画した、とする告発を、どの被告も一瞬たりとも認めなかった。それどころか、自分たちの方針は結果として惨禍を招いたが、その動機は、アジア大陸における日本の基本的な権利と利害への正当な懸念だったと、最後まで心の底から確信しているように思われた。被告席の男たちの見解によれば、真に警戒を要する一連の事態によって、彼らの国の安全が脅かされていたのである——中国では、政治的混乱と、経済に打撃を与える反日ボイコット。中国をはじめとする各地で、ソ連に導かれた共産主義者の叛乱や蜂起。アメリカとヨーロッパの保護主義的通商政策。アウタルキー的「ブロック経済」に向かう世界的な趨勢。真珠湾攻撃前数カ月間の欧米による威圧的な経済政策。こうした懸念は陳述からはずせなかったのだが、被告側は、この懸念に妥当性があったとする主張の展開を許されなかった。さらには、たとえば、戦時中の汎アジア主義の修辞は、ヨーロッパとアメリカの帝国主義による「白禍」に直面した日本とアジアの正当な不満からでたものである、という主張もできなかった。ましてや、被告が犯したとして告発されている「犯罪」に匹敵する行為——条約の破棄、従来の戦争法規に対する違反など——は勝者の側もしていたことを示す証言や証拠をもちだすことなど論外だったのはいうまでもない[62]。

このような被告側の主張の制限は、戦争犯罪は厳しく処罰すべし、裁判を被告によるプロパガンダの舞台に堕落させてはならない、とするスチムソンのもっともな願いと完全に一致していた。ニュルンベルクの先例をふまえて、東京憲章で裁判所に与えられていた、「証明力ありとみとむる」証拠についての裁量権とも合致していた。さらに、占領軍の検閲政策全体——それにともなうあらゆる不条理ともども——の司法版でもあった。東京裁判が開廷する前、ヨーロッパではすでにウィンストン・チャーチルが「鉄のカーテン」を糾弾していた。裁判が半分も進まないうちに、アメリカは反共を目的としたマーシャル・プランを導入していた。裁判が終結に近づいていたとき、東京の裁判官席に代表を送っていた中国の国民党政府が台湾に逃れ、アメリカの政治家たちはさしせまった中国「喪失」にほとんどヒステリー状態だった。こうして共産勢力と反共勢力との世界規模での大決戦の予感が高まるなか、往時の第二次世界大戦「連合国」は、東京の裁判官席に肩を並べて座り、あのアジア大陸政策は中国における混乱と共産主義に対する恐れを動機とするところ大であった、とする被告たちの主張の展開を許そうとしなかったのである[63]。

イデオロギー的複雑さも極まったこの事態は，奇妙な人たちを結びつけた。反動的なウィロビーと，インドのナショナリストであるパル判事が，同じようにこの裁判を偽善とみなしたのである。この二人が東京裁判に抱いていた侮蔑に通底していたのは反共思想だった[64]――裁判官席にはソ連の代表も座っていたのだが。これもまた，勝者の裁きの持つ変則性のひとつにすぎなかった。

人種，力あるもの，力ないもの

善意の人びとが侵略は罰せられずにはすまないような国際秩序の構築を語るあいだも，その同じ人びとの行なう司法手続きは，いまだに人種や力の有無に支配される過酷な現実の世界を反映していた。このことは裁判の「国際的」構造の本質にとくに顕著だった。日本が侵略し，占領したのは，すべてアジアの国々であり，その破壊行為の結果として命を落としたアジア人は膨大な数にのぼるにもかかわらず，一一人の判事のうちアジア人はたった三人だった。これでも戦勝国がもともと意図していた数より多かったのである。当初，判事は全部で九人と想定され，そのうちアジア人は中国を代表するひとりだけだった。パル判事とヘラニラ判事は，それぞれの国が運動した結果追加された。この裁判は，基本的に白人の裁判だった[65]。

二人のアジア人判事をしぶしぶながら加えたのには，特殊な植民地事情を反映する理由があった。フィリピンは一八九八年以来アメリカの植民地だったが，一九四六年には独立が約束されていた。古くから大英帝国「王冠の宝玉」と喩えられたインドも，一九四七年には独立することになっていた。パル判事は，東京裁判の前半ではまだ非独立国を代表していたことになる。インドネシアの場合，日本による「オランダ領東インド」占領後の苛烈な強制労働のせいで亡くなった人が一〇〇万人とも，それ以上とも言われているにもかかわらず，東京裁判で同じ恩恵は受けられなかった。オランダがインドネシアも代表していた，ということなのだろう。ベトナム，マレー半島、ビルマで日本人の手にかかって辛酸をなめたアジア民族も、独自の代表を送れなかった。建前ではフランスがインドシナ人を代弁することになっていた。原則的にはイギリスも、ビルマ人、マラヤ諸民族、そして香港の植民地被統治民に代わって同じ役割を演じたことになっている。

東京裁判に、判事としても、検察官としても、朝鮮人がひとりもいなかった事実はきわめて異様である。朝鮮は植民地化され、何十万という男や女が日本の戦争装置による残忍な仕打ちを受けた――「従軍慰安婦」として、日本国内の採掘や重工業の現場でもっとも過酷な労働を強いられた労働者として、そして、軍の下級徴集兵として。終戦当時、朝鮮はまだほんとうの主権国家ではなかったうえ、いつそうなるかもはっきりしていなかった。東京裁判が続いていたあいだも、日本に植民地統治された人たちは、アメリカとソ連によって分割占領された国土に生きつづけた。そして、旧支配者にして抑圧者であった人間を裁くことも、告発の準備に参加することさえ、許されていなかった。

東京裁判の朝鮮人に対するこの処遇は、ある意味で、この勝者の裁きのより大きな変則性を如実に示していた。あの戦争が、アジアでは独立した自由国家のあいだで戦われたわけではなく、ほとんどが植民地主義によって色分けされていた地図上で起こった、という事実に気づかせたからである。日本が共同謀議によって侵略戦争を行なおうとしたと非難された二〇世紀のアジアは、植民地主義によって、より一般的にいえば帝国主義によって、仕切られた世界だった。日本の植民地および新植民地主義的領土(台湾、朝鮮、満州)は、今裁く側にたつ列強のうちの四カ国、イギリス、フランス、オランダ、アメリカのアジアにおける領土と並存していた。中国そのものが、主権国とは名ばかりで、日本、ヨーロッパ、アメリカの「特殊権益と利害」の寄合い所帯であり、戦争終結直前までアメリカとの「不平等条約」から正式には解放されていなかった。

東京裁判は、植民地主義・帝国主義の世界と、平和と人道に対する犯罪の追及という高邁な理想との矛盾を、無視することによって基本的に解決した。日本の侵略行為は、挑発も、対応する事象もない、ほとんどいかなる背景とも無縁な犯罪として提示されたのである。検察側はアジア人のほとんどが知るアジアに文字どおり盲目なのではないか、と思わせるような事例もあった。首席検察官キーナンは冒頭陳述のなかで、日本が「民主主義と其の本質的基礎即ち人格の自由と尊重を破壊せんと決意しました。彼等は人民に依る人民の為の人民の政治は根絶さるべきで、彼等の所謂「新秩序」が確立さるべきだと決意しました」と言ってのけたものだ[66]。

この種のいかにもアメリカ的な軽々しい大仰さは、戦勝国の良識ある者たちの顰蹙をかった。それでも、この裁判の基盤にあるダブル・スタンダードに光をあてるには、パル判事を俟たなければならなかった。日本の満州統治との関連でパルは、「ここでわれわれの記憶を新たにしておくのが適切と思われるが、本裁判の訴追国である西方の列強が、中国を含む東半球において主張する権益は、かような侵略的手段によって獲得された」のであると指摘した。また、ヨーロッパ人やアメリカ人の植民地主義、帝国主義についての肯定的レトリックが、ひとたび日本に関わると奇怪に変貌するありさまを少なからず皮肉って、「われわれは自分が好まない国家の膨張政策となると、それを「天からの使命」「重大権益の保護」「国家の栄誉」といったことばや、「白人の責務」という考えに基づいてつくりだした語句を用いて呼ぶことを拒み、簡単明瞭に「侵略的膨張」の名を与えることがある」と論評した[67]。

インド人であるパル判事が、勝者の主張にひそむ欺瞞を指摘することに喜びを感じていたのは、誰の目にも明らかだった。たとえば、権威あるイギリス王立国際問題研究所の日本がヨーロッパ帝国主義の先例にときには「ほとんど杓子定規ともいうべき正確さで」倣ったとする説を長々と引用した。同じように、一九三四年に日本が中国における自国の特別権益と利害を宣言した「天羽《あもう》声明」をとりあげて、そこでの国益の定義は「合衆国がモンロー主義を遵奉して行なった行為に明白な前例を見出す」と指摘した[68]。検察側が、日本が学校教育を通して

「民族的優越性」意識の強化を企てたと非難したことについても、パルは、それは日本人だけがとくに糾弾されるべきこととは――検察ほどには――感じていなかった。この問題については、彼の論調は手厳しいというより、むしろ悲しげだった。歴史家アーノルド・トインビーを引いて、「人種的感情」が近代西欧社会の基盤にあったと言い、優勢を誇る白人の力のために、日本人をはじめとするアジア人たちが近年いかに差別に耐えてきたかを指摘したのである。しかしパルも、究極的には、人種的優越性の感情は「人類史の発端から……たくらみある人々の手に持たせるときは確かに危険な武器であった」と認めた。[69]

パルの別個意見書の日本語訳は、占領終了後、一九五二年になってようやく発表されて、多くの日本人が胸の奥にかかえていた感情に深く共鳴した。[70] パルは日本の行為を許したわけではない。日本人の大多数も、事後には、それを容認しなかった。しかし、「通例の」戦争犯罪や残虐行為への憎悪を別にすれば、そして、あの戦争は愚かであったという慚愧の念を別にすれば、多くの日本人はこのインド人判事と同じく、この国がほかにまったく例のない行為をしたとは考えがたい、と思っていた。あの戦争を不安定な帝国主義世界におけるパワー・ポリティックスの文脈で考える傾向が、勝者たちより日本人に強かったことは驚くにはあたらないだろう。

力のないものは力のないままでいた――あるいは、少なくとも、勝った「列強」によって力のないままにしておかれた――という現実が明白だったのは朝鮮だけではなく、先ごろまで日本に占領されていたアジアのもっと南の地域でもそれは同じだった。そこでは、戦勝ヨーロッパ諸国が、旧植民地に再び支配権を押しつけようと軍事行動に忙しかった。日本がアジア諸民族に「人民に依る人民の為の人民の政治」を許さなかったとする冒頭陳述でのキーナンの非難が呆れるほど愚かだったのは、それ以前のヨーロッパやアメリカによる支配のもとでもアジアにはそんなものは存在しなかった、という事実のためだけではない。その非難がされていたまさにそのとき、フランスはインドシナに、オランダはインドネシアに、イギリスはマレー半島に、ふたたび入りこもうと戦闘をくりひろげていたからである。そして，その血塗られた侵略を，平和と人道に対する罪だ，と糾弾するアメリカ人首席検察官はいなかった。むしろ，この戦闘のどれについても，彼の国の政府が，これら死に瀕した旧帝国主義の最後のあがきを支援していたのである。

日本人から見れば，東京裁判にソ連が列なっていることこそ，勝者の裁きのとんでもなく不可解なところだった。なんといっても，ソビエト連邦が平和と正義のモデルだったとは言えなかった(左翼の多くは言えると信じていたが)。もっとはっきり言えば，ソ連はきわめて明らかな偽善の罪を負っていた。日本はこの裁判で神聖たるべき条約義務に違反した罪を問われていたが，ソビエト社会主義共和国連邦こそ，東京で裁く側にまわる資格を得たのは，戦争の最後の週になって日ソ中立条約を破ったからにほかならないではないか。そして，東京裁判で明らかになった事実のなかでも，日本による民間人や捕虜に対する残虐行為はもっとも衝撃的ではあったが，同時に，満州の広い地域で赤軍が民間人を虐待していたことも知られていた。さらには，裁判継続中もずっと，何十万人もの日本人捕虜が，消息不明とされたままソ連に捕えられていた。ソ連に抑留されたまま死んだ日本人捕虜の数が，日本の捕虜となって悲惨な死を迎えたアメリカとイギリス連邦の捕虜の数よりはるかに多いことは，あとになって判明した。

アメリカに対しては，そのダブル・スタンダードを非難して，日本の諸都市への空襲爆撃，なかでもとくに原子爆弾投下は人道に対する罪にあたる，と主張すればいいことはわかりきっていた。パル判事も，さすがの彼にしても異常なくらいの辛辣さでこのことを主張した。別個意見書のなかで，第一次世界大戦中にドイツ皇帝ヴィルヘルム二世がハプスブルク皇帝フランツ・ヨーゼフに送った悪評高い手紙(「すべてを炎と剣の生贄にしなければならない。男，女，子ども，老人を殺戮し，一本の木，一軒の家さえ立ったまま残してはならない」)に言及してから，次のように言った。

われわれの考察の下にある太平洋戦争において、もし前述のドイツ皇帝の書簡に示されていることに近いものがあるとするならば、それは連合国によってなされた原子爆弾使用の決定である。この悲惨な決定に対する判決は後世が下すであろう。かような新兵器使用に対する世人の感情の激発というものが不合理であり、単に感傷的であるかどうか、または国民全体の戦争遂行の意志を粉砕することをもって勝利を得るという、かような無差別鏖殺《おうさつ》が、法に適ったものとなったかどうかを歴史が示すであろう。……もし非戦闘員の生命財産の無差別破壊というものが、いまだに戦争において違法であるならば、太平洋戦争においては、この原子爆弾使用の決定が、第一次世界大戦中におけるドイツ皇帝の指令及び第二次世界大戦中におけるナチス指導者たちの指令に近似した唯一のものであることを示すだけで、本官の現在の目的には十分である。このようなものを現在の被告の所為には見出し得ないのである。

ヘラニラ判事は、このような主張に強く異議を唱えて、その別個意見書にこう書いた。

もし手段が目的によって正当化されるならば、原子爆弾の使用は、それによって日本を屈服させ、恐るべき戦争を終らせたのであるから正当であった。もし原子爆弾が使用されないで、戦争がさらに長く続いたとすれば、どうすることもできない男や女や子どもで不必要に死に、また苦しんだものは、さらに何十万に上ったことであろうか。またほとんど回復することのできない破壊と荒廃が、さらにどれほど引き起こされたことであろうか。

パルとヘラニラの意見をこうして並べれば、原爆使用の是非をめぐってその後何十年も尾をひくことになる論争の基本的枠組みができあがる。[71]

パルの非難はきわめて厳しい。要するに、アジアでの戦争でナチスによる虐殺に匹敵するといえるのは、唯一、アメリカ合衆国の指導者による行為だった、と言っているに等しいからである。そこまで言う判事はほかにはいなかったが、レーリンク判事も、原子爆弾投下を頂点とする空襲は戦争法に違反していた、とする意見だった。レーリンクは、多くの日本人が同じように感じていた、と指摘している。日本の研究者たちと接触するたびに「彼らは真っ先にこう尋ねてきた。「連合国が日本の都市すべてを焼き払ったのに、たとえば東京空襲では一晩で一〇万人もの死者がでて、ついには広島と長崎のあの破壊にまで至ったのに、それでもあなたたちは日本の指導者を裁く道徳的資格がありますか？　これは戦争犯罪です[72]」」。

しばらくすると、勝者の欺瞞は日本のネオ・ナショナリズム思想の主たる骨組みとなり、パルの反対意見は「東京裁判史観」を批判する者たちの手垢にまみれたバイブルとなった。そして、アメリカ政府がたくさんの旧戦争犯罪者をとり込み、反共という共通の目的のために利用したことで——三例だけを挙げれば、重光葵と、右翼のゴッドファーザー児玉誉士夫は占領中からすでに、そして岸信介は一九五七年から六〇年の首相時代に——東京裁判の裁定にたいする拒否反応には、複雑にねじれた二国間関係の色合いも混じることになった。[73]

しかし、日本人の多くは、裁判で暴露された犯罪を知ったことと、暴力に狂った世界でこのような平和と人道にたいする罪を犯したのは日本だけではないだろうという認識とがないまぜになって、敗北とともに抱いた軍国主義と戦争への嫌悪感をいっそう強くしたのだった。このような立場をとる人たちが東京裁判にむける皮肉な目は、ネオ・ナショナリストのそれとはまったく違うものだった。占領終了後まもなく、ある左翼知識人は、歴史上もっとも偉大な「革命裁判」として始まったものが結局は「戯画」に変貌してしまった、と書いた。それは

「技術的な一裁判事件」以上のなにものでもなくなり、二十何人かの男たちにたいする報復の営為に堕した。この失敗は、真に民主的な革命を推進するというアメリカの大きな仕事の失敗と不可分である。「そこから真に行動の基準になるものを捉えた人が余りにも少ないことは争えない」のも道理だろう。しかし、と、この知識人はつづけた。これは平和と正義の理想がいまやどうでもいいということではない。それどころか、裁判によって平和と正義がいかに脆いかが明らかにされたからこそ、それを大切にすることがいっそう重要になった(74)。

その理想を大切にしているのが、新憲法の「戦争放棄」の規定であることはいうまでもない。

敗者の裁き――名指し

日本も、戦争犯罪の告発に参加できなかったアジア民族のひとつだった。連合国側の論理は明快で、被告には自らを裁く権利はなく、もっぱら防衛態勢を整えるしかない、ということだった。もちろん、その前提は、日本人のほとんどすべてがあの戦争に多かれ少なかれ責任を負っており、同胞が関与している戦争責任の問題を厳正に追及できるはずがない、という想定である。当時の感情的に熱した雰囲気のなかではこのような理屈も無理はなかっただろう。とくに、日本では戦時体制に目立った抵抗をした者は、少数の共産主義者を除いて、ほとんどいなかったからである。それにもかかわらず、戦争犯罪の調査と告発から日本の関与をいっさい排除したことは、先見の明に欠けた誤算だったというべきだろう。

ここからは、もし……だったら、という、危険といわれる歴史的仮定の領域に入る。ただしここではすくなくとも、当時の出来事に直接参加し、戦争犯罪の告発に日本人がもっと積極的な役割をもつべきだと考えていた人たちを引合いにだすことができる。日本人の正式な関与があったら――ひいては、(レーリンク判事が、ずっとあとになってからではあるが、考えるだけは考えたように)その関与を裁判官席にまで拡大していたら――この裁判から「勝者の裁き」の烙印を多少なりとも薄くしていたかもしれない[75]。さらには、一般の日本人のあいだに、あの罪に責任をとらなければならないのはほかの誰でもない、自分たち自身だ、という意識をもっと浸透させたかもしれない。それが推進できなかったのは、権力独占にこだわることはかえって逆効果であることを知らなかった占領当局の、もっと大きな失敗と無縁ではない。

敗戦直後には、日本の戦争犯罪を掘り起こそうという積極的な活動に、草の根レベルでかなり強い支持があった。日本軍の働いた残虐行為が明らかになったことに衝撃を受けて、すでに一九四五年九月半ばには、『朝日新聞』などの新聞に、戦争犯罪人とおぼしき者たちのリストを日本人の手でまとめるべきだ、そのほうが連合国の作成するであろうリストよりずっと長くなるだろう、そして、できたら日本人自身による裁判も行なうべきだ、とする論調が現われた[76]。多くの読者がこれに賛成した。一〇月半ばには、軍部だけではなく、官僚、警察、大企業や金融機関の幹部なども含めた「戦争責任者」を攻撃する投書が急増した。『朝日新聞』の論説委員は、自分たち自身で日本人戦犯を罰しようと主張する人の多さに驚いた、と書いた。そして、近衛文麿や、もと内大臣木戸幸一に逮捕命令のでるずっとまえに、いわゆる軍部だけでなく、この二人のような文民も起訴されるべきだと社説で論じていた。一二月初めころ、連合国の公表した主要戦犯容疑者リストにのった人数が二一八に達したとき、人気コラム「天声人語」は、これでは少なすぎる、と書いたものだ[77]。このような動向は、国務省の東京代表がワシントンに送った極秘報告書にも記述されている。一二月半ばにジョージ・アチソンが打電した報告書はこういっていた。「日本国民のあいだでは全般的に、主な容疑者に戦争責任を負わせようというムードが強い。日本の敗北にくわえて、日本は侵略戦争をすべきではなかったという認識が高まっていると思われ、その悔しさが日本の指導者に対する強い怒りを生んでいる[78]」。

このような感情は左翼も全般的に是認していた。マルクス主義者、共産主義者たちは、日本の「侵略戦争」を少なくとも一九三一年の満州事変にまでさかのぼって批判することに喜んで同調し、降伏後まもなく、社会のあらゆる階層にいる戦争犯罪人、協力者を根こそぎにしようと「人民」に呼びかけるキャンペーンを展開した。人民裁判の唱導は共産党綱領には入らなかったが、細川嘉六のような主だった左翼知識人は、早いうちから「戦争責任者の国民自身による裁判と処断」の推進を考えていた(細川はこれを、思想犯として獄中にあって連合軍に解放されるのを待っていたときに、すでに構想していた)。東京裁判開始前夜には、このような裁判を連合国にいっさい任せきりにして手を拱いていていいのか、と訴えて、日本の「国内の人民の手でも戦犯追及を進めること」を力説することができた。しかし、この同じ訴えが、一九四六年一二月にはできなくなっていた。ある公開研究会で、「東京裁判の検事団や判事団に日本人がまったく加わっていないことの不当性を指摘し、戦争に反対した日本人を裁判に参加させることを主張」した法学者の戒能通孝が、この発言を出版しようとGHQ検閲官に提出すると、全文そっくり発禁処分になった。一九四八年、裁判が終了に近づいていたころ、何人かの進歩的知識人があらためて「人民法廷」や日本人による裁判を呼びかけたが、このころには一般の関心をまったく喚起できなくなっていた。[79]

政治的立場の対極で、日本政府も裁判の実施を考えていた。戦勝国がそれを認める可能性は万に一つもなかったが、それでもこの考えは降伏の前にも後にも上層部の関心をひいた。最初に浮上してきたのは、八月九日、降伏すべきか否かをめぐる内閣内の抗争で、軍部がポツダム宣言受諾の条件として独自の裁判を行なう権利を主張し、失敗したときだった。[80] 九月一一日にSCAPが最初のA級戦犯容疑者逮捕を発表すると、政府はすぐさまこの考えを再びもちだした。九月一二日、東久邇内閣は、迫りくる逮捕と、それに関連して、東条が起訴を免れようと自殺を図って未遂に終ったこととに衝撃を受けて、連合国側の行動とはかかわりなく戦争犯罪を調査し、独自の裁判を実施する、と決定した。重光葵外務大臣(のちに自身も逮捕され、戦犯として裁判にかけられる)がこの政府の意向をGHQに伝えたが、翌日には不可を告げられた。

内閣のこの提案は、ひとつのジレンマを露呈し、多くの当局者を困惑させた。天皇もそのひとりだった。『木戸幸一日記』によれば、「敵側の所謂戦争犯罪人、殊に所謂責任者は何れも嘗ては只管忠誠を尽したる人々なるに、之を天皇の名に於て処断するは不忍ところなる故、再考の余地はなきや」と尋ねたとされている。天皇のこの要請によって、内閣はその決定を再考し、そして再度同じ決定を下し、今度は裕仁の不承不承の承認を得て、その案をGHQに伝えた。木戸自身は、天皇の名で戦争をし、こんどは天皇の名で裁くなどということは不可能だ、と悩んだ。また、これが共産主義者を表にひきだし、「互いに血で血を洗うような」一種の国民裁判になるのではないか、と懸念していた。

内閣はGHQに提案を拒否されてもあきらめなかった。九月一八日、東久邇宮首相が外国人記者に、政府は捕虜の虐待やそのほかの戦争犯罪を行なった者たちを調査し、罰するつもりである、と語っている。この声明は日本の新聞に大きくとりあげられ、「戦争犯罪人の処断　我方の手で開始」という大見出しが躍った。一九四五年九月から一九四六年三月までに、政府は、八人の下級軍人を通例の戦争犯罪の容疑で四つの別個の裁判にかけた。しかしSCAPがこれに介入して、公式指令によってこの裁判を無効にした。どうやら政府は、いったん裁判にかけて判決を下してしまえば、同一人物を連合国が再び裁判にかけて二重の危険にさらすことはできないはずだ、とふんだらしい。しかしそれは根拠薄弱な楽観だった。八人全員が連合国の下級の法廷で再び裁かれ、より厳しい判決を受けたのである。日本側によるこうした数少ない裁判での判決は相対的に寛大で、日本政府にもっと上のレベルの戦争犯罪を裁く権限が与えられていたらいったいどんな結果になっていたか、かなり確実に予想できる。(81)

こうした問題についての政府の考え方を如実に示すのが、敗戦当初数カ月間のある時点でまとめられた緊急勅令草案である。この秘密の勅令が日の目を見ることはついになかった。しかし、戦争責任の問題について支配者集団の好きに任せておけば、いったいどこまでする気だったのか、これほど鮮明に示す例はほかにまずないだろう。正式な題目は、「民心を安定し国家秩序維持に必要なる国民道義を自主的に確立することを目的とする緊急勅令」と派手に飾りたてているが、その忠君論理はごく単純である。すなわち、あの破滅的な戦争は天皇の信頼にたいする裏切りであり、天皇の平和にたいする不変の献身の悲劇的な悪用であった。戦勝国が、自分たちこそ平和と人道への敬意という「文明の」理想を歴史的にも文化的にも体現していると思っていたのとまったく同様に、この草案を起草した者たちも、同じ理想を彼らの天皇の伝統の核心として描いた。西洋的な教育と訓練を経た法律家たちが、ニュルンベルクで、のちには東京で、「平和に対する罪」や「人道に対する罪」と苦心して定義したものが、この草案では「叛逆罪」と称されていた。

この勅令(案)の告発の核心は、一二条のうちの最初の三条に、いささかぎこちない文章で提示されている。

第一条　本令は民心を安定し、国家秩序維持に必要なる国民道義を自主的に確立する為国体の順逆を紊りて天皇の輔翼を謬り、その大平和精神に随順せずして主戦的、侵略的軍国主義を以て政治行政及国民の風潮を指導し、又は指導を輔け、因りて明治天皇の勅諭に背きて、軍閥政治を招来し、朋党比周以て之に与し情を識りて之を助長支援し、以て満州事変、支那事変、又は大東亜戦争を挑発誘導し、内外諸国民の生命財産を破壊し、且国体を危殆に陥らしめたる者、施設又は社会組織に付、之を処断し除却し、又は解消せしむることを以て目的とす

第二条　左に該当する者は之を叛逆罪として死刑又は無期謹慎に処す

一、天皇の命令無くして兵を動かし、妄りに軍事行動を惹起し侵略的行動を指揮し、満州事変、支那事変、

大東亜戦争を不可避ならしめたる者
一、明治十五年軍人に賜りたる勅諭に背き軍閥政治の情態を招来し、国体の真髄を破却して専横政治、又はこれに準ずる政治行動を以て天皇の平和精神に逆らい、大東亜戦争を必至ならしめたる者
第三条　左に該当する者は、之を叛逆罪共犯として無期又は十年以下の謹慎に処す
一、前条第一号に直接参画したる者
一、前条第二号の軍閥政治に共鳴し、之が強化を共謀し、情を識りて之を支援したる者
一、軍人政治家、其の他の者の好戦的策謀宣伝を情を識りて支援し之に協力運動し、天皇の平和精神に背きて主戦的輿論を造成し、開戦を余儀なからしめたる者

草案はさらに続けて、特定の場合には、このような罰が、公職からの追放や、臣民に通常生ずる権利の剝奪に減刑されることもある、と言っている。一〇〇名以上の署名とともに訴えられた個人については、検事総長の指揮のもとで捜査、起訴、裁判が行なわれることになっていた[82]。

一瞥しただけでは、いまだに戦時中の天皇崇拝の修辞を思わせるこの草案と、東京憲章によって提起された理想とは、このうえなく強烈なコントラストをなすように思える。しかし「緊急勅令」には、じつに日本的なその彩りにもかかわらず、日本によって行なわれたかもしれない裁判は、極東国際軍事裁判所でじっさいに起こったことと、それほど違ったものにはならなかったと思わせるものがある。現実のA級戦犯裁判と同じように、それもショウケース裁判になっただろう。起訴されたのは、かつては影響力を誇った少数の人物だっただろう。そのほとんどが東条と関わりのある軍幹部だっただろうが、なかにはもと外務大臣松岡洋右(じっさいに連合国によって起訴されたが、裁判中に死亡した)のような文民官僚も含まれていただろう。満州事変以来の日本の軍国主

義や侵略は、天皇の方針ではなく、「軍閥政治」の反映だった、という主張を裏づける記録や資料がそろえられたことだろう。連合国が「平和に対する罪」や「人道に対する罪」と呼んだものに相当する漠然とした概念ももちだされていたことだろう。

つまり、基本的にこの勅令草案は、東京裁判で裁かれ、有罪を宣告された、たくさんのおなじ人物たちを、スケープゴートとして被告席に座らせたであろう「敗者の裁き」のスケッチだった。これはたんなる憶測ではない。東京裁判の検察側は、起訴状の準備にあたって、この勅令草案の準備に必ずしも直接には関与していなかったとしても、その趣旨や戦術を支持し、玉座に近いところにいた、「たれこみ屋」に大きく依存していたからである。日本人が想定した裁判の主たる目的は、東京裁判の基本的な副次目的とまったく同じだった。平和主義者で、無垢で、政治を超越した存在としての天皇を確立することである。敗者の裁きは、勝者の裁きとまったく同じように、最終的に、日本は一握りの無責任な軍部の陰謀主導者によって「侵略的軍国主義」に引きずりこまれた、と主張していたことだろう。そこには自家製の「共同謀議」説さえ盛りこまれていたかもしれない。

こんな想像がいかに興味をそそるとしても、高レベルの戦争犯罪裁判を日本人の手にゆだねるなど、戦勝国にとっては思いもよらなかった。東京裁判の検察側スタッフに日本人を加えるというもうちょっと控えめな提案も、アメリカは最終的に拒否した。(83) そんな、鶏小屋に狐を放りこむようなことをしていたら、日本の外で起こったであろう抗議の合唱は想像に難くない。それにもかかわらず、真に期待できたであろうひとつのチャンスがこれによって失なわれたともいえるだろう。日本には、特別検事補団を構成したら立派な働きをしたであろう有能で責任能力のある法律家はいたし、戦争を悔やみ、新たな出発を望んでいた国民の大多数も、そうした人たちのそのような役割を支持したことだろう。検察にこのような特別隊をつくっていたら、たとえばドイツで行なわれていたような戦争犯罪調査でも中核となれたかもしれない。

戦争犯罪人の告発にいかなる公式の役割も担えなかったエリートは、誰を逮捕し、起訴するかについての戦勝国の決定に非公式な影響力を行使しようとした。戦時中の「一億一心」の宣伝とは(またしても)裏腹に、日本の戦争装置は内部紛争でずたずただった。軍官僚と文民官僚のあいだだけでなく、それぞれの官僚機構の内部にも派閥抗争がはびこっていた。さらには、たとえば、陸軍と海軍のあいだばかりか、それぞれの軍内部にも抗争があった。一九四五年初め、各都市への空襲が本格化する前に、もはや必至の敗戦の責任は誰にあるのか、その犯人の名指しが最上層部ではすでに本気で始められていた。戦勝国側は、血の絆で結ばれて決して口を割らないサムライの国に足を踏み入れるものと覚悟していたかもしれないが、じっさいにそこに見たのは、ヒソヒソ声に満ち、反目にひき裂かれた、古代ビザンツ帝国さながらの国だったのである。

派閥の策略にみちたこの環境は陰謀の憶測でわきたっていたが、なかでも、「軍閥政治」の概念ほど簡便かつ即座に使えるものはなかった。これは一九四五年二月に、もと総理大臣だった近衛文麿が天皇に上奏した極秘文書のなかでも、異常なまでに力をこめて解説されていた。のちに「近衛上奏文」として知られるようになるこの終末論的文書は、基本的にすべての罪を近衛の後任の首相、東条英機とその一味に着せていた。近衛と近衛の取巻きの見るところでは、この国は軍部内の「かの一味」と非合法共産主義者による共産革命達成の瀬戸際まで追いこまれていた。そして、軍部内の「かの一味」も、共産党も、資本主義を侮蔑しており、日本国内のみならず、アジア全域において、社会的・政治的革命を起こす意図である、と近衛の主張は続いた。(84)

近衛の陰謀説は、要するに、一九三〇年代から四〇年代初めにかけて政界と軍部を揺さぶった激しい派閥抗争についての、そこに関わったひとりによる叙述だった。近衛の主張は、一九三六年の二・二六事件に加担し、失敗したために、陸軍で力を失った皇道派のイデオロギーを色濃く反映している。皇道派は、東南アジアにおけるアメリカやヨーロッパの植民地を攻撃してこれら列強に挑むことにはとりわけ慎重で、むしろソビエト連邦に対抗して日本を「北に向けての進撃」に備えさせるべきだとする意見に傾いていた。その皇道派が、そして近衛が、どうしても太刀打ちできなかった敵が東条率いる統制派だった。しかし落ち目になるほど恐ろしいことはない。かつてあれほどの権力をふるった東条は、敗戦の瓦礫のなかで、日本でもっとも弱い男となり、ほとんどすべての人にとって格好の攻撃目標になった。

近衛文麿は、降伏後の数カ月間、戦勝国側に「軍閥政治」についての自説を訴えることにかなりの時間とエネルギーを費やした。天皇に謁見したときの状況をマッカーサー元帥の前で再演して見せることまでしている。その近衛公爵が一二月に自殺すると、近衛の仲間や共謀者たちがその遺志をついで、連合国の調査がなんらかのかたちで統制派に関与していた者たちに集中するように画策した。近衛の側近で個人秘書だった牛場友彦は、きわめて強力なコネクションをもち、GHQの国際検察局(IPS)に、公爵の手になる七五冊の手記をはじめとする文書をすぐさま提出したほか、東条とその賛同者はもちろん、近衛内閣の外務大臣としてドイツとイタリアとの同盟を推進した主要人物である松岡洋右も追及すべきだと奨めた。さらに、情報提供者として役にたつと、岩淵辰雄を推薦した。岩淵は著名なジャーナリストで、近衛上奏文の起草にも陰で関与していた。雑誌などに執筆するほか、アメリカ側に情報提供や説明などをして、皇道派スポークスマンとして精力的に働いた。また、天皇の側近だった木戸幸一について、軍国主義者に同調して主君に誤った進言をした重大責任を負っている、と断定した。近衛上奏文の準備に協力したもうひとり、吉田茂も、自発的に戦勝国側に通報した戦犯容疑者のなかに木戸を含めることにやぶさかではなかった。[85]

近衛上奏文に関与したほかの者たちも、IPSとGHQの防諜要員の両方と緊密に協力した。なかでも「共産主義者の陰謀」説を唱えてもっとも執拗だった殖田俊吉は、日本の愚行と惨事に主たる責任があるとみなした七八人の名簿を提出した。[86] 退役大将の真崎甚三郎も熱心に協力したひとりだった。教育総監として皇道派の思想的指導者だった真崎は、A級戦犯の容疑で逮捕されたが、尋問にあたったアメリカ人をすっかり魅了してしまった。そしてとくに熱心に木戸を批判した。もし木戸と会ったら、顔に唾を吐きかけてやりたい、とまで言っている。真崎は皇道派の煽動家であり、一九三〇年代半ばに軍内で超国家主義的訓育が進んだことに主要な役割を演じたにもかかわらず、その「親米」(そして激しい反共)思想で尋問にあたった検察官たちの心を動かし、即座に裁かれるべき容疑者リストに名前が載っていたのに、そこからはずされたのである[87]。

IPSやGHQの調査官たちの窓辺に言い寄るセレナードには、このほかにもたくさんの歌い手が参加していた。歌詞はいつも決まっていた――天皇を除外しろ、東条とその側近を集中的に調べろ、そして、軽薄で癇にさわる松岡洋右や、策略家の木戸幸一のような、目障りな文民高官も何人か含めろ……。こうした通報者のなかには宮中内部の者さえいた。天皇とIPSやGHQとのあいだの連絡員として倦まず働いていた寺崎英成が、一九四六年二月、検察側に四五人(そのうち四二人は当時存命していた)の名前のリストを手渡した。この者たちがあの惨憺たる戦争に主たる責任を負っている、と寺崎は言い、そのうちの多くについて裏づけとなる具体的な情報を提供した。そして、情報の一部は直接天皇から出ている、とほのめかすこともためらわなかった。ある折には、IPSのアメリカ人連絡担当官に、日ソ中立条約調印のほんの数カ月後に松岡がソ連攻撃を提案したとき、裕仁自らが反対の意を表明した、と伝えている。このほかにも、有末精三もと中将がなぜ逮捕されていないのか、と天皇が問うたという内容の、明らかに寺崎との極秘の会話にもとづいていると思われる記述がIPSのファイルに残っている[88]。

検察側にもっとも大きな力を発揮した日本人は、もと少将ともと大臣のふたりだった。このうち、田中隆吉もと少将には、一九四六年一月にIPSが注目した。そしてこの男が、中国での犯罪行為やアヘン密輸に軍部が深く関与していたことを含め、軍上層部の活動についての内部情報に精通し、きわめて滑らかな舌をもつ提供者であることを知った。田中は、東京裁判で検察側の主要な証人として証言し、その後何年もたってから、もと同僚をあれほど多く罪に陥れた理由を「天皇をこの裁判にださず無罪にし、国体を護持する――これが私の目的であった」と説明した(89)。

田中より高名で、名指しについても大きな力をふるったのが、明治の元勲を祖父にもつ木戸幸一だった。一九四〇年から四五年にかけて内大臣を務め、天皇の日程の調整にあたった木戸は、天皇の腹心であったばかりでなく、情報の流し屋、ゴシップ加工者、狡猾な策略家だった。敵は数え切れない。A級戦犯容疑で逮捕されることが一二月六日に発表されると、木戸は当初、戦争を認めた天皇のすべての裁可について全面的に責任をかぶって主君を守るつもりでいた。しかし一二月一〇日の天皇との感動的な別れの謁見の後その考えを変えた。木戸が戦術を変えたのは、姻戚関係にあった都留重人との会話がきっかけだった。名家の出で、名目上はマルクス主義者だった若き都留(のちに著名な経済学者、教育者になる)は、アメリカで高等教育を受け、一九四〇年にハーバード大学の経済学博士号を得ていた。その都留が、アメリカ的思考法に照らせば木戸の戦術はひどく間違っている、と説得したのである。自分に罪があると言えば、アメリカ人はそれを天皇も同じように罪があることだと解釈するだろう。天皇が無罪だという印象を強めるためには、自分が無罪であると訴えるべきである……。木戸はこれを聞いて、「何か腹の決まりたる様な感を得たり」と日記に記した(90)。

都留のこの助言は、明らかに、さらに別人の勧めによるものだったようだ。当時、米国戦略爆撃調査団の一員として日本に来ていた、進歩的経済学者で、親しい知人だったポール・バランである。こうして、一二月二一日、ＩＰＳによる第一回尋問(通訳は都留)で木戸は、自分が一九三〇年以来詳細に付けてきた日記の存在を明らかにし、それを検察側に引き渡すことに同意した。一二月二四日から一月二三日にかけて、三回に分けて提出されたその日記の最後の記述は一九四一年だった。真珠湾にこだわっていたアメリカ側検察官にとってもっとも興味のある時期である。木戸の日記はすぐに、検察側の「バイブル」として知られるようになった。[91]

主君に「つごうの悪いこと」を一部消すなど、木戸が日記に多少手を加えたことはありうる。[92] もちろんこのものと内大臣は、読みにくい箇所の多々ある自分の日記が、検察官への直接の「説明」ともども、天皇が一貫して平和を希求していたこと、戦争という手段に訴えた責任は全面的に政府と軍部にあることを証明すると確信していた。木戸のこの計算ずくの賭けには大きな見返りがあった。検察側はこの日記をくまなく調べ、さまざまな被告に対する訴状の準備に活用したが、証拠として法廷に提出された部分からは、裕仁のことばや行動への重要な言及は注意深くふるいわけられていた。木戸に対する異常なまでに長時間にわたった尋問――三〇回、タイプされた調書でおよそ八〇〇頁――も直接証拠としては提出されなかった。たとえ木戸といえども、いかに細心の注意をはらっていても、ごく稀には、天皇が日本の一連の行動に指導者として責任を負っていると解釈されかねない発言もしたからである。[93]

一九四六年三月、A級戦争犯罪容疑で裁判にかけられる被告の最終リストが固まったとき、IPSは、田中隆吉の尋問調書と木戸日記からの抜粋を、全被告の起訴状に最大限引用すると決めた。東京裁判所の最初の裁判で木戸とともに起訴された二七名の被告のうち一五名が、日本の戦争に主たる責任を負う者として、木戸によって名指しされたのだった。[94]

第一六章　負けたとき、死者になんと言えばいいのか？

敗北を知った日本人の最初の公式な反応は、古代ギリシアか、中国か、と思うような修辞をもって表現された。新聞の社説は「一億相哭の秋《とき》」と書き、詩人は「無声の号泣国土に起こり」と詠じた。心は苦痛にまみれた怒りに燃え、涙にただれた。戦死者の魂が最後に憩う場とされる靖国神社の宮司だった退役大将は、敗北を(ひいては、性的無力化をも)意味する「刀折れ矢尽き」という常套句を使いながら、死者の涙が「自分の前にも後にも」ふりかかるありさまを描写した。(1)

占領軍の第一陣が到着する一週間前、作家の大佛次郎が『朝日新聞』に「英霊に詫びる」と題する記事を寄せて、天皇の放送のあとの眠れぬ夜を語り、もっと親しみをこめて死者たちに呼びかけた。戦争で死んだ身近な者たちの顔が次々と目の前に浮かんでくる。出版社の友、よくビールを飲み交わした若い友人、行きつけの料理屋の寡黙な主人、六大学リーグ戦のときだけ顔をあわせる男、和歌に熱心な町のお医者さん……。こういう人たちを「白い明け方の空に、一つずつ消え去って行く」星と呼び、彼らとともに「無限に地平に続く影の行進」を見る。そして、その後何年もたくさんの日本人の心から離れなかった問いを投げる――「君たちの御霊を鎮める為に何を支度せねばならぬか」と。そのときの大佛に答えは明瞭だった。せねばならぬのは、天皇の決定を信頼し、

「過去の垢をふるい落として、新しい日本を築き上げる。その暁」を待つことだけだ。「屈辱を超え」たときはじめて「御霊に鎮魂曲を捧げ得る」のである。そうしてはじめて、死者たちは「笑って目をつぶってくれる」のではないか。[2]

英霊のための鎮魂曲

負けたとき、死者になんと言えばいいのか？　戦争責任、罪、懺悔、贖罪といった問題をなんとか呑みこもうとしていた大半の日本人にとって、心を占める問題はそれだった——勝者にとってそれが道徳的、法的な見通しであったのとは違って。この違いは当然だろう。文化的差異のためではない。戦いに敗れると、世界が変わるからである。天皇の軍隊が犯した侵略や残虐行為に責任を負うのは誰か、と勝者が問い質していたとき、日本人には、この敗北の責任を誰が負うのか、ということのほうがずっとさしせまった問題だった。そして勝者が、日本がほかの国やほかの民族に対して犯した罪を見つめているとき、日本人は、死んでしまった同胞にたいする哀惜の念と罪悪感に打ちのめされていた。勝者は、戦争は偉大かつ芳しい成果をあげたと報告することで死者たちの魂を慰め、自らも癒されることができた。勝った側では戦ったすべての男が英雄となり、勝利した戦いでは最悪の犠牲もむだにはならなかった。勝利は悲嘆にある程度の折合いをつけさせてくれる。しかし敗北は、親族の、知合いの、もっと広く同胞たちの戦死の意味を、剝きだしのままひりひりとそこに残した。

終戦に至るまでに日本人は——日本の男たちのほとんどは、ほぼ確実に——帝国軍隊による破壊と残虐行為についてなんらかの知識を得ていた。何百万人もが海外に出ていたから、必ずしも自ら残虐行為に及ばなくても、そのような犯罪を目撃したり、噂に聞いたりはしていた。そのような非道なふるまいのあったことを——あるいは、少なくともその規模や非道の程度を——まったく知らずにきた人たちも、すぐに、勝者の宣伝機構によっておぞましくも具体的なその証拠を見せられた。それは耳を傾けるのがつらかったことはもちろん、納得するのはさらにむずかしかった。大佛次郎が苦悩にみちた記事のなかで言ったように、死んだ日本人の幽霊の尽きることのない長い列にいるひとりひとりに、「父親がおり、妹や弟がいる」のである。海外に出た兵士たちを呪ったり、軽蔑したりすることもできるだろう。それでも、死んだ日本人はなんらかの鎮魂の歌を求めていた。その一方で、天皇の兵士たち、水兵たちがひきおこした何百万の死については、たんに数字としてではなくひとりひとりの人間としては、まだ想像できなかった。日本人以外の死者には顔がないままだった。そのなかに見知った姿がなかったからである。(3)

勝者にすれば、日本には「英霊」などいなかった。東京裁判も、一九二八年以降のすべての軍事行動を侵略行為とその結果としての「殺人」として行なってきた国が、そして、捕虜に対する虐待も民間人に対する残虐行為もほとんど国民性の表出とも思えるくらいあちこちで行なってきた国が、そんなことを考えるだけでもあさましい、とはっきり言っていた。敗戦後は、軍人や民間人の戦没者を追悼する儀式はできても、その人たちの犠牲を讃えてはならなかった。吉田満による戦艦大和の最期の描写に対する発禁処分が示すように、祖国のために闘って死んだ者たちの勇気と栄光に捧げる挽歌が高らかに響くことはならなかった。それでも、吉田満にも、大佛次郎にも、さらには、天皇崇拝の最後の衣を脱ぎ捨てた怒れる若き復員兵、渡辺清にとっても、死せる同胞たちは基本的に善良な人間だったとしか思えなかった。そのほかの何百万人というふつうの人たちも、自国の敗戦を、家族、友人、隣人、そしてたまたま知りあった人たちとの関わりのなかで理解し、同じ心の痛みを抱えていた。

大佛次郎や渡辺清のような人たちも、先の戦争についてだんだんわかってくるにつれて、批判をためらわなくなった。もっと広く日本社会への批判についても同じだった。敗戦後のエリートたちのあからさまな欲得ずく、腐敗、無能を見るだけでも、権威にたいする敬意を——ひいては、かつての「聖戦」神話への信仰をも——失うに十分だった。さらに、東京裁判でのさまざまな証言を含めた勝者によるプロパガンダと「再教育」は、日本人が海外で組織的にくりひろげてきた破壊行為に集中し、もはやそれは否定しようもなかった。多くの人が、あの戦争は誤りだった、犯罪行為が行なわれた、と認めるようにはなったが、しかしそれでも、国民的な懺悔と贖罪の行為のすべてにおいて自分たちの死者をどうにかして肯定的なかたちで慰めたいという欲求が挫かれることはなかった。大佛次郎の随筆はこのジレンマにたいする共通の対処法を示していた――「過去の垢を」捨てて、新しい社会、新しい文化を築きあげれば、死んだ国民の犠牲は意味あるものにできるかもしれない。しかし、死者の家に通じる道には、紆余曲折のあることがしだいにわかってくる。

尊敬される立場にある人たちのなかにも、同胞戦没者たちを屈折したかたちで悼む者が多かったが、その典型がキリスト者で教育者だった南原繁である。終戦直後に東京帝国大学総長になった南原は、ほとんどの教育者と同じく、戦時中に「光輝ある日本」の使命を支えよと教え子たちを鼓舞した個人としての罪の重荷を背負っていた。したがって南原の戦争批判の先導者、平和の伝道者への変身は、論理と信仰のちょっとした飛躍ですむものではなかった。それは要するに、ほかのたくさんの人たちと同じ「転向」体験だったのである。その結果南原が新たに見出したヴィジョンの情熱と真情は抑えようもなく、すでに一九四五年九月一日には『帝国大学新聞』の論説にその発露をみいだした。このなかで南原は、「今次の大戦ほど、戦争の非道と惨状を露呈したのは、いまだかつてなかった」と前置きして、次のように論述した。教育が直面する重大な課題は、根本的な「人間性理想」(これに南原はドイツ語で Humanitätsideal と添える)を実現することであり、これは基本的に「普遍人類的な世界宗教の理念」と一致する。そしてそのためには「新たな戦い」が必要であり、そこには戦死した学徒の魂も帰ってきて、ともに参加してくれるだろう。

やがて大陸から、南洋の島々から、われらの「仲間」が還り来るであろう。そして再び講堂を埋めて、祖国再建の理想と情熱に燃えて、学に精進する日も遠くないことであろう。ただそのとき永久に還らぬ幾多俊秀のあるのを思うと限りなく寂しい。彼らは皆、武人として勇敢に戦いかつ死んだのである。しかし、彼らは武人であると同時に、最後の日まで学徒たるの矜持を棄てはしなかった。彼らは国を興すものは、究極において真理と正義であることを固く信じて疑わなかった筈である。この日にも、はや、彼らの魂はここに帰り来たって我らとともにあり、諸君のこれからの新たな戦いを祝福し、嚮導するであろうと想う。

「英魂」にむかって南原は、大学が「決戦下」にも「貴重な図書」を守りえたことを厳かに報告し、それを聞けば彼らも安堵するだろうと確信している。[4]

一一月になると、復員した学生たちを歓迎する集まりがあり、ここで南原は、戦争の真の勝者は「理性と真理」であった、そしてその偉大な理想を担っていたのがたまたま日本ではなく「米英」だった、と率直に語った。これは祝すべき勝利であり、「われわれ自身敗れたこと」も、「同胞の血と生命の犠牲」も、この観点から見るべきである。悲劇には苦しみがともなうが、そこから新たな国の生命が生まれる。キルケゴールのいうところの「自己自身」が主役の新たな「平和の戦」で、民主的な方向に発展し、普遍的な自由に貢献するという大いなる戦に挑まなければならない……。そして最後に南原は、これは目の前で聞いている学生たちだけでなく、戦いに死んだ「戦友」たちの歓迎会でもあり、この時を期して、戦いを生き延びた者たちは、戦いに死んだ多くの戦友の遺影を胸に、「真理の戦」を戦うのだ、と劇的に締めくくった。[5]

一九四六年三月には戦没した東京大学の学生と職員のための慰霊祭が行なわれた。そこで南原が総長として述べた追悼の辞の全文が、「戦没学徒に告ぐ」と題されて『文藝春秋』に掲載されている。そこで南原は、この慰霊祭は「今次大戦」で永久に還らぬものとなった同胞を、宗教色のない「純一無雑」なかたちで追悼する――そして、罪悪、懺悔、贖罪を考える――ために挙行される、と指摘し、天皇と同じように、耐え忍ぶことを語り、キリスト者らしく、「現実の十字架」を負うことを語った。そして戦没者の魂にむかってはっきりとこう告げた。軍閥、超国家主義者ら少数者の無知と無謀によって国を挙げて戦争に突入させられた。大学の者たちを含め、人びとは正義と真実のためと信じてそれに従った。しかし不幸にして、真理と正義は「米英の上に止った」のである。このすべては、世界歴史における厳然たる「理性の審判」であって、「戦いに勝ったものが正義」ということではない。

さらに、戦没者はあの敗戦の日と、それ以来の「生活の悲惨」と「精神の苦痛」を目撃せずにすんだが、日本人が今感じている痛恨は「敵手に対するよりむしろ自己自らに対する悲憤」であることを知ってほしい。今や「我国は有史以来の偉大なる政治的、社会的、精神的変革を遂げつつ」あり、「正義と真理」の日本建設は真に可能である。こうして南原繁は、亡くなった多くの俊秀を悼み、かれらを「国民的罪悪に対する贖罪の犠牲」と呼んだのである。(6)

しかし、敗戦初期のこうした発言で南原がとりあげなかったことも多かった。日本による侵略の犠牲になった者たちについて語らなかったし、アジアのほかの民族にもいっさい言及しなかった。今こうして糾弾している軍国主義、超国家主義の推進にこの大学が積極的に加担していたことについても立入らなかった。さらに、このような「俊秀」への賛美には、ロマン主義的美化だけでなく、この戦争の犠牲者はなんらかの社会的価値のものさしによって測ることができる、あるいはそうすべきであるとするような、エリート主義の危険もひそんでいた。こうした限界はあるものの、南原繁は、正義にもとる戦争を非難しながら、そこでの戦没者を賞賛し、決して無駄死ではなかったと(少なくとも、生き残った者たちに)請合う、ひとつの方法を提示してみせた。これは大きな道徳的、心理的ジレンマだったのだが、戦勝国はこんなジレンマに向い合わずにすんだために、これを容認も許容もしなかった。南原の編みだしたこの方式は、多くの日本人がさまざまに使える無宗教の「祈禱文」になった——懺悔と贖罪は、平和と正義に献身する新しい日本の建設に邁進する者だけに許されている。そしてその理想を追求することは、死者を讃えることになる。なぜなら、死んだ者たちはそのために闘っていると信じて死んだのだから。

非合理性、科学、そして「敗戦の責任」

南原の転向の基盤にあったのは、彼が語りかけ悼んだ、真実を追求した学徒たちともども、日本の指導者たちに欺き導かれたのだ、という確信だった。この点では、南原の感情は国民一般の感情と完全に同調していた。降伏後、「騙された」という受動態の動詞が至るところに見られたからである。戦争中は名うての宣伝屋だった者たちさえ、このぬめぬめしたことばを自分たちの個人的責任を洗いながす洗剤として使った。才能ある政治漫画家、近藤日出造もそのひとりだった。近藤は、軍国主義の尻馬にのって、陽気に、奔放に、ほとんど破滅の門まで近づいていたのに、戦後になると、同じくらい陽気に格子のむこうの東条を風刺した。そして一九四六年初めには、戦争前は「ほんとに楽しい生活だった」と書いた。それを思うたびに「憎くなるのは、「第一級戦争犯罪者」どもである。われわれ国民は全部、かれらにだまされ、利用され、真相を知らずに、……戦争に協力してきたが、これは、今思えば知らないからのこと、だまされたからのこと」と言いきったのである。(7) 作家の菊池寛は、文学者の戦時動員に大きな役割を果たした人物だったが、同じように我が身から戦争協力の汚れを洗い流そうと、「こんな惨敗」は国民の言論の自由を抑圧しながら戦争を開始した国家指導者たちによってもたらされた、と(いみじくも『話の屑籠』と題する随想で)力説した。(8)

このような視点から見れば、「英霊」だけでなく、国民全員が戦争の犠牲者だった。このテーマは東京裁判が開廷される前にすでに細部にわたって展開され、出版界の一大センセーションになっていた。ジャーナリストのグループが「歴史秘話」をまとめて『旋風二十年　解禁昭和裏面史』と題して急遽出版した本がベストセラーになったのである。一九二六年から三六年までをとりあげた上巻は一九四五年一二月一五日に発売されたが、最初の一週間でおよそ一〇万部を売った。この本が山積みされた書店の外に熱心な購買者が列をなして開店を待っていた、といった話がひろがった。戦争までを扱った下巻は一九四六年三月一日に発売され、たちまち七〇万から八〇万部を売った。同じ年の末には、多少の改訂を加えて、上下巻合本が出た。翌一九四七年に『旋風二十年』は年間をとおしてベストセラー上位十位以内にとどまって、A級戦犯裁判に日本人の手になる共同謀議説という餞別を贈った。(9)

この本は、東京のある小出版社の経営者だった増永善吉という男のアイデアから生まれた。増永は八月一五日の天皇の放送を疎開先で聞いたのだが、この悲劇的な事態に潜む商業的可能性にはたと気づき、すぐその日の汽車で帰京した(ちなみに、一世を風靡した『日米会話手帳』も、まったく同じといっていい状況での思いつきから生まれた)。そして、すぐさま毎日新聞社から記者を何人かスカウトした。ほとんどが東亜部所属だったこの記者たちが、毎日新聞社にあった資料を中心に、自身や同僚の個人的な知識を加えたものを基礎に「裏面史」をひねりだしたのである。それは、深い考察などに煩わされない、じつに屈託のないアプローチをとっていた。日本の侵略行為の本質や、他民族の犠牲などを白日のもとにさらすことにも(南京虐殺は触れられてもいない)、広く「戦争責任」の問題を探ることにも、とくに関心はなかった。既存の資料や、これまで発表されなかった個人的知識だけを主たる材料に、こういう即席の「暴露本」が書けるという事実からは、今自分たちが正義面で糾弾している戦争にメディアが加担していたことについて真剣な自己反省が生まれることはなかった。『毎日新聞』

記者チームの念頭にあったのは、「惨憺たる敗北」をもたらした大きな「犯罪」に主たる責任を負うべきあの指導者、と指を向けることだけだった。(10)

そこに集められた犯罪容疑者は、相も変らぬいつもの顔ぶれだった。特定の右翼の大立者や、理論的指導者の学者と結託して動いていた陸軍の「軍閥」がほとんどで、海軍は少なく、それに何人かの実業家と政治家である。(11)最大の悪人として指弾されたのは、当時数カ月の流行にのって、もと陸軍大臣兼首相の東条英機だった。東条は、敗戦直後にも評判を上げるとは言いがたい一連の行為をしでかして、スケープゴートとしてまさにうってつけだったからである。九月一一日に逮捕命令が出てMPが逮捕にくると、東条は自分の胸をピストルで四発撃ち、アメリカ人記者たちに椅子に抱えあげられた。それから、「東条、これを持って」とピストルを手に握らされて、写真をとられた。救急車が来るのを待つあいだ、ひとりの記者に「今際《いまわ》のことば」を残した。氏名不詳のGIからの輸血のおかげで、アメリカの医療チームによって一命をとりとめた。急遽運ばれた軍の病院で治療にあたった医療チームの親切と効率の良さに感銘を受けて、見舞いに訪れた外務省高官にむかって「アメリカのデモクラシーの強さ」を褒めちぎった。こうした一連の不名誉のあと、ロバート・アイケルバーガー第八軍司令官に高価な刀剣を贈った。その後、立派に回復して、東京裁判で無罪を主張した……。

東条はすぐにも自ら命を絶つべきだ、絶つだろう、と広く考えられていた。なんといっても、陸軍が有名な「戦陣訓」の示達によって「生きて虜囚の辱めを受けず」と軍人に訓諭したのは、一九四一年、東条が陸軍大臣のときのことだった。「すぐに自死すべし」と促す手紙が何通も東条のもとに届き、棺桶を送りつけると脅かす者もいたといわれる。遅ればせながらもようやく死ぬ気を奮いおこした東条が、武士らしく刀を使わずに、まるで外国人のように弾丸を選んで、おまけにそれさえヘマをしたことは、傷ついた愛国者たちにとって耐えられる限度を越えていた。作家の高見順はその嫌悪感を『日記』にこう記した。「みれんげに生きていて、外国人のようにピストルを使って、そして死に損なっている。日本人は苦い笑いを浮かべずにはいられない。なぜ東条大将は、阿南陸相のごとくあの夜に死ななかったのか。なぜ東条大将は、阿南陸相のごとく日本刀を用いなかったのか」。一方、フランス文学者の渡辺一夫は、戦争終結をこの上ない安堵感をもって迎え、このドタバタ劇を愉快がり、日記に、この不運な大将が〔米兵に輸血されて〕今や「混血児となる」と記録している。[12] 一国の首相から、重罪の主犯にして生け贄へ、という東条のこの華麗な転身は、受けとり方は人それぞれでも、『旋風二十年』の読者獲得にはおおいに役だったはずである。

しかし、新聞記者たちによるこの共同謀議説も、悪魔のように悪辣な企みに携わった者たちの肖像というより、要するにこの国の指導者たちの集団的痴呆症と診断すべき症状の記述が基本だった。そこには、一般の国民が「理性と真実」を欠いた無知な軍国主義者たちに騙された、という南原繁の説が、形態こそ金目当てのお粗末な文章ではあるが、魅惑的なヴァリエーションとして展開されている。『旋風二十年』にあるように、一九三〇年代半ばころにはすでに「畸型的精神主義教育に基く非合理的非理性的な暴力衝動」が日本軍部のあらゆるレベルに浸透し、彼らを現実からあまりにも乖離させたために、軍部の計画力などお笑い種《ぐさ》になりはてていた。そしてこのような非合理性は「大東亜戦争指導の上にも極度の非科学性となって露骨に現れた」のである。今や、軍の司令部全体を精神病院に収容すべきだったとまで言われた。[13] 東条英機は、巨大な愚者の船の船長だったことが判明したわけだ。

この集団的非合理性のテーゼからは、きわめて説得力ある推論が技術的に容易に導きだせた。すなわち、この指導者たちの無能さは、究極的に、科学と応用技術における日本の後進性を理解できなかったことで証明される、という説である。『旋風二十年』が店頭に並ぶころには、科学と「敗北の責任」との関連はすでに固定観念となっていて、原爆投下ともごく広い象徴的なかたちで結びつけられているのがふつうだった。広島への「新兵器」

による攻撃が最初に報道された八月八日から、占領当局が原爆による破壊へのいかなる言及も禁止した九月半ばまでの期間に、広島と長崎で日々高まる恐怖が裏表二ページだけの日刊新聞に一行たりとも触れられていない日はまずなかった。最初の詳しい調査は占領軍到着前に一般に公表された要約で、広島と長崎を「生き地獄」と言いきっていた。放射線の不気味な影響——生きのびたと見えた人が突然死んだり、たった二週間で死者総数の推計が二倍になったり——に、広島は「悪霊」にとりつかれたと言われた。[14] それは存在の新たな次元の、超現実的な、禁断の経験であり、他人には決して理解できないもの、という感覚が広まった。原爆による破壊についてのこうした意識は、その後、戦争の意味となんとか折合いをつけようとするあらゆる試みに、いつも明示的ではないとしても、必ず内在する要素になった。それは、人びとのあいだに広く浸透していた無力感をさらに強め、無意味な敗北としか感じられなかったものに不気味な特異性を与えることになった。

敗戦の前日、のちに東京戦争犯罪裁判の主たる弁護人となる清瀬一郎が、日本人を「猿」とみる人種的侮蔑が、アメリカが原子爆弾をドイツに使わずに日本に落とした理由の説明になるだろう、と推論する記事を新聞に寄せた。[15] しかし、アメリカによる「残虐」で「非人道的な」爆撃を非難する声は戦後広く起こったが、反アメリカの激しい憎悪のうねりとなって続くことはなかった。検閲制度が施行される前から、原爆による破壊についての見解はすでにほとんどが哲学的な調子をおびていた。残虐性と非人道性を一身にひきうけたのは原子爆弾そのものであって、それを使用した人間ではなかった。そしてそこから発して、糾弾されたのは戦争というもの全般の残酷さだった。敗北、犠牲、さらには、夢想だにしなかった破壊兵器に直面した圧倒的無力感が混然一体となり、しばらくするとそれが新たな種類の反軍事的ナショナリズムの基盤になっていった。[16]

日本は、原爆体験という基盤のうえに立って世界の非武装・非核の唱導者となることで、過去の失敗を(あるいは犯罪を、あるいは悪行を、あるいは罪を)一部なりとも償うことができる、という考えがしだいに平和運動の中核をなす教義となった。しかし、「懺悔」の語法で表現されるこのような考え方は、占領が始まる前からすでにあったのである。八月二七日、『朝日新聞』は、内閣情報局総裁が外国による占領にいかに対応すべきかの心構えについて国民に指示を出したことを報じる社説で、こう提言した。戦争は相対的なものであり、深刻なる反省をしなければならないのは常に、勝者ではなく敗者である。これは必要であり、望ましいことだ。「われら一億はみな等しく「懺悔」三昧の生活に」入らなければならない。もしかしたら、今後の世界人道のため核兵器使用禁止において指導的役割を果たすことで、日本人は「戦争の敗者」転じて「平和の勝者」になりうるかもしれない(17)。

しかし、核兵器の恐るべき力は、恐怖であると同時に魅惑的でもあった。アメリカの科学的、技術的、組織的優位性をこれほど具体的に示すものはなかったからである。そしてそのために、原子爆弾は奇妙なかたちで、将来の戦争への警鐘の象徴となると同時に、日本の将来の実力回復への道を照らすかがり火ともなった。八月一五日に辞職した鈴木貫太郎首相は、同じ日の夕刻のラジオ放送で、「今回戦争における最大欠陥であった科学技術」について語った。退任する文部大臣も同日付けの声明で、戦争中の学徒の苦労をねぎらい、これからは日本の「科学力と精神力」を最高の水準に押しあげることが責務である、と激励した。三日後に就任した新文部大臣、前田多門のもとでの戦後教育は「基礎科学に力注ぐ」と新聞の見出しが報じた。そして八月二〇日の「科学立国へ」と見出しを掲げた記事で『朝日新聞』は、「われらは敵の科学に敗れた。この事実は広島市に投下された一個の原子爆弾によって証明される」と断じ、「科学」とは、組織の各部、社会のあらゆるレベルにおける「理性」と「合理性」を含めた、きわめて広い意味で理解しなければならない、とわざわざ指摘した。南原繁をはじめとする無数の人びとがつかみとり発展させることになる考え方である。数日後、同じ『朝日新聞』が、「非合理性と非科学性」が「政治、経済、社会を通じてみられた」こと、それが敗戦を決定的にしたことを、あらためて強調した[18]。

「科学」はすぐに、なぜ戦争に負けたのか、未来はどうあるべきか、の二つの疑問に答える切り札として、たいていの人のおおいに好む概念になった。もと首相の若槻礼次郎男爵は、国民に向かって「真勇」を示そうと励まし、今なぜ勇気が必要なのか、その理由を列挙した——旧敵国は、あの恐ろしい爆弾に証明されるように、科学を実地に使用することにおいて一歩進んでいるうえに、物資が豊かで、機械力、工業力においても優れている……。東京湾での降伏文書調印の二日後、文部省が科学教育を担当する新しい部局の設立を発表した。前田文部大臣は、「青年学徒」に向けたラジオ放送で、「科学的思考力を養」うことが「文化日本の建設」のカギである、と演説した。教科書も、科学的精神形成を重視して改訂される、と発表された。まもなく政府は、戦時中の国防献金の残金から、五億円を「一般日常生活の科学化」など科学振興にふりむけることを発表した[19]。お馴染みとなったこのセリフを躊躇なく口にすることでは、フィリピンで戦犯裁判を目前にしていた山下奉文大将も例外ではなかった。アメリカの刊行物から翻訳・転載された新聞記事によると、日本の敗北の根本的な理由をなんだと思うかと問われて、このインタビューを通して使った唯一の英語でこう答えている——「サイエンス[20]」。

「敗戦の責任」にたいするこの実用主義的こだわりが、基本的に保守的で自己本位なものであることは疑いを容れない。しかし、これはつづれ織りの織り糸の一本であった。一本が緩めば織物全体が、この場合は日本帝国という織物が、ぐずぐずとほどけてしまう。国民を犠牲にした張本人はもはや鬼畜米英ではなく、本質的に後進的で、非理性的で、抑圧的な制度的構造のなかで動いてきた無責任な指導者たちになった。こうして、犠牲にされたという意識と「敗戦の責任」問題があいまって、たくさんの人たちをしきりと駆りたて、より多元的で、平等で、民主的で、説明のつく、理性的な社会——基本的に、占領軍の改革者たちが実現したいと考えているような社会——にたいする信念へと傾倒させていった。こうした背景があったからこそ、原子爆弾の発明は、自由なる民衆がどんなことを達成できるかを反映している、と述べたトルーマン大統領のことばも、日本国内に聞く耳を得た。科学は「自由なる精神」からのみ生まれるのである(21)。

日本の科学者にはヨーロッパやアメリカで学んだ人が多く、この新しい信念を拍手で迎えた。敗戦後初めてアメリカから日本に派遣されたある科学者グループが、こうした感情がみごとに表明された現場に遭遇している。それは、粗末な包装紙に英語で書かれた即製の掲示で、東京近郊の大きな海洋研究所の玄関扉に貼りつけてあった。


ここは六〇年以上の歴史をもつ海洋生物研究所です。

東海岸出身の方なら、ウッズ・ホールあるいはマウント・デザートあるいはトータガスをご存知かもしれません。

西海岸出身の方なら、パシフィック・グローブあるいはピュージェット・サウンド・バイオロジカル・ステーションをご存知かもしれません。

ここはそのような場所です。

この場所を大切に扱って、わたしたちの平和的な研究継続の可能性を壊さないでください。

兵器や戦争の道具は破壊して結構です。

しかし、日本の研究者のために、この民間設備は助けてください。

ここでのあなた方の仕事が済んだら
大学に通知して、わたしたちを科学の我が家に帰してください。

「最後の退去者」と署名があった。[22]

懺悔としての仏教とナショナリズムとしての懺悔

八月二八日、アメリカ軍先発隊の第一陣が厚木航空基地に到着した日、公的論議の中心は「懺悔」であった。日本人記者たちに「敗戦の原因」を問われた東久邇首相は、注意深く説明した——それには、多くの規則や統制、軍部や政府当局の誤り、それに、たとえば闇市などに見られるような国民道義の低下など、多くの原因があった。そして、前日の内閣情報局総裁の声明に使われたことばを借用して、こう断言した。「軍官民、国民全体が徹底的に反省し懺悔しなければならぬと思う。一億総懺悔をすることがわが国再建の第一歩であり、国内団結の第一歩と信ずる」。[23]

それまでの二週間、軍部と文民官僚が一丸となって好ましくない証拠文書の廃棄作業に忙しかったのだから、まさにその瞬間において、この「責任」の均一化、集団化の議論はある種ねじれた真実であった。誰も責任をとりたがらず、誰も自分に責任があると言わなかった。この数年後、政治学者の丸山真男が、政府の「総懺悔」キャンペーンを、緊急場面に遭遇したイカが危険から逃れようと噴きだす墨の煙幕に喩えた。[24] 個人の責任を真剣にとらえ、厳しく自己批判していた個人や団体も多少はいたが、公式版の総懺悔は、基本的に、まるでイカの墨のようにどこへともなく霧散してしまった。一般国民が軍部や文民官僚の責任と同等の責任を負っていると心から考えている人はほとんどいなかった。地方に住むある男性は激昂して新聞に投書した——「今度の戦争は私たち農民の一向知らない間に始まり、勝っていると信じている間に負けてしまった。私たちのあずかり知らないことに私たちは懺悔する必要はありますまい。国民を欺いていた背信の人々にこそ懺悔は必要です」。一億人のなかのもうひとりはさらに単刀直入だった。「戦争当局者が、責任を国民に分配するつもりでの一億総懺悔なら、それは卑怯だと思う」(25)。

政府が総懺悔を唱えていたころ、田辺元は、同じことをテーマに一冊の本を書きあげているところだった。この国でもっとも影響力をもつ思想家のひとりで、その厳格さと孤高はすでに伝説となり、その揺るぎない信念からは侵しがたいオーラが発散しているといわれていた、その田辺によるこの著作は、つまるところ、ひとりの知識人のきわめて個人的な、疑い、霊的な絶体絶命、転換の告白だった。専門とするドイツ哲学の反映なのか文体はかなり晦渋ではあるが、そのなかに、親鸞の救済の叡智によせる田辺の法悦的な信仰がしばしば現われる。一三世紀の思想家で布教者であった親鸞の予言的なことばは——苦難と虚無、絶望と否定、転換と復活と共鳴して——戦いに敗れたこの国の空気に気味悪いくらいぴったりあてはまるように思えた。

田辺の緻密に論理を重ねた懺悔の論考と、同じ問題についての政府の陳腐なことばのあいだには——田辺の「懺悔」も強烈にナショナリスティックであるという事実を別にして——想像を絶するほどの鋭いコントラストがある。親鸞の描いたヴィジョンの田辺による熱烈な再考察は、自己批判、あるいは、日本に対する強い批判だけでなく、この時代のすべての国や文化に対する批判でもあった。敗北を受容し、悪行や絶望を認め、懺悔を求め、復活を想いえがいていた。そしてこのすべてを、ユニークで、他に優越さえする、日本の伝統的な叡智を強調するかたちで行なっていた。ひたすら日本的なる贖罪への道に光をあて、それが西欧思想のいかなるものにもまして偉大な、超越的な知恵である、と主張していた。そこには、深い悩みに沈み、苛まれている多くの愛国者にとって、敗北の鼻先から一種の精神的勝利をもぎとってくれる、洗練された痛悔の哲学があった。世界がいまだかつて経験したことのないほど破壊的な戦争の、そして日本も大きな責任があると認めているその戦争の、廃墟のなかで、贖罪への道は——そして全世界の救済も——ひとりのいにしえの日本人予言者のことばにあったのである。

田辺はこうした思想を降伏への反応として展開したわけではない。この「懺悔道」は、京都帝国大学の栄誉ある哲学教授の座を退くにあたって、最終講義を準備していた一九四四年末の何カ月間かの経験から立ちあがったものだった。田辺は長年にわたって熱烈なナショナリストであり、その「非政治的」哲学理論が軍国主義者たちの民族的・国家中心的イデオロギーをじつに都合よく支えていた。厳しく鍛えあげられていたその田辺が、そのとき思いもかけず、自分がばらばらに壊れていくのに気づいたのである。国は破滅と不名誉に直面し、自分の学生たちの多くが戦死したことで、自身の責任、罪の深さを認めざるをえなかった。何年かのち、田辺はこう告白した。「心弱き私が(厳しい思想統制に)なんら積極的に抵抗すること能わず、多かれ少なかれ時勢の風潮に支配せられざるを得なかったのは、いかに深く自ら慚《は》ずるもなお足らざる所である。遂に盲目なる軍国主義が幾多の卒業生在学生諸君を戦場に駆り立て、その中犠牲となって仆《たお》れた人が哲学だけでも十数名に上るのは、私にとって自責痛恨の極みである。私は頭《こうべ》を垂れてひたすら自己の罪を悔ゆる外ない[26]」。

一九四五年二月から田辺はほぼ完全に隠棲した。崩壊と激変のその数カ月間、猛烈な勢いで書いた。そして、一九四六年四月、東京裁判開廷の直前に、『懺悔道としての哲学』を出版した[27]。昭和二〇年一〇月の日付のある「序」のなかで田辺は、戦争が終ったときの自らの精神状態を、臨床心理学と宗教的回心の研究者におなじみのことばで描写している。深まる不安、苦悩、苦しみを語り、悲しみと苦痛、優柔不断と絶望、圧倒的な慚愧と挫折の意識について語り、知的絶体絶命の境地に陥り、「気根が尽き果てる思を」したと言う。そして本文に入ると、冒頭の数ページでは、自己否定の発作に身を委ね、自分自身を「罪悪深重にして虚偽多」く、「浮誇虚栄」「愚癡顛倒」「不正直不誠実乃至無恥無慙」と規定する[28]。

この国のこのような自責の伝統においてもっともカリスマ的存在の代表が親鸞である。親鸞こそ、自己憎悪と法悦的な回心の先達であり、日本でもっとも大衆的な仏教宗派である浄土真宗の開祖だった。田辺の邪悪な自己に対する糾弾は、じっさいのところこの先達からの盗用のようにも読める。親鸞もほとんど同じような罵りのことばを自分自身にむかって投げつけたからである。しかし親鸞は、自己憎悪を超えて、超越の言語も提供した。それは、一九四四年から四五年にかけての危機に、親鸞の生きた時代とそっくりそのままの力で語りかけてくるようだった。かの偉大なる中世の伝道者は、一時的に方向を見失った現代の哲学者に、否定と転換を通したあの世への超越(往相)ばかりか、この世への肯定的な帰還(還相)をそっくり包みこんだヴィジョンをも提供して、自己への信頼を回復させ、驚くべき喜びをもたらしてくれたのである。田辺は自分が新しく生まれ変わり、以前の哲学的自信をとりもどしたと感じた。しかしいまや彼は、世界を新しく見ていた。苦痛なくして懺悔はありえない、と彼は書く。しかし「懺悔の核心は転換にある。苦痛が歓喜に転じ、慚愧が感謝に換ることが其本質である。我国が懺悔の外に今行くべき途がないということは、単なる絶望を意味せずして、同時に復活への転換の希望を意味する[29]」。

田辺の論文が意図したか否かは別に多く仏教に言及することに、占領下の日本の読者が二重の意味を読みとったことはまちがいない。田辺は「自己抛棄」を語り、力と無力を語り、自力に対する他力を語っていた。すべて親鸞の流れをくむ仏教宗派の基本思想だが、同時に、他力としてのアメリカという考えとも響きあう。田辺は、誤った教えと「過去の邪悪な伝統」を超越する、と語った。極めつけの親鸞思想が、きのうの敗北という炉で新しく鋳造されたばかりのように輝いた。

田辺が以前はカントやヘーゲルの哲学の中心的研究者として知られていたことを思えば、その「懺悔道」はいっそう強い印象を与える。ドイツで、ハイデガーなどとともに学んだ学者であり、主として「ヨーロッパ思想の田辺元」として評価されていた。決して笑わない人だったという評判である。決して軽口を交わさず、つまらない用事で自宅を外にすることはなく、美しい京都に生まれ、暮らしながら、物見遊山に出かけることも、すぐ隣の大阪に出かけていくこともなかった。そして、そのナショナリズムにもかかわらず、さらに以前から多少は仏教思想に関わっていたにもかかわらず、ヨーロッパ哲学の神々にたてつくことなど決してなかった。それがこのとき、自国の歴史上最大の危機と屈辱の瞬間に、新たに発見した懺悔理論をふるって、西欧の哲学的伝統は劣っている、と宣言したのである。

この重大な点で、懺悔を西欧思想に見出される「理性と真実」の受容と等しいものとみた、たとえば南原繁のような知識人と、田辺は劇的に乖離していた。偉大なる師、親鸞は、自分の個人的危機に道を示してくれたのだから、日本にも、疑いと涙の谷から抜けだす道を示してくれる、と田辺は書く。親鸞の叡智は、カントのそれを、ヘーゲルの、キルケゴールのそれを――いや、西欧の哲学や宗教が提示できるいかなるものをも――超越するからである。親鸞の教えの書は「西洋哲学の諸体系には容易に求めがたき積極的原理を」指導してくれる。そして、「西洋哲学の指導のみからは得ることの出来ぬ社会性を展開すること」を可能にしてくれる。親鸞は「正にカントの理性批判を最後の帰結」に導いてくれるのである。(30)

ほかの多くの人たちが国家的贖罪のカギとして「科学」と「合理性」を誉めそやしているときに、田辺は、西欧的理性は二律背反の、どうしようもない矛盾の罠に陥り、ずたずたにひき裂かれている、袋小路にはまっている、と主張した。それは七回しか咲かず、咲くたびに凋む花である。しかし、あの最後の凋落――否定――は最後の死で、そのあとは、西欧論理のいきづまりを超えた世界への親鸞的再生に向かうのかもしれない。親鸞の教えは転換体験の法悦的否定と超越(往相)だけを提示しているのではない、生まれ変わり、叡智と慈悲の道を他人たちに示す能力をもった人間としての「現世への帰還」(還相)も強調しているのだ、と田辺は力説している。

中世において、親鸞の浄土真宗に帰依して新生なった改宗者が、そのまま俗世にいつづけたのとおなじように、一九四六年のこの日本の懺悔者も、いまや心も精神も覚醒して、緊急の社会的・政治的要請に新たな活力と洞察をもってたちむかうことができた。そして、自分の体験と論理が「民主主義と社会主義との対立に対しても、その何れをも超える立場から具体的なる中道を指摘し得るものではないか」と自負していた。[31]

田辺は、この知的独立宣言によって、日本には戦時中の愚行のあとに自らの罪を贖う力があるだけでなく、世界を救う能力さえはらむ伝統がある、と請けあっている。敗戦と懺悔の体験があるからこそ、日本は、すでに資本主義と社会主義の陣営に分裂している戦勝国に、より健全な地球をめざすにふさわしい中道を示すことができる。田辺はことばを抑制することはよくあるが、もってまわった言い方はせず、戦勝国に対する批判はきわめて率直である。「民主主義自由主義が今日の資本主義社会の不平等を産んで居ることを見れば、之を疑うことは出来ない。これに対し社会主義は平等を目標とするものである。しかし社会的統制が必ず自由を制限し其限りこれを否定することも争うべからざる事実である」と彼は主張する。親鸞の「還相」は、新しい社会的理想をかたちづくる基盤を提供する。この社会的理想において「民衆は資本主義的市民社会の自由と社会主義の平等とを綜合する兄弟性(友愛)を以て相結ばるべき」である。世界に向かって「米蘇両国の代表する対立的原理の何れをも超える具体的なる原理」を示すことは、とりもなおさず、「我国の命運を決する歴史的使命」である。[32]

いにしえの宗教的教えを新たなイデオロギー的目的に利用するとは、いかにも大胆不敵ではある。田辺は、他の著作においても同じテーマを展開しているが、親鸞の「自由と平等の統一」を出発点として「社会民主主義」の創造を擁護している。同じように、仏教の利己心に対する批判を立脚点に、先進資本主義の「個人的享楽主義」を攻撃し、親鸞の「超個人的」な宥和のヴィジョンを、この敗北の瞬間のもうひとつの超越的大目標である「絶対平和」と融合させた。[33] 彼は多くの読者に、自分の国を内側から批判する道、「西欧的」思想のヘゲモニーから逃れる「懺悔道」を提供し、ほかの国や民族に批判の光を投げかけた。また、征服者が上から根本的改革を押しつけることになんの疑いも抱いていないことに、「他から強制せられた自由主義という如きは無意味なる矛盾である」とする侮蔑的コメントも論考に紛れこませている。[34] さらには、以前は皇位にたいしておもねるような敬意をみせていたのだが、新しい懺悔道の立場では、天皇に対して敗戦の国民的罪悪感をあおる政府の「一億総懺悔」運動とはまったく対照的な立場をとっている。田辺の見解では、天皇はほかの誰よりも改悛の気持ちを示し、他国に対しても、国民に対しても、戦争責任をもっと切実に表現すべきだった。天皇に対して、占領当局よりはるかに批判的な——日本人のものの考え方について固定観念をもっていた戦勝国が、日本人に可能だと認識していたよりもずっと批判的な——立場をとっていたことになる。天皇は、皇室の保有する莫大な財産を「国家に下付」して、貧しいものに還元すべきだった、とさえ田辺は言った。

当時の日本で、田辺元は戦後初期のもっとも影響力のある思想家とみなされたが、どこにそのアピール力の源があるのかは容易にみてとれる。語り口は告白調でありながら格式高い。懺悔と新生を説き、この国の歴史上の文化的英雄を復活させた。勝った連合国が日本を、敗残文化、極悪非道な侵略国家と糾弾しているとき、田辺は日本の悪行と罪を認めながらも、それが他に類のないものではないと言明し、さらに、この国の伝統文化には提供すべきなにものもないとする言説を退けた。そして、「拘われたる国家主義の懺悔道的清算が必要である以上は、同時に民主主義国家と社会主義国家との国家主義的傾倒も、また当然懺悔せられなければならぬ」と書いたのである。一九四六年刊のこの力作の締めくくりでも、昂然とこう指摘している。「懺悔を必要とするのはたんに我国のみではないこと明白である。此等の国々もまた夫々に自らの矛盾過誤罪悪に対して正直に謙虚に懺悔を行じなければならぬ。懺悔は今日世界歴史の諸国民に課するところである」。[35]

南原繁や田辺元のような著名な知識人が懺悔と贖罪についての考え方を提示して以来、それは遺産として長く継承された。一九四七年末から一九五〇年にかけて——東京裁判が終結に近づき、検閲制度がしだいに緩み、冷戦期の軍事化に反対して国内に散発した平和運動がしだいにまとまっていったころ——南原が賛美し、田辺が悼んだエリート戦没学生たちが、戦時中に書いた手紙を通して甦りをはたした。東京帝国大学から出征した戦没学生の手記を集めた『はるかなる山河に』が、一九四七年一二月に出版されて論議を呼び、その二年後には、東京大学などいくつかの大学に在籍していた戦没学生の残した手紙、詩、日記などを収めた『きけ　わだつみのこえ』が発表されてベストセラーになった。この本の編者は、心して超国家主義的文章は除外し、疑念を抱く者、夢みる者の真情が表われていることばを優先させた、と認めている。本の見返しには、太平洋の島で餓死した学徒出陣兵がノートに残したスケッチを複写し、激しい感情のこもる巻頭の「感想」と巻末の「解説」は、ここに収められた文章が「再びまた戦争を招来しようとする人たちによって逆用されること」への危惧をにじませている。

この本には時代の悲観的気分が色濃く現われていて、敗戦直後に南原繁が戦没学生に呼びかけたときの、輝かしく平和な未来への夢と厳しい対比をみせている。東京大学教授の渡辺一夫は「感想」のなかで、血をにじませた白い木の十字架が整然と並ぶ野原を目に浮かべて、「このような十字架は、二度と立ててはならぬ筈である。たとえ、一基でも」と断言している。同じく小田切秀雄による「あとがき」は、真の民主革命がすでに挫折させられ、戦争のきな臭さがあたりに漂っている日本の荒涼としたありさまを描いている。『きけ　わだつみのこえ』に収められた痛切な文章が示すように、人間性の要求、理性の要求は、どこまでも平和を守ることによって追求していかなければならない、と小田切は訴える。そして最後に、「流された血はふたたびそれが決して流されぬようにすること以外によってはつぐなわれぬのである」と結んでいる。このころには、「再びまた戦争を招来しようとする人たち」と言うとき、この本の編纂者たちの頭にあったのが主としてアメリカだったことはほぼまちがいない。要するに、この純真で貴い死者たちは、またもや、アメリカに対抗して立ちあがれ、とばかりに召集されたのだった。(36)

東京裁判終結前後に出版された本のなかには、同じようにあの戦争の意味を再構築する意図で書かれたものがほかにもあった。そのうちもっともよく知られているひとつが、絶大な人気を博した『ビルマの竪琴』である(『きけ　わだつみのこえ』と同様まもなく映画化された)。著者の竹山道雄は、田辺元が哲学として敢行したことを、小説のかたちで試みた。つまり、戦争の意味を――とくに苦悩、罪、贖罪といったテーマを――仏教を通して伝えようとしたのである。その結果、主人公の水島安彦というもと兵士は、この国の戦没者の偉大なる仮想の慰霊者となった。水島は、ビルマで戦い、戦争末期の絶望的で悲惨な戦闘を目撃したことから、日本に帰還せずにビルマで僧になり、密林をさまよって、餓死したり戦闘で殺されたりした戦友兵士たちの遺骨を探し、埋葬しようと決意する。美しい歌声の持ち主で、小説のタイトルにもなっている弦楽器を伴奏に歌っては部隊の兵士たちを楽しませた優しい男である。これはほとんど聖人のような、日本兵の別の姿である。物語の最後で、水島はもとの部隊仲間に当てた手紙に自分の気持ちをこう説明する。

まことに、われわれは、われわれの同胞は、くるしみをなめました。多くの罪なき人々が無意味な犠牲者となりました。まだ若木のような、けがれを知らぬ人たちが、家を離れ、職場を去り、学窓を出て、とおい異国にその骨をさらしました。考えれば考えるほど痛恨にたえないことです。

水島は、この世にはなぜこのような悲惨が、このような不可解な苦悩があるのだろうかと、仏教の核心をなす問題に悩んだあげく、それは人間にはいかに考えてもわからないことだと知る。それでも、つい先ごろまでのあの苦しみは日本が自ら招いたことだった。

靖国神社．参拝者と，警備する米軍兵士がそれぞれに影を落としている．このドラマチックな写真は，『ライフ』誌 1945 年 12 月号に掲載．

Time Life Pictures/Getty Images

敗戦直後，墓地で祈る若い女性．けっきょく，200 万人の陸海軍人が死亡し，100 万人近くの非戦闘員が戦争によって死亡した．

戦死者を慰霊する

『きけわだつみのこえ』．初版 1949 年．戦死した学生たちの手紙などを，平和を求める叫びとして編集した．

わが国は戦争をして、敗けて、くるしんでいます。それはむだな欲をだしたからです。人間としてのもっとも大切なものを忘れたからです。

しかしこれは、日本人だけではなく、人間全体の問題だ、と水島は考える。そして自分は、一生をかけて、こうした事柄をよく考え、教わり、仕え、救いをもたらす者として行動しようと努力するつもりである、と言う。『ビルマの竪琴』は本格的な文学作品だが、ほとんどすぐさま(むずかしい漢字にはルビをふって)子ども向けの人気シリーズ「ともだち文庫」に収められた。竹山は若い読者にむけて短い「あとがき」を添え、そのなかで『はるかなる山河に』に触れ、学生たちの手紙のように、この本も戦没者の何人かでもよみがえらせることができることを望む、と書いた。[37]『きけ　わだつみのこえ』が出版されてまもなく、『はるかなる山河に』も再版になり、この版には一九四六年三月の南原繁の「戦没学徒に告ぐ」が序文として加えられた。[38]こうして、戦争と贖罪についてのさまざまな著作や講演が現われ、互いを補強しあって、大衆文化のマイナーな古典として生きながらえた。しばらくすると、「犠牲者」文学というひとつの明確なジャンルがうまれ、被爆者の回想記も含めて、反軍国主義と平和だけでなく、懺悔と贖罪もテーマとするようになった。

一九五〇年のベストセラー上位一〇冊に、ノーマン・メイラーの『裸者と死者』の翻訳が入った。一般に太平洋戦争を描いたもっとも優れたアメリカ文学作品とみられているこの小説は、ある南の島での過酷な戦闘を再現していて、戦争というものが無意味で言語に絶する残酷な行為だという思いを再確認させると同時に、アメリカ人も彼らなりの残虐行為ができるのだと教えることにもなった。作家の椎名麟三が、ハリウッド映画版の『裸者と死者』を見たあとに指摘したように、メイラーの描写は、キリスト教徒でも戦争での殺戮の結果としての罪の問題に正面から向きあうことができないことをはっきり示した。[39]日本の優れた文学者のなかにも、個人的な軍隊体験にもとづいて優れた反戦小説を著した人が何人かいた。一九五二年に出版された野間宏の『真空地帯』は、帝国陸軍における堕落と残虐性の描写で読者に衝撃を与え、広く賞賛され、すぐに古典となった。同じ年に発表された大岡昇平の傑作『野火』は、フィリピンで部隊からはぐれた兵士が仲間の日本兵による人肉食いの場面に遭遇し、ついには狂気に陥っていく物語である。[40]

残虐行為への反応

どの文化においても、どの時代でも、人びとは自分たちの戦死者を神話化してきた。その一方で、自分たちが踏みにじった相手については——多少なりとも思いを致すことがあったとしても——すぐに忘れてきた。どうしようもない力によって悲劇的な犠牲になり、死んだ同胞を讃えながらも、そのような狭量な意識の危険性に敏感な人たちも日本人のなかに多くいた。リベラルな、あるいは左翼的な知識人たちが公式な平和運動を組織しはじめた一九四六年ころには、この問題はよく認識されていたのだが、最終的には、平和意識をより普遍的に構築するためには、その基礎として犠牲者意識を強調するしかない、という結論になった。反軍国主義の感情を動員するには、身近な喪失や苦難の記憶を生かしつづける方法が、心理的にも、イデオロギー的にも、もっとも確実だという主張が通ったのである。反戦意識は、個人のレベルから国のレベルへ、さらに国際レベルへと、同心円を描いてしだいに拡大していくものとしてイメージされた。内向きな国民意識や人種意識を超越するには時間がかかるのだ、という主張だった。[41]

じっさいには犠牲者意識は最後まで克服されず、イメージされた同心円の外側の円はついに明確な輪郭で描かれるには至らなかった。それでも、多くの人たちの「罪のない傍観者」然とした態度については、さまざまな方向から批判が起こった。日本文化における個人の責任についての「主体的」認識の弱点をめぐって知識人のあいだに激しく戦わされた論争にみられたように、こうした批判はときにきわめて理論的になった。[42] 一方で、そうした批判が単刀直入に口にされることもあった。一九四六年半ばころ、保守的な教育者だった津田左右吉が、国民はたしかに法的強圧と軍部の宣伝とに騙されていたが、日本にはその時期を通してまがりなりにも選挙による議会がずっと存在したではないか、と指摘した。責任は、「国民」自身が、「欺かれるほどに知性の働きが弱く、強圧対《ママ》して反発しまた抗争するだけの気力の無かったこと」にある、と津田は主張した。[43] 評論家の阿部真之助は、東京裁判の終結にあたって、同じように反応し、軍部の指導者にだまされた以上、「日本人の大多数は、自分が愚かであったことに対し、責任を負わなければならないのだ」と指摘した。[44]

左翼は、「国民＝民衆」の責任問題をだいたいにおいて回避した。とくに教条主義的な者は、民衆を国家とその抑圧的エリート支配者たちによる搾取の犠牲者として熱心に描きだそうとした。また進歩的な者の一部は、ふつうの国民による犯罪への加担を追及しすぎれば、それは、政府の自己本位な「一億総懺悔」イデオロギーや、戦時中の指導者が言いたてた日本単一民族論の再来と容易に混同される、と主張した。[45] ふつうの国民にも、この問題について気持ちを吐露する人たちは少なからずいた。長野県に住む若い女性は、地元青年団の月報のなかで、「敗戦後の新聞紙は筆を揃えて、軍部の罪であると書きました。……だました政府の悪るい事はもちろんですが、しかしだまされた私達国民には罪はないだろうか。其の愚かさ、それもまた一つの罪であると私は思います」と指摘した。[46] 東京裁判も終結に近づいたころ、ひとりの農民が新聞に投書して、これはすべての日本人が戦争中の自らの思想と行動について反省すべき機会であり、「権威の前にあまりにも盲目であり弱かったわれわれも、共に裁かれているということを強く自覚しなければならない」と主張した。また、七人の戦犯の処刑にあたって、大阪の師範学校教授が、これはいかなる意味でも戦争責任の問題に終止符を打つものではないことを認識すべきだ、と同胞たちに力説する投書を寄せた。そして、「指導者だけであの大戦争を戦えるものではない。われわれ国民も踊らされ、追随して誤った侵略戦争に突入し、そしてみじめな敗戦を招いたのである。罪は指導者にだけあるのではなく、全国民ひとしく責任を負わねばならない」のだから、国民は自らを裁かなければならず、戦争責任についての自己反省は永久に続けなければならない、そのためには、この処刑執行の日を国民の反省日としよう、と提唱した㊼。

このような一般的な意見にくわえて、ときには、日本人による残虐行為を認める発言もでた。南京大虐殺のような大規模で長期にわたる蛮行は、日本の報道関係者に目撃され、国際的には公にされてはいたが、日本国内では公表されていなかった。だから東京裁判の冒頭で南京大虐殺が明るみにでると、『朝日新聞』の「天声人語」は「真実を報道した一行の記事もなかったことは、恥ずかしいことである」と悔やんだ㊽。一九四五年初めのマニラ大虐殺にまで及ぶこのほかの大量殺戮も隠されていたため、フィリピンと中国での残虐行為を中心にした詳しい報道が最初にされたとき、日本人は痛烈な衝撃をうけた。あまりに強烈で、これに較べたら、ほかの残虐行為が色褪せて見えたほどだった(例外は、東京裁判の過程で報告された日本兵による人肉嗜食の件くらいだったろう)。白人に対する通例の戦争犯罪など、その衝撃の程度では足元にも及ばなかった。一部には、占領下の日本に戦勝国の白人が群をなしていたことで、こういう人たちを犠牲者として想像できない、ということもまちがいなくあっただろう。ましてや、もと植民地だった朝鮮と台湾の人たちに対する犯罪には、戦勝国も、敗れた国も、比較的関心が薄かった。皇軍によって死ぬまで酷使された膨大な数のインドネシア人労働者に至っては、まったく気にもされないも同然だった㊾。

いずれにしても、残虐行為は一九四五年九月から東京裁判終結までに大々的に公表され、その反応として心からの嫌悪感を表わした人たちも少なくなかった。マニラでの民間人虐殺が明らかになったとき、出征兵士を息子にもつひとりの母親が全国紙に投書して、「暴行した兵隊が、たとい私の倅であっても、私は家に迎えることは出来ません、現地で射殺して下さい」とびっくりするような発言をしている。ある若い女性は、明るみにでたこうした事実に、「総懺悔という意味が、この事件をきいて初めてわかりました」と宣言して、政府の自己本位な「一億総懺悔」キャンペーンに個人としての意義をみいだした。フィリピンから復員した何人かの兵士は、かの地での戦友たちの無惨な死を思いながらも、自分たちの犯した罪について公に遺憾の意を表明した。[50] 羽仁説子のような女性運動家は、マニラ大虐殺が表ざたになった機を捉えて、これは決して特殊なことではない、と論じた。戦争とは国のあらゆる文化レベルを映しだすものであり、自分は北京で学校を経営していたから、これに相当するような暴行のあったことは耳にしていた。自分の見るところでは、民間人に対するこうした残虐行為は、日本人が全般的に他人の子どもに冷淡なことや、日本の男性の心理のなかで女の地位が低いことを物語っている、と羽仁は述べた。[51]

このような認識は「戦争責任」の問題を文化的考察の中心にひきずりだした。左翼雑誌『太平』は、「国民の道義は低下したか?」と題する記事のなかで、他民族に対する残虐行為に鈍感なのは、自由で平等な人格をもった個人の「共同生活の道徳」の欠如に根ざしているのではないか、と提起した。[52] 政治学者の丸山真男は、このような行動は、不平等かつ高度に階層化された社会には容易に予想できる「抑圧の委譲」に起因する、と指摘した。『朝日新聞』の論説委員やコラムニストたちは、そこに民族的驕りと、教育と道徳における根本的欠陥とを映す社会病理を見て、もしかしたら、日本人の信仰生活の核に空洞があって、厳しい道徳的行動規範が欠如しているのかもしれない、と考えた。[53] 中西功のようなマルクス主義者にとっては、抑圧されたアジア民族に対する野蛮な行為は「吾々の心底に巣食う封建的資本主義的排他主義と利己主義」を露呈するものにほかならなかった。[54]

残虐行為の暴露に、これほど深い分析なしに反応した人たちもいた。東京裁判が始まった直後、ある石油会社の刊行物に載った寄稿は、皇軍を辛辣にも「蝗《こう》〔いなご〕軍」ともじって、「今次戦争の責任は実に国民全部にある」とした。[55] 別の人は、南京大虐殺の発覚への反応として、「過去に於て我々が食った食物、我々が着た衣服の中にはすべて中国民衆の血の一滴が浸み込んでいたのである。それは国民的罪科であり、その責任は国民全体が負わなければならない」と書いた。[56] ふだんは書いた物を公の場に発表することに慣れていない主婦や農民といったふつうの人たちも、中国の人びとに謝罪し、このような恐ろしい行動を日本人はどう償えばいいのか、と問う手紙を新聞に寄せた。[57] 亀井文夫は、一九四七年の映画『戦争と平和』の冒頭の数分間に中国の悲しみをじつに細やかなタッチで描いて見せたが、それもこのような罪の意識の映画表現だった。そのような細やかさはさすがに例外的ではあったが、誰もそれをおかしいとも、場違いだとも思わなかった。

同胞による残虐行為を知ったときの心情を、伝統的な定型詩に写す男や女もいた。東京裁判終結後に発行されたある歌誌には、ふつうの人びとの気持ちがこんな短歌に表現されていた。

なまなまと日本軍惨虐の跡映る不意に鋭しああという声

一九四七年初めころ、ある地方歌誌にはこんな歌があった。

南京にマニラに暴虐無慚なりし日本兵の罪は償わな

歌人の佐伯仁三郎もこのテーマで二首を詠んでいる。一首は、中国での残虐行為を知ったときのとっさの心情を、

戦いに敗れたる日のくやしさを忘れしめたる悲しききょうかも

と表現し、二首目はこう詠った。

子の前に母を犯しつ夫《つま》が妻《め》をうばいたりけるすめらぎ軍か

じつは、「戦いに」の歌は結局公表されなかった。GHQの発禁処分を受けたのである。日本人が戦争に敗れた嘆きを公然と表現することについて、検閲官がまだ過剰に神経質だったからだろう(58)。これは不運なことである。もちろん佐伯はここで敗戦を嘆いているのではなく、同じ日本人による犯罪が暴露されたことで、自分の目がいかに開かれたか、良心がいかに衝撃を受けたかを、正直に、効果的に、表現していたからである。佐伯のような声は多くはなかった。そしてその数年後には、冷戦の緊張が高まり、この国を占領している者たちが共産国となった中国を大敵とみるようになって、日本人による残虐行為の記憶などほじくりださないことがアメリカの重要な政策のひとつになった。天皇の臣下たちが直接手を下し、くりかえした惨劇が暴露されたことから起こったこうした鋭敏な反応は、もともと脆弱で断片的であって、犠牲者としてではなく犠牲を強いた者としての日本という認識を真に広く一般の人びとの心に育てることはなかった。

犯罪者を忘れず、その罪を忘れる

一九四七年一二月、東京裁判判決言渡しのほぼ一年前、大衆月刊誌『ＶＡＮ』が世論の変わりやすさを痛烈に皮肉って次のように書いた。「われ〱は、「戦犯」と称される一連の戦争扇動者が登場したとき、拍手喝采をもって彼らを迎え、失脚したとき、人々にならってこれに唾をかけ、そして、――今ではもうほとんど彼らのことなど忘れている」と指摘して、この「「戦犯」にたいするわれ〳〵の怠惰」を非難したのである。ほかの刊行物にも同じような批判がのった。インテリ向けの雑誌『世界』の編集者たちも、東京裁判への無関心は判決にまで及んでいる、これは「国民的なデカダンス」の落胆すべき一例としか思えないと、当時流行の文化批判用語を使って嘆いた。見方は多少変わるが、『毎日新聞』は、東京裁判が長引くにつれて人びとのあいだに強まってきた無関心を嘆きながらも、同時に、ニュルンベルク裁判にたいするドイツの反応にも似たような無関心が見られる、と指摘した。(59)

東京裁判が終るとメディアは、すでに霊験あらたかな呪文になっていた「平和」と「民主主義」をものさしに、裁判の意味を査定・評価した。『毎日新聞』は、戦争指導者を罰しても、それで日本人全体が平和に対する罪についての責任を「洗い清められた」ことにはならない、と警告した。実業界向けの『日本経済新聞』は、「反省」を呼びかけ、いまや国民は国の指導者に必ず平和と民主主義の原則を守らせる責任を負っている、と強調した。『朝日新聞』は、国民が独裁支配にもっと積極的に抵抗しなかったことを悔やみ、『朝日新聞』じたいも軍国主義者たちに屈したことを恥じている、と書いた。そして、今すべきは、こうした過去の失敗から学び、このような自己認識を基盤に「平和的民主国家建設」を決意することである、と訴えた。日本経営者団体連盟の発行する『日経連タイムス』のコラムは、「すべての日本人は民主々義を信奉し「平和に対する罪」の意義を十分理解し積極的な平和愛好国民として生きねばならない」と論じた。(60)

それでも、真の正義が行なわれたという実感は稀薄だった。「平和に対する罪」という法概念の出現を真摯に歓迎する論評も一部にはあったが、その判例を、このように戦時中の指導者のなかから「代表的」グループを選別して、その何人かを処刑することでつくったことに感心する人は、もうこの時期になるとあまりいなかった。マルクス主義者で評論家の羽仁五郎でさえも、この絞首刑を「深刻な犠牲」と呼び、これをムダにしてはならないと書いた[61]。

こうした反応の底にある葛藤――期待と諦観が奇妙に入りまじった、どっちつかずの感情――は、さまざまな小さな刊行物に東京裁判の判決と処刑への反応として発表された何篇かの短歌にもにじみでている。これらの出来事に触発されたある短歌は、判決に安堵を感じ、さらには新しい国を創ろうという新たな決意さえうまれた、と詠んだ。静岡の地方誌『静岡展望』には、一九四九年初めころ、次のような短歌が掲載された。

七戦犯処刑の報を聞いてより日本建設の底力涌く[62]

しかし、諦めと迷いのほうがふつうだったろう。ある女性が、この国で発行される無数の歌誌のひとつに寄せた次の短歌は、その気持ちをうまく捉えている。

裁断の厳しさを今は肯べないつつなおよどむわが小さき感情[63]

このほかにも、処刑執行のニュースを知って黙して宿に帰った、味のしない昼餉をただ嚙みしめた、処刑者のなかにもと首相で外相の広田弘毅が含まれていたことに妻が動揺している、といった短歌もあった[64]。

GHQによる検閲も終りかけていた一九四九年五月に、札幌に住むある人が発表した短歌は、「A級」ドラマの悪の親分東条でさえも同情を呼んでいたことをうかがわせる。

東条さんは矢張り偉いと低く言う兄に和しまた反発す[65]

東条が一般の人びとによる相対評価において上昇したことは、あの戦争の時代への郷愁を示すものではない。むしろ、連合国のダブル・スタンダードを暗に批判する空気の濃度を示す、小さなバロメーターと考えたほうがいいだろう。そして、東条のこのちょっとしたカムバックには、さらにもうひとつ、きわめて皮肉な隠れた側面があったのではないだろうか。占領下のこの囚われ人たちの世界で、東条はアメリカに公然とたてつくもっとも有名な日本人だった。ここにも、勝者と敗者が果てしなく続けているダンスの、ちょっとした超現実的側面がみえる。連合国の、なかでもとくにアメリカの、「最高司令部」に支配されたこの国で公的な地位にいれば、占領政策への異議を公然と唱えることなど誰にもできなかった。そんな状況下で、もっとも自由だったのは東京裁判で無罪を主張する戦争犯罪の被告たちだった、と言っていいかもしれない。少なくともこの者たちは、勝者にむかって公然と異論を唱えることが許される立場にあった。ほかの人はすべて、基本的には、お追従を言っていなければならなかった。(66)

東条も、彼が忠義を尽くした主君とは別の意味で、バロメーターだった。侵略と敗北の究極のシンボルとして東条を選んだことで、アメリカも日本も、アジアにおける先の戦争の中心的側面をアメリカ合衆国と日本のあいだの戦いにしてしまった。関東軍から出発して、アジアにおける戦争推進に大きな役割を果たした東条だが、「共同謀議」首謀者とされていたのは、アメリカ合衆国やヨーロッパ列強との戦争へとつき進んだ政策についての謀議への関与が理由になっていた。東京裁判の進行しているあいだ、GHQの検閲官は、東条の役割は誇張されている、「戦争責任の問題」の真の核心は中国に対する侵略にある、といった批判を抑えこんでいた。裁判終結後も、このような批判的見解の表明はひきつづきタブーとされた。そのために、法学者の戒能通孝が敢えてこの主張を展開し、学術専門誌の一九四九年六月号に発表するはずだった記事は、そっくり発禁処分になっている。(67)

東条など七人が処刑された一九四八年末には、アメリカが、それに日本の支配層にいる反共支持者たちが、中国の苦しみを蔑《ないがし》ろにする理由がまた新たに生じていた。中国が「共産化」し、アメリカから見ると、アジアにける主要な敵として日本にとって替わりつつあったからである。一九四九年秋になると、信頼すべき情報として、旧日本軍飛行士およそ五〇〇人ほどが、SCAPの仲介で、中国本土奪還を期する台湾の国民党政権を支援して、傭兵として入隊するかもしれないと報道された。(68) この秘密裏の徴募事件は、中国での残虐行為が忘れられるのと裏腹に、日本軍人がいかに徹底的に訓練された恐るべき戦闘員であったか、反共をいかに厳しく教えこまれていたか、さらには、体験からアジア大陸での戦闘にいかに熟練しているか、といった事実がしっかり記憶されていることを暴露した。第八軍司令官のロバート・アイケルバーガー中将は、東京裁判の継続中にすでにこの種のことをおおっぴらに発言している。日本兵というのは、将校なら誰でも配下にもちたいと夢みるような兵士だ、という、なんともあきれるコメントをしたのである。(69) 予想どおりというべきか、絞首台に向かう直前に東条が書き残した遺書も反共を強調していた。東条は、時代の先端をいく男として、時代から退場したのだった。

巣鴨拘置所に勾留されていた東条の仲間のうち、幸運にも不起訴になった何人かは、東京裁判が終って戦争犯罪の告発がとりさげられた直後から、反共の波に乗ってふたたび活躍するチャンスを得た。東条と六人の仲間が絞首刑になった翌日、右翼の大立者の笹川良一と児玉誉士夫が釈放された。ふたりとも、監獄住まいが与えてくれた有名人の資格に乗じるかのように、いわば、刑務所の門からまっすぐ出版社に駆けつけた。笹川の回想録は、『巣鴨の表情――戦犯獄中秘話』として、一九四九年五月に出版された。つづいて児玉の回想録も、『運命の門』と題され、カバーに巣鴨の写真をあしらって、一九五〇年一〇月に世にでた。(70)

一方で、戦争犯罪人のひとり、もと陸軍大佐の辻政信は、巣鴨に入りもしないで悪者から有名人に変身を遂げ、さらには商業的成功まで手にした。辻は狂信的なイデオローグで、病的なまでに粗暴な参謀将校だった。シンガ

1949年12月26日．マッカーサー元帥によるクリスマス特赦で釈放される戦犯を，雪のなか，巣鴨拘置所を囲む有刺鉄線の外で待つ家族や縁者たち．

ポールとフィリピンの両方の虐殺事件（バターン死の行進を含む）に重大な責任を負っていたが、ほかの残虐行為にも関与し、アメリカ人捕虜を処刑してその肉を食うという行為にまで及んでいた。日本でもっとも悪名高い逃亡戦争犯罪人のひとりとされていたが、現実には、一九五〇年に公衆の前に姿を現わす前には、まず中国の、その後にはアメリカの庇護を受けていたのである。敗戦後、イギリス軍の逮捕を逃れて東南アジアから中国に渡り、その軍事諜報知識と激しい反共主義のために、蔣介石率いる国民党軍に重宝された。一九四六年半ばには密かに（中国人大学教授を装って）帰国し、もと軍隊仲間の支援を受けて潜伏していた。これはウィロビー少将の全面的に知るところだったうえ、支援した軍隊仲間は、将来の反共日本軍の中核になるべき集団として、ウィロビー少将の肝煎りで集められた者たちだった。一九五〇年元日にアメリカ合衆国が辻を指名手配戦犯の指定からはずしたことで逃亡は終った。そしてその年のうちに、潜伏生活が二冊ものベストセラーという成果をあげた。一冊は「地下逃亡生活」について、もう一冊はガダルカナルの戦いについてのものだった。一九五二年初めには、シンガポール攻略を扱った三冊目の本がこの人殺しの手から世に出、その同じ年に占領が終ると、辻は出身の石川県から衆議院議員に選ばれた(71)。

辻の本の人気は、たしかに、まんまと勝者をだしぬき、幽霊のように姿を消し、一日たりとも牢獄で過ごしたりしなかった、異彩を放つ軍国主義者としての黒いカリスマ性に依存するところが大きかった。アメリカの支配に屈してすでに四年、占領の終りもまだまったく視野に入ってこなかったころ、辻、笹川、児玉、東条といった反抗的人物像は、その政治的姿勢には共鳴しない人たちにも本音のところで訴えかける一定の力をもっていた。しかしじっさいには、それが茶番だったのはこの者たちの政治姿勢のゆえだった。以前は敵対していた日本人とアメリカ人、戦争犯罪人とそれを裁く者たちが、今では多かれ少なかれ同じ穴のムジナになっていることを露呈させたからである。検閲制度の解除によって、日本の聖戦を擁護するこうした者たちがおおっぴらに口をきけるようになったとはいえ、そうした声はあくまで傍流にすぎなかった。降伏四周年にあたって、ひとりのふつうのサラリーマンが新聞に投書して、敗戦を心底悲しんでいる人を自分はほとんどひとりも知らない、これは、公的な場面で言われることだけでなく、親しい友人たちのあいだの私的な会話でも同じだ、と指摘した。国家的大惨事に対するこのような反応は「まことに驚くべき」ことで、なによりも戦争は個人の尊厳を打ち砕くものだという一般的な認識の反映である、とこの人は考えていた(72)。辻の言うようなむかしの大東亜共栄圏をいまだに夢みている人は、日本にはまずひとりもいなかった。しかし、短命に終ったその征服圏で「蝗軍」がほんとうのところ何をしたのか、思い出さなければならないと思う人がほとんどいなかったのも、同じくらい確実だった。

この、できれば忘れたい、という雰囲気のなか、その後の何年かのあいだに、A級戦犯ばかりかBC級戦犯も、人びとの意識のなかで社会復帰を遂げた。有罪になり、禁固刑を言渡された被告たちは、犠牲を強いた者というより犠牲者として公認されるようになり、日本国内の刑務所にいる受刑者たちは考えうるかぎりもっとも快適で愉快な生活をおくった。処刑された者たちも、遠い国で処刑された場合が多かったのだが、その辞世や死に際しての言葉によって甦りをはたした。人びとは、犯罪を忘れながらも、犯罪者たちは忘れなかったのである。

巣鴨拘置所での受刑者の扱いは、このもっともあからさまな例だろう。受刑者総数四〇〇〇人前後のうち、戦争犯罪で有罪となった数百人の囚人には、多くの楽しみが許されていた。独自の新聞『巣鴨新聞』の発行が当初から許され、そのうちに、娯楽のための生公演を自由に楽しめる状態になった。「巣鴨ホール」の名で知られることになる小さな劇場が囚人たちのために改修され、一九五〇年一一月の石井バレエ団の上演を皮切りに、文字どおりスターが次々とその舞台を通りすぎた。観客は要するに有名人ぞろいというわけで、こうした上演には御前興行のような一種独特の趣があって、この観客の前で芸を披露したい塀の外のエンタテイナーたちが列をなしたのだった。

占領が終ったあとも数年間はこうした興行プログラムが、秘密でも人目を忍んでもなく続けられた。芸能人たちは喜んで写真に収まった。背景としてもっとも人気のあったのは、すぐにそれとわかる巣鴨拘置所の塀と時計塔だった。こうして訪れた人の数と演目の幅の広さはきわめて印象的である。ある集計では、一九五二年だけでも少なくとも一一四回の上演があり、出演者は延べ二九〇〇人近くに及んだ。有名なコメディアンのエンタツも、柳家金語楼も、巣鴨ホールに出演した。バイオリニストの諏訪根自子も演奏したし、子ども時代の美空ひばり、ブギウギで知られた笠置シヅ子、灰田勝彦、赤坂小梅、藤山一郎などをはじめ、この国でもっとも有名な人気歌手たちが歌った。有名な日劇ダンシングチームも戦犯受刑者たちを楽しませたほか、それほど知られていない芸者、各県の民謡の踊り手といったグループも舞台に上がった。昔ながらのチャンバラ芝居も上演された。残っている写真から判断するに、肌を露出し、奇妙なポーズをとっている若い女性たちも囚人たちを慰めたようだ。このかつての厳格な軍国主義者たちが皇道としての道徳の裁定者であった当時なら、公衆の面前で許すはずもなかったくらいの露出度であり、いかがわしいポーズである。刑務所の娯楽は巣鴨ホールの外にも及んだ。一九五二年三月二八日、プロ野球の読売ジャイアンツと毎日オリオンズが非公式試合をして、迫っていた占領終了を囚人たちとともに祝った。巣鴨運動場ではこのほかにも、「日本女子野球リーグ」やレスリングの試合も催された。馬術チームは、演技を終えてから、観衆の前に兵隊のように整列して記念写真に収まった。女子体操選手はショーツ姿で巣鴨の観衆とカメラに向かって微笑んだ(73)。

一九五二年夏になると、あるひどく感傷的な歌が発表されて、戦争犯罪受刑者の戦争犠牲者としてのイメージをさらにいっそう強めた。作詞者の代田銀太郎も、作曲者の伊東正康も、フィリピンで戦争犯罪を理由に死刑判決を受けたが、じっさいには処刑されなかった。代田は濡れ衣を着せられたと主張し、フィリピンのモンテンルパ刑務所に収容されていた多くの仲間が処刑されたあと、一九五二年初めに涙をしぼるようなこの詞を書いた。『ああモンテンルパの夜は更けて』というタイトルは、日本人の感じやすい感傷のツボにじかに触れた。曲のほうも強く心に迫るメロディーで、フィリピン人の看守たちでさえ思わず口ずさんでいたといわれる。

この歌がモンテンルパ刑務所で初めて紹介されたのは四月二九日(日本がふたたび独立国となった翌日)だった。この集まりでは、君が代を斉唱し、遥か遠い東京の皇居の方角に向かってそろって礼をした。皇軍がアジア全土で荒れ狂っていた当時に日常的に行なわれていた、臣下としての表敬の儀式である。代田と伊東は、日本人教誨師を通じて、有名な歌手の渡辺はま子に歌ってもらうことに成功し、この歌は日本でセンセーションをまきおこした。

詞はまず、夜更けになって「遠い故郷」をしのぶ囚人の「つのる思い」のやるせなさを歌う。「涙に曇る月」を見て、「優しい母の夢を見る」。その母が「恋し我が子はいつ帰る」と嘆く姿が見える。そして、「母の心」が呼子鳥《かっこう》のように物悲しげに鳴きながら「ひとすじに南の空へ飛んでゆく」と想像する。そして最後に、「モンテンルパに朝が来りゃ」、囚人の心にも太陽が昇って、「強く生きよう　倒れまい　日本の土を踏むまでは」という希望と勇気をみんなに与える、と歌っていた。

「昇る日」に託されたナショナリズムと郷愁のこれほど素朴な表現はありえなかった。そしてまもなく、モンテンルパにいた戦犯死刑囚たちの絶望的な願いが叶うことになる。一九五三年七月に全員が日本に送還され、一部は自由の身になり、残りは巣鴨拘置所に移されたのである。彼らの乗った船をおよそ二万八〇〇〇人が港に出迎えた。その群衆のなかに、天皇の陸海軍のこれら兵士がフィリピンで殺したすべての母や子や捕虜について、一言でも口にする者はいなかったはずである。[74]

生き残った戦犯がちやほやされている一方で、処刑された戦犯についても、彼らの思い出に敬意をはらい、「戦犯」のレッテルを貼られたときに代わりに剝ぎとられてしまった個人としての存在感のかけらでもいい、回復しよう、というプロジェクトが進行していた。すばらしく効果的で保守的な出版活動として、こうした男たちの遺書、家族に宛てた最後の手紙、辞世や別れのことばが集められ、公表されたのである。一九五〇年から五四年のあいだに、こうした文書を編集した本が一五冊以上出版された。この男たちの同胞は、彼らをいわば墓の中から語らせることで、可能なかぎりもっとも効果的な別れのことばを語らせたことになる。[75]

こうした出版物のなかでもっとも包括的で、よく知られていたのが、一九五三年一二月に『世紀の遺書』のタイトルで出版された大部な本(三段組で七四一頁)だった。そこに収められた、戦争犯罪を理由に処刑された六九二人の声は、その人格と意見にみられる幅広さがじつに印象的である。これらの文書には――学徒出陣兵たちの手紙、長崎の永井隆の思いをつづった文書、ひいてはセンセーションをまきおこした太宰治の『斜陽』などと同じで――それが死をまっすぐに見据えていた男たちの思いや感情を映すことばだったからこそ、いっそう強い説得力があった。[76]

ここでは、有名あるいは悪名高い男たちが、自らの受けた裁きを裁いていた。これらの遺書に混じって、東条の最期のことばもここに永遠の居場所を得て、国民と天皇に敗戦を詫びながら、国際的な犯罪については無罪だと断言していた。そして次のように続けている。東京裁判は政治裁判であり、アメリカとイギリスは三つの大きな過ちを犯した。まず、共産主義に対する砦としての日本を破壊し、(かつての関東軍の本拠地である)満州の赤化を許し、そして、朝鮮を二分した(これは将来かならずや紛糾の原因になるだろう、と朝鮮戦争が勃発する一年半前に東条はすでに予言している)。戦争を永久に根絶するには、人間から欲心を排除する必要がある、と、竹山道雄の『ビルマの竪琴』のなかの僧のような指摘も東条はしている。しかし、希望を捨てなかった托鉢僧とは違って東条は、人間の本質を変えることは不可能だ、したがって第三次世界大戦は不可避だろうと推測する。そして、アメリカにたいして日本を赤化から守る責任がある、と言い、軍部が犯したかもしれない「間違」について謝罪しながら、その一方でアメリカ合衆国に、原爆や無差別爆撃を反省してほしいと、別れのことばを締めくくった。(77)

バターン死の行進の「命令責任」を問われて有罪となった本間雅晴陸軍中将も、家族に宛てた最後の手紙のなかで、勝者の裁きについて同じように語っていた。「米国が公正な国だというのは真赤な嘘だ」と断言し、空襲や原爆で死んだ何十万人という人びとに言及して、「宇宙上国際関係に於て正義と云うものは存在しない」と暗い指摘をした。(78) 処刑された戦犯のなかには、告発された行為の責任を認めた者もいたが、真に公正な審理への配慮などほとんどない、基本的に報復とダブル・スタンダードの営為だったと裁判を断じる反応のほうがずっと多かった。また、本間を含めた数人が、明治維新の時代によく言われた「勝てば官軍、負ければ賊軍」を皮肉に引用した。(79)

これら処刑された男たちの最期のことばは、ほとんど例外なく、残していく家族への深い気遣いとともに、自分たちがふつうの意味での「犯罪者」であるような印象は、愛する者たちの心からも、社会全般からも消して欲しい、自分たちは悲劇的な負け戦の犠牲になっただけだ、という切なる思いを吐露していた。最期にあたってのこうした「私的な」書簡にあるこのような思いを過大にうけとってはならないだろう。息子たちは両親に――夫たちは妻に、父親たちは子どもたちに――自分は決して殺人者でも畜生でもなかったことを、有罪とされた行ないについてはちゃんとした理由があることを、愛する者たちは今でもしっかり顔をあげて生きていけることを、請けあわなくてはならなかったのである。こうした書簡の大部分がごく内輪の通信文であることは、編纂者たちが読者に信じこませようとしたこととは反対に、その内容の真実を保証するわけではない。しかし、ごまかしがどこで始まり、どこで終っているのか見きわめることはまず不可能で、書き手自身にも判然としない場合が多かったのもまちがいないだろう。

日本文化において大切にされている家族の絆のなかでも、もっとも湿っぽくて感傷的なのは、なんと言っても母と息子の結びつきだろう。甘ったるい『ああモンテンルパの夜は更けて』があれほど人気を博したのもその証明であり、『世紀の遺書』に収められた手紙の相当数も、同じように、死刑を宣告された男たちの母親への深い愛着を披瀝している。この関連では吉田松陰の有名な辞世がいくつかの手紙に引用されていた。吉田は、一九世紀に天皇の名のもとに幕府封建体制を転覆しようと集結した若い侍のなかでもとくに非凡な魅力のあったひとりだったが、一八五九年、二九歳の若さで、老中暗殺を計画したかどで死刑になった。首をはねられる当日、吉田は次の歌を詠んだ。

親思ふ心に優る親心今日のおとづれ何と聞くらむ(80)

「反逆者」で「罪人」の吉田松陰は、まもなく、近代日本の英雄のひとりとして神格化され、目的の純粋さと悲劇的犠牲のこの上ないシンボルとなった。それから一世紀もたたないこのときに死刑宣告を受け、あきらかな敗残者として、もしかしたら極悪人とさえ思われながら、死のうとしていたこの男たちにとって、死後に身の潔白を証明された吉田は希望と慰めだった。吉田が西洋の「夷狄」による帝国主義的侵略を遠慮なく非難したことも、彼の魅力を減じるものではなかった。しかし、彼の辞世が好まれたのは、吉田が運命に足元をすくわれながらも、最後の思いと気懸かりを母親に残したことを示しているからである。このことが吉田をきわめて「人間的」で優しい男にしたのである。

「犠牲」になったという表現は、下級裁判で死刑宣告を受けた男たちの手紙にひんぱんに見られる。そう書いた者たちは、自分を「国家の尊い犠牲」として、あるいは国のために「血をもって贖われる」犠牲として、あるいは「敗戦の犠牲者」、「日本再建のため」、「民族の」犠牲、もっと希望のもてるところでは、「世界平和」のための捨石と見ていた。[81] 犠牲をもたらした主体として全員に共通する単一の因子はない。ある人にとっては、それは簡単明瞭に、勝った連合国だった。シンガポールで死刑判決を受けた将校は、自分を「要は英軍の復讐的犠牲」とみなした。[82] しかし、自分の上官の犠牲となったと考えていた者も多かった。今こうして犯罪だとして裁かれている行動を部下に命令しておきながら、後になって、お馴染みの無責任な理屈でそれを否定している上官の犠牲になったのである。[83] 運悪く戦争というものの犠牲になった、としか考えていない人もいた。一九四六年にビルマで処刑された憲兵隊将校は、最後のことばを尽くして、義務とひとりひとりの責任について哲学的思考をめぐらせ、自分や、自分のようなほかの者たちはただ「戦争に附随した「ボンヤリ」とした犠牲」にすぎない、と結論していた。[84]

こうした人たちによる文章を集めたほかの本についてもほぼ同じだが、それぞれの遺書に添えられている略歴の不可解さが『世紀の遺書』の用心深い保守性をよく反映している。書いた人がどこで処刑されたかだけを言って、その理由には言及していないのである。じっさいは、多くの人が遺書のなかで自分の訴追理由である犯罪について語り、それがかなり詳細にわたる場合もある。しかし基本的には、こうした出版物は、明らかな不名誉のなかで死んだ男たちを人間に戻し、彼らの――少なくとも彼らの多くの――戦争犯罪を赦免することを意図していた。奇妙なことにこのような赦しは、天皇がアメリカから受けたあつかいに、ごく自然に、ほとんど鏡に映したように、そっくりだった。裕仁がその犯した悪事あるいは戦争責任を赦免されたように、戦争犯罪のゆえに訴追された者たちも、戦争の渦のなかでしてしまったことを、こうして暗黙のうちに赦されていた。もちろん、彼らの行為によっていかなる被害も受けなかった者たちによって。男たちの優しいことばが引用されることはあっても、彼らのじっさいの行為は無視されたも同然だった。かかわった出来事を左右する力などまるでなかった者のようだった。天皇の有名な「人間宣言」は降下だった。「現人神」――いったいどういう意味なのかは別として――から人間の地位に降りたのである。一方で、こうした男たちは、悪魔のような存在から、その同じ人間の世界へと、手をとられて引きあげられていた。しかし、そうして人間になっているのが生き神にしろ、処刑された戦犯にしろ、そこから伝わってきたのは、あの恐ろしい戦争と、それに伴ってあらゆるところで行なわれた残虐行為にたいして、かつての帝国のてっぺんから底辺まで、誰ひとりとして真に責任を負っていない、という印象である。

歴史と記憶のこのようなつくり変え、こんなふうな帝国陸海軍全体への人間の顔の回復は、国民的な心理的修復プロセスの一環だった。軍人のなかでももっとも悲惨なこの男たちでさえ、欠点はあるにしても、複雑で感じやすい人間のように見せることができるなら、略奪をほしいままにする蝗《いなご》の軍隊という不名誉も、すっかり拭い去ることは無理だとしても緩和くらいはできるかもしれない。こうした出版物にはこのような反動的な力が無視しがたく潜んでいた。こうした遺書は日本を犠牲者とする文学のサブ・ジャンルとして容易に読めたからである。さらにそれは、少なくともその一部は、反白人文書として見ることもできた。これら死刑判決を受けた男たちは、戦争犯罪裁判が行なわれたすべての戦域で無罪を主張したが、彼らを捕えたオランダ人、イギリス人、アメリカ人の厳しさとダブル・スタンダードについての苦々しい気持ちはとくに辛辣に表現されていた。[85] 一方で、日本人がほかのアジア人たちをいかに痛ましく、無造作に犠牲にしてきたかを思いおこさせるような遺書は、こうしたなかにごく稀にしかなかった。

こうしたことにもかかわらず、『世紀の遺書』のような、亡くなった人たちの書いたものを集めた本の与える全体的な印象は、それほどの怒りではなく、弁明でさえもなく、むしろ、圧倒的な徒労感、後悔、悲しみの感情である。戦争犯罪人の最期のことばは、リベラルおよび左翼的な学者たちによってまとめられ出版された戦没学徒出陣兵たちの文書と、想像していたほどは違わなかった。『きけ　わだつみのこえ』にあるもっとも感動的な遺書のひとつは、木村久夫という学生が書いたものである。木村は、京都帝国大学経済学部の学生だったが、一九四六年五月に、捕虜虐待の罪で戦争犯罪者としてシンガポールで処刑された。一九四八年一一月には木村の評伝が出版され、田辺元の哲学書のページの余白に書きつけられていた木村の非凡な遺書が、牢獄で書いた何篇かの詩とともに、『きけ　わだつみのこえ』に収められた。一方、『世紀の遺書』の木村の項目は、同じ詩と、父親に宛てた最後の手紙からなっている。[86] 絞首刑になる前日に木村が書いた二篇の歌のひとつは、二六歳にして死と折合いをつけていた心境を伝えている。

風も凪ぎ雨もやみたりさわやかに朝日をあびて明日は出でなむ

もう一篇は、日本人なら誰でも吉田松陰を思いおこしただろう。

をののきも悲しみもなく絞首第母《ママ》の笑顔をいだきてゆかむ

戦犯として処刑された者たちの遺書は、わずかの例外を除いて、出版を念頭に書かれたわけではない。こうした人たちの遺族や友人たちに広く呼びかけて集められ、出版されたのである。それが社会に与えた衝撃には賛否両論があった。なぜなら、こうした遺書が戦争責任の意識を稀薄にしながらも、軍国主義や戦争の恐るべき人的コストの記憶を強めたからである。亡くなった学徒出陣兵の手紙や、原爆犠牲者たちの回想記と同じように、こうした最期のことばは、戦争によって人生を破壊されたひとりひとりの日本人のきわめて個人的な肖像を集めた公共のアルバムになった。たいていは美化された自画像だった。そして、奇妙なかたちで、あるいは少なくとも、予期しなかったかたちで、その何年も前に大佛次郎が日本の戦死者たちへの「鎮魂曲」として語ったものを奏でる一助となった。こうした遺書の多くが哀歌のようなことばでつづられていたからである。この男たちは「通例の」戦争犯罪のために処刑されたが、その圧倒的多数が通例ならざる書き手だった。さらに、出版に際してもほとんどいつも、哀歌のトーンを強調する形式や体裁を与えられていた。

たとえば、『世紀の遺書』の序文には、大慈大悲の菩薩、観世音菩薩のブロンズ像の写真が添えられた。連合国の戦争犯罪裁判の開かれた場所ごとに項目を立て、そこに収められた遺書のひとつからとった、感情をそそることばでタイトルをつけた。中国で死刑判決を受けた人たちの遺書をまとめた項の副題は、「日支の楔《くさび》」だった。ビルマでイギリスに裁かれた人たちの項は「運命」。香港は「迎春」。巣鴨刑務所に収容されていた受刑者たちの項は「紫すみれ」とタイトルがつき、グアムにいた人たちの遺書は、ただ「人間」となっていた。

それぞれの人の項目にも、その遺書から編集者が抜きだしたことばのタイトルがつき、これもたいてい、悲嘆にくれた、思索的な、人間味あふれるトーンになっていて、こうした読み物の販売促進をもくろむ者たちの意図がすけてみえた。たとえば、中国で裁判を受けた人たちの項目には、「暗黒の世界より」「中国兵の涙」「大好きな日本」「無と忘却」「日々是好日」といったタイトルが並んでいた。オランダ領東インドには、「生命の余白」「彼岸への友情」「百人の顔」。オーストラリアには、「善と悪」。マレーと北ボルネオには、「英国に告ぐ」「母のもとに還る」(書き手の母はすでに亡くなっていた)。ビルマには、「はる子さんへ」(幼い娘に宛てた手紙で、ひらがなだけで書かれている)。インドネシアには、「さまざまな人々」。グアムには、「科学者の思慮」。巣鴨刑務所には、「独り来り独り去る」「十字架を負いて」(書き手は獄中でキリスト教の讃美歌を覚えた)「嘆きの壁」「白雲」「永遠の平和を」「別れ」(87)。敵にとっては極悪非道な犯罪者だったこの人たちは、いまや、同国人の多くにとっては哲学者や詩人になっていた。

ある月刊誌が『世紀の遺書』からいくつかの項目を抜粋して転載した。そして、そこにつけた短い序文のなかで編集者は、これらの遺書は、日本民族全体を鼓舞し、全人類を清めてくれる「偉大なる聖書」であると言った。そして、夜明け前がいちばん暗いことを思いだして気をとりなおし、終りなき平和を確立するために献身しよう、と読者に呼びかけた(88)。これはまさに戦争中にあれほど頻繁に耳にした、清らかさと平和の修辞だった。名誉を失った死者たちを赦してあげよう、という超国家主義的な訴えだった。日本の戦争犯罪と残虐行為のすさまじい現実をぼやかす煙幕だった。しかしそれはまた、この異常なまでに内向きな世界においては、反戦声明でもあったのだ。死刑判決を受けた戦犯たちによる手紙の多くが、読み手を深く感動させることによってそれを補強していた。この意味では、ひとりの陸軍医が幼い娘に宛てた最後の手紙は代表的である。軍医は娘に、これからの人生で、生き物を殺さないように、トンボは捕まえてもすぐ離してやってください、と教えていた。

この軍医は、連合軍捕虜を虐待した罪で死刑判決を受け、処刑された。[89]

第六部　さまざまな再建

第一七章　成長を設計する

占領開始当時は、マッカーサー元帥をはじめほとんどのアメリカ人が、占領は三年以上続くべきでもないし、続くことにもならないと考えていた。しかし三年もたつと、そこがほんの折り返し点にすぎないことがわかってきた。それに、外国に統治されることに嫌気がさしてきた日本人がじつに多くなっていることも明らかに見てとれた。たしかに、最高司令官にはまだファンレターが届いていた。「平和」の理想はまだ大切にされていた。「民主主義」もまだ、よい社会の試金石であった。しかし征服者たちは、相変わらず絶大な権力を握ってはいたものの、さまざまな勢力がひしめきあう日本の政治状況のなかで、利益団体のひとつとしかみなされないようにもなっていた。

心境の変化は、占領されている側だけのことではなかった。アメリカも、冷戦を考慮しなければならないために、「非軍事化と民主化」という当初の理想の多くを——一九四五年当時、戦いに敗れた人びとにとってあれほど思いがけなく、刺激にみちていたあの理想を——「船外投棄」しはじめた。そしてその過程で、日本社会の保守的な勢力と、ひいては右翼勢力とさえ、公然と歩調をあわせるようになっていった。そこには、日本が負けたあの戦争と切っても切れない関わりをもつ者たちも含まれていた。戦犯容疑で逮捕されていた有力者たちの起訴がとりさげられた。経済は巨大資本家や中央官僚の手中に戻った。戦時中に政治家やその他の指導的立場にあった者たちは公職につくことを禁止されていたのだが、しだいに「追放解除」され、それと裏腹に、急進的な左翼が「レッドパージ」の対象になった。真に民主的な改革——上からでも、下からでも、どこからにしろ——の理想はどんどん遠ざかり、夢のまた夢となっていった。占領が終る前、この劇的な方針転換を日本のメディアは「逆コース」と呼んだ。①

アメリカのおかげの「草の根」の民主化、と華々しく宣伝されて実施された世論調査が、国民一般の失望の物語をはっきりと伝えている。この国は「いい方向」に向かっていると思うかと訊ねられて、一九四八年にはまだ日本人の大多数が肯定的に答えていた。それが一九四九年になると、答えの過半数が否定的になった。一九四九年以降は、日本がふたたび戦争に巻き込まれるのではないかと不安だ、とする回答者が確実に半数を超えるようになった。②

勝者と敗者の双方があれほど念入りに培ってきた平和という夢は、突如として、いかにも儚いものに思えてきた。世界では、旧連合国が仲間割れして、さらにはほかの国を相手に、激しく争っているようだった。検閲のために一般の人にはニュースが届かないことが多かったが、そのためにかえって、冷戦の現実がごまかしようもなくはっきりしたときの覚醒はいっそう衝撃的だった。東南アジアの植民地支配を再現しようとするヨーロッパ諸国の企て、東ヨーロッパでのソ連の暴力による弾圧、中国内戦での共産勢力の驚くべき勝利、恐怖の核武装競争の始まり——こうしたすべては、夢どころか、さながら悪夢のような現実だった。

「オー、ミステーク!」

一九五〇年六月二五日、すぐ隣の朝鮮で戦争が勃発した。そしてアメリカ合衆国は、日本に「平和憲法」を押しつけてたった四年しかたっていないのに、急遽こんどは再軍備を強要した。強要されたほうは渋っていたが、それでも、貧血状態だったこの国の経済は戦争関連物資の調達という輸血をしてもらった。突然すべてのことが、まるで予想もしなかった、途方にくれるようなかたちで好転——あるいは悪化——しはじめた。占領はまだこのあと二年は続くのだが、それまで勝者にも敗者にも理解されていた「占領」は終った。朝鮮の戦争は新しい世界を呼びこんだ。そして日本は降伏以来はじめて、自らの意志かどうかは別に、この世界に明確に組みこまれていった。

このようななにやら不吉な展開のなかでは、ときとして些細な出来事がけたはずれな象徴的意味をおびることがあった。一九四八年、名門東京大学の学生が窃盗の罪で逮捕された。注目を集めたのはこの犯罪そのものではなく、この学生が自らの行動を弁明したシニカルな理屈だった。おりしも東京戦争犯罪裁判が終結に近づいていたのだが、この学生は、今の社会ではなにが犯罪か決めることなどできない、と言ったのである。新しいことばや表現をとりあげることで人気の『現代用語の基礎知識』の編集者はこれを、時代の混乱と虚無を示す絶好の実例と考えた[3](このようなシニシズムはまもなくもっと洗練された表現法を見出した。たとえば、黒澤明の映画はだんだんと暗く曖昧になっていって、ついには、一九五〇年の『羅生門』で「相対的真実」をみごとにとらえるに至った)。

一九五〇年九月、一組の若くてむこう見ずな男女が、もっと単純なセリフと、さらにセンセーショナルな事件をマスメディアに提供した。日本大学で運転手をしていた若い男が、大学の金を強奪し、大学教授の一八歳の娘との遊興につかいはたしたあげく、逮捕されたとき「オー、ミステーク！」と言ったのである。これはすぐに占領期でもっとも有名な英語になった。あとでわかったのだが、この泥棒とその愛しい恋人は、ハリウッドのギャング映画の大ファンで、ふだんから日本語とあやしげな英語をまぜこぜにした奇妙な言葉を話し、物質的浪費と性的快楽のほかになんの関心もなく、その軽はずみな犯罪について良心の呵責などいっさい感じていなかった。社会評論家たちは先を争ってふたりを戦後の若者の不道徳の象徴ときめつけたが、この忘れがたいセリフにはそれをはるかに超えて広く共鳴した。誰も彼も我がちに馬を乗換えようと焦っている世の中では、ついこのあいだまでの過去など、戦争や占領もふくめて、たんなる「ミステーク」と片付けることがどんどん易しくなっていくようだった。(4)

傲慢なアメリカの存在に嫌気がさして(検閲の緩和ともあいまって)、大衆文化にソフトな反革命ともいうべきものが生まれてきた。流行歌では冗談めかした歌詞が流行りはじめた。ずばりアメリカ的な、新しい喜びや活力と結びついたブギウギ調が下火になり、昔ながらのセンチメンタルな感傷がもどった。一九四九年以降は、放浪、寂しさ、あきらめ、郷愁がつのって憧れは抑えきれず……、といったムードが詞にも曲にも支配的になった。こうしたほろ苦くも甘美な感情に強く訴えかけるカリスマ的存在が美空ひばりだった。ブギウギを歌って一躍スターになった一九三七年生まれのこの早熟な少女歌手は、占領が終る前にはすでに、センチメンタルな「土着」の情緒を代表する歌い手になっていた。(5)

同じころ、劇場にチャンバラが戻ってきた。書店には、吉川英治が一九四八年から次々と世に出した四冊の大ベストセラーを皮切りに、中世的テーマがロマン的に展開される侍の物語や小説が並びはじめた。ノーマン・メイラーが太平洋の島でのアメリカの戦闘を批判的に描いて読む者の心に焼きつけた『裸者と死者』など、ベストセラーになった翻訳物でさえも新たな保守主義を映していた。マーガレット・ミッチェルが一九三六年に発表した空前のヒット作『風と共に去りぬ』は、一九四九年から二年間ベストセラー・リストの「トップテン」内にとどまった。戦いに敗れた南部連合を描いたこの物語に日本を読みとるのにたいした想像力は要らなかった。「風と共に去」ってしまった優雅な時代のロマンチックな記憶。それと対照的な、戦争に蹂躙された土地の盛衰や、侵入してきた「ヤンキー」に悩まされながら新しいアイデンティティを探る戦後社会。性格が正反対のふたりのヒロインも、日本という鏡にくっきりと映しだせた。純粋で、従順で、家庭的なメラニーと、現実的で、ご都合主義で、官能的なスカーレット。犠牲になること、生きのびるための闘い、スカーレットの「わたしは二度と飢えたりしない」という不敵な宣言――すべてが、アメリカ南部を舞台にしたこの長編小説をじつに身近な物語に感じさせた。(6)

真の解放と草の根民主主義という夢の終焉をさらにあからさまに映しだしていたのが、ある子ども向け小冊子の運命である。慶応大学教授の浅井清が熱意と理想主義に衝きうごかされるままに書きあげた『あたらしい憲法のはなし』という薄い本が一九四七年に発行され、中学一年生の社会科の教科書として広く使われた。この本は、新しい憲法は明治憲法と違って、日本国民の意見でつくられた、と説明するところから始まっていた。そして、この憲法のもっとも大事な点は国際平和主義、民主主義、主権在民主義の三つで、このどれもが互いにつながっている、戦争放棄とは日本が今後決して陸軍も海軍も空軍ももたないという意味だ、と続いた。添えられた全ページ大の挿絵は、戦争放棄という大釜でさまざまな物資が溶かされて、そこから、平和な国のすばらしい建物、列車、商船、消防車、通信塔がとびだしてくるようすを描いていた（一六四頁参照）。さらに、自由と、男女の平等を含めた平等、などの基本的権利も強調していた。

『あたらしい憲法のはなし』は、教育制度はまだ名目上アメリカの監督下にあった一九五〇年、文部省に副読本に格下げされ、一九五一年には完全に使われなくなった。いずれにしても、この本に別の運命はありえなかった。そのころ日本は、アメリカという鷲の翼の下で新しい軍隊を組織していただけでなく、ついに経済復興のレールに乗ることにも成功していたからである。それについては、朝鮮で戦争をしているアメリカ軍「特需」による軍需景気に全面的に依存していた。(7)

見える手（そして，見えない手）

「オー，ミステーク！」哲学のもっとも熱心な信奉者は，じつはワシントンと東京の政策決定責任者たちのなかにいた。経済政策における優先事項の転換は，すなわち，占領開始時にマッカーサー元帥が受けたもっとも基本的な指令のひとつの否定にほかならなかったからである。この指令は，元帥の最高権限は「経済領域のあらゆる事項」に及ぶが，ＳＣＡＰは「日本の経済的復興または日本経済の強化に対してなんらの責任を負わない」と指示していた。この方針のうしろにあった当時の国務・陸軍・海軍三省調整委員会（ＳＷＮＣＣ）の機密計画文書は，「日本の現状は自らとった行動の直接の結果であり，連合国はその被害を修復する責務は負わない」と言明して，その懲罰的意図をはっきり示している。[8] こうした指示にしたがってマッカーサー配下の経済官僚たちは，一九四八年まではこのような懲罰的かつ改革的な任務に限定して仕事をした。すなわち，賠償に当てる工場の指定，財閥持株会社の解体命令，追放すべき指導的財界人リストの作成，経済的民主主義を確実にするために分割しなければならない「過度経済力集中」の特定，農地改革と地主制度廃止の指揮などに主として携わったのである。アメリカ合衆国は総額二〇億ドル程度の経済援助をしたことになるが，その大部分は，経済を破綻させず，社会不安を引きおこさないために必要不可欠な食糧と物資のかたちで供与された。[9]

占領下のドイツでは，労働，金融，経済については連合国司令部の別々の部に責任が分散されていた。ところが日本ではこの三つの巨大領域の指揮監督権が——おまけに科学技術の分野までいっしょに——経済科学局（ＥＳＳ）に集中していた。経済科学局は，経済学者，技術者，もと経営者などおよそ五〇〇人を抱えており，強大な影響力をもつ日本銀行と，政府に新設された経済安定本部とともに，大蔵，労働，商工の三省を監督していた。占領当局は，「総力戦」に向けた戦時総動員の過程で日本が導入した経済統制メカニズムの大部分を温存した。

戦時中を上回る統制を奨励したり、承認したりすることさえあった。経済科学局も、占領終結ころまで、日本の通商に「中央集権的で独裁的な」統制を行なった。ワシントンから派遣されたトップレベルの使節団の勧告も、こうした上意下達の政策決定の制度化に大きな影響力を発揮していっそう強化しただけだった。[10]

長年にわたる日本の戦時動員体制の著しい結果のひとつは、ほんの一握りの財閥の手に資本が集中したことである。占領当局はとくに念入りな精査の対象として一〇の企業共同体を選びだした。有名な「旧財閥」(三井、三菱、住友、安田)と、軍部との密接な協力によって支配的な地位にのしあがった六つの「新興財閥」(浅野、古河、日産、大倉、野村、中島)である。一九三七年の時点で旧財閥「ビッグ4」は投下資本の一〇%を占めていたが、戦争が終るまでにはそれが二五%まで増えていた。これら一〇の企業共同体をあわせると、一九四五年に、鉱業、機械、造船、化学の分野での投資資本の四九%、銀行の五〇%、保険の六〇%、海運の六一%を支配していた。[11]

戦争のおかげでこのような資本集中と成長を遂げたにもかかわらず、大企業幹部たちは全体として戦争終結を歓迎した。すでに海外投資を失い、国内の保有財産もほとんどが瓦礫と化していたことは、終戦を喜んだ理由の半分にすぎない。じつは大資本家のほとんどがこの戦争を、生存をかけた内なる敵との闘いと見るようになっていた。軍国主義者や、「国家社会主義」的信念から民間部門にほとんど完全な国家統制をもくろむ経済官僚との闘いである。だから、真の資本主義擁護者に占領される可能性は、当初の印象では、歓迎すべき展開のように思われた。戦前に、個人的にも仕事上でも、アメリカ人やイギリス人とのつきあいを楽しんだたくさんの経営者にとってはとくにそうだった。

財界ではこのような心境はおおっぴらに語られた。天皇の放送の二日後に最大財閥である三井の幹部たちが集まったとき、アメリカの支配のもとで平時生産に転換できる、という確信がその場にみなぎっていた。そのひとり、江戸英雄が、全体に「米英のほうの風当たりも悪いことはあるまい、万事やりよくなることだろう」とする見方で一致していたと回想している。なんといっても三井は、「平和主義とか自由主義とか親米主義とか」であるとして、軍国主義者や超国家主義者に批判されてきたではないか、と喜びあったのである。財界トップの実業家たちが占領軍上陸直前に秘密裏に開いた集まりでも同じような意見がでていた。ハーバード大学卒業生で巨大鉄鋼会社社長だった浅野良三などは、ついうっかり英語で「アワ・フレンド・イズ・カミング」と口走ってしまったくらいだ。そして、占領を率いるのがアメリカであるとは日本は幸運だ、これはこの国がアメリカの生活水準達成をめざすチャンスかもしれない、と叫んだ。このナイーブな楽観主義は財界首脳のほとんどに共通していた。この会合に出席したもうひとりの経営者も、財閥解体も経営幹部のパージも夢想だにしなかった、と回想している。(12)

たしかに、資本家のほうが経済官僚より征服者を歓迎したということはあるだろうが、さしせまった敗北に具体的な計画をたてて備える、ということはどちらもしなかった。この意味では、この戦争に突入したときも、そこから這いでたときも、日本人はほぼ同じくらいぼんやりしていた。一九四一年に真珠湾攻撃にでたとき、軍部や文官の指導者たちは、アメリカ合衆国の工業生産力についても、目前に迫る大々的な衝突がどのような道筋をたどるのかについても、真剣に長期的予測をたてなかった。当時、東条首相は、「清水の舞台から飛び下りるしかないこともある」と言った。戦争が終ったときも、エリートたちは、先の計画を立てることに関してはいい加減以外のなにものでもないことを自ら暴露した。戦争経済から平時経済への転換について、あるいは、平時経済とはどんなものかについて、真剣に考えた者はごくわずかだった。官僚も実業家も政治家もそろって、いまだに「清水の舞台」妄想のなかにいるようだった——映画フィルムの逆回しのように、なんとか後ろ向きにジャンプして、また清水の舞台に跳びあがれるだろう……。すべて、なんとかうまくいくだろう……。

しかし天皇の放送のあとに現実に起こったジャンプは、ほとんどが狂乱と破壊のそれだった。民間請負業者の手元にあった資材はいうまでもなく、軍の備蓄物資までが、隠匿されるか、まっすぐに闇市に運ばれた。陸軍、海軍、軍需省の役人たちはすぐさま巨額の金を引きだして、請負業者に支払い、自分のポケットや気に入った仲間のポケットに詰めこんだ。大蔵省と日本銀行は、何百万人という解雇された労働者や復員兵の手当にしようと、印刷機にはりついて、インクの跡も生々しい紙幣を国中にあふれさせた。同時に、国民の不安を和らげるために、戦時中の個人預金口座からの引出し制限を解除した。まじめな帳簿付けは放棄され、記録は意図的に破棄された。このすべての結果が、財政と経済の混乱と、貪婪なまでのインフレの始まりで、結局これが経済をすっかり食いつぶすことになった[13]。

大企業経営陣はこの試練の鞭もそれほど深刻にはとらなかった。彼らの志気を打ち砕くほんとうの衝撃は、敗戦の混乱とともにきたのではなく、戦勝国の懲罰的・改革的な経済政策の意図を知ったときだった。浅野のような経営者が、アメリカの「フレンド」について自信たっぷりに語るとき、その念頭にあったのは戦前に知っていた保守的なビジネスマンや社交的な外交官たちだった。当初の占領政策に大きく影響していたニューディール式の改革主義や、熱烈な反トラスト意欲など、想像もしていなかった。たとえば三井は、「三井復興事業会社」設立という野心的な計画を用意して占領当局の到着を迎えたのである。この新事業の趣旨は、住宅建設や農地拡大を目的とした開墾のようなプロジェクトを展開し、三井の従業員と子会社をそこに従事させて——赤字も覚悟のうえで——継続して職を確保することである、という説明だった。この案が、財閥の戦争責任をあいまいにする意図をもった企みとしてSCAPの役人に拒否されたとき、三井の衝撃は大きかった。おまけに、三井持株会社の解散を命じた経済科学部の初代部長が、もと百貨店経営者で、日本人の心理もこの国の「ビジネス構造」もまったく理解できない、と正直に認めるような人物であることがわかったときには、無念さに臍を嚙んだ[14]。

正式な降伏文書調印の翌週に経済団体連合委員会が商工省に提出した諮問答申書にも、同じような希望的観測がにじみでていた。この答申は、無条件降伏という厳しい現実をなんとも無頓着に度外視して、政府に対して、ポツダム宣言の「条件履行の態度は飽くまで自主的なるを要し」、経済発展の主導権を日本人の手に確保すべく、戦勝国を相手に「一歩も譲らざる如き強固なる決意を以て交渉に当るを要す」と促していた。この答申をとりまとめた財界の首脳たちの大いなる誤算のひとつは、賠償金支払いのためにも、この国の重化学工業の再建と、アジア全域での貿易と海外事業の再開が奨励されるものと思いこんでいたことである。[15] 軍需関連工場を民需生産に転換するという比較的可能性のありそうな案も推しすすめられていた。しかし、一二月初めに、賠償使節団のスポークスマンだったエドウィン・ポーレーが発表した声明は、冷酷にも、アメリカとしてはそうした工場を日本国内消費物資の生産に転換するより、賠償として除去するほうに関心があることを明らかにした。このアメリカの当初勧告にそって、まもなく、およそ一一〇〇の大企業が賠償指定された。指定企業は化学工業および重工業の分野にほぼ集中していた。なかには民需生産のための操業継続をすでに許可されていた工場もあったが、それも、指示があれば即座に操業停止できる態勢で、という了解のもとでのことだった。そのほかはいっさいの操業が止められた。指定工場のほとんどが一九五〇年末まで不確かな状況のなかにおかれた。[16]

反トラストに関する任務についてはＳＣＡＰは迅速に動いて、財閥の持株会社を解体し、財閥の家族を主要株主や役員の座から排除する政策を明確にうちだした。その一方で、より幅広い「集中排除」政策の実施は遅れて、そのために大規模な生産施設が三年から四年にもわたって不確かな状態におかれたのである。戦時中に企業幹部だった人たちの「経済パージ」(最終的には一五〇〇人以上が辞任あるいは追放)は、さらに一九四七年一月まで遅れた。三井物産と三菱商事の二大商事会社は同年七月に解体指令が出された。そして、基本的な「過度経済力集中排除法」が国会に上程され、可決されたのは、ようやく一二月になってからだった。この法律によって解体指定を受けた大企業三二五社のリストが最終的に公表されたのは一九四八年二月、降伏から二年半がすぎていた。

このときにはすでに経済政策の「逆コース」が勢いづきはじめていて、その後数カ月間で、指定された企業のほとんどがリストからはずされた(一九四九年八月にたった一一企業がじっさいに分割を命じられただけで「解体」は終った)。戦後の企業経営についてのある大規模な調査報告書は、こうした状況が大企業経営者の「生産意欲」を大きく減退させたのも意外ではない、としている[17]。

経済の混沌が、予期せぬかたちで改革を後押しし、独創精神を力づけたケースもあった。超インフレーションは企業や個人の借金を大幅に減らしたが、その一方で、SCAPはそのおかげで地方の大地主からほとんど没収に近いかたちで土地をとりあげ、家族保有の財閥会社を解散させることができた[18]。同時に、大企業は悲観主義や消極的気分におおわれていたために、起業意欲はもっぱら中小企業にまつことになった。柔軟で、賠償や解体の指定を受ける危険の少なかった中小企業こそが、戦後の危機に創造的に対応できたのである。

敗戦の焼け跡のなかで繁盛した中小企業の大半は、消費者の需要に即した物を供給した企業だった。まもなく、いくつかの革新的製品がまるでおとぎ話のような成功譚を生むようになった。降伏の一年後、『東京新聞』が「爆弾が火鉢に生まれ変わる」の見出しのもと、軍需物資を生産していた業者たちが平時の需要にあわせて生産ラインをどう変えたのか、例を挙げて報告している。見出しにある炭火鉢は、弾頭をはずした爆弾の外包で、羽根のついた部分が脚になっている。記事にはほかに、弾薬箱が米櫃に、口径の小さい砲弾の殻が茶筒になど、似たような転換利用の長いリストがあった。サーチライトの反射鏡を製造していた業者は、今では窓ガラスや電灯の笠などを生産していた。戦闘機のピストンの下請製造業者は、灌漑用水ポンプに使えるように製品を改造していた[19]。

同じような例はこの何倍もあっただろう。そしてそこには、戦後経済の企業ブランドとなる名前もいくつか含まれていた。戦車の部品や戦艦の錨鎖を製造していた小松製作所の社長は、アメリカのブルドーザーが迅速に飛行場の地ならしをすることにヒントを得て、ブルドーザー製造を決め、この機械で文字どおり会社を再建した。軍事目的の光学機器製造業者だったキヤノンとニコンは、戦後はカメラ製造業として成功した。戦争中はトヨタのピストン・リングを製造する小さな下請業者だった本田宗一郎は、一九四六年に、軍が通信機に使っていた小型エンジンを取りつけた自転車を売りはじめた。これが自転車小売店やヤミ屋に大評判となり、一九四九年のオートバイ「ドリーム号」につながって、本田技研工業帝国の発端になったのである。戦後成功した電子工業会社のなかには、軍用通信機器の中規模製造会社を前身とするところが多かった。井深大もそんな会社の従業員だったが、降伏のほんの数週間後には、短波放送を通常の放送周波数に変換する装置を数人の同僚と共同で生産して人気を得た。これが大ソニーの礎石となった[20]。

SCAPはいくつかの業種で起業意欲を刺激したが、そこには意図的なものも、意図しなかったものもあった。繊維織物、化学肥料、電気機器などの生産部門は意図して優遇した。GIの需要が、サントリーを大成長させ、キヤノンのカメラの、のちにはニコンのカメラも、売上げと評判を押しあげたことは意図しなかった結果である。また、建設業と陶器産業の再生も偶然に助けることになった。SCAPが占領軍の維持費として日本政府からとりたてた巨額の「終戦処理費」のおよそ半分が、建設(便器、流し台、タイルといったものを含めた)費用にあてられ、大勢の下請業者に仕事を供給したからである。SCAPの建設契約交渉は全国どこでも地元レベルで行なわれたが、外国語を巧みにとり入れる才に恵まれた日本人は、まもなく、契約をとりつけるまでの取引は「三P」――ペティション(請願)、パーティー(宴会)、プレゼント(贈り物)――で決まる、と言うようになった[21]。

しかし、こういった革新的起業活動も経済の活力を回復させるには十分ではなく、政府はまもなく戦略的優先産業を特定して積極的に後押しせざるをえない、と考えはじめた。これについてのSCAPの支援は特筆に値する。一九四七年初め、マッカーサー元帥自ら首相にたいして、「経済の最前線全体にわたって総合的なアプローチ」をとることがきわめて重要であると提言した。東京での連合国対日理事会の会合にオーストラリア代表として出席したW・マクマホン・ボールは、これは要するに「現状においては「自由企業」を統制経済に置き換えることが決定的に重要だとするSCAP見解のぼかした表現」であると解釈した。最高司令官がこの提言を出したとき、すでに政府は「傾斜生産方式」として知られる干渉プログラムに熱心にとりくんでいた[22]。

傾斜生産方式は、思想的にさまざまに異なる経済学者たちの創案になるもので、超党派的な幅広い支持を集めた。これは基本的に次の三つの措置に立脚していた。労働力と稀少な原材料の主幹産業部門への割当て。これらの部門への政府の直接補助。新設の復興金融金庫を通した政策誘導貸付。このような産業目標設定は、もっとも基本的なエネルギー生産(石炭、その後は電力)と、基幹重化学工業(鉄鋼、および多少程度は低いが、肥料)に資源をまわすことで、経済の全体的回復を刺激することを狙っていた。将来の輸出回復に備えて、造船と繊維も優遇措置を受けた。対象となったこの六部門には、一九四九年まで、外部資金のおよそ四分の一が復興金融金庫を通して政府から供給された。結果として、たった九七社が復興金融金庫の全融資額の八七%を占めることになった[23]。

これは汚職にうってつけのシステムをつくり、実業家、官僚、政治家は時を移さずその濫用にとりかかった。賄賂が資金を呼びこみ、その資金の一部が礼金やさらなる賄賂になった。大規模炭鉱経営者から保守系政治家につながるパイプにとくに大きな額が流れたが、こうした違法な金の流れる下水管はあらゆる方向にあふれだして、GHQさえも汚染した。このことに国民の注目をセンセーショナルに向けさせたのが、一九四八年に明るみにでた「昭和電工事件」だった。ひとつの化学肥料会社が復興金融金庫から巨額融資を獲得するために広げた大きな汚職の網が発覚したのである。この年の四月に新聞に最初の暴露記事がでてから、一〇月には芦田均内閣の総辞職に至り、年末までに有力者六七人が逮捕される、という大スキャンダルだった。逮捕者のなかには、芦田均前首相をはじめ、もと蔵相(当時の経済安定本部長官)、商工省や農林省の高官、主要銀行経営者、ふたつの主要保守政党の有名政治家、社会党幹部(賄賂を受けとってこの事件の国会追及に手加減を加えたとされた)などが含まれていた。そのあまりの乱脈ぶりに完全な解明は不可能なくらいの大スキャンダルで(裁判は一三年にも及んだ)、派閥抗争、闇取引、妾になったもと芸者、企業幹部とGHQ高官をとりもったエレガントな上流夫人、GHQ役人「接待費」というあいまいな経費が暴露された二重帳簿と、どんな汚れ仕事好きでも望むべくもないほど、すべての材料がそろっていた。復興金融金庫の濫用は、じつは、終戦時の略奪や隠匿を引継ぐ、大規模汚職の新しい舞台だった[24]。

しかし、汚職は傾斜生産方式の予期せぬ副産物にすぎなかった。一九四九年までには指定産業の生産高はかなりの向上をみせ、その見通しの明るんだ状況のなかで、隠匿物資が生産サイクルに戻ってきはじめた。それでも、「偏重」方針によるツケもはっきりしてきた。インフレーションは相変わらず衰えをしらず、日本銀行が復興金融金庫債券の主たる引受け手となり、それに応じて新札発行を増やすにつれて、「復金インフレ」が新しくも悲しいキャッチフレーズとして登場した。一方で、「偏重」対象にならなかった産業では資金が枯渇していた。あちこちにボトルネックが生じ、石炭、鉄鋼などの輸送にとって決定的に重要な鉄道輸送部門でさえ例外ではなかった。中小企業はとくに苦難を強いられ、かつて競争上の強みだった有利な条件をいくつか失った。庶民も相変わらず賃金と物価の悪循環にはまりこんだままで、それにしたがって労働争議も高まった。そして一九四八年半ばになると、傾斜生産方式の前提そのものが疑問視されるようになった。生産増大を手段としてインフレーションを抑制するという計画は、インフレーション抑制という手段によって生産を増大させる計画に変更すべきである、という主張がでるようになったのである[25]。

傾斜生産方式は比較的すぐに舞台から姿を消した。政策としては二年ちょっとの寿命だった。それにもかかわらず、この戦後初のマクロ経済政策の遺産はその後長く跡をひいた。この政策のために、基幹の重化学工業に関心が集中し、戦後の上層部の産業政策立案崇拝が制度化され、さまざまな経済イデオロギーが結びつけられ、あるいは融合され、政府と大企業がいっそう親密に結びついた。[26] 巨大資本の再統合と経済計画の新たな舞台のための基盤が整えられたのである。

最先端経済を計画する

傾斜生産が役目を果たし終える前に、すでに日本の政策担当者たちは日本経済の将来について戦勝国とは著しく対照的なヴィジョンを描くようになっていた。アメリカは、関心をもっぱら再建促進に移したあとも、日本経済をむかしの日本経済を去勢したようなものとして考える傾向があった。すなわち、膨大な軍需生産を断たれた今、安物雑貨(陶器、ガラス器、装飾用人形、玩具など)、「東洋」特産品(絹と茶)、主として輸入原材料を使った労働集約型産品(繊維製品、紙製品、簡単な電気製品など)に転向した貿易国、というイメージである。この「バック・トゥー・ザ・フューチャー」的見方においては、新しい日本は、経済を全開にして全面戦争に向けて駆りたてていた当時ではなく、一九二〇年代と三〇年代初めころの日本に似ていると想定された。

もちろん、違いはあった。戦前の日本は安手の輸出品の「ソーシャル・ダンピング」で外国市場に入りこみ、混乱させたが、こんどはそんなことができないようにしてあった。じっさいそれは、土地改革と労働改革を含めた占領軍の改革的経済政策の目標のひとつだった。より高い賃金、より高い所得、そしてより公平な富の分配を推進することで労働者の生活を向上させれば、国内により大きな市場が生まれ、不当に安値の商品の海外でのダンピングを抑えるだろう、という論理だった。それでも、アメリカが日本の経済的復興に——非共産アジアの「ワークショップ」になることがこの国の運命であると宣言までして——いかに積極的重点を置いているように見えたとしても、イメージは基本的にせいぜい二流経済どまりから変わっていなかった。日本の将来の市場は主としてアジアのなかの開発の遅れている国ぐにであって、アメリカやヨーロッパではないのはわかりきっている、とされた。朝鮮戦争が始まるほんの何日か前、トルーマン大統領の特使として東京を訪れていたジョン・フォスター・ダレスは、カクテル・パーティーの席で大蔵省の高官にむかって、この国はアメリカに、たとえば、そう、パーティー用紙ナプキンかなにかを輸出することを考えるといい、といかにも無頓着に言ってのけたものだ。その四年後——占領が終って、朝鮮戦争のおかげでこの国の経済は好況に沸きかえっていたとき——アイゼンハワー政権で国務長官になっていたダレスは、相も変わらず、日本の指導者に個人的かつ「率直に」、この国は「合衆国に大きな市場を期待してはならない。日本人はわたしたちの欲しいような物は作らないからだ。日本は輸出品の市場を別のところに見つけるべきだ」と言っていた。[27]

日本の政策担当者たちは、不安な歳月に耐えているあいだも、自国が技術的に劣った製品の生産国になるという認識に与することは決してなかった。あの戦争が完全な失敗だったことは誰にも否定できない。しかし、アメリカとは違って日本のアナリストたちはほぼみんな、戦前の経済ではなく、戦争中の進歩を基準に今後を展望していた。彼らからみれば、一九三一年の満州侵略に始まった「一五年戦争」の残したもっとも顕著な遺産は、戦時の圧力のもとで重化学工業に起こった革命——そして、その革命を推進できた技術者、中間管理者、熟練労働者の巨大な集団の誕生——だった。繁栄の未来へのカギは、科学の推進、先進技術と経営技術の習得、付加価値の高い産業の創出だった。紙ナプキンに目を向ける者は日本には誰もいなかった。

強力な当主として三菱財閥を率いていた岩崎小弥太も、アメリカ人の第一陣が来日する前日に幹部のひとりに宛てた手紙にそうした展望を記している。当面の問題にひきずられず、「百年の大計」を忘れないことが大切だ。これに関して、自分は近頃、日本が戦争中に技術分野で成し遂げためざましい進歩について考えている。将来

「他国と競争し得る」ための唯一の方法は、「研究の徹底、生産技術の向上、経営の能率向上」に重点を置くしかない――。これと同じような意見は、その年の九月初めにこの国最大の経営者団体の首脳が商工省に提出した諮問答申書にも表明されていた。[28]

最先端テクノロジーを基盤とする経済、というこのヴィジョンを早くからもっとも直截に描いていたのは、一九四六年三月に外務省の特別諮問委員会がまとめた、「日本経済戦後再建の基本的問題」と題される謄写版刷りの報告書草案だった。経済学者も財界首脳も含めた約二〇人の委員で構成されるこの諮問委員会は、およそ四〇回の会合を経てこの草案をまとめ、その年の九月に最終版を公表した。一冊の本ほどあるこの長大な研究成果は、公式の政策に引きあげられることこそなかったが、その後の政策立案のための長期的青写真にもっとも近いものであった。[29]

報告書は、占領軍の反封建的、反軍国主義的政策を強く支持しながらも、政治経済の基本的問題に関しては、はっきりと独自色ある道筋をとるべきだと主張していた。戦後デモクラシーは必然的にある種のアメリカ色をおびるであろうことは認めるが、日本の条件の特殊性に外国の経済民主化モデルの機械的な適用は不適切であると強調していた。そして、この国独自の状況とアジアの条件に適した新しいタイプの民主主義を創造することが必要だとしていた。[30]

諮問委員会の見解によれば、世界的な趨勢は、自由放任資本主義の時代がすでに終り、世界は国家資本主義の時代、あるいは統制された組織資本主義の時代に入ったことを示している。アメリカやイギリスはひきつづき自由競争を追求するものと思われるが、彼らの理想とする経済的自由でさえも、じっさいには計画によって制限されている。事実、中央による計画の重要なることは、イギリス、ソ連、ニューディールの合衆国に容易に見てとれるばかりでなく、さらに身近なところでは、ＳＣＡＰが政府に、食糧、貿易、失業者救済、財政といった多岐にわたる事柄について次々と計画を要求することでもわかる。[31]

敗戦後は日本の生産構造全体が、まるで大きな車輪が回転を止めたかのように静止状態になってしまった。とりくむべき難問は、できるかぎり合理的な方法で巨額の資本を結集させて、この車輪を再び回転させることである。諮問委員会は財閥には批判的で、このような独占資本という経済的障碍を解体しようという占領軍の計画を支持するが、資本蓄積、貿易拡大、技術革新の推進、重化学工業の成長促進に財閥が決定的に重要な役割を果たしてきたことは認めていた。財閥の衰退した今、「民主化された政府が自らこの使命を遂行しなければならない」ことは明らかだった。[32]

戦後の国際経済において、日本はアメリカの支配的役割を受け容れざるをえない、と諮問委員会は認めている。じじつ、日本がそこから得るところは大きい。しかし、ひとたび主権を回復した暁には、経済的に植民地化することはどうしても避けなければならない。新たな世界秩序においては、繊維など軽工業製品の生産国および輸出国として中国やインドといった国々が台頭し、こうした伝統的市場を日本から奪うだろうと思われる。そのため日本としては、輸出のために別のニッチを求めるしか選択の余地はない。すなわち、付加価値が高いと同時に、大量の労働力投入を必要とするような産業である。(先進西欧諸国に較べて)相対的に安価な日本の労働力という強みも、時間がたてばしだいに弱まり、テクノロジー面でのさらなる進歩が必要になるだろう。[33]

この中心ポイントについて報告書はきわめて明快だった。茶、生糸、織物などの伝統的輸出産品はひきつづき重要だが、将来日本は「機械と化学製品の輸出にかなりの程度」依存しなければならないだろう。電気および通信機器、採鉱および工作機械、鉄道車両、計測器などの精密機器、科学および光学機器、時計、自転車やその他の乗物、さまざまな化学製品などである。報告書は、意外な皮肉をこめて、こうした産業を、戦争経済が日本に残した「多くの貴重な教訓と置き土産」であるとした。[34]

このすべてを可能にするには中央計画立案担当者の責任が重要であると、とくに強調されていた。新しい高級官僚は、国全体の利益に奉仕するような生産を確保し、これまで財閥が担ってきた機能の多くをひきうけ、価値ある企業に信用供与し、中小企業の輸出競争力を育成し、基幹産業が外国資本に負けないような政策を採用し、最大限の雇用の安定を維持する(とくに世界的競争によって職が失われるような場合に)ことになるだろう。外国貿易は国によって計画・指導され、公務員については、旧体制の官僚の「封建的」慣習に代って「近代科学的管理」を行なう。高度工業化社会に必要な統計学やあらゆる技術的能力に秀でた学生を育てるべく、教育制度も動員される[35]。

この報告書をまとめた委員会のなかでも有名な数人の委員は、戦争中に公然と左翼への共感を示したために大学の職を追われていた。また、全員が当時のテクノクラシーやテクノロジーの動向だけでなく、より大きなイデオロギー的趨勢にもきわめて敏感だった。委員たち自身、国内の安定、国の繁栄、非軍国主義的経済の創造に献身する決意であることも強く表明された。しかしそれは「資本主義」そのものへの献身とは別の問題である。報告書はある個所で、将来日本が資本主義制度を採るのか、社会主義制度を採用するのかについてはわからない、と率直に言っている。そして、どちらの場合にしても、「経済の漸進的社会化」は不可避であるばかりか、望ましくもある、としていた[36]。

残るは、これが現実にどのように起こるか、だけだった。

予期せぬ展開と天佑神助

一九四八年一二月、ワシントンは日本に押しつける経済安定九原則を発表し、その二カ月後には、この国を活力ある市場経済としてふたたび立ち上がらせることを目的とした使節団が鳴物入りでやってきた。率いていたのは独裁的な「経済の帝王《ツァー》」、ジョセフ・ドッジ。保守的な「ドッジ・ライン」は朝鮮戦争勃発時まで厳しく実施された。ドッジの指揮監督の厳しさに、九原則はすぐに「九戒」と言われるようになり、このほとんど宗教的雰囲気のなかで、恐るべきデトロイト銀行頭取は、占領日本におけるもうひとりの最高存在としてダグラス・マッカーサーと並びたった。ごく控え目にみても、今や日本は、セオドア・コーエンが「帝国の会計士」と皮肉った人物を、第三の統治者として迎えたわけである。「ドッジ・ライン」のもとで、復興金融金庫の貸出し弁は閉じられ、政府の財政補助は(少なくとも理論上は)制限され、内閣と国会はじっさいに黒字を示す「超均衡」予算案の実施を強要された。

帝国会計士ドッジの目には、安定、経済復興、自給自足、といった新しい合言葉はすべて、インフレーションと国内消費の抑制と活発な輸出部門の促進にひとえにかかっていた。そのため、一九四九年四月、事実上独断で為替レートを一ドル三六〇円に設定した。世界市場で日本製品の価格を下げて輸出を刺激するために、円のかなりの切下げに踏みきったのである。その一カ月後には、商工省と貿易庁などが合併して、未曾有の力を誇る通商産業省が誕生した。独占禁止法は改定され、企業間の株式相互持合い、合併、取締役兼任などの規制が緩和された。同時に、一九四九年から五〇年にかけての国会会期中に、貿易、通貨、投資などに関して政府に強い権限を与える基本的な法律が採択された。並行して、「レッドパージ」、労働諸法の後退、何万という労働者の解雇をもたらした企業「合理化」などによって、労働運動が弱体化していった。

一九五〇年にドッジ・ラインはインフレーション抑制に成功したが、その代償は、政治的立場の違いを問わず、すべての日本人の口に苦いものだった。公共事業、福祉、教育の予算は削られた。失業が増大した。国内消費は低迷した。小規模事業の倒産が増え、小規模経営者の自殺にマスメディアの注目が集まった。そして、それでもなお、経済は瀕死の状態だった。国際情勢が不利に働いたことも一部にあって、輸出は大幅には伸びなかった。

新たな投資を示す指標である耐久消費財の生産は、じっさいには減少した。株式市場も落ちこみ、人心不安は目に見えて高まった。過酷なドッジ・ライン計画に当初から批判的だった経済安定本部は、「収縮の悪循環」がこの国の産業基盤を蝕み、社会の安定を脅かしている、と警告した。「安定恐慌」が経済の新しい合言葉になった。一九五〇年四月末には『USニューズ・アンド・ワールドレポート』が、日本を「不況の瀬戸際」にあると評し、このデフレーション政策を「経済的自殺」ときめつけた[37]。

ドッジの政策が最終的に事実上の不況に終ったかどうか、それはわからない。その年の六月二五日の朝鮮戦争勃発をもって安定恐慌は終り、代って、アメリカの「特需」に刺激された軍需景気が始まったからである。日本のもと植民地を荒廃させていたこの戦争は、吉田首相をはじめとする多くの人たちが口にしたように、「天佑神助」だった。ほんの数年前、平和と民主主義が「天降る贈物」と言われたことを思えば、これはじつに皮肉だった。いずれにしても、どちらの贈り物もアメリカをとおして届けられ、日本社会の隅ずみにまでいきわたったのだった。

ほとんどの産業部門がこの戦争特需に刺激された。それは金属製品にはじまり、（ほぼ支出額順に上から下に）化石燃料と機械油、織物と完成繊維製品、医薬品、車輛、一次金属製品、原材料（食糧とエネルギー源を除く）、非金属鉱物、電気機械と設備部品、衣料品と靴、建築資材（配管と暖房を含む）、材木およびコルク製品、非電気機械、飲料および煙草、紙および紙製品、食糧、ゴム製品にまで及んだ。アメリカはこれに加えて、弾薬、軽武器、ナパーム弾などの供給も日本に頼ったが、理論上はこうした産業はまだ禁止のはずだった。「特需」はさらに、交戦中のアメリカ軍向けサービス産業にも及び、なかでも戦車、航空機、軍事車輛などの修理にはとび抜けて利益があった。もちろんこの時点まで、日本人はそうした技術を二度とこのような直接の軍事目的に使ってはならない、と厳命されていたのである。日本はこのほかにも、新しく流入してきたアメリカ軍人とその家族のた

経済復興への長い道のり

戦争に負けた日本にとって，経済復興は長く苦しい道のりであった．戦争による破壊は巨大で，インフレは激しく，アメリカの賠償政策や「集中排除」政策は，日本経済に大きな不安を与えた．軍需物資や産業物資は盗まれ，隠されて，復興を邪魔した．軍需生産から民需生産への転換は容易ではなく，輸出市場が確保できる保証はなかった．1949 年まで，闇市は生活になくてはならない存在であった．

そうした中で，好調の分野もあった．占領軍に買い手が多かったカメラ(下)は，その一例．しかし本格的な景気回復をもたらしたのは，1950 年半ばに始まった朝鮮戦争の「特需」であった．

1950年の朝鮮戦争発生後，三菱重工で修理されるアメリカの戦車．吉田茂首相は，朝鮮戦争を日本の経済復興に役立つ「天佑」と呼んだ．

造船業は戦後日本で最初に復興した重化学工業のひとつであった(1951年1月)．

め の施設を建設・増設し、食糧を供給した。こうしたアメリカ人の私的な消費や娯楽経費は公式な集計からは抜け落ちているが、これも少なからぬ儲けになったはずである。

一九五〇年六月から一九五三年末までに、「特需」は締めて二・三億ドルになったと推計されている。これは一九四五年から五一年にかけてのアメリカからの援助総額を超え、そのほとんどがドルで支払われたから、いっそう価値が高かった。一九五三年の朝鮮戦争終結後も「新特需」の名目でアメリカの軍事関連買付けが継続し、一九五四年から五六年までの日本にさらに一・七五億ドルをもたらし、この期間のこの国の「輸出」収入の大きな割合を占めた。この長期にわたる「たなぼた」のおかげで、日本は輸入を大幅に増やすことができ、基幹産業の生産規模はほぼ倍増した。

しかしこれでも軍需景気の規模と本質は伝えきれていない。なぜなら、朝鮮戦争を契機に世界経済の変化が起こり、それが日本に好都合に作用したからである。貿易パターンが混乱し、あちこちで不況が終ったことがあいまって、外国によるさまざまな日本製品の購買を刺激した。当時日本は、工業技術能力に余剰のある唯一の工業国で、機械製品の注文が殺到した。西欧の造船所はすでに限界に達していたので、日本にとっては造船産業を主要輸出部門として発展させる願ってもない好機となった。朝鮮戦争終結でさえプラスに働いた。アメリカ主導による韓国再建に日本も参加し、利益をあげることができたからである。

この猛烈な経済復興の雰囲気を伝えるさまざまな指標がある。停滞していた株式市場は、朝鮮戦争勃発から一九五一年一二月までに八〇パーセントの上昇をみた。鉄鋼生産は戦争開始から八カ月間で約三八%増大し、鉄鋼の輸出は三倍になった。自動車産業も、アメリカがトラックをはじめとする車輛を大量に買付けたおかげで復興を果たした。たとえば、トヨタは生産を四〇%増やしている。のちにトヨタ社長は当時をふりかえって、「こうした注文はトヨタを救済した。私は会社のための嬉しさと、よその国の戦争を喜んでいることの罪悪感の入りまじったものを感じていた」と言った[38]。

この思いがけない天佑を利用して、たくさんの企業が、原材料や半製品の輸入を増やしただけでなく、設備を改良し、外国の進んだ技術を取得した。このとき以来日本は、つねに一貫してアメリカの商業許可や特許権を取得するようになった。途方もなく大きな利益のある取引だったが、合衆国政府も、冷戦の戦友のまだ脆弱な経済を健全化するうえできわめて重要なこととして強く支持した。軍需景気はさらに、W・エドワーズ・デミングが提唱した「品質管理」方式の日本での普及にも有利に働いた。アメリカの統計学者で、第二次世界大戦中はアメリカ政府のアドバイザーでもあったデミングは、自国ではしだいに聞き手を失っていた。一九四九年、ドッジ・ラインの効果について悲観的だった日本の中堅どころの科学者・技術者たちが、世界貿易で競争できる「強味《エッジ》」を求めて、デミングを東京に招聘してセミナーを開いたのである。デミングは、セミナー参加者のなかに生産過程に関する企業方針を左右するだけの影響力をもつ幹部が含まれることを確かめたうえで、来日に同意した。運命のめぐりあわせだろう。デミングがそのグループを前に最初の講演をしたのは一九五〇年七月、朝鮮戦争が始まった直後だった。戦争がなかったら、品質管理の福音もそのインパクトははるかに小さかっただろう。理由は明白である。日本製品にたいする外国からの需要がなかっただろうし、そのために、このテクニックが使えるような大量生産もありえなかったからだ。絶望とチャンスのほとんど偶然ともいえる結びつきがあって、デミングの品質管理の発想は、日本の崇拝者たちによって新しい生産サイクルと新しい起業的冒険の開始段階に組みこまれ、その後何十年も影響力をもちつづけることになった[39]。

あれほど長く続いた不況のあとにこうした猛烈な成長があったわけだが、それでも、経済計画立案の上層にいた担当者たちは、この軍需景気は良くもあり、悪くもある、とみていた。まず、またもや軍需に依存した経済に関わりそうな気配に忸怩たる思いがあった。それに、この好景気によって利を得るのは主として大規模で近代的な企業であることから、経済の「二重構造」が助長されるかもしれないという警戒感もあった。新設された経済審議庁の発表した一九五三年の『経済白書』には、「特需の罪」ということばまで使われている。それと同時に、広範囲に及んだ好景気の積極的影響も否定することはできなかった。製造業の実質賃金はめだって上昇した。一九五二年には、『白書』が「消費景気」と呼んだものをふつうの人びとも実感できるようになっていた。食糧消費が戦前のレベルを回復し、安価な衣料品がたやすく買えるようになった。冷蔵庫やミシンといった基本的な家財だけでなく、ラジオやカメラのような贅沢品も手に入れやすくなった。個人貯蓄が増え、これが産業投資にまわせる資金を増やすことにもなった。

「生産疲弊」や「たけのこ生活」などまるで別世界のような、まさに新世界だった。ドッジ・ラインの過酷ささえ記憶から消えかかっていた。それでも、ドッジの遺産は、意図したもの、意図しなかったものの両面で顕著だった。セオドア・コーエンは、ドッジの崇拝者ではあったのだが、その緊縮経済政策押付けについて、「戦後三年半、二回の民主的総選挙を経過した日本人の考えなど無視した、容赦ない実施」と遠慮のない表現をした。その容赦ない実施者を軍需景気が舞台中央から押しだしたとき、基本的にその経済帝王《ツァー》としての役割は日本官僚組織に集団として引継がれた。通商産業省はその遺産を受継いだ機構のひとつで、日本が戦時総動員体制の頂点にあったころよりさらに強力な経済権力集中を達成していた。ドッジの命令のほとんどは大蔵省をとおして実施されたのだが、その大蔵省も後継者だった。ドッジは、吉田首相の右腕で大蔵大臣だった池田勇人(本人ものちに首相になる)と緊密に連携して仕事をした。そしてその後何十年にもわたって、大蔵省は予算や金融政策を支配し、他の省庁や国会にたいして例外的な特権を行使しつづけた。また、コーエンが指摘したように、ドッジは「日本の保守的大企業集団や、日本の官界および政界における彼らの同盟者たちと、合衆国政府のトップレベルの高官とを、戦後初めてパイプで結んだ。それ以来、日本の保守主義者たちはアメリカのトップとしっかり結びついた」。三年以上も待たされはしたが、大企業の幹部が期待したアメリカの「フレンド」たちがとうとうやってきたのだった。(40)

戦後日本経済の「特質」はドッジ・ラインと軍需景気のこの時期にほぼ形成された。資本主義が勝ち誇るように立ちあがって、一九四六年に外務省諮問委員会が「わからない」として残した問題を解決してくれた。それは、(諮問委員たちが望んだような)官僚による介入への強い耐性をともなった、(彼らが懸念していたような)高度な資本集中を特徴とする資本主義だった。こうした展開のカギとなったのが、第二次世界大戦中にたいていはどれかの財閥に密接に連なって巨大成長を遂げた一握りの民間「都市銀行」だった。アメリカのトラスト退治人たちはこうした巨大銀行が「ひとかたならぬ深刻な問題」をはらむことを認めていたのだが、金融部門は初期の改革を事実上無傷のまま逃れていた。ドッジが復興金融金庫を経由した重点産業への融資を停止したとき、これらの商業銀行が主たる投資資本源としてのりだし、まもなく預金高を超えるまで融資を拡大して、その差額を日本銀行からの借入金で埋めるようになった。そのうちにこうした「過剰融資」は、さまざまな財政措置に支えられてごくふつうの手法となり、それが銀行にたいする中央の影響力を強めることになっていった。同時に、過剰融資は産業と金融のあいだの親密な関係の再現を加速させた。それは、敗戦前にできあがっていた同族関係であることもあれば、まったく新たな結合のこともあった。(41)

軍需景気が沈静化しつつあるころ、以前に経済科学部にいた明敏な経済学者のマーティン・ブロンフェンブレナーが、主要都市銀行が「財閥の中枢として」解体された持株会社にとって代わりはじめたと指摘している。(42)この展開は、戦後独特の「系列」——古くからあるこの普通名詞が、突如として特定の、そして強力な、経済的含意を獲得した——と呼ばれるものに支配されたシステムの出現を予告していた。系列とは、商業および製造業の企業がグループ化された強力な集団で、これが基本的に、以前に長いあいだ経済を支配していた財閥中心の工業・金融資本の集塊にとって代わったのである。一九五〇年代初めには、このような経済力の大集団は六つできていて、三井、三菱、住友、富士、第一、三和と、すべて都市銀行を中心にしていた。三和を除くすべての系列が、旧財閥の再編あるいは再集合だった。

しかしこれは戦前の日本の復帰ではない。経済の大きな部分がこうした集団の外にあったし、系列グループそのものが、降伏前にあった、家族支配の持株会社を頂点とする財閥帝国とは重要な点で違っていた。以前の財閥が厳然たるピラミッドであったのにたいして、系列内の関係はより水平であり、オープンで、そして内部競争があった。家族代々の影響力はほとんど消滅し、株式保有も多様化していた。銀行は系列外の相手とも取引をし、グループ所属の企業もほかの銀行とも取引した。戦後のこの企業体は、原則として、過去のそれより国の資金(そして国の指示)に大きく依存していた[43]。

その後の数十年間に、この新しい資本主義が以前の財閥支配の経済より柔軟で、競争力があることが、さらには、グローバルな経済的・技術的チャレンジに対応する能力については大方の想像をはるかに超えることが、証明されるのである。しかし同時に、敗戦と、占領と、隣国での戦争による汚れた「天佑神助」の結びつきは、奇妙な異形の生き物を生んだようだった。経済企画庁はこれを「わが国産業構造の畸型化」と呼んで危惧した[44]。それは、見知らぬと同時に見知った生き物で、予想外でありながら計画どおり、傷つきやすくも強固だった。二国間生まれであると同じくらい、一国独特のもの。いわば、歴史にふたつとない瞬間に、前例のない巡りあわせから生まれた子であった。

何十年も後になって、アメリカ合衆国など各国が「日本の脅威」を警戒するようになったとき、この国家主導・系列支配の経済が二国間生まれであったことはすでにすっかり忘れられていた。農地改革、労働組合の奨励、財閥の持株会社解体といった初期の改革政策が活力と活気のある国内経済の台頭に寄与した功績が認められたし、そのとおりである。しかし同時に、占領軍が銀行組織の分散を促進しなかったことなど、明らかな不作為も大きな長期的結果をもたらした。さらには、経済の「逆コース」の陰にあった政治的・イデオロギー的根拠は、日本を強力な反共の砦として確保することであり、これが必然的に、日本社会におけるもっとも保守的で協調主義的な集団を支える結果を――そして皮肉なことに、アメリカがこの「畸型」の市場経済を親としてひきつづき養育するめぐりあわせを――うんだのである。

この新興重商主義国にアメリカは、そんなつもりなどほとんどないまま、じつに著しい貢献をはたした。それは、初期の改革政策によってでも、逆コースのためでもなく、占領軍が任務遂行のためにとった方法そのものによる貢献だった。占領軍は、政策目標こそ改革から再建へと劇的に変えたが、経済全体については一貫して上から厳しく統制する方法をとった。かつての改革推進派のなかには、この結果に苦いアイロニーを感じる人も少なくなかった。経済科学部で働いた経済学者のレオン・ホラーマンもそのひとりで、占領軍は民主主義を推進する任務をおびていたのに、「じっさいには、一部に官僚主義を推進する」ことになり、「その官僚主義的遺産は主として経済に」残ったことを残念がった。占領時代の官僚構造は、降伏前にこの国がすでにがっちりと固めていた戦時官僚制度の上に建てられたほんの安普請ではあったが、新しい資本主義を守るために一九五二年以降も日本人の手で巧みに本格建築化された。その結果、ホラーマンが言ったように、「SCAPは、任務遂行の統制権を日本人の手に「返還」して占領を解消することで、ナイーブにも、自らの権限の委譲ばかりか、主な自由主義国がかつて考えだしたこともないほど厳しい規制をもつ外国貿易と為替管理システムの制度化も指揮した」のである。[45]

エピローグ――遺産・幻影・希望

すぐ隣りの朝鮮半島で戦争が進行している間に、日本は軍隊を手にし、最高司令官を失った。合衆国は、かつての敵国を素早く再軍備させた。日本の再軍備は、憲法が改正されることもなく、吉田保守政権の熱烈な協力もなく始まった。これをきっかけに再軍備を推進するための財界のロビー活動が始まったとはいえ、経済界が喜びに沸き立つほどのこともなかったし、軍隊を軍隊、戦車を戦車と呼ぶこともはばかられたほど、民衆の支持も少なかった。一九五〇年七月に出発をとげた地上軍の名前は、軍隊ではなく「警察予備隊」であり、その軍事操典の中では、戦車は「特車」という名前で車輪をとどろかせていた。草創期に予備隊の訓練を指導したフランク・コワルスキー大佐は、組織の面でも装備の面でも、警察予備隊は「小さいアメリカ軍」であったと書いている。吉田首相は、日本が本格的な再軍備に乗り出すのだと公式には認めなかった。コワルスキーによれば、日本は「いわば再軍備の黎明期にあった。吉田首相は、日本が「戦力」をもつことになれば、その前に憲法を改正しなければならないだろうと言っていたが、その間にも警察予備隊は大砲と戦車と飛行機で着々と装備を強化しつづけた」。一九五二年二月の世論調査によると、回答者の四八%が、警察予備隊は再軍備ではないと首相が言っているのは嘘であると答え、四〇%が、よくわからないと答えており、吉田首相の言うことを信じると答えた者は一二%に過ぎなかった。

吉田が採用した再軍備についての詭弁は、やがて政府の公式見解として神聖視されることになったが、吉田がこうした立場をとった理由は、理解できるものであった。朝鮮戦争で興奮し混乱していたアメリカ人たちは、日本政府の指導者たちに、三〇万人から三五万人の日本軍を急いで創設せよと密かに要請していた。しかし吉田首相の慎重さがアメリカ人にブレーキをかけた。じっさい、三〇万人から三五万人もの日本軍を急造するなど無謀であり、ほとんど狂気の要求であった。吉田によれば、そんなに急激に再軍備を実行すれば、経済の基盤をゆるがし経済構造を歪めることになるし、日本全国で激しい抗議が渦巻くであろう、アジアの多くの国民は、アメリカ人とちがって日本による戦争のおぞましい記憶を突然忘れたわけではない、日本の再軍備はそうした人々をひどく刺激することになるというのであった。

吉田はこうも考えた。もし日本が急速に再軍備すれば、米軍といっしょに朝鮮に参戦せよという強い圧力がかかるだろうと。この危惧には相当な根拠があった。再軍備の実行を日本にねじこむためにジョン・フォスター・ダレスが訪日したとき、朝鮮戦争に参戦せよという極端な要求が出るのを非常に警戒して、吉田は二人の社会党指導者に密使を送り、ダレスの使節団に見せるために、再軍備に反対するデモを政府の外で組織してくれないかと頼んだ。そうすることによって、再軍備を全面的に実行すれば日本社会は深刻な分裂に陥るであろうことを、ダレスに理解させせようとしたのである。結局、占領が終わるまで吉田政権の下にあった日本の警察予備隊の定員は、七万五〇〇〇人のままで変わることはなかった。(1)

一九五一年四月一一日、ある発表が、雷鳴のように日本中を驚かせた。トルーマン大統領が、不服従を理由にダグラス・マッカーサーを国連軍司令官から解任したのである。中華人民共和国に対する軍事戦略に関して、大統領よりも強硬な策を公然と唱えたため、マッカーサー元帥は占領下の日本を含むすべての指揮権を剝奪された。中華人民共和国は、その前年の一二月、アメリカの敵として朝鮮戦争に参加していた。トルーマン大統領は短いラジオ演説を行ない、自分は第三次世界大戦を回避するためにマッカーサーを解任したのだと述べた。たしかに、最高司令官が解任されたことは、文民が軍人を指揮するという原則の素晴らしい実例ではあったが、日本ではマ

「平和日本」を定義しなおす

冷戦が激化すると，アメリカは日本を完全に非軍事化する方針を再考しはじめた．1950 年半ば，朝鮮戦争が発生すると，新憲法に規定された完全非武装方針を放棄し，アメリカは日本政府に「警察予備隊」の創設を命じた．

警察予備隊入隊を呼びかけるこのポスターは，1950 年 8 月 8 日付．下の身体検査の写真は，それから 9 日後のもの．ポスターでは，鳩のイメージや「平和日本」のスローガンに頼っているところが，この政策転換のデリケートな性格を物語っている．

1951年4月，マッカーサー元帥がトルーマン大統領によって解任されたとき，日本人はみなショックを受けた．「深い遺憾の念をもって」マッカーサーを見送る日本人たち．

ッカーサーが受けた屈辱を、可哀想で意外な出来事としてとらえた者が多かった。トルーマン大統領の発表の翌日、リベラル派の『朝日新聞』は、「マッカーサー元帥を惜しむ」と題する社説を載せたが、これは多くの人々の心の琴線に触れた。

> われわれは終戦以来、今日までマッカーサー元帥とともに生きて来た。……日本国民が敗戦という未だかつてない事態に直面し、虚脱状態に陥っていた時、われわれに民主主義、平和主義のよさを教え、日本国民をこの明るい道へ親切に導いてくれたのはマ元帥であった。子供の成長を喜ぶように、昨日までの敵であった日本国民が、一歩一歩民主主義への道を踏みしめていく姿を喜び、これを激励しつづけてくれたのもマ元帥であった。

マッカーサーは四月一六日、日本を離れ合衆国に向かったが、その様子はあたかも英雄の旅立ちであった。吉田首相はマッカーサーを訪問して元帥の偉大な貢献に感謝し、解任は「言葉にならないほどの驚きと悲しみ」ですと、個人的な書面を元帥に送った。天皇も、マッカーサーが公式の地位を失った以上、マッカーサーのほうから挨拶にくるべきですと主張する宮内庁の高官の助言を振り切って、みずから元帥の住居を訪ね、最後の心のこもったあいさつをした。天皇とマッカーサーが会ったのは、これで一一回目であったが、最後のこのとき初めて、マッカーサーは天皇をリムジンまで見送った。復活した大資本の声として、強力な組織となっていた経団連は公式声明を発表して、元帥に感謝の意を表明した。衆参両院の議長も同様に、元帥の「公正と同情あふれた理解と聡明なる指導」を称賛し、とりわけ国会を国権の最高機関としたことに感謝した。東京都議会は「六二〇万都民」の名において感謝の意を表し、マッカーサー元帥を名誉都民とする条例が施行されるであろうと報道された。「マッカーサーの碑」が建立されるとか、東京湾あたりに銅像が建てられるだろうという話も出た。

ＮＨＫは、マッカーサーの離日を生中継で放送した。蛍の光のメロディーが流れる中、アナウンサーは悲痛な声で「さようなら、マッカーサー元帥」と繰り返した。学校は休みになり、マッカーサーによれば二〇〇万人が沿道で別れを惜しみ、なかには目に涙をためた人もいた。警視庁の見積もりによると、沿道で見送ったのは約二〇万人であったが、マッカーサーはものごとをほぼ一〇倍に誇張する傾向があったから、なかなか数字の辻褄はあっているように思われる。とにかく、相当な人数であった。吉田首相と閣僚たちは羽田空港でマッカーサーを見送った。天皇の代理として侍従長が、衆参両院からも代表が、羽田で見送った。「白い雲を背景に」マッカーサーの専用機バターン号が飛び立つ状景に、『毎日新聞』は異常なほど興奮して次のように号泣した。「ああマッカーサー元帥、日本を混迷と飢餓から救いあげてくれた元帥、元帥！　その窓から、あおい麦が風にそよいでいるのを御覧になりましたか。今年のみのりは豊かでしょう。それはみな元帥の五年八カ月にわたる努力の賜であり、同時に日本国民の感謝のしるしでもあるのです」。

合衆国に帰国すると、マッカーサーは、アメリカらしく共和党の政治家が音頭をとって、英雄として尊敬を集めたし、彼の帰国後の様子は日本人の強い関心を引いた。四月一九日、上下両院の議員を前に、マッカーサーは演説をした。このときマッカーサーは、自分がウエスト・ポイントの幹部候補生だったとき兵舎で流行した歌から、「老兵は死なず、ただ消えゆくのみ」という有名な一節を引用して、演説を締めくくったのであった。これには、日本でもアメリカでも感傷的な人々は同じように感動をおぼえた。しかし、もうひとつの五月五日の上院合同委員会でのマッカーサーの発言には、人々はそれほど感動はしなかった。というより、日本とアメリカとでは違う感想をもったのであった。それは体力を消耗する三日間つづいた証言の、まさに最後のころであった。マッカーサーは、日本人の資質の素晴らしさや日本人が遂行した「偉大なる社会革命」についてだけでなく、第二次世界大戦での日本人兵士の最高の戦闘精神についても、高く称賛した。マッカーサーがこういう発言をした意図は、日本人はドイツ人よりも信用できると主張することにあった。日本人は占領軍の下で得た自由を今後も擁護していくのだろうか。日本人はその点で信用できるかと聞かれて、マッカーサーはこう答えた。

そうですね、ドイツの問題は、完全かつ全面的に日本の問題とは違っています。ドイツ人は成熟した人種 a mature race でした。

もしアングロ・サクソンが人間としての発達という点で、科学とか芸術とか宗教とか文化において、まあ四五歳であるとすれば、ドイツ人もまったく同じくらいでした。しかし日本人は、時間的には古くからいる人々なのですが、指導を受けるべき状態にありました。近代文明の尺度で測れば、われわれが四五歳で、成熟した年齢であるのに比べると、一二歳の少年といったところ like a boy of twelve でしょう。

指導を受ける時期というのはどこでもそうですが、日本人は新しい模範とか新しい考え方を受け入れやすかった。あそこでは、基本になる考えを植え付けることができます。日本人は、まだ生まれたばかりの、柔軟で、新しい考え方を受け入れることができる状態に近かったのです。

ドイツ人はわれわれと同じくらい成熟していました。ドイツ人が近代的な道徳を放棄したり、国際間の規範を破ったりした時、それは彼らが意図的にやったことでした。日本人がある程度そうだったように、世界について知識がなかったからそうしたことをしたのではありません。ドイツ人は、ふらふらと、ついそうしてしまったというのではありません。ドイツ人は、みずからの軍事力を考慮し、それを用いることが、自分の望む権力と経済制覇への近道と考え、熟慮のうえでの政策として、それを実行したのです。

ところが、日本人は全然違っていました。似たところはまったくありません。大きな間違いのひとつは、日本で非常にうまくいった政策をドイツにもあてはめようとしたことでした。ドイツでは、同じ政策でもそうは成功しませんでした。同じ政策でも、違う水準で機能していたのです。[2]

三日間にわたるこのマッカーサー聴聞会の議事録は、全部で一七万四〇〇〇語にのぼり、合衆国では、右の部分はほとんどなんの注目も集めなかった。ところが日本では、ここにある like a boy of twelve という、たった五つの単語が、執拗なほどの注目をあびた。それは日本人の顔を平手打ちにした言葉のように受けとめられ、これを契機にマッカーサーを包んでいた神秘的イメージが失われはじめた。マッカーサーの伝記作者である袖井林二郎教授は、マッカーサーのこのあからさまな言葉によって、いかに自分たち日本人が甘い考えでこの征服者にすり寄っていたかに気づいたと述べている。突然、多くの日本人がなんとも説明しがたい気分で自らを恥じた。ちょうど戦中の残虐行為が記憶から排除されていったのと同じように、この瞬間から、かつての最高司令官は人々の記憶から排除されはじめたのである。もはや、マッカーサーの銅像は建たないことになった。「名誉都民」の話は、その後けっして具体化しなかった。日本の大会社が数社、合同で広告を出し、「われわれは一二歳ではない!!日本の製品は世界で尊敬されている」と見出しをつけた例さえある。もちろん、これは事実というよりも日本人の願望に近かった。ただ、これらの企業家たちがマッカーサーの言葉からただちに感じ取ったのは、日本経済の未熟さを他国がかばったりけなしたりする言葉と、マッカーサーが日本の発達の後進性について語った言葉とは、完全に主旨が合致しているということなのであった。(3)

こうして、本人がまったく予想しなかったほど急速かつ無様《ぶざま》に、この老兵は日本人の意識から「消え去」っていった。とはいえ、彼が意図せずして提示した問題点は、たとえ消そうとしても消え去るものではなかった。まず、日本人が自分自身をマッカーサーの子と呼ぶことはすでに習慣のようになっていた。この発想が、例えば先に引用した四月一二日の『朝日新聞』の社説のエッセンスなのであった。(4) そしてそもそも日本占領全体が、アメリカの圧倒的な家父長的権威に黙従することを大前提としていたし、独立による主権の回復が近づき、冷戦のパートナーとして日本が再興していく間も、アメリカ人たちが日米に平等の関係がやってくると予期したことはまったくなかった。新しくできた日本の軍隊は、疑問の余地なくアメリカ合衆国のコントロールの下にある「小さいアメリカ軍」であったし、新しい日本の経済は、アメリカの援助と庇護に大きく依存していた。他方で、日本民主化の計画は急速に放棄され、日本の旧保守勢力の復活は許され、かつ、再軍事化は促進されていったが、それは冷戦の敵味方の区別なく多くの国々を驚かせ、警戒させた。こうした状況では、日本が独立したといっても、予見できる将来において、現実には合衆国に依存し従属していく以外のことを想像することは難しかった。独立国というのは名目だけであり、ほかのすべてにおいて、日本は合衆国の保護国 a client state であった。

マッカーサーの解任からちょうど一年の時間が流れて、占領は正式に終了した。この間、独立が近づいた国家

1951年9月のサンフランシスコ講和会議にあやかって，参加国の旗を売っている店．「日の丸」と星条旗が目だつ．講和会議では，48カ国が平和条約に調印したが，冷戦の緊張の下で，ソ連，インド，中国などは調印しなかった．

らしい喜びや解放感はみられなかった。平和条約には数十カ国が参加すると予想されたが、平和条約作成のプロセスを取り仕切ったのはアメリカ人たちであった。そして、パックス・アメリカーナに統合されるにあたり、日本が支払う代価が正確にはいくらなのかは、条約のあとで少しずつ明らかになっていった。アメリカの「核の傘」の下での再軍備は、そうした代価のほんの一部であった。日本全土にわたって米軍の基地と施設をひきつづき維持しなければならなかったことも、同じ代価の一部であった。沖縄は、そもそも占領改革から除外されていたが、平和条約によって日本が回復した主権の範囲からも除外され、アメリカの重要な核基地とされて、無期限に新植民地主義的支配の下に組み入れられた。ソビエト連邦は平和条約に参加しなかったから、ソ連軍が事実上支配していた北海道以北の島々の帰属問題は未解決のままとなった。

平和条約じたいは、日本に対する制限が少なく、寛容なもので、四八カ国の代表が調印した。しかし、日本をアメリカの共産圏封じ込め政策へと緊縛する講和に、共産諸国が参加する可能性がないことは早くから明らかであった。当時よく使われた表現を用いて言えば、日本は「分離講和」か、それとも何の講和もないか、いずれかの選択肢しかないとされていた。日本の進歩派や左翼勢力は、再軍備せず中立を守り、かつ「全面講和」を勝ち取ることが必要だと必死に訴えたが、当時の厳しい冷戦の雰囲気の下では、これは現実性のある選択ではないとされた。しかし、独立が実際にどれほど高い代価を意味するかに吉田政府が気づいたのは、日本が分離講和に飛びつき、一九五一年九月、サンフランシスコでの講和会議で華やかな調印式をすませた後のことであった。果たしてアメリカ上院は、サンフランシスコ平和条約と同じ内容の平和条約を台湾の国民党政府とも結ぶことを日本は約束せよ、そして中華人民共和国を孤立させ経済的に封じ込めるためのアメリカの強硬路線に歩調をあわせよ、さもなければ、サンフランシスコで調印された平和条約は批准しないという態度に出た。これは日本の実業家や経済計画の専門家に衝撃を与えた。これらの人々は、講和後の日本はいずれ中国市場に再び進出していけると思っていたからである。そしてこの衝撃が、国家主導・上意下達型の産業政策が重要だとされるひとつの理由となった。日米安保条約と、これに付随して作成された「行政協定」は、戦後合衆国が締結した二国間の取り決めのなかで最も不平等なものとなった。アメリカ人は他に例のない治外法権を引き続き手にし、アメリカが日本に要求した軍事施設は、誰の予想をもはるかに超えて法外な数にのぼった。『ニューヨーク・タイムズ』紙の高名な軍事評論家であったハンソン・ボールドウィンは、これは「日本が自由で、しかも自由でない時代」の始まりであると、ずばり指摘した[5]。

保守派にとってこうしたことは、分裂した危険な世界にあって独立と安全を確保するためには、避けることのできない高価な代償であった。しかし多くの民衆には、軍事占領と「従属的独立」の違いはほとんどわからなかったし、ましてや、この「独立」が拍手かっさいして喜ぶようなものではないことは確かであった。公式には、一九五二年四月二八日午後一〇時三〇分、主権は回復された。だれもが証言していることであるが、このとき町の通りは奇妙に静かであった。二〇名ほどが皇居に集まり、バンザイを叫んだ。銀座のある百貨店では、日の丸の旗が一〇〇本ほど売れた。連合国総司令官とか総司令部を意味する標識などは撤去されたが、アメリカの軍人が脱出するような騒ぎはまったく起こらず、ほとんど全員が居残った。翌日の早朝は、天皇裕仁の五一歳の誕生日で、彼は祝賀の歌をふたつ発表した。ひとつは平和を祈るもので、もうひとつは日本が過酷な敗戦からたちあがり、本質的には変わらないまま独立をとげたことを寿ぐ内容のものであった(6)。

風さゆるみ冬は過ぎてまちにまちし八重桜咲く春となりけり(6)

このあと間もなく実施された世論調査では、日本は独立国家になったかとの問いに「はい」と答えた者は四一%しかいなかった。

ここにあるのは、ひとつの分裂した国であった。沖縄は文字通り分離されていたし、日本が世界のなかでどんな位置を占めるのかという問題についても、日本人は感情的に引き裂かれ不安な状態にあった。しかし、日本人がもっとも分裂したのは、政治に関する考え方の面であった。のちに、吉田茂はこの点を説明するのに分割された朝鮮半島のイメージを借りて、占領は日本人の心に「三八度線」を走らせたと述べた。吉田の言葉は、リベラル派や左翼の立場にたつ反政府勢力の登場をさしていた。この反政府勢力は、占領が元来めざした「非軍事化と民主化」の理想をひきつづき追求すべきだと主張し、日本がパックス・アメリカーナに編入されることに反対し、アメリカが保護している保守政治家・官僚・大企業経営者の権力配置に対して、仮借ない批判的態度をとっていた。多くの著名な知識人がそうであったし、マス・メディアの多くも、組織労働者のなかに根強い力を保っていた左翼勢力も、こうした批判的な立場をとった。当時、戦闘性を増していた共産党を支持した人々も同様であった。共産党は、弾圧で弱体化し指導部が分裂しながらも、なお合法組織として存続していた。

平和条約が発効してから三日後のこと、全国約三三〇カ所で開かれたメーデー集会に、一〇〇万人を超える労

血のメーデー

1952年4月に占領が終わったとき，政治的にも思想的にも日本は激しい分裂状態にあった．それはこの年5月1日の暴力事件となって爆発した．皇居付近で「単独講和」とアメリカの軍事同盟に反対する人々と警察が衝突し，デモ参加者2名が死亡，警官をふくむ数百名が怪我をした．敗戦から6年半，世界平和や新日本建設といった夢は破れていった．

警視庁

働者が参加した。その六年前には、こういった行事の参加者の多くは喜びにあふれていたものであった。敗戦直後には、伝統のメーデーに続いて、皇居前の広場で「食糧メーデー」として知られる未曾有の民衆デモも行なわれた。しかし、一九五二年五月一日のメーデーは、「血のメーデー」の名で歴史に残ることになった。この日、吉田政府が裁判所の命令を無視して皇居前広場の使用を禁止したため、総評主催で行なわれた東京のメーデー大集会は、明治神宮の広い境内で行なわれた。その日の朝、推定四〇万人の人々が集まり、「再軍備反対――民族独立のため闘え」といった決議に賛同の声を上げた。労働者の経済要求を支持する何千という旗やプラカードが群衆を鼓舞し、軍国主義復活反対、戦争反対、米軍基地反対、沖縄分離反対、「四月二八日〔平和条約の発効の日〕は国辱の日」といった言葉が掲げられた。なかには、スターリンや毛沢東や追放された日本共産党の幹部たちの似顔絵を描いたり、「ゴー・ホーム、ヤンキー」と英語で書いたプラカードもいくつかあった。

集会も終わりに近づいたころ、政府が使用を禁止した皇居前広場――一九四六年以来、そこは「人民広場」というあだ名がついていた――へ行進しようという叫び声が起こった。共産党、朝鮮人、学生の急進派に率いられたいくつかの集団ができた。おそらく全部で一万人くらいであったが、ブルーカラーだけでなくホワイトカラーの労働者もいたし、男だけでなく女もいた。彼らは反政府スローガンや反米スローガンを唱えながら皇居に向かって歩いた。そして、そのなかの約六〇〇〇人のデモ隊が、多数の警察官の警備を突破し、皇居の濠にかかる有名な「二重橋」の前まで来ると、隊列を整えようと足を止めた。そのとき、突然暴力がはじまった。警察が警告なしで催涙ガスとピストルを使用したのである。乱闘のなかで、都庁の職員と大学生がひとりずつ死亡し、総数二二名のデモ参加者が銃弾に当たった。人々は脇道へと避難したが、暴力と破壊はやまず、警官隊とデモ隊の犠牲者は驚くほど多数にのぼった。関係した警官五〇〇〇人のうち八〇〇人以上が負傷したが、デモ参加者からでた負傷者はほぼその倍で、多くは警官隊から逃げようとして背後から襲われたのであった。約二〇台のアメリカ人所有の車がひっくり返され、火をつけられたが、その多くが皇居の濠沿いに駐車していたものであった。米兵三名が濠に投げ込まれ、ほかの日本人が助け出すまで石を投げられた。少数の米兵が事件のあと軽傷で手当てを受けた。血のメーデーは、分裂した国という自己意識を、日本人に焼きつけた。(7)

五月二日、天皇裕仁と皇后良子《ながこ》は、新宿御苑で開かれた全国戦没者追悼式に出席した。占領が始まって以来、こうした戦没者のための国家行事が行なわれたことはなかった。その翌日は五月三日で憲法記念日であったから、日本政府はこの五月三日を主権回復の祝賀を兼ねた日にしようとしたのであった。しかし皇居前広場に集まった者は比較的まばらで、一万五〇〇〇人くらいと思われた。天皇は短い声明を読み上げた。ほぼ七年前、「万世のために、太平を開かん」とポツダム宣言を受諾したことを回顧し、戦争の「無数の犠牲者」にたいして深甚の同情と哀悼の意を表した。過去の過ちを繰り返さず、新憲法の民主主義精神の下での「新日本建設」が必要であり、臣下たちは「東西の文化を総合」するようにと要請した。最後に、自分としては皇位は荷が重いが、退位の意志はないと宣言した。

それから一カ月後、天皇裕仁は伊勢神宮を訪れ、皇室の創始者である女神アマテラスに、日本の主権回復を報告した。(8)

天皇裕仁と司令官マッカーサーは、敗戦と占領の年月を通して、両頭制の君主のように君臨した。二人には共通点が非常に多かったが、ひとつの磁場のふたつの極のように、現実に果たした役割と究極的にめざした使命は互いに違っていた。そして磁場であるこの敗戦国全体が、なにかを生み出す力で満ちていた。現在の時点から見れば、それは見やすい事実のようにもみえるが、占領が終わった当時には、それほど明白なことではなかった。

天皇が平和や憲法にもとづく民主主義について前向きの言葉を述べていたことはすでに記したが、にもかかわらず天皇裕仁の存在は、なによりもまず歴史、文化、人種が途絶えることなく連続していることの生きた証明であり、依然として上下関係を重視し家長が尊重される社会が理想であるという考え方の象徴であった。戦争中と同様、敗戦後も、天皇は政治の偉大な祭司であったし、先に引用した日本の独立回復を寿いだ歌からもわかるように、天皇の手腕はあいかわらず巧みであり、彼の新しい「象徴的君主制」は、本質的に保守的なものであった。この歌は、軍事占領は暗く厳しい時代であったが、冬の寒さの次には桜が咲くように、今ようやく、真実の、純粋な日本が再び現れるのだという意味であった。一九七五年、あるジャーナリストが日本の価値観に変化があったかと聞いたとき、天皇はもう少しわかりやすい言葉で同じことを次のように述べた。「戦争が終わってから、国民はいろいろな意見を述べてきました。しかし広い視野からみれば、戦前と戦後で変化があったとは私は思いません」。そして天皇自身、一九八九年まで生き延び君臨しつづけた。この事実じたい、戦前と戦後で変化はないという天皇の言葉を証明するものではなかっただろうか?(9)

他方、マッカーサー元帥の天才的な演出ぶりは、日本の外では天皇の手腕の巧みさよりもよく知られていた。そして敗戦下の日本人にたいする見方においては、天皇とは大きな相違があった。マッカーサーは「東洋の心」なるものを大仰に断定するのを常としたし、例の「一二歳の子供」発言は、植民地支配者の感覚からきたものであった。こうした発言や感覚のせいで、西洋文化圏の外にいる人々に根本から自己変革をとげようという気をなくさせてしまうことは、マッカーサーの他にもよくあった。ただ、マッカーサーは日本人の成長を止めようとして、こうした表現を使ったのではない。逆に、天皇が日本人の不変性を主張しつづけたのに対して、マッカーサーは日本人がとげた革命的な変貌を称賛してやまなかったのである。有名な「老兵は死なず」演説においても、マッカーサーは、「戦争以来、日本人は近代史に記録されたなかで最も偉大な改革をなしとげた」と述べ、以下、誇張した言葉でこの主張を飾りたてている。こうした言葉は、アメリカ人だけに向けられたのではなかった。東京にいたときも、彼は同じことを高い説教壇から何度も述べていた。そして、総司令官を辞任したあとも、どうしようもなかった旧敵国がいかに大きな変化をとげたかを強調することによって、自分の名声に磨きをかけようとした。マッカーサーがこうした自分の主張を心の底から信じていたことは、どうやら間違いないようである。[10]
日本の外では、日本が大変化を遂げたと本気で評価する者は少なかった。日本の主権回復を論評した『ニューヨーク・タイムズ』紙の小見出しは、「日本はほとんど変わっていない」であった。この記事によると、言葉でどう言おうと、「六年で国民性が変わるなど不可能」なのであった。天皇裕仁も同じ主旨を述べてはいたが、『ニューヨーク・タイムズ』の評価のほうは保護者的感覚から出たものであった。こうした感覚は、『タイムズ』誌が日本占領の終了について掲載した漫画にも表れていた。戦勝諸国を示す巨大な神のような手が、「日本」と書かれた小柄な人物を、「独立」の道の上に解放している漫画である。この小さい人物は労働者風の短い上着を着て木靴を履いており、彼が歩く「独立」の道はくねくねと奇妙に曲がりくねって、最後は暗闇の中へと消えていた。[11]
この足取りのあやしい小さな人物が、マッカーサーのいう「一二歳の少年」、つまり生まれつき後進的で成長も遅く、したがって多くの西洋人から見ればもはや軍事的にも経済的にも脅威にならないというおなじみのイメージを、わかりやすく表現したものであることはもちろんであった。ちまちました装飾用の小間物とか、安手の家庭用の小物のような子供じみたものしか作れない人たち――そうした日本人イメージがアメリカやヨーロッパの日本イメージの影の部分としてつきまとうことになった。そして六〇年代後半になって、突然のように日本の乗用車や高品質の電気製品が西洋の市場に押し寄せたとき、小男のイメージはほとんど一夜にして、「奇跡の男」とか「超人」といったイメージへと取って代わった。こうした西洋の反応は、その四半世紀前に帝国日本が戦争をしかけ、西洋諸国を驚かせた時によく似ていた。瓶の中からまた魔法使いが出てきたのである。ただし、今度は軍服ではなくビジネス用のスーツを着て。

それ以来二〇年というもの、思いがけなく登場したこの経済大国の姿は多くの人を魅了し、かつ世界に脅威を与えた。そのため、いわゆる「日本モデル」を論じる高らかな論調が多数登場した。「ジャパン・アズ・ナンバーワン」とは、ハーバード大学のある教授が一九七九年に出した本のタイトルであるが、この発想に、人々は息をのんだ。ひとつには、それは西洋による世界制覇の最盛期がすでに終わったことを暗示していたし、もうひとつには、つい最近まで瓦礫に埋もれ、「四流国」といわれ相手にされなかった国が、「ナンバーワン」の称号を与えられたからであった。この大変化がどうやって可能になったのかと聞かれて、博学な専門家たちは、日本の歴史の深さと伝統的価値観に注目せよと説き、評論家たちは「民族経済学《エスノ・エコノミクス》」といった悪口まじりの新語を作り、ヨーロッパ中心主義の文化決定論者たちは、「文明の衝突」という古いレトリックに磨きをかけて説明しようとした⑫。

「新生」とは、敗戦から数年間、日本人が好んだ言葉のひとつであった。しかし、日本が一世代のうちに、かつて日本をさげすんだ人々の目の前で、現実にここまで華麗に生まれ変われるとは、日本人でさえ誰も想像できなかったことであった。これは復讐に成功して過去を取り戻したようなものであったから、大東亜共栄圏の初期にみられた傲慢不遜を思いださせるような言葉が再登場したばかりか、戦争中の「指導民族」なる観念さえ思い起こさせるような、有頂天の言葉がしばしば使われるようになった。突然手にいれた自国の名声に酔いしれた学者や文化批評家たちは、「日本人であること」とはいったい何であるかといった議論を長々と続けた。一九七〇年代と八〇年代を通して人気を博したこのいわゆる「日本人論」の論調は、すぐに反意語並べのゲームになっていった。原日本的なるものは、原西洋的なるものとされた価値観や傾向の反対の極にあるものとして定義された。いわく、西洋の個人主義に対する日本の集団の和、むこうの普遍主義に対するこちらの個別特殊主義、極端な合理的推論に対する主観と直感の重視、訴訟重視に対する調停重視、ヨコ型の人間関係に対するタテ型の人間関係、などなど。ここには、唯一無比なる「大和魂」なるものにこだわった戦争中の精神状態が、たんなる漠然とした気配以上に、濃厚に感じられた。

このように、血統や文化といったものに執拗かつ大仰に固執する精神状態は、今日も注目しておく必要がある。というのは、ひとつには、現代の多くの社会でも血統や文化が不釣合いなほど重視されているという事実があるからである。他と同じように日本においても、集団としてのアイデンティティやイデオロギーを作り上げる材料として、人種、文化、歴史が利用されている。しかしむしろ、二一世紀への戸口にある日本を理解するためには、日本という国家があいも変わらず連続している面を探すよりも、一九二〇年代後半に始まり、一九八九年に実質的に終わったひとつの周期に注目するほうが有用である。数十年間のその年月は短く、かつ暴力と変化に富んだ時期であったが、これを精密に観察すれば、戦後「日本モデル」の特徴とされたものの大部分が、じつは日本とアメリカの交配型モデル a hybrid Japanese-American model というべきものであったことがわかる。このモデルは戦争中に原型が作られ、敗戦と占領によって強化され、その後数十年間維持された。そこに貫いていた特徴は、日本は脆弱であるという絶え間ない恐怖感であり、最大の経済成長を遂げるためには国家の上層部による計画と保護が不可欠だという考えが広く存在したことであった。この官僚制的資本主義は、勝者と敗者がいかに日本の敗北を抱擁したかを理解したときはじめて、不可解なものではなくなる。敗戦直後に流布したユーモラスな新語を借りて言えば、いわゆる日本モデルとは、より適切には「スキャッパニーズ・モデル a SCAPanese model〔総司令部と日本人の合作によるモデル〕」というべきものであった。

日本人の体験のこの周期は、裕仁の在位期間とほぼ完全に重なる。この間というもの、天皇をどう評価するかが、常に政治思想上の試金石であった。天皇は、暴走する軍国主義にはじまり、次に皇室を頂く民主主義へと日本が断絶なく移行したことのシンボルであったし、血統や文化における「国民統合」を重視する勢力にとっては、もっともわかりやすい結束のシンボルであった。天皇の臣下たちにとって、一九八九年の天皇の死は文字通りひとつの時代の終わりを告げるものであった。昭和は終わり、カレンダーは作り直さなければならなくなった。とはいえ、この年がひとつの時代の終わりを画したといえる本当の理由は、他に重大な出来事が次々と起こったからであった。冷戦の終わりを告げるかのように、ベルリンの壁が崩れた。日本経済のバブルもはじけた。これは、西欧に「追いつく」という目標をひたすら追求してきた日本が、経済と技術では目標を達成したものの、新しい進路を描くだけの構想力と柔軟性に欠けていることが、誰の眼にも明らかになった瞬間であった。日本を大国に押しあげたシステムは、まさに崩壊しようとしていた。なにかにつけ幸運であった天皇裕仁は、例によってこの重大な瞬間を免れた。彼はその直前にこの世を去っていたのである。

では、日本の戦後はいつ終わったのか。この点について、いくつもの日付があげられてきた。一九五六年には、経済企画庁が「もはや戦後ではない」と安堵をこめて宣言した。工業生産の総合指標がついに戦前の水準まで回復したことを根拠に、勇み足ながら「戦後」の死亡通知書を発行したのであった。一九六〇年、労働組合の激しい抗議運動と政府が激突し、池田勇人首相は得意の「所得倍増」計画を開始したが、この年もまた、次の新しい時代に移行した年とされた。「ジャパン・アズ・ナンバーワン」の熱狂がはじまった一九七九年もまた画期とされた。しかし結局のところ、天皇の声を臣下たちがはじめて聞いた瞬間にはじまった「長い戦後」は、一九八九年に真の終わりを迎えたといえる。つまり、戦後は四四年間つづいたのである。

一九四五年は、疑いなく分水嶺となった年であった。その重要性は、封建国家が廃止され新たに明治政府が樹立された一八六八年に匹敵する。日本では、一九四五年だけに焦点をあてた本には、必ず読者がつく。その年の八月だけでも、あるいは八月一五日だけを扱った本でも売れる。とはいえ、戦中の日本が戦後の年月に巨大な構造的遺産を残したことは、今や明らかである。帝国日本は、大恐慌が始まったころから戦争に備えて国家資源の動員を開始した。一九三〇年代のはじめから、将来の戦争に備え、国家のすべての部門を結合する能力、すなわち「総力戦」の能力を確立する動きが、軍部と官僚の一部によって強力に推進された。そして産業と金融の一体化は、時に「一九四〇年システム」と呼ばれるものにおいて、遅ればせながらもついに実現した。連合国の占領は、このシステムを基盤として成立したものであり、占領統治を支配したアメリカ人たちは、ひとつのシステムを永続化させる役割を果したのであった。

戦後の諸制度には、戦時のシステムから引き継がれたものがあったが、それらは必ずしも軍国主義的なものではなかった。たとえば少数の民間銀行への金融依存度の増大と並んで、産業の下請けネットワークも、戦争のシステムの一部であったが、これらはすべて、戦後経済において系列と呼ばれた構造をささえる心臓部となった。大企業では、株主への配当よりも、いわゆる終身雇用を含む雇用の安定が重視された。これが戦後日本に特有のシステムとして特筆されることが多いが、その本当の起源は戦争中に発する。経営や産業に対する「行政指導」のように、政府が積極的に役割を果たすやり方も、戦争に起源がある。敗戦の苦難の中で、先の見えない戦後危機に直面した多くの日本人にとっては、こうした従来の制度を維持していくことは当然の選択のように思えたし、アメリカ人のご主人たちのしぶしぶの同意の下に日本人がやったことは、本質的には従来の制度を維持することであった。後に「日本モデル」と呼ばれ、儒教的価値のレトリックで覆い隠されたものの多くは、じつは単に先の戦争が産んだ制度的遺物だったのである。そして戦後日本の設計者たちもこうした遺産を改造しつつ維持していったが、それは彼らが背広を着たサムライだったからではなく、気の抜けない厳しいこの世界で最大限の経済成長を推進するためには、それが合理的なやり方だと信じたからなのである[13]。

このシステムを指導したのは、高級官僚たちであった。占領軍が最も重大な影響を残した行動とは、じつは不作為という行動であったと言えるのは、この点においてである。つまり経済の面に関して、占領軍は官僚組織の力を抑制しなかったのである。むろん、アメリカの改革担当者たちが日本の政治経済の重要部分を変化させたことは事実である。著名な例をあげれば、農地改革、財閥持株会社の解体、労働組合にかつてなかったほどの権利を付与した法律の制定がある。また、占領軍は官僚制に具体的な改革を強制し、その後に長く影響を与えた。たとえば軍事組織を除去し、警察と地方政府を支配する強力な官庁であった内務省を解体した。しかし、官僚組織のその他の部分、より広くいえば「一九四〇年システム」に対しては、占領軍は便宜のために手をつけなかった。既存の経路を使うほうが、占領政策の実施が容易であったし、すでに状況が混乱している上に、システム全体を根本的に変えれば、大混乱が生じるかもしれなかったからである。

とはいえ、以上は事の半分に過ぎない。というのは、占領軍は日本の強力な官僚的権威主義をさらに強力にしたという責任があるからである。そしてここにこそ、戦後の「日本モデル」が本質的にはアメリカとの交配的な性格のものであったと見るべき根拠がある。占領軍は、到着した瞬間から日本の官僚組織を保護した。そしてそれによって官僚組織の役割と権威を高めた。やがて冷戦的な思考が大勢を占めるようになり、占領政策の「逆コース」がはじまったとき、行政の「合理化」を進めて、結果的に官僚の権力をさらに少数者の手に集めたのは、アメリカ占領軍にほかならなかった。強力な官庁である通商産業省が創設されたのが、占領が終わる三年も前であったという事実は、日本の官僚組織を強化したのはアメリカであったことを最も鮮明に示す例である。

しかし、それより何より重要なのは、連合国最高司令部みずからが仕事のやり方を通して、官僚組織としての模範を示したことであった。たしかに米軍は、共産党までが一時は認めたように、「解放軍」としてやってきた。そして一連の華麗な改革に手をつけたことも確かであった。しかし、占領軍はそれ自体が官僚組織であった。マッカーサー元帥の権威は「最高」であり、マッカーサーの司令部が発する命令は絶対であった。ＧＨＱの下級官僚がほのめかした言葉でさえ、非公式の命令のような力をもっていた。東京の「リトル・アメリカ」と呼ばれた地区におさまった統治組織全体が、厳格な上下関係によって規律されていた。この政府の上の政府には、「透明性」などゼロであったし、日本の誰に対しても説明責任をまったく負わなかった。あるジャーナリストは、わが国の首相は占領軍に対してイエス・マンになるしかなく、力がないと書こうとしたが、GHQの検閲官の青鉛筆のおかげで出来なかった。こうした状況下にあっては、問答無用主義、権威崇拝、和合第一、全員一致重視、自己規制といった傾向が強くなる。そうなるには、古い儒教文化の伝統を受け継いだ人間である必要などなかったのである。

こうして、連合国最高司令官による新植民地主義的な上からの革命という変則的な事態は、両刃の剣となった。それは純粋に進歩的な改革を推進すると同時に、統治の権威主義的構造を再強化した。戦中のシステムと戦後のシステムが締め金《バックル》でつながっている——。そう表現する場合、連合国最高司令官こそがその締め金であったことを忘れてはならない。彼ら征服者たちはそれまでなかった権威を国会に付与したが、法案の作成と上程には官僚的手続きを用いた。内閣を文民制とし、それに強力な責任能力を与えたが、そうしておいて、司令部自身は内閣の力を去勢するような行動をおこなった。一九三〇年代初期から一九四五年まで、日本が基本的に権威主義的かつ軍国主義的な支配の下にあったというのは、よく言われることであるし、現にその通りであるが、実は軍部の支配下にあったのは一九四五年まではなく、一九五二年に占領が終わるまでであったのである。

これは窮屈な民主主義であった。しかもマッカーサー元帥は天皇裕仁を異常なまでに丁重に扱い、そのため社会の真の多元化や、市民の社会参加や、行政の説明責任といった理想が促進されるよりもむしろ遅滞し、問題はいっそう複雑化した。すなわち、日米合作の官僚主義崇拝、戦争から平和への移行期を生き延びた大政翼賛会的な古い体質、天皇が象徴する、神秘性を覆《おお》いにした説明責任の回避、新たに導入された天皇制民主主義のうちの成長不全の部分が残存することになった。しかしそれでもなお、日本社会は大きな変化を遂げたのだとマッカーサーが述べた時、彼はそれなりに正しかった。戦後の日本は、帝国日本よりもはるかに自由で平等な国家であった。この国の人々は、世界でも珍しいほど軍国主義と戦争に対して警戒的になっていた。馬鹿馬鹿しいことを楽しむ感覚も民衆文化に浸透した(もっとも、これが外国人を感心させるようなことは滅多になかったけれど)。権力は保守派と中間派ががっちりと握ってはいたが、政治の議論の場では社会主義者や共産主義者までが発言を許され、合衆国では考えられないほどの意見の幅広さが保たれた。

このように、互いに相容れない議論や混乱した主張が飛び交う伝統もまた日米交配の結果であり、こうした対立や紛糾の例として最適なのは、かの素晴らしい新憲法をめぐって渦巻いた議論である。アメリカ人の征服者たちがいなかったら、このような国家憲章は生まれなかったであろうし、いったん占領が終わったら、国会が憲法改正に乗り出すことを妨げるものが何もなかったのも事実であった。とはいえ、実は、憲法制定から日が浅いのに改正を望み、そのための工作をしたのはアメリカ人自身であった。すなわち憲法九条のゆえに日本の再軍事化が紛糾し、当然のことながらアメリカ人たちは、総司令部が指揮した、かの小さな秘密「憲法制定会議」の一週間さえなかったらと後悔したのである。しかし、一九九七年に憲法施行五〇周年の祝賀が行なわれたときでも、けっきょく憲法はただの一語も改正されていなかった。日本の保守派は改正に必要な国会議席数の三分の二を越えることがついに出来なかったし、改正を発議した場合に起こるであろう民衆の怒号に、正面から立ち向かう勇気も、彼らにはなかったのである。

近い将来、憲法の改正が現実になる可能性はある。その場合も、憲法問題が現代日本における民衆の政治意識をうかがう恰好の材料であることに変わりはない。憲法九条は絶え間ない攻撃にさらされ、「自衛」力を維持するという名目の下で次々と拡大解釈が重ねられてきた。にもかかわらず、前文の力強い戦争反対の言葉とともに、依然として九条は不戦の理想を魅力的に表現したものとして今日まで生き延びてきた。その「戦争廃絶」という理想は、第二次世界大戦を経験した世界中の多くの人々の心の琴線に触れた。ただ、それを憲法や法律に明記した例は、ついに日本以外では見られなかった。そこで日本では、再軍備をめぐって意見の衝突が起こるたびに、法律や憲法による保証とはどうあるべきかという基本問題や、戦争と平和という基本線へと必ず議論が戻っていった。これは他の国では考えられないことであった。かくして、誰が計画したわけでもなく、占領初期の「非軍事化および民主主義化」という理想は、半世紀以上にわたり民衆の政治意識の中に生き続けたのである。

日本が抱いた平和の夢は、慰めをもたらすようなものではなかった。それは第二次世界大戦の拭い難い恐怖の記憶を最大の母体とするものであったからである。何百万人という日本人がいかに無駄に命を捨てたか、大規模な空襲にあって、そしてもちろん広島と長崎によっても、戦争の意味がいかに胸に沁みたか、戦争が終わってから何年もの間、次の食事にありつくことがいかに覚束なかったか、わが父、わが夫、わが兄弟たちが、殺人者としていまだ世界からののしられている以上、戦死者として公式に慰霊することがいかにかなわぬことであったか——。このように日本人には、自分たちはひどい苦難と犠牲を受けたのだという感覚があり、他の国々は自分では守っていない判断基準をもって日本を裁いているのだという考え方によって、この感覚はいっそう強まった。他国は二枚舌であり、他国のいう正義とはしょせん勝者に都合のよい正義にすぎないという感じ方は、東京裁判以来つきまとったものである。そして他の国も残虐行為や事実否認や虚偽の証言をしていることが次第に明らかになっていったこともあって、時とともに日本人のそうした感じ方はむしろ強くなっていった。日本の平和活動家のなかには、ニュルンベルクや東京の戦争裁判がかかげた理想を支持し、日本人の残虐行為を立証し公開することに努力した人たちがいるが、そうした人々でさえ、東京裁判のやり方や天皇の戦争責任を免除したアメリカの決断を支持することはできないでいる。そしてアメリカが、のちに首相になった岸信介のような右翼の戦争犯罪人を、冷戦の寒気の到来とともに釈放したかと思うと公然と抱きしめ、かばいだてしたことも支持できないでいる。

戦後の長い期間を通して、日本を見事な復興へと導いたエリートたちのほとんど全員が、戦争と敗戦をみずから体験した世代の人々であった。彼らは日本の遅れた科学や技術や物質資源からいって、あの戦争は愚かであったと考えた。彼らは、あのような惨事を二度と繰り返してはならないと常に思ってきたし、もしも日本がその気になればいとも簡単に製造できるであろう核兵器をもって決然と立ち上がり、本気で軍事国家になろうとしたならば、世界中から非難を浴びるであろうことも十分承知していた。彼らのなかには、敗戦後、進歩派や左翼の学者たちが抱いた「悔恨共同体」のように、自己批判的な感情をもった者もいた。悔恨とまでいかなくとも、敗戦とともに「後悔の共同体」をつくった者もいた。「大東亜戦争」とは、中国の共産主義者や軍閥、それに東南アジアを支配している欧米の帝国主義者を駆逐するための戦争だったという記憶を信じつづけた者も相当数いた。日本が行なったとされた極悪非道な残虐行為については、多くの者はそんなことはあるはずがないと思いつづけた。そして事実上彼らの全員が、国家に奉仕して死んでいった友人や知人を、心からの悲しみをもって回想した。そして彼らは、白人の勝者たちが、自分たちをしばしば「小男」として見下したときの驚きと困惑を、敗戦後何年も忘れることができなかった。

こうした指導層は、今やほとんどが舞台から姿を消した。そして裕仁が在位した最初の二〇年間に日本が犯した略奪行為を、わかりやすく誤解の余地のない言葉で認めて謝罪することに関しては、この世代の指導層は残念な結果しか残さなかった。彼らにしてみれば、それは「東京裁判史観」の鵜呑みにつながると思われたのであろう。それは彼らにはとうてい考えられないことであった。彼らのこうした愛国心のおかげで、日本は世界の多くから軽蔑と不信を受けることになった。ということは同時に、この世代のエリートたちは、後継者たちにひとつの未解決の問いを残したということである。——日本はどうすれば、他国に残虐な破壊をもたらす能力を独力でもつことなく、世界の国々や世界の人々からまじめに言い分を聞いてもらえる国になれるのか？　この問いこそ、「憲法九条」が残し、「分離講和」が残し、「日米安保条約」が残したものである。それは軍事占領が終結し、日本が名目的な独立を獲得したときの従属的独立 subordinate independence の遺産である。憲法九条の精神に忠誠を誓えば、国際的嘲笑を招く——。それは一九九一年の湾岸戦争で、イラク攻撃のために日本が実戦部隊を派遣

第2章で紹介したように，占領が始まったとき，漫画家・加藤悦郎は日本の敗戦と占領軍の登場に大きな希望を抱いた．しかし占領が終わるまでに，加藤の熱意はさめていた．この漫画は冷戦を促進する平和条約と日米安保条約を批判したもので，アメリカと吉田茂首相が日本人をひとつの檻から別の檻へと移しているだけだとしている．加藤同様，占領当初は「非軍事化と民主化」政策を支持した日本の自由主義者や左翼は，占領の終わりごろにはアメリカの政策に対して非常に批判的になっていった．この漫画「タライまわし」は，加藤の没後一年の1960年に，はじめて公刊された．

せず資金だけを提供した時、あざけりを受けた心痛む経験によって明らかになった。他方、憲法九条を放棄すれば、日本は過去の敗北を取り消そうとしているという激しい抗議を招くことは疑いの余地がない。日本の保守派以外に、南京虐殺を忘れている者などだれ一人としていないからである。こうして、平和を求める日本の夢には、罠にかかって動けないような苦しみがつきまとってきた。

敗北と占領が残した、この複雑にもつれあった遺産は、ある種の循環を描いて展開した。日本は軍事的にワシントンからの指図に従属しているがゆえに、外交的にもいやおうなく従属してきた。そうである以上、戦後のナショナリズムを満たすべく日本の指導者たちに残された唯一の現実的方法は、経済面にしか存在しなかった。日本人がひたすらに経済成長を追求した背景には、みずからの脆弱性へのぬきがたい自覚とともに、国としての誇りnational prideを求めてやまない、敏感で傷ついた心情があった。そしてじっさい、この経済成長によって、屈辱の敗戦からわずか四半世紀後に、日本は束の間の大国となったのである。この目標追求の過程にみられた特徴は、商人的な頭の使い方と、ほとんど病的なまでの保護主義的な経済防衛策の網の目の存在である。それはさほど驚くべきことではない。つまるところ、人は自分以外の誰を本当に信用できるというのか?

以上のことは、まだなにひとつ決着をみていない。日本がどこへ着陸するのか誰もわからないし、日本が「ナンバーワン」だとつぶやく者ももういない。この不確実さは不安をかきたてるものではあるが、高望みがなくなってきたことは健全なことであり、同時に、ある意味で悲しいことでもある。なぜか? 「日本モデル」(あるいは本書の言葉でいえば「スキャッパニーズ・モデル」)の凋落とともに信用性を疑われているのは、ある夢、つまり占領初期の改革が掲げた「非軍事化と民主主義化」という理想を受け継ぐという夢だからである。一九四六年に非公式ながら日本に計画経済を実現する青写真を描いた日本の経済学者や官僚たちは、その意味で見事なまでに明確な目標をもっていた。もちろん、彼らは急速な経済復興と最大の経済成長をめざしたが、同時に非軍事化と民主主義を経済面で実現することもまた目標としていた。そして彼らが推進した「指導された資本主義」は、この目標をかなりの程度まで実現した。日本は裕福になった。生活水準は社会のすべてのレベルで飛躍的に向上した。階層別の所得配分は、合衆国よりもはるかに平等となったし、雇用は確保された。軍産複合体や兵器輸出に過度に頼ることもなく、経済成長は達成された。

これらの目標が瑣末なことであったとはとても言えない。しかし、日本の戦後システムのうち、当然崩壊すべくして崩壊しつつある部分とともに、非軍事化と民主主義化という目標も今や捨て去られようとしている。敗北の教訓と遺産は多く、また多様である。そしてそれらの終焉はまだ視界に入ってはいない。

下巻注

これは、日本の一般読者を念頭において、原書の注を選択・要約したものである。注の選択と要約は、まず訳者の判断でおこない、それを原著者が校閲し、加除修正を加えて、最終稿とした。日本語訳が現在比較的容易に入手できる文献は日本語訳の名称を記した。訳者が情報を追加したり変更したりした部分はない。ここに訳出しなかった文献名や情報はなお大量にのぼるので、興味のある読者は英語原書を参照されることを切望する(訳者)。

第九章

(1) 「戦陣訓」は、一九四一年一月、日本軍全将兵に布達された。

(2) 一九四六年一二月五日、日本政府は元号制の存続を発表した。

(3) Masanori Nakamura, *The Japanese Monarchy: Ambassador Joseph Grew and the Making of the "Symbol Emperor System," 1931-1991*, M. E. Sharpe, 1992, p. 35.

(4) 以後、とくに注記しない限り、フェラーズと戦時マッカーサー司令部の宣伝に関する記述および史料は、スタンフォード大学「フーバー戦争と平和研究所」所蔵のボナー・F・フェラーズ文書 Fellers papers による。

(5) Office of Strategic Services, Research and Analysis Branch, R & A No. 2395, "Objective II," July 28, 1944. この史料は大蔵省所蔵文書にある。

(6) Fellers, "Answer to Japan," pp. 22-23, Fellers papers, box 1.

(7) Fellers, "Basic Military Plan for Psychological Warfare Against Japan, with appendices and minutes of the Conference on Psychological Warfare Against Japan," May 7-8, 1945, pp. 2-3, 7-10, 14, Fellers papers, box 4.

(8) Fellers, *ibid.*, pp. 10, 11, 13, 18, 22, 31-32.

(9) Fellers, *ibid.*, p. 32. フェラーズは、マッシュビルを「日本人の心理と言語に関するもっともすぐれた権威」の一人と呼んでいた。この点については、Fellers papers, box 3の一九四四年一二月一九日付のフェラーズの手紙を参照。

(10) Fellers, "Basic Military Plan for Psychological Warfare

Against Japan," April 12, 1945, pp. 7, 15.

(11) マッシュビルの当時の放送の原稿は、次の文献に再録されている。Sidney Forrester Mashbir, *I Was an American Spy*, Vantage, 1953, pp. 354-68.

(12) この段落のフェラーズに関する記述は、一部はマッカーサー記念館所蔵のボナー・フェラーズ文書による。

(13) Fellers memorandum, August 7, 1945, U. S. Army Forces in the Pacific, Psychological Warfare Branch (フーバー研究所所蔵).

(14) Robert O. Egeberg, "How Hirohito Kept His Throne," *Washington Post*, February 19, 1989 など参照。

(15) 鶴見俊輔・中川六平編『天皇百話』ちくま文庫、一九八九年、下巻、二七―二九頁。

(16) 『天皇百話』前掲、下巻、三三―三七頁。

(17) 敗戦に至るまでの天皇の役割が実際にはこれほど単純なものでなかったことについては、Herbert Bix, "Japan's Delayed Surrender: A Reinterpretation," *Diplomatic History* 19.2 (Spring 1995): 197-225.

(18) 『天皇百話』前掲、下巻、三九―四〇頁。

(19) 木下道雄『側近日誌』、文藝春秋、一九九〇年、四八―四九頁。

(20) *New York Times*, September 22, 1945.

(21) *New York Times*, September 25, 1945.『天皇百話』前掲、下巻、四七頁。この記事を書くとき、『ニューヨーク・タイムズ』の記者は通訳をとおして十分間だけ、かつ質問はいっさいしないという条件で天皇に面会した。

(22) 木下『側近日誌』前掲、三四頁(一一月八日の項)。実際には、天皇が連合国への宣戦布告を裁可し、真珠湾攻撃計画も知っていたことは、当時の新聞にもかなり明瞭に書かれている。たとえば『朝日新聞』一九四五年九月九日、二七日付。

(23) Mashbir, p. 333.

(24) 両者のはじめての会見については、松尾尊兊「象徴天皇制の成立についての覚書」、『思想』一九九〇年四月号、同「昭和天皇——マッカーサー元帥第一回会見」『京都大学文学部研究紀要』二九巻、一九九〇年三月、三七―九四頁に、鋭い分析がある。

(25) Faubion Bowers, "The Day the General Blinked," *New York Times*, September 30, 1988.『読売新聞』一九八八年一〇月二七日付のボワーズへのインタビューも参照。

(26) 宮内庁と外務省は、天皇とマッカーサーの会見記録の公開には、これまで常に慎重であった。秦郁彦「天皇の親書」『文藝春秋』一九七八年一〇月号、三八一―三八二頁を参照。一一回の天皇・マッカーサー会見のうち、四五年九月二七日、四六年一〇月一五日、四七年五月六日の記録だけが公表されている。

(27) Douglas MacArthur, *Reminiscences*, McGraw-Hill, 1964, p. 288.

(28) *New York Times*, October 2, 1945.

(29) 奥村による会見記録は、児島襄「天皇とアメリカと太平洋戦争」『文藝春秋』一九七五年一一月号、一一五―一一九頁。木戸幸一『木戸幸一日記』東京大学出版会、下巻、一二三七頁。松尾前掲論文(一九九〇年四月)、一〇頁。

(30) この一〇月一日付の摘要書はJohn Andertonが作成したもので、マッカーサー記念館所蔵フェラーズ文書box 1にある。

(31) Fellers memorandum to commander in chief, October 2, 1945. フェラーズ文書(フーバー研究所所蔵)、box 3.

(32) 当時の天皇に対する国際世論の状況については、Kiyoko Takeda, *The Dual Image of the Japanese Emperor*, New York University Press, 1988などを参照。

(33) 太田健一ほか編著『次田大三郎日記』、山陽新聞社、一九九一年、一一八頁。アメリカ側がこのような助言を行っていたことは、昭和天皇が死去したあと、この次田の日記が公刊されてはじめて明らかになった。Herbert P. Bix, "The Showa Emperor's 'Monologue'and the Problem of War Resposibility," *Journal of Japanese Studies* 18. 2(1992), pp. 329-30. も参照。

(34) 高橋紘・鈴木邦彦『天皇家の密使たち・占領と皇室』文春文庫、一九八九年、五三―五八頁。

(35) Wm. C. Chase, *Front Line General : The Commands of Maj. Gen. Wm. C. Chase : An Autobiography*, Pacesetter Press, 1975, pp. 146-47. この鴨猟を写真にとった記録がある。"Imperial Duck Hunt," *Life*, January 7. 1946, pp. 96-98.

第一〇章

(1) 鶴見俊輔・中川六平編『天皇百話』ちくま文庫、一九八九年、上巻、五七一頁。

(2) 粟屋憲太郎編『資料・日本現代史 第二巻 敗戦直後の政治と社会』大月書店、一九八〇年、八七、二四六、三三六―三三七頁。また、四〇、一九四頁も見よ。

(3) 『資料・日本現代史』前掲、第二巻、二四八頁。その他にも反皇室的な噂が広がったことについては、粟屋編、同前書、一九八、二〇五、二一八、二二九、二四六―二四八、二五一―二五二頁。こうした噂に警戒心をもった政府は、皇居の護衛を四〇〇〇人に増員した。『朝日新聞』一九四五年一〇月二七日付。

(4) Masanori Nakamura, *The Japanese Monarchy : Ambassador Joseph Grew and the Making of the "Symbol Emperor System," 1931-1991*, M. E. Sharpe, 1992, p. 176.

(5) Civil Intelligence Section, SCAP, *Occupational Trends : Japan and Korea*, January 9, 1946(pp. 4-5) ; January 23, 1946

(p. 18) : January 30, 1946 (p. 18) ; U. S. Strategic Bombing Survey, *The Effects of Strategic Bombing on Japanese Morale*, July 1947, p. 149. 粟屋編『資料・日本現代史』前掲、第二巻、一二一—一三五頁。

(6) 袖井林二郎・福島鑄郎編『マッカーサー——記録・戦後日本の原点』日本放送出版協会、一九八二年、一五八頁。鷹橋信夫『昭和世相流行語辞典』旺文社、一九八六年、八九頁。Akira Iwasaki, "The Occupied Screen," *Japan Quarterly*, 25. 3, July-September 1978, p. 320.

(7) Civil Intelligence Section, SCAP, *Occupational Trends : Japan and Korea*, February 27, 1946 (p. 15).

(8) 講談社編『昭和・二万日の全記録』講談社、一九八九年、第七巻、二〇〇頁。「熊沢天皇」は、アメリカ側でも報道された。*Stars and Stripes*, January 18, 1946 ; *Life*, January 21, pp. 32-33.

(9) 『昭和・二万日の全記録』前掲、第七巻、一九〇—一九一頁。

(10) 極東委員会(在ワシントン)が天皇を戦争犯罪人から除外することを決めたのは一九四六年四月三日、極東国際軍事裁判が同様の判断をしたのは同年六月一八日、そしてアメリカ政府の国務・陸・海軍三省調整委員会(SWNCC)が正式に同様の決定をしたのは、同年六月一二日であった。

(11) GHQの宗教政策の証言として、William P. Woodard, *The Allied Occupation of Japan, 1945-1952, and Japanese Religions*, E. J. Brill, 1972, p. 251 ; Otis Cary, *War-Wasted Asia : Letters, 1945-46*, Kodansha International ; Nakamura, pp. 109-10(本文引用のライシャワー・メモあり)など。

(12) Helen Hardacre, *Shinto and the State, 1868-1988*, Princeton University Press, 1991, p. 137. 木下道雄『側近日誌』前掲、八三—八四頁。

(13) ヘンダーソンとブライスについては、木下『側近日誌』前掲、三二三—三四一頁の高橋紘によるあとがきを参照。

(14) 敗戦まで軍国主義や超国家主義に深くかかわっていた人物たちが、GHQ将校に食糧や女性を提供し、日本の刀剣、着物、真珠、カメラなどを贈呈して巧みに取り入っていたことについては、木下『側近日誌』前掲、九一—九七、三五二—三五五頁。吉田裕『昭和天皇の終戦史』岩波新書、一九九二年、六五—七二頁。

(15) Wilhelmus H. M. Creemers, *Shrine Shinto After World War II*, E. J. Brill, pp. 121-32,「ヘンダーソン・メモ」については pp. 223-25 ; Woodard, pp. 250-68, 315-21.

(16) この草案の作成過程については、当事者の証言が矛盾していたり、意図的にあいまいに書かれている場合があるため、正確に復元することは不可能である。さしあたり、松尾尊兊「象徴天皇制の成立についての覚え書き」『思想』

一九九〇年四月号、一一一—一八頁。高橋・鈴木『天皇家の密使たち』前掲、八一—八四頁。『天皇百話』前掲、下巻、一九九—二一〇、二二一—二二六頁。文藝春秋編『「文藝春秋」にみる昭和史』文藝春秋、第二巻、一八—二五頁。木下『側近日誌』前掲、八八—九六頁を見よ。

(17)『天皇百話』前掲、下巻、二〇八、二一八—二二〇頁。木下『側近日誌』前掲、八九頁。

(18) 裕仁の回想は、一九七七年八月二三日の記者会見のときのもの。高橋紘『陛下、お尋ね申し上げます—記者会見全記録と人間天皇の軌跡』文春文庫、一九八八年、二五二—二五四頁。なお、木下『側近日誌』前掲、三四五—三四六頁も見よ。

(19) 木下『側近日誌』前掲、八四頁。『天皇百話』下巻、二一八頁。Woodard, pp. 253-54, 256.

(20) 人間宣言の起草に参加した日本人たちは、天皇は西洋的な意味での「神」であったことは一度もないのに、占領軍はこの点を理解していないと主張したが、これはある種の言いのがれであった。明治維新、明治憲法、そして悪名高い戦中の「国体の本義」にいたるまで、天皇を女神アマテラスの「神聖なる」子孫として処遇するよう日本人が教え込まれてきたことを、占領軍の改革担当者たちは十分に認識していた。また、重光葵や幣原喜重郎のような高官たちは、「人間宣言」の準備をしている間でさえ、天皇の「神格」うんぬんという表現を仲間内ではしていた。

(21) 木下『側近日誌』前掲、八九—九一頁。『天皇百話』下巻、二〇二頁。

(22) 松尾「象徴天皇制の成立についての覚え書き」前掲、一七頁。

(23) *New York Times*, January 2, 1946. マッカーサーの発言は、Government Section, Supreme Commander Allied Powers, *Political Reorientation of Japan: September 1945 to September 1948*, 1949, vol. 2, p. 471. マッカーサーは天皇のことになると公式の場でないときも誇張して賞賛した。たとえば、彼は側近のホイットニーに、「天皇は私が話をしたほとんどの日本人よりも民主主義をよく理解している」と述べている。Courtney Whitney, *MacArthur—His Rendezvous with History*, Knopf, 1956, p. 286. もっとも、マッカーサーが話をした日本人は多くはなかったが。

(24)『天皇百話』前掲、下巻、二二四頁。

(25) 加瀬英明『天皇家の戦い』新潮社、一九七五年、二〇七頁。

(26)「人間宣言」にもかかわらず、学校における天皇の「御真影《ごしんえい》」への敬礼は一九四六年四月まで続いた。「御真影」を保管した聖所(奉安殿)は一九四六年七月まで廃止されず、文部省が学校儀式での教育勅語の朗読を禁じたのは、一九四六年九月のことであった。

第一一章

(1) 木戸幸一『木戸幸一日記』東京大学出版会、一九六六年、下巻、一二三〇—一二三一頁。

(2) 木下道雄『側近日誌』文藝春秋、一九九〇年、一二、一六〇頁。

(3) 高橋紘・鈴木邦彦『天皇家の密使たち・占領と皇室』文春文庫、一九八九年、四〇—四五頁。木下『側近日誌』前掲、二二五頁。Bix (1992), p. 333.

(4) 『朝日新聞』一九四五年一〇月二五日付。秦郁彦「天皇の親書」、『文藝春秋』一九七八年一〇月号所収、三七六頁。*New York Times*, March 4, 1946.

(5) 芦田均『芦田均日記』岩波書店、一九八六年、第一巻、八二頁。

(6) 木下『側近日誌』前掲、一六〇、一六三—一六五頁。

(7) 天皇退位問題については、Masanori Nakamura, *The Japanese Monarchy: Ambassador Joseph Grew and the Making of the 'Symbol Emperor System,' 1931-1991*, M. E. Sharpe, 1992. 田辺元の主張については、さしあたり、久山康『戦後日本精神史』創文社、一九六一年。

(8) 三好達治のこの有名なエッセイは、鶴見俊輔・中川六平編『天皇百話』ちくま文庫、一九八九年、下巻、三二三—三三一頁に再録されている。

(9) 高橋・鈴木『天皇家の密使たち』前掲、三五頁。

(10) 木下『側近日誌』前掲、九四、九七—九九頁。

(11) 木下『側近日誌』前掲、一六七頁。

(12) Herbert Bix, "Inventing the 'Symbol Monarchy' in Japan, 1945-1952," *Journal of Japanese Studies* 21.2 (summer 1995), pp. 343-44.

(13) 木下『側近日誌』前掲、二二二—二二四頁。高橋・鈴木『天皇家の密使たち・占領と皇室』前掲、四三—四五頁。

(14) U. S. Department of State, *Foreign Relations of the United States, 1946*, vol. 8, pp. 395-97.

(15) これについては、たとえば、鶴見・中川編『天皇百話』前掲、下巻、一二三—一二八頁。

(16) 田中隆吉「かくて天皇は無罪になった」(一九六五年八月)、文藝春秋編『「文藝春秋」にみる昭和史』文藝春秋、一九八八年に再録、八四—九一頁。鶴見・中川編『天皇百話』前掲、下巻、一一五—一二二頁。

(17) 藤原彰「統帥権と天皇」、遠山茂樹編『近代天皇制の研究 Ⅱ』岩波書店、一九八七年所収、一九五—二二六頁。家永三郎『戦争責任』岩波書店、一九八五年、三七—四七頁。

(18) 引用は、Roger Buckley, "Britain and the Emperor: The Foreign Office and Constitutional Reform in Japan, 1945-1946," *Modern Asian Studies* 12.4 (1978): 565-66 より。SC

APとIPSは、天皇を戦争と無関係とするために、木戸幸一の日記の中の天皇の責任に触れる部分をあえて無視して翻訳しなかったり、木戸に対する膨大な尋問調書が英語で作成されたにもかかわらず、思わぬところで天皇に不利になる可能性もあるとして、結局これを裁判に提出しなかったりした。この点については、粟屋憲太郎「東京裁判と天皇」、日本現代史研究会編『象徴天皇制とは何か』大月書店、一九八八年所収、三五―三六頁。

(19) バージニア州ノーフォークのマッカーサー記念館所蔵ボナー・フェラーズ文書 Bonner Fellers papers には、日付のない一二頁の裕仁の回想の要約が存在する。これはほぼ間違いなく、一九二七年以来の出来事を裕仁が側近に筆記させた回想を要約して英訳したものと思われる。もしそうであれば、アメリカは天皇の「独白録」の存在を知りながら、無視することにしたことを示す証拠となる。そのほかの史料や研究として、寺崎英成、マリコ・テラサキ・ミラー編著『昭和天皇独白録―寺崎英成・御用掛日記』文藝春秋、一九九一年。藤原彰「天皇と戦争指導」『科学と思想』七一号(一九八九年一月)、六七六―六七九頁。秦郁彦『裕仁天皇の五つの決断』講談社、一九八四年。千本秀樹『天皇制の侵略責任と戦後責任』青木書店、一九九〇年。山田朗『昭和天皇の戦争指導』昭和出版、一九九〇年。Peter Wetzler, *Hirohito and War: Imperial Tradition and Military Decision Making in Prewar Japan*, University of Hawaii Press, 1998.

(20) "Oral Reminiscences of Brigadier General Elliott R. Thorpe," May 29, 1977, RG 49, box 6, MacArthur Memorial; U. S. Department of State, *Foreign Relations of the United States*, 1946, vol. 8. pp. 87-92, 90-91.

(21) 「憮然たる世相の弁」(一九四八年五月)、朝日新聞社編『「週刊朝日」の昭和史』朝日新聞社、一九八九年、第二巻に再録、一一〇―一一二頁、とくに一一二頁。吉見義明「占領期日本の民衆意識――戦争責任論をめぐって」『思想』一九九二年一月号所収、九一―九三頁。秦『裕仁天皇の五つの決断』前掲、三八六―三八七頁。なお、次の資料も参照。materials from June 1948 in the papers of Laurence E. Bunker, MacArthur's aide-de-camp, in RG 5, box 77, folder "OMS Correspondence," MacArthur Memorial.

(22) Fellers's letter to Terasaki, dated July 8, 1948, in RG44a, box 4, MacArthur Memorial. シーボルトの書簡は一九四八年一〇月二六日、二八日で、RG5, box 107, MacArthur Memorial. また、次のものも参照。William J. Sebald and Russell Brines, *With MacArthur in Japan: A Personal History of the Occupation*, Norton, 1965, pp. 161-65. 秦『裕仁天皇の五つの決断』前掲、三八六―三九二頁。Nakamura, pp. 114-15. 鶴見・中川編『天皇百話』前掲、下巻、一四一―

一五〇、三八四、四〇五—四〇九、四一四頁。

(23) Bix (1992), pp. 315-16.

(24) Nakamura, pp. 114-17. 粟屋憲太郎『東京裁判論』大月書店、一九八九年、三七—三八、一六〇、一九五—一九七頁。裕仁の晩年の発言については、高橋紘『陛下、お尋ね申し上げます』前掲、二二六—二二七頁。『天皇百話』前掲、下巻、六三六—六三七頁。

(25) 天皇の巡幸については、高橋・鈴木『天皇家の密使たち』前掲、二一〇—二六一頁。木下『側近日誌』前掲、六四頁には、一一月二九日の項に、裕仁自身、関西に旅したことが国民との関係改善に大変効果的だったと述べたことが記されている。なお、講談社編『昭和・二万日の全記録』講談社、一九八九年、第七巻、二一八—二一九頁も参照。

(26) 高橋・鈴木『天皇家の密使たち』前掲、二一一—二一二頁。

(27) ブライスのメモは、木下『側近日誌』前掲、一一一—一一三頁に英語原文のまま収録されている。

(28) 岸田英夫「戦後巡幸のプロモーター」(一九五六年七月)、朝日新聞社編『「週刊朝日」の昭和史』朝日新聞社、一九八九年に再録、一四—一五頁。

(29) 明治天皇の巡幸は、一八八〇年代にピークをむかえた自由民権運動を沈静化させるねらいで始まったが、裕仁の場合、巡幸は「任務」であり、国民への心からのねぎらいを表すようにと、側近たちは助言した。この点につき、鶴見・中川編『天皇百話』前掲、下巻、二九四頁。講談社編『昭和・二万日の全記録』前掲、第七巻、二一八頁。高橋・鈴木『天皇家の密使たち』前掲、二一八頁。

(30) この点については、『天皇百話』前掲、下巻、二九五—二九七、三〇九頁など、多数の史料が一致している。

(31) Russell Brines, *MacArthur's Japan*, Lippincott, 1948, pp. 82-83.

(32) 高橋・鈴木『天皇家の密使たち』前掲、二一九—二二一頁。

(33) 『天皇百話』前掲、下巻、二九六—二九九頁。吉見「占領期日本の民衆意識」前掲、九四—九九頁。朝日新聞社編『声』第一巻、朝日文庫、八五、一〇二—一〇四、二三九、二五四—二五五頁。

(34) Brines, p. 91.

(35) 岸田「戦後巡幸のプロモーター」前掲、一〇、一四頁。

(36) 天皇を箒にした漫画は、『真相』一九四七年九月号。天皇の巡幸が地方財政に大きな負担になったことは、Justin Williams, *Japan's Political Revolution under MacArthur: A Participant's Account*, University of Georgia Press, 1979, pp. 55-56.

(37) 高橋・鈴木『天皇家の密使たち』前掲、二三四—二三六頁。
(38) この『ニッポン・タイムズ』の記事は、次の文献に収録されている。Lucy Herndon Crockett, *Popcorn on the Ginza: An Informal Portrait of Postwar Japan*, William Sloane, 1949, p. 239.
(39) 『天皇百話』前掲、下巻、四一九—四二三頁。
(40) 『天皇百話』前掲、下巻、四二九頁。
(41) 渡辺清『砕かれた神——ある復員兵の手記』朝日選書、一九八三年。ただし、この本の出版にあたって、渡辺の原文が変更されたかどうか、変更されたとしてどの程度なのかは、はっきりしない。

第一二章

(1) Douglas MacArthur, *Reminiscences*, McGraw-Hill, 1964, p. 302.
(2) *Guide to Japan*, (CINPAC-CINPOA Bulletin No. 209-45, September 1, 1945), p. 35.
(3) 日本国憲法の制定をめぐる文献は膨大な量にのぼるが、ここでは、本書で直接引用する主な研究成果だけについて簡単に説明する。最も基本的な史料集として、高柳賢三・大友一郎・田中英夫編『日本国憲法制定の過程』全二巻、有斐閣、一九七二年がある。日本の憲法調査会の調査結果をまとめた英文史料として、John M. Maki, trans. and ed., *Japan's Commission on the Constitution: The Final Report*, University of Washington Press, 1980. アメリカにおける憲法制定過程研究のパイオニア的な論文として、Theodore H. McNelly, "Domestic and International Influences on Constitutional Revision in Japan," (Columbia University Ph. D dissertation), 1952. 憲法制定関連の論文を含む研究書として、*Democratizing Japan: The Allied Occupation*, ed. Robert E. Ward and Yoshikazu Sakamoto, University of Hawaii Press, 1987. この書物には、McNelly, "'Induced Revolution': The Policy and Process of Constitutional Reform in Occupied Japan"; Tanaka Hideo, "The Conflict between Two Legal Traditions in Making the Constitution of Japan" が含まれている。GHQが編集した記録として、Government Section, General Headquarters, Supreme Commander for the Allied Powers, *Political Reorientation of Japan: September 1945 to September 1948*, U. S. Government Printing Office, 1949, vol. 1. pp. 82-118, vol. 2, pp. 586-683. また本書では、一九九二年のドキュメンタリーフィルム *Reinventing Japan* (Program 5 in the Annenberg/CPB series The Pacific Century) の製作にあたり、Alex Gibney が行なった、ケーディスら関係者への一連のインタビューの筆記録を利用することができた(この筆記録は、Gibney Interview と略記する)。憲法制定で大きな役割を果たしたケーディス大佐によるものとして、

Charles Kades, "The American Role in Revising Japan's Imperial Constitution," *Political Science Quarterly* 104.2 (1989) : 215-47. があり、また、ケーディスへの竹前栄治によるインタビューを収録した Takamae Eiji, "Kades Memoir on Occupation of Japan,"『東京経大学会誌』一四八号(一九八六年一一月)がある。憲法起草には参加しなかったが、GHQと国会の連絡調整にあたった当事者による回想として、Justin Williams, *Japan's Political Revolution under MacArthur : A Participant's Account*, University of Georgia Press, 1979. 日本における日本国憲法制定過程の最近の優れた研究は古関彰一によるものである。とくに、古関彰一『新憲法の誕生』、中央公論社、一九八九年。Shoichi Koseki, "Japanese Constitutional Thought : The Process of Formulating the 1947 Constitution," unpublished paper presented at the annual conference of the American Historical Association, December 1987 ; Koseki, "Japanizing the Constitution," *Japan Quarterly* 35.3 (July-September 1988) : 234-40. 憲法は勝者による異国の憲章の押し付けであると主張する代表例として、江藤淳『一九四六年憲法の拘束』文藝春秋、一九八〇年。日本国憲法の日本語と英語版の相違を考察した研究(文献目録付き)として、Kyoko Inoue, *MacArthur's Japanese Constitution : A Linguistic and Cultural Study of Its Making*, University of Chicago Press, 1991.

(4) ポツダム宣言につづき、憲法改正を支持した基本指令は次の三つであった。①「降伏後における合衆国の初期対日方針」(一九四五年九月六日)、②JCS一三八〇/一五(一九四五年一一月三日)、③SWNCC二二八(これは一九四六年一月七日、SCAPに送付された)。

(5) U. S. Department of State ed., *Foreign Relations of the United States, 1946*, 8 : 99-102 (SWNCC 228).

(6) 以上の近衛をめぐる経緯については、さしあたり古関彰一『新憲法の誕生』前掲、八―二九頁。

(7) 松本委員会については、古関『新憲法の誕生』前掲、五九―八〇頁など。

(8) 高柳ほか編『日本国憲法制定の過程』前掲、上巻、三五八頁。

(9) この点は Tanaka (1987) が鋭く分析している。

(10) Tanaka (1987), p. 130 (n. 48).

(11) 高柳ほか編『日本国憲法制定の過程』前掲、上巻、三三八頁。

(12) Hideo Tanaka, "A History of the Constitution of Japan of 1946," in *The Japanese Legal System : Introductory Cases and Materials*, ed. Hideo Tanaka and Malcolm D. H. Smith, University of Tokyo Press, 1976, pp. 656-57 ; Tanaka (1987), pp. 112-15.

(13) 美濃部の見解については、たとえば『朝日新聞』一九

四五年一〇月一五日、一〇月二〇日、二一日、二二日付。

(14) 古関『新憲法の誕生』前掲、一五三頁。

(15) McNelly (1952), pp. 118-53.『新憲法の誕生』前掲、三〇—五八頁。*Political Reorientation of Japan* 1: 94-98.

(16) McNelly (1952), 120, 141, 402.『新憲法の誕生』前掲、三頁。

(17)『新憲法の誕生』前掲、三五、四六、五八頁。

(18) 高野らは、米国、ソ連、ワイマール、スイスの憲法も研究した。憲法研究会の活動については、古関『新憲法の誕生』前掲、三二—四五頁。ノーマンの仕事とその影響については、John W. Dower, ed., *Origins of the Modern Japanese State: Selected Writings of E. H. Norman*, Pantheon, 1975.

(19) 高柳ほか編『日本国憲法制定の過程』前掲、上巻、二六—四一頁。

(20)『日本国憲法制定の過程』前掲、上巻、四二頁。Tanaka (1987), p. 128 (n. 16).

(21) 古関『新憲法の誕生』前掲、六八—七四頁。Tanaka (1976), p. 658; Tanaka (1987), p. 120. 高柳ほか編『日本国憲法制定の過程』前掲、上巻、xxiv, 四四—七五頁。

(22) 当時最高機密とされたGHQの松本委員会案に対する批判の内容は、高柳ほか編『日本国憲法制定の過程』前掲、上巻、四〇—四四、七八—九〇頁。*Political Reorientation of Japan*, 1: 98-101 and 2: 605-16.

(23) 高柳ほか編『日本国憲法制定の過程』前掲、上巻、九〇—九八頁。*Political Reorientation of Japan*, 2: 622-23; Kades (1989), pp. 220-22. マッカーサーが唯一制限を受けていたのは天皇の退位で、その場合は米統合参謀本部に諮問することとされていた。

(24) このマッカーサー・メモは、高柳ほか編『日本国憲法制定の過程』前掲、上巻、九八—一〇二頁に収録。はじめの部分はマッカーサー「三原則」として知られる。ホイットニーは、黄色いノート用紙に鉛筆で書かれたこのメモをもって、マッカーサーとの打ち合わせから帰ってきた。それをタイプ打ちしたケーディスは、これはマッカーサーの筆跡だと思ったが、ホイットニーの筆跡とも似ていたので、確信はなかった。

(25) のちにケーディスは、マッカーサーの主導がなかったらあのような憲法はありえなかっただろうと述べているが、これはその通りであろう。マッカーサー自身は、自分はアメリカ政府の指示に「神経質なほど」忠実に従ったと強調している。他方、GHQの草案が日本政府案という形で公表されたとき、東京の米国務省代表は非常に驚き、進歩的なGHQの憲法草案は、日本人には民主主義は運用できないと思っていた英米の保守派の「日本通」たちに衝撃を与えた。英国の外交官で日本文化史の優れた研究家として知られるジョージ・サンソムは、日本国憲法草案を「馬鹿げている idiotic」と酷評した。以上については、*Foreign Relations of the United States*, 1946, 8: 172-74, 220-26; O. S. S./*State Department Intelligence and Research Reports*, University Publications of America, 1977, reel 2, entry 23; Roger Buckley, *Occupation Diplomacy: Britain, the United States, and Japan, 1945-1952*, Cambridge Univeristy Press, 1982, p. 68.

(26) Maki, *Japan's Commission on the Constitution*, p. 68.

(27) 高柳ほか編『日本国憲法制定の過程』前掲、上巻、xxv, xxix-xxx 頁。占領終了後、マッカーサー自身がこの点を強調している。たとえば、日本の憲法調査会からの質問に答えて、マッカーサーは「天皇制の保持は、私の確固たる決意であった。それは日本が政治的・文化的に生き残るためには本来的に必要で、当然なくてはならないものであった。天皇個人を破壊し、その結果天皇制を廃止しようとする邪悪な動きは、この国の復興の成功を危うくする、もっとも危険な脅威のひとつとなった」と、明確に回答している。M. Maki, *Japan's Commission on the Constitution*, pp. 73-74. なお、憲法九条の背後にあった主要な動機が、天皇制を維持したことにたいする批判をそらすことにあったことは、日米の研究者がほぼ一致するところといってよい。この点については、秦郁彦・袖井林二郎編『日本占領秘史』朝日新聞社、一九七七年、第二巻、八—一一頁。秦郁彦『史録・日本再軍備』文藝春秋、一九七六年、四七—七八頁。Theodore McNelly, "General Douglas MacArthur and the Constitutional Disarmament of Japan," *Transactions of the Asiatic Society of Japan*, third series, vol. 17 (1982), p. 30.

(28) 高柳ほか編『日本国憲法制定の過程』前掲、上巻、一〇二—一〇四頁。

(29) 『日本国憲法制定の過程』前掲、上巻、xxv, xxix-xxx, 九〇—九八頁。*Political Reorientation of Japan*, 2: 622-23.

(30) 『日本国憲法制定の過程』前掲、上巻、三二六—三二八頁。このホイットニーの発言趣旨は、その翌日、明確な形で日本側に伝えられた。高柳ほか編、同前書、三三四—三四六、三七二頁。

(31) 『日本国憲法制定の過程』前掲、上巻、三七四頁。古関『新憲法の誕生』前掲、二〇四、二〇五頁。吉田茂『世界と日本』番町書房、一九六三年、九四—九九頁。

(32) この一週間に関する主要な史料は、高柳ほか編『日本国憲法制定の過程』前掲。なお、この一週間について後日作成された詳しい日誌が残っている。Williams, *Japan's Political Revolution under MacArthur*, pp. 108-13.

(33) Kades (1989), p. 225.

(34) シロタが果たした役割については、日本語では、土井たか子、B・シロタ・ゴードン『憲法に男女平等起草秘話』岩波ブックレット四〇〇、一九九六年。英文の基礎的文献は、Susan J. Pharr, "The Politics of Woman's Rights," in

Ward and Sakamoto (1987), pp. 221-52.

(35) Kades interview (Gibney Interview), 2: 69; Sirota interview (Gibney Interview), p. 34; Richard Poole interview (Gibney Interview), p. 5.

(36) Poole interview (Gibney Interview), pp. 5-7.

(37) Sirota interview (Gibney Interview), pp. 7-8, 20-23, 29-30, 40-42.

(38) Kades (1989), pp. 227-28.

(39) Sirota interview (Gibney Interview), pp. 24-25.

(40) Poole interview (Gibney Interview), p. 17.

(41) ケーディスは、竹前栄治によるインタビューの中で、当時もっと考える時間があったら、侵略と反乱の場合を除いて、という言葉を自分はおそらく九条に書き加えただろうと述べている。Takemae, "Kades Memoir on Occupation of Japan" (1986), pp. 277-82. なお、Kades (1989), pp. 236-37. 高柳ほか編『日本国憲法制定の過程』前掲、上巻、二七二頁も見よ。戦争放棄の理想を日本国憲法に入れようと最初に口にしたのは誰かという問題が、多くの関心を集めてきた。McNelly (1982) の詳細な研究によれば、それが幣原首相であったという議論は成り立ちえない。ケーディスかホイットニーがその種の示唆をマッカーサーにした可能性はあるが、結局のところ、戦争放棄の理想を憲法に入れる基本的決断をしたのは、明らかにマッカーサーであった。しかし、この問題を考察する際には、日独を降伏させたあと「完全かつ永久に」両国を非軍事化すると、戦争中から英米が何度も言明していたことを忘れるべきではない。そして完全な非軍事化といった言葉は、もともとポツダム宣言や、マッカーサーに与えられた米統合参謀本部の指令JCS一三八〇／一五などの文書にも、繰り返されていた。

(42) 芦田均『芦田均日記』、岩波書店、一九八六年、第一巻、七八—七九頁。なお、『憲法調査会第七総会議事録』一九五七年四月五日における芦田の証言も参照。

(43) Kades interview (Gibney Interview), 2: 76.

(44) McNelly (1952), pp. 203-206.

(45) Esman interview (Gibney Interview), pp. 10-11, 14-15, 21, 47.

(46) 高柳ほか編『日本国憲法制定の過程』前掲、上巻、二四八—二五二頁。

(47) 『日本国憲法制定の過程』前掲、上巻、二二八、二三四—二三六頁。

(48) 『日本国憲法制定の過程』前掲、上巻、二〇六頁。

(49) Poole interview (Gibney Interview), p. 20.

(50) 高柳ほか編『日本国憲法制定の過程』前掲、上巻、二五八—二六〇頁。

(51) 『日本国憲法制定の過程』前掲、上巻、二六二頁。McNelly (1952), p. 165.

第一三章

(1) Kades(1986), pp. 282-83(本章の注の表記は、第一二章の注を踏襲している。とくに、第一二章注3を参照されたい)。

(2) ホイットニーと同席したのは、ケーディス大佐、ハッセー中佐、ラウエル中佐であった。このときの会談記録は、高柳ほか編『日本国憲法制定の過程』前掲、上巻、三二〇—三二六頁。なお次も参照。Kades(1989), pp. 228-30; Kades interview(Gibney Interview), pp. 34-40.

(3) Courtney Whitney, *MacArthur: His Rendezvous with History*, Knopf, 1956, p. 251. 高柳ほか編『日本国憲法制定の過程』前掲、上巻、三二四頁。

(4) 古関『新憲法の誕生』前掲、一二七頁。

(5) 高柳ほか編『日本国憲法制定の過程』前掲、上巻、三三六—三四〇、三四六頁。*Political Reorientation of Japan* 2: 624.

(6) 『日本国憲法制定の過程』前掲、上巻、三五二—三六四頁。ある意味では、松本グループと民政局の対決は、戦争末期のワシントンにおける「日本派 Japan crowd」と「中国派 China crowd」の対決の再演であったともいえる。

(7) Kades(1986), p. 288. 高柳ほか編『日本国憲法制定の過程』前掲、上巻、三六六—三七〇頁。*Political Reorientation of Japan* 1: 106. その後、GHQの締め切りは二月二二日まで延期された。

(8) これらの閣議に関する最も重要な史料は、芦田均の日記である。『芦田均日記』第一巻、岩波書店、七七頁(一九四六年二月一九日の項)。一九五四年になって、松本はホイットニーの言動について、より辛辣な描写をした。松本によると、もし日本政府がGHQ草案を受け入れなければ、天皇の「身体」は保障できないとホイットニーは述べた、それは、GHQが天皇裕仁に有害な行動を起こすかもしれないという意味のようだったと。これは非常に信憑性の薄い、しかも歴史の事実を誤解させかねない証言であり、大きな論争を呼び起こした。入江俊郎『憲法成立の経緯と憲法上の諸問題』第一法規、一九七六年、一九九頁。Maki, *Japan's Commission on the Constitution*, pp. 75-77. 古関『新憲法の誕生』前掲、一二九—一三一頁。Kades(1989), pp. 229-30. 江藤淳『一九四六年憲法の拘束』前掲、三三—三八頁。

(9) 『芦田均日記』前掲、第一巻、七七頁(一九四六年二月一九日の項)。

(10) 『芦田均日記』前掲、第一巻、七八—七九頁(一九四六年二月二二日の項)。『憲法調査会第七次総会議事録』一九五七年四月五日の項。高柳ほか編『日本国憲法制定の過程』前掲、下巻、三九二頁。McNelly(1982), p. 23.

(11) 『日本国憲法制定の過程』前掲、上巻、三八〇―三九八頁。

(12) 古関『新憲法の誕生』前掲、一三四―一三五頁。高柳ほか編『日本国憲法制定の過程』前掲、上巻、四〇六頁。

(13) Whitney, pp. 250, 253.

(14) 高柳ほか編『日本国憲法制定の過程』前掲、上巻、四〇二―四一〇頁。

(15) 日本政府は、結局四種類の草案を作成した。これらは次に収録されている。*Political Reorientation of Japan* 2 : 625-48.

(16) Kades interview (Gibney Interview), 1 : 11-12, 2 : 45-47. Inoue, *MacArthur's Japanese Constitution*, pp. 172-73.

(17) Kades interview (Gibney Interview), 2 : 34-35, 40-45. 古関『新憲法の誕生』前掲、一四四―一四六頁。

(18) Williams, pp. 115-16. 古関『新憲法の誕生』前掲、一三八―一五一頁、とくに一四〇―一四四頁。McNelly (1952), pp. 171-94 ; *Political Reorientation of Japan* 2 : 625-36. 外国人の人権については、さしあたり古関『新憲法の誕生』前掲、一四八、一六〇頁。地方自治については、Akira Amakawa, "The Making of the Postwar Local Government System," in Ward and Sakamoto, *Democratizing Japan*, pp. 259-60.

(19) Inoue, *MacArthur's Japanese Constitution*, pp. 184-205, esp. 188-90.「国民」という語の問題性をビッソンたち民政局の顧問チーム三名がホイットニーとケーディスに指摘したことについては、T・A・ビッソン(中村政則・三浦陽一訳)『日本占領回想記』三省堂、一九八三年、二四一、二四八―二五一頁。

(20) Inoue, pp. 205-20. 古関『新憲法の誕生』前掲、一五一頁。

(21) これら二つの草案は、*Political Reorientation of Japan* 2 : 625-36. 二つの相違点の要約は、McNelly (1952), pp. 192-93.

(22) 木下道雄『側近日記』文藝春秋、一九九〇年、一六三―一六四頁(一九四六年三月五日の項)。

(23) 『芦田均日記』前掲、第一巻、九〇頁(一九四六年三月五日の項)。なお、この時の状況については佐藤達夫の回想がある。『ジュリスト』一九五五年八月一五日号、三四頁。

(24) *Political Reorientation of Japan* 2 : 657. McNelly (1952), pp. 195-99.

(25) 憲法改正の過程において、天皇の権威が一般的にもっていた影響力については、磯田進「新憲法的感覚を身につけよう」『世界』一九四七年八月号所収、二二―二七頁、とくに二四頁。

(26) ビッソン『日本占領回想記』前掲、二五七頁。

(27)『読売新聞』一九四六年三月八日号。Williams, p. 134.

(28) Kenzo Takayanagi, “Some Reminiscences of Japan’s Commission on the Constitution,” in Dan Fenno Henderson, ed., *The Constitution of Japan: Its First Twenty Years, 1947-67*, University of Washington Press, 1968, p. 77.

(29) たとえば一九四六年一一月二五日の「キー・ログ」は、次の文献に再録されている。Eto Jun, “One Aspect of the Allied Occupation of Japan: The Censorship Operation and Postwar Japanese Literature,” occasional paper of the Wilson Center, Smithsonian Institution, 1980, pp. 17-20.

(30) GHQの検閲官であったロバート・スポールディングの回想。L. H. Redford, ed., *The Occupation of Japan: The Impact of Legal Reform*, Douglas MacArthur Foundation, 1977, p. 58.

(31) こうした報道機関の反応については、Williams, pp. 133-42; McNelly (1952), p. 271. 憲法に対する公衆の反応に関する外務省の調査によると、大衆は多少とも困惑しているという結果が出ていた。古関『新憲法の誕生』前掲、一六二頁。江藤『一九四六年憲法の拘束』前掲、六〇—六一頁。

(32) McNelly (1952), pp. 271-76.

(33) この点につき、たとえば、Maki, *Japan’s Commission on the Constitution*, p. 78.

(34) Inoue, pp. 32-35; Williams, p. 142.

(35) Tatsuo Sato, “The Origin and Development of the Draft Constitution of Japan,” in *Contemporary Japan* 24. 7-9 (1956): 384. 佐藤達夫の証言については、次の文献も参照。Tanaka (1987), p. 124; Takayanagi, pp. 80-81; Yoshida Shigeru, *The Yoshida Memoirs*, Houghton Mifflin, 1962, p. 143.

(36) 加藤シヅエの談話は、『朝日新聞』一九九六年一月二五日付。なお、この新聞記事は「国体」という言葉の意味を読者のためにわざわざ説明している。戦争中、あれだけ重視された「国体」という言葉が、敗戦から五〇年で、極端な右翼以外は使わない死語になったことを示す証左として、興味深い。一九四六年の国会における「国体」論議は、この言葉が重要な言葉としてまだ生きていた最後の瞬間でもあった。

(37) *Political Reorientation of Japan* 1: 93.

(38) 古関『新憲法の誕生』前掲、二一三—二二一頁。McNelly (1987), pp. 90-91.

(39) ダワー『吉田茂とその時代』前掲、下巻、八七頁。

(40)『吉田茂とその時代』前掲、下巻、九一頁。

(41) 古関『新憲法の誕生』前掲、二一〇、二一二頁。

(42) Takayanagi, p. 80; cf. Kades interview (Gibney Interview), 1: 15; Kades (1986), p. 277.

(43) McNelly (1987), pp. 84, 89-90, 96-97; Eto Jun, “The

Constraints of the 1946 Constitution," *Japan Echo* 8. 1 (1981), pp. 44-50 ; Sato, p. 384. 一九四九年にＳＣＡＰが記録集 *Political Reorientation of Japan* を公刊し、占領軍が憲法草案の作成において果たした役割を率直に認めたことは、多くの人々を驚かせた。衆議院憲法改正小委員会(いわゆる芦田委員会)の議事録は、衆議院第九〇回帝国議会『帝国憲法改正案委員小委員会速記録』衆議院事務局、大蔵省印刷局、一九九五年として公表されたが、これには六カ所の脱落がある。ただし、この脱落が占領軍の介入によるものと断定した報道は行なわれなかった。『朝日新聞』一九九五年一〇月一日付参照。

(44) Maki, *Japan's Commission on the Constitution*, p. 81. ただし、この憲法調査会を率いた高柳賢三は日本国憲法は日米の合作であったという見方を強く支持するようになった。この憲法の制定においては、日本側が直接・間接に盛り込んだものは一般に認識されているよりも多いし、それ以上に、この憲法は日本人の希望を正確に反映したものだというのが、高柳の見解であった。この点については、Maki, *Japan's Commission on the Constitution*, pp. 224-25 ; Takayanagi, pp. 71-88.

(45) 沢田の言葉は、Sato, p. 387. 法学者・佐々木惣一も貴族院で新憲法に反対を唱えた。McNelly (1952), p. 364.

(46) これらの修正点は、次に列挙されている。U. S. Department of State, *Foreign Relations of the United States, 1946*, 8 : 359-64.

(47) 「文民」規定ができた経緯など、国会における憲法案修正に関する最近公開の史料については、『朝日新聞』一九九六年一月二二日付(一二頁)。なお、McNelly (1952), ch. 7 pp. 267-69. ちなみに、一九四六年二月から三月、極東委員会(在ワシントン)が天皇の地位の問題に介入するであろうと危惧されていたが、予想に反して、天皇にたいする厳しい立場をとらないまま、一九四六年四月四日、極東委員会は天皇裕仁を戦争犯罪の起訴対象からはずす決定をした。

(48) McNelly (1987), p. 92 ; Koseki (1987), p. 15. 古関『新憲法の誕生』前掲、二二五、二三三頁。Kades (1986), pp. 284-85. 社会党の片山哲(衆議院で憲法制定審議に参加、一九四七—四八年首相)は、新憲法は外国の押し付けだと言う者があるが、押し付けられたのは反動側であって民衆ではないと反論した。McNelly, "The New Constitution and Induced Revolution," p. 159.

(49) 古関『新憲法の誕生』前掲、二二八—二三三頁。衆議院憲法改正小委員会(いわゆる芦田委員会)の議事録(本章注43)が公開されると、教育に関するこの条項が、日本国憲法のなかでもっとも民衆の声を直接に反映したものであることがわかると評された。『朝日新聞』一九九五年一〇月一日付、一七頁。

(50) Koseki, "Japanizing the Constitution," pp. 239-40. 憲法を口語体にしようと主張しロビー活動を行ったのは、その名も「国民の国語連盟」で、これには小説家・山本有三らが参加していた。

(51) Koseki (1988), pp. 235-36. 古関『新憲法の誕生』前掲、一六〇—一六一頁。『朝日新聞』一九九六年一月二二日付(一二頁)。

(52) Charles Kades, "Discussion of Professor Theodore McNelly's Paper, 'General Douglas MacArthur and the Constitutional Disarmament of Japan,'" *Transactions of the Asiatic Society of Japan*, third series, vol. 17 (1982), pp. 35-52, esp. p. 39.

(53) 吉田茂の九条に対する態度は、ダワー『吉田茂とその時代』前掲、下巻、一六一—一六八頁。

(54) Kades (1982), pp. 39-41; Kades (1989), pp. 236-37; Kades interview (Gibney Interview), 2: 66-68.

(55) この小委員会の議事内容は、一九九五年九月に公表された。『朝日新聞』一九九五年九月三〇日、一〇月一日付にかなり詳しく紹介されている。ただし、議事の内容じたいは一九八三年にアメリカで議事録の英訳が発見されていたため、学者の間では知られていた。小委員会当時の芦田の日記をみても、「前項の目的を達するため」という言葉を後の再軍備を可能にするために意識的に入れたことを示す部分は見あたらない。

(56) Kades (1982), pp. 41-42.

(57) 「文民」規定に関する貴族院での議事内容は、一九九六年一月にはじめて公開された。『朝日新聞』一九九六年一月二二日。

(58) Kades (1982), p. 45.

(59) Koseki (1988), p. 237.

(60) ダワー『吉田茂とその時代』前掲、下巻、一六六頁。

(61) Kades (1982), p. 46.

(62) *Foreign Relations of the United States, 1946*, 8: 92.

(63) 吉田茂『大磯随想』雪華社、一九六二年、四二—四三頁。なお、吉田茂「十年の歩み」『毎日新聞』一九五五年八月九日付も見よ。

(64) 講談社編『昭和・二万日の全記録』前掲、第七巻、三二頁。

(65) 『昭和・二万日の全記録』前掲、第七巻、三二四頁。

(66) Mark Gayn, *Japan Diary*, William Sloane, 1948, p. 488.

(67) Koseki (1987), pp. 20-21『昭和・二万日の全記録』前掲、第八巻、一〇九頁。

(68) 三笠宮の回想は、『帝国大学新聞』一九四七年五月八日付に掲載され、のち『復刷版・帝国大学新聞』不二出版、一九八五年、第一七巻、三五四頁に再録。

(69) 憲法普及会編『新しい憲法、明るい生活』一九四七年五月三日発行。この小冊子が全戸に配布されたことは、大阪府編『大阪百年史』前掲、一九六八年、九一一頁。

(70) 金森徳次郎『少年と少女のための憲法のお話』世界社、一九四九年。

(71) Koseki (1987), p. 20.

(72) McNelly (1982), pp. 1-7. 高柳賢三が幣原の主張を事実と考えていたことについては、Maki, *Japan's Commission on the Constitution*, pp. 74-75; Takayanagi, pp. 79, 86-88.

(73) Kades interview (Gibney Interview), 2: 72.

第一四章

(1) 元SCAP高官シーモア・パレスティンへの平野共余子によるインタビュー。Kyoko Hirano, *Mr. Smith Goes to Tokyo: Japanese Cinema under the American Occupation, 1945-1952*, Smithsonian Institution Press, 1992, pp. 72-73.

(2) Robert M. Spaulding, "CCD Censorship of Japan's Daily Press," *The Occupation of Japan: Arts and Culture*, ed. Thomas W. Burkman, Douglas MacArthur Foundation, 1988, pp.6-7; William J. Coughlin, *Conquered Press: The MacArthur Era in Japanese Journalism*, Pacific Books, 1952, pp. 51-52.

(3) この覚書(SCAPIN 16)は Coughlin, pp. 147-49 に収録。

(4) CIEの「積極的な」メディア規制の優れた事例研究として、Marlene Mayo, The War of Words Continues: American Radio Guidance in Occupied Japan, Burkman (1988), pp. 45-83.

(5) 一九四五年一二月までにSCAP検閲官は「古典あるいは新古典」演劇五一八作品を検閲し、うち三二二の上演を禁止したが、そのほとんどが歌舞伎の演目であった。General Headquarters, Supreme Commander for the Allied Powers, *Theater and Motion Pictures (1945 through December 1951)*, monograph 16, *History of the Nonmilitary Activities of the Occupation of Japan*, 1952, National Archives microfilm, pp. 4-5. 同シリーズの monograph 15 (*Freedom of the Press*) と monograph 33 (*Radio Broadcasting*) も併せて参照。

(6) CCDの検閲活動を跡付けた詳細な年表は、古川純「年表――占領下の出版・演芸・放送検閲」『東京経大学会誌』一一八(一九八〇年一一月)号、一三一―一五一頁。検閲された出版物の網羅的な総覧として、奥泉栄三郎『占領軍検閲雑誌目録・解題』雄松堂出版、一九八二年。これは、占領終了後、メリーランド大学東亜図書部に収められた膨大なCCD文書について、日英両語で解説したものである。Burkman (1988) は、さまざまな分野での検閲の意味についての論考を収録している。一次資料にもとづく代表的な英文の研究は、マーリン・メイヨーによるもので、Mayo (1988) のほか、"Civil Censorship and Media Control in

Early Occupied Japan," *Americans As Proconsuls : United States Military Government in Germany and Japan, 1945-1952*, ed. Robert Wolfe, Southern Illinois University Press, 1984, pp. 263-320, 498-515 ; "Literary Reorientation in Occupied Japan : Incidents of Civil Censorship," *Legacies and Ambiguities : Postwar Fiction and Culture in West Germany and Japan*, ed. Ernestine Schlant and J. Thomas Rimer, Woodrow Wilson Center Press and Johns Hopkins University Press, 1991, pp. 135-61.

江藤淳は、占領期の検閲について一次資料にもとづく鋭い論評を加えている。Eto, "One Aspect of the Allied Occupation of Japan : The Censorship Operation and Postwar Japanese Literature," occasional paper of the Wilson Center, Smithsonian Institution, 1980 ; "The Civil Censorship in Occupied Japan"『比較文化雑誌1』東京工業大学、一九八二年、一—二一頁。"The Sealed Linguistic Space : The Occupation Censorship and Post-War Japan"『比較文化雑誌二』一九八四年、一—四二頁。検閲に関する江藤の主な論考は、右記のものを含めて、江藤『落葉の掃き寄せ 一九四六年憲法——その拘束』文藝春秋、一九八八年、に収録されている。検閲制度が敗戦後の日本文学に害を及ぼしたという江藤の主張にたいする反論として、Jay Rubin, "From Wholesomeness to Decadence : The Censorship of Literature under the Allied Occupation," *Journal of Japanese Studies* 11. 1 (1985), pp. 71-103. また、以下も参照。Rubin in Burkman (1988), pp. 167-74 ; Yoshiko Yokochi Samuel in Burkman (1988), pp. 175-80. なお、次のものにも文学作品の検閲の実例が多く引用されている。Samuel, "Momotaro Condemned : Literary Censorship in Occupied Japan," unpublished paper presented at the 1982 New England regional conference of the Association of Asian Studies.

印刷メディアの検閲に関する日本人による先駆的研究は、松浦総三『占領下の言論弾圧・改訂版』現代ジャーナリズム出版会、一九六九年(一九七七年改訂)。ほかに、春原昭彦「占領検閲の意図と実態」、『新聞研究』三九五号および三九七号(一九八四年六月および八月)、八〇—一〇一頁、八八—九六頁。Haruhara, "The Impact of the Occupation on the Japanese Press," in Burkman (1988), pp. 21-31 ; Jim Hopewell, "Press Censorship : A Case Study," *Argus* 6. 6, University of Maryland, May 1971, pp. 19-20, 58-64. 福島鑄郎『戦後雑誌発掘』洋泉社、一九八五年、一二二—一五三頁。PPBの月間検閲量についての引用は、Spaulding, p. 5. による。CCDの日本人スタッフの仕事において大きな割合を占めていた郵便と電話の検閲については、U. S. Army, *Reports of General MacArthur : MacArthur in Japan : The Occupation, Military Phase*, vol. 1, Supplement, U. S. Government Printing Office, 1966, pp. 238-39. ある推計によれば、総計約一万一〇〇〇点の雑誌記事がなんらかのかたちで検閲を受けた。Mayo (1984), p. 512.

(7) Coughlin, pp. 47-49 (日本語以外の文書の検閲について)。『占領軍検閲雑誌目録』前掲、三三―三九頁(通告について)。Rubin, p. 85 (静かなお別れの方針の引用)。

(8) Spaulding, pp. 7-8.

(9) 著名作家の検閲については以下の論考を参照。Mayo (1991); Rubin (1985); Samuel (1982). 木本至『雑誌で読む戦後史』新潮選書、一九八五年、一九、五六、一一六―一一八頁。松浦『占領下の言論弾圧』前掲、二一―二五、一八五頁。谷崎の短編のタイトルは『A夫人の手紙』。トルストイのエピソードについては、Hopewell, p. 63. ホープウェルのこの記事はあまり知られていないが、CCD資料を広範に利用した最初の論考のひとつで、検閲官たちの報告書から多くの興味深い個所を引用している。中村光夫の引用は、Rubin (1985), pp. 75-76.

(10) 松浦『占領下の言論弾圧』前掲、一三〇―一三一頁。GHQが頼りにした英文への翻訳は、大部分を日系二世が行なったが、彼らにとって日本語は第二言語で、占領軍とのコミュニケーションの不正確さ、不完全さについて日本人がいだいた不満は、少なからずこれら日系二世のアメリカ人に向けられた。こうした人種的緊張は、日本占領の微妙な副次的テーマであるが、研究は進んでいない。参考として、日本放送協会編『続・放送夜話』日本放送協会、一九七〇年、一七頁。Akira Iwasaki, "The Occupied Screen," *Japan Quarterly* 25. 3 (July-September 1978) pp. 308, 315; Kiyoko Hirano, "The Occupation and Japanese Cinema," in Burkman (1988), pp. 146, 148. なお、Frank S. Baba によるコメントが、Burkman (1988), p. 164 にある。

(11) これが松浦総三の基本的な主張である。松浦『占領下の言論弾圧』前掲、五―六、一七―一八、五七―五八、三二三―三二四、三四九、三五四―三五五、四〇三頁。

(12) 日本放送協会編『続・放送夜話』前掲、一三―一八頁。しかし同じ人々が、アメリカによる放送指導は有益でもあったことも認めている。

(13) Haruhara (1988), p. 28.

(14) 松浦『占領下の言論弾圧』前掲、五―七、六四―七三頁。朝日ジャーナル編『ベストセラー物語』朝日新聞社、一九六七年、第一巻、一四六頁。伏字の使用は一九二五年頃に始まり、一九三七―三八年頃に廃止された。その理由のひとつは、国内に戦争政策に批判や反対があると敵国に悟られるのは得策ではないと思想警察が判断したことであったようである。

(15) プレス・コードは、Coughlin, pp. 149-50. など、多くの文献に掲載されている。

(16) 古川純「雑誌『改造』に見る占領下検閲の実態」、『東京経大学会誌』一一六—一一七(一九八〇年九月)号、一三六—一三七頁。ほぼ同様ながら、より詳しい元々のコメントのついたキー・ログは、Eto (1980), pp. 17-20 ; Eto (1982), pp. 5-6. この資料における( )内は、一一月のキー・ログと実際の検閲官のメモを参照して、私(ダワー)が付け加えた説明である。映画の場合の禁止事項(一九四五年一一月のもの)は、Hirano (1992), pp. 44-45, 49, 52-58, 75, 78.

(17) この書式は、『占領軍検閲雑誌目録』前掲、四一—四二頁にサンプルが掲載されている。

(18) 原爆文学および科学的データについては、松浦『占領下の言論弾圧』前掲、一六七—二一二頁。堀場清子『原爆—表現と検閲 日本人はどう対応したか』朝日選書、一九九五年。Committee for the Compilation of Materials on Damage Caused by the Atomic Bombs in Hiroshima and Nagasaki, comp. *Hiroshima and Nagasaki: The Physical, Medical, and Social Effects of the Atomic Bombings,* trans. Eisei Ishikawa and David Swain, Basic Books, 1981, pp. 5, 503-13, 564, 585; Glenn D. Hook, "Roots of Nuclearism: Censorship and Reportage of Atomic Damage and Casualties in Hiroshima and Nagasaki," *Bulletin of Concerned Asian Scholars* 23 (January-March 1991): pp. 13-25; Monica Braw, *The Atomic Bomb Suppressed: American Censorship in Occupied Japan,* M. E. Sharpe, 1991, esp. ch. 8; Mayo (1991), pp. 150-52. アメリカ人のジェイムズ・ヤマザキは、一九四九年から五一年にかけて、放射能、とくに胎内で被爆した子どもたちへの影響を調査するため、長崎に赴任していたが、離日間際になって、アメリカの以前の関連報告書や調査結果が意図的に隠蔽されていたことを知った。James Yamazaki, *Children of the Atomic Bombs: An American Physician's Memoir of Nagasaki, Hiroshima and the Marshall Islands,* Duke University Press, 1995. 原爆関係の映画検閲については、Hirano (1992), pp. 59-66. を参照。原爆関連の著作が一九四五年から四六年にかけてかなり多数出版されたことについては、歴史学研究会編『日本同時代史 第一巻 敗戦と占領』青木書店、一九九〇年、二三七—二三八頁。より詳しくは、『中国新聞』が一九八六年六月三〇日から八月一二日にかけて三〇回連載した、占領期の原爆文学に関するシリーズ記事を参照。広島の原爆被害を目撃した堀場清子は、書き手の自己検閲が当局の検閲による規制に輪をかけた結果になったことを強調している。例えば、堀場『原爆—表現と検閲』前掲、三二—三五、五四、一六四—一七二頁。元CCD検閲官たちの回顧談として、『朝日新聞』一九九四年五月一六日。

(19) 映画製作会社日映が、発禁となったフィルムのコピーを一本だけ秘匿し、占領終了時に一部を公開したが、全篇の公開は見送った。岩崎昶『日本現代史大系・映画史』東洋経済新報社、一九六一年、二二六—二二七頁。岩崎はこの広島・長崎撮影プロジェクトの共同制作者であった。このフィルムはアメリカで一九六六年に解禁となり、一九七〇年に短編映画 *Hiroshima/Nagasaki, August 1945* として編集・公開された。

(20) 丸木夫妻の作品集として、John W. Dower and John Junkerman, eds., *The Hiroshima Murals: The Art of Iri Maruki and Toshi Maruki*, Kodansha International, 1985.

(21) 最初の本格的な原爆被害の写真は、『朝日グラフ』一九五二年八月六日号に掲載されたものである。原爆直後の長崎の惨状をもっとも精力的に撮影したのは政府の報道部写真家だった山端庸介で、山端は一〇〇点以上のネガを隠しもち、占領終了後まもなく出版したが、英語版が出たのは一九九五年のことであった。

(22) Braw, pp. 94-100.『占領下の言論弾圧』前掲、一八九頁。長崎とマニラを並んで掲載したため、「われわれの行為〔原爆〕が彼らの罪〔マニラ〕を帳消しにする」と簡単に日本人が考える結果を生んだと、ロバート・スポールディングら何人かが指摘している。Mayo (1991), pp. 151-52.

(23) 吉田満はけっきょく数回にわたって作品の文章を改訂した。江藤淳は吉田のこの作品の検閲を、占領期の「閉された言語空間」の代表的な事例として使っている。Eto (1984)を参照。

(24) この部分は『改造』一九四八年八月号から削除されたもの。古川「雑誌『改造』に見る占領下検閲の実態」前掲、一七六—一七七頁。

(25) ヤノ・マタキチ『敗戦のしもと』ファイルより。メリーランド大学マケルディン図書館、プランゲ・コレクション検閲ファイル所蔵。

(26) プランゲ・コレクションにある書込み付きの『壺井繁治詩集』真理社、一九四八年より。この詩集は、要求された変更を加えて一九四八年七月に出版された。

(27) Samuel (1988), p. 177. より。検閲官はさらに、「すべての戦争」の残忍さを糾弾する栗原貞子の力強い詩も発禁処分にした。Samuel (1982), pp. 11-12.

(28) 木本『雑誌で読む戦後史』前掲、五二、一一六、一一八、一四〇頁。Hopewell, p. 20; Mayo (1984), p. 301. 一九四七年のやりとりは、Paul Vincent Miller, "Censorship in Japan," *Commonweal*, vol. 46 (April 25, 1947), pp. 35-38. インボーデンの反応は、同前 June 13, pp. 213-15. ミラーのこの論文は、個人的な手紙の検閲例や、「自由と平等」を説教している者が検閲をしているという偽善を日本人が指摘した例を紹介している。

(29) Spaulding, p. 9. 松浦『占領下の言論弾圧』前掲、一九

六頁。実際の検閲にはかなりの穴があり、映画や写真の検閲でも処分を免れた例があった。したがってジープ、英語の標識、占領軍兵士たちも視覚表現のなかに確かに登場するが、それでも比較的少ないことが、事実として非常に印象的である。

(30) この漫画は木本『雑誌で読む戦後史』前掲、五二頁に言及されている。川柳はプランゲ・コレクションから。

(31) Coughlin, pp. 52-53.

(32) 古川「雑誌『改造』に見る占領下検閲の実態」前掲、一六八―一六九頁に採録。この詩の作者は山之口貘。

(33) 松浦『占領下の言論弾圧』前掲、二二一頁。馬場のこの記事は『中央公論』一九四八年八月号から削除された。

(34) Rinjiro Sodei, "Satire under the Occupation : The Case of Political Cartoons," in Burkman (1988), pp. 93-106. さらに、この論文に対する私のコメントは、同書 pp. 107-23.

(35) この三篇の漫画については、木本『雑誌で読む戦後史』前掲、一三七―一三九頁に記述がある。

(36) 天皇を題材にした四枚の漫画が、Sodei, pp. 104-105. に再録されている。

(37) Russel Brines, *MacArthur's Japan*, Lippincott, 1948, pp. 246-49.

(38) Sodei, pp. 96-97. 検閲された『VAN』の三枚の漫画は、同論文 p. 103 に採録されている。

(39) 「サザエさん」は一九四六年四月二二日に『夕刊フクニチ』でデビューし、一九四九年一二月に『朝日新聞』夕刊に掲載場所を移した。『少女』に連載された漫画「あんみつ姫」については、『朝日グラフ』一九九〇年一一月二三日号の短い評論も参照。手塚治虫の多岐にわたる作品は、『手塚治虫展カタログ』国立近代美術館・朝日新聞社、一九九〇年に、日英両語での批評的分析とともに、相当量が収録されている。占領初期の日本でもっとも人気のあった漫画は、アメリカ人チップ・ヤングの作品「ブロンディ」の日本語版であろう。「ブロンディ」は『週刊朝日』一九四六年六月二日号に初めて載り、のち『朝日新聞』朝刊に掲載場所を移した。「ブロンディ」は、ハリウッド映画とならんで一般の日本人の「アメリカ」イメージに絶大な影響を与えた。この漫画の場合は、ぎっしり中身の詰まった冷蔵庫や目を奪われるような家電製品があり、妻は派手な帽子に金を使い、サラリーマンの夫はなにかと運にめぐまれないが、それでも自分の自動車や家をもち、子供たちも、そしてペットでさえ、高圧的な父親の権威とは無縁に暮らしている、そんな豊かな国・アメリカのイメージである。「ブロンディ」の単行本は占領期間中に六冊出版された。アメリカ式の豊かな消費生活がのぞきこめる魅惑的な窓となったこの漫画は、英会話の手引書としても魅力的であった。吹き出しのセリフは日本語に置き換えられたが、下の方に英語の原語も印刷されていたからである。なお、朝日新聞は、一九五一年にマッカーサーが召還されるとすぐに「ブロンディ」を朝刊からはずし、朝刊より格下の夕刊に掲載されていた「サザエさん」と取り替えた。これは政治における象徴の問題という角度から考えると、ある意味で重要な事実かもしれない。

(40) Sodei, p. 99. 吉田を描いた漫画集として、清水崑『清水崑画　吉田茂諷刺漫画集』原書房、一九八九年。

(41) 古川「雑誌『改造』に見る占領下検閲の実態」前掲、は、一九四六年一月から一九四九年末の公式検閲終了までの期間に『改造』が検閲処分を受けた部分を採録した、貴重な論考である。

(42) 木本『雑誌で読む戦後史』前掲、一四頁。松浦『占領下の言論弾圧』前掲、一〇三頁。

(43) Hopewell, pp. 61, 63.

(44) Hopewell, p. 59. 古川「雑誌『改造』に見る占領下検閲の実態」前掲、一四三、一五一、一五三、一七七頁。

(45) 木本『雑誌で読む戦後史』前掲、一六―一七頁。古川「雑誌『改造』に見る占領下検閲の実態」前掲、一四三頁。Hopewell, p. 58.

(46) すべて Hopewell, pp. 60-63.

(47) Hirano, *Mr. Smith Goes to Tokyo* は、占領下の映画に関する基本的文献である。また、Hirano (1988), pp. 141-53には、占領下の映画自由化についてバランスのとれた、全体として肯定的な評価が簡潔にまとめられている。次の論考も参照のこと。岩崎『日本現代史大系・映画史』前掲、第七章。Iwasaki (1978), pp. 302-22. 今村昌平他編『講座日本映画　第五巻　戦後映画の展開』岩波書店、一九八七年。佐藤忠男『日本の映画――裸の日本人』評論社、一九七八年。佐藤忠男『黒澤明の世界』朝日文庫、一九八六年。Joseph L. Anderson and Donald Richie, *The Japanese Film: Art and Industry*, expanded ed., Princeton University Press, 1984, ch. 9.

(48) 廃棄された日本映画のリストは、General Headquarters, *Theater and Motion Pictures*, "Annex No. 1."

(49) 黒澤明『蝦蟇の油――自伝のようなもの』岩波書店、一九八四年に、黒澤の戦中および戦後初期の回想がごく簡単に語られている。黒澤の全作品についての基本文献として、Donald Richie, *The Films of Akira Kurosawa*, rev. ed. University of California Press, 1984.

(50) このエピソードは次の文献に詳しい。Hirano (1992), ch. 3 ; Hirano, "The Japanese Tragedy : Film Censorship and the American Occupation," *Radical History Review* 41 (May 1988), pp. 67-92. 古川純「占領下のマスメディア統制――『日本の悲劇』の上映禁止をめぐって」『東京経大学会誌』一二二号、東京経済大学、一九八一年一〇月、二〇〇―二

三八頁。関係者の観点からのものとして、Iwasaki (1978), pp. 314-22. 亀井文夫の短い「自伝」的記録は、『たたかう映画　ドキュメンタリストの昭和史』、岩波新書、一九八九年として没後に出版された。

(51)　Hirano (1992), p. 135.

(52)　古川「占領下のマスメディア統制」前掲、二三六—二三七頁。Hirano (1992), p. 136. Iwasaki (1978), pp. 314-18. 亀井『たたかう映画』前掲、一一七頁。

(53)　日映は『日本の悲劇』の制作費を五五万七〇〇〇円と見積もっており、当時としては巨額であった。なお、Eto (1982), p. 15; Hirano (1992), pp. 140, 143.

(54)　今村他編『講座日本映画　第五巻　戦後映画の展開』前掲、一〇一頁。『戦争と平和』の検閲について、詳しくは、Hirano (1992), pp. 54-55, 172-75. 岩崎『日本現代史大系・映画史』前掲、二二八—二三一頁。Eto (1982), pp. 12-16. 江藤論文には、ここに引用したCCDの主要なメモのいくつかを採録しているが、そうしたメモで提案された削除のいくつかが実際には実行されなかったことには触れていない。

(55)　一九五二年六月の山本嘉次郎の回想は、松浦『占領下の言論弾圧』前掲、一九六頁。なお、Hirano (1992), p. 54; Hirano (1988), p. 145. 小津安二郎の『晩春』では、東京が「焼け跡ばかりだ」というセリフが、「どこもほこりだらけだ」という言葉に変更された。こうした検閲を受けたにもかかわらず、『戦争と平和』には、米軍による東京の空襲を示す場面が残っているのに驚かされる。

(56)　たとえば、Mayo (1984), pp. 308-10, 313-14. Coughlin, pp. 81-84. 松浦『占領下の言論弾圧』前掲、一三、一二五—一二八頁。

(57)　Spaulding, p. 8(『アカハタ』について), Coughlin, p. 106. 松浦『占領下の言論弾圧』前掲、二七四頁。ブラウンの手法については、プランゲ・コレクションに収められている『思想の科学』一九四七年四月号の検閲に関するやりとりを参照。

(58)　Mayo (1984), pp. 307, 318-19.

(59)　松浦『占領下の言論弾圧』前掲、二五三—二五七頁。Hidetoshi Kato, *Japanese Research on Mass Communication: Selected Abstracts*, University Press of Hawaii, 1974, pp. 95-96 は、『新聞研究』二一五号(一九六九年六月)の新崎盛暉の記事を要約している。占領下の沖縄における検閲については、門奈直樹『沖縄言論統制史』現代ジャーナリズム出版会、一九七〇年。沖縄は本土とはまったく別個に統治されていたため、この章に挙げた例や統計には(ひいては、「占領下の日本」の検閲についての日本側の研究全般にも)、本土よりもはるかに厳しく抑圧されていた沖縄の現実はまったく反映されていない。奥泉『占領軍検閲雑誌目録』前掲、五二九頁を参照。

(60) 春原「占領検閲の意図と実態(二)」前掲、九四—九五頁。General Headquarters, *Freedom of the Press*, pp. 27-28. 一九四九年八月、大阪在住の朝鮮人編集者キム・ウォン・キュンが、五年の懲役後国外追放の刑を言い渡された。キムは、朝鮮での見せかけの総選挙を前に、これに反対する政党の党員をアメリカ軍が殺害したと糾弾し、罪に問われたのであった。一九四九年九月には、別の朝鮮人編集長が類似の罪で二年の禁固刑に処せられた。もうひとつの、もっともよく知られているケースは、東京の通信社編集局長、森岡七郎が同じ九月に二年の懲役刑になったことである。森岡は、イギリス軍がマラヤで虐殺を行なったこと、アメリカで共産主義者が迫害されていること、アメリカが日本を極東の軍事侵略基地に変えていることを伝えたタス通信の記事を転載して、罪に問われた。

(61) "Magazines To Be Retained on Precensorship," November 26, 1947. これは事前検閲の対象に指定された二八の定期刊行物のすべてを記載したCCDの基本文書で、奥泉『占領軍検閲雑誌目録』前掲、五一二—五二五頁に収録されている。

(62) 松浦『占領下の言論弾圧』前掲、一〇一—一〇二、一〇四頁。

(63) Spaulding, pp. 3-4; Mayo (1988), p. 61. 古川「年表——占領下の出版・演芸・放送検閲」前掲、二四二—二四六頁。古川「雑誌『改造』に見る占領下検閲の実態」前掲、一五四—一五五頁。さらに、Coughlin, chs. 7 and 8; Hirano, ch. 6も参照。一九四七年一二月に「極左」と認められた二六点の定期刊行物は、占領初期の二年間に、総計一二八〇個所以上の削除と七〇点以上の記事の発行禁止を命じられた。CCD "Magazines To Be Retained on Precensorship" による集計。奥泉『占領軍検閲雑誌目録』前掲、五一二—五二五頁。

(64) 松浦『占領下の言論弾圧』前掲、一八頁。

(65) 平野と信夫の論文は、平野義太郎・信夫清三郎・木村健康・飯塚浩二『日本民衆革命の課題』(東京帝国大学東洋文化研究所による「東洋文化講座」第一巻として発行予定であった)から削除された。農地改革について左翼からの批判で許可されなかった例として、一九四七年六月に、須郷登世治『農村はどうなるか—農村改革法の解決』中央大学出版部、が削除を要求された個所を参照。検閲の書込みのあるこれら二点のゲラ刷りが、プランゲ・コレクションに収められている。

(66) 古川「年表——占領下の出版・演芸・放送検閲」前掲、二五〇頁。Coughlin, p. 106.

(67) Rodger Swearingen and Paul Langer, *Red Flag in Japan: International Communism in Action 1919-1951*, Greenwood, 1968, pp. 209-12.

(68)　朝鮮戦争に関して、アメリカを無条件に支持せよとGHQが日本のメディアに圧力をかけた典型的な例として、長谷部忠「占領下の新聞」、『「週刊朝日」の昭和史』、朝日新聞社、一九八九年、第二巻、四三—四四頁。

(69)　General Headquarters, *Freedom of the Press*, pp. 151-57 ; GHQ, *Theater and Motion Pictures*, p. 51 ; GHQ, *Radio Broadcasting*, p. 49. 松浦『占領下の言論弾圧』前掲、三〇一、三一五、三三五頁。Mayo (1984), p. 317.

(70)　松浦『占領下の言論弾圧』前掲、三〇二、三〇九—三一一頁。今村ほか編『講座日本映画　第五巻　戦後映画の展開』前掲、二一、八三—八四頁。

(71)　たとえば、松浦『占領下の言論弾圧』前掲、三二三—三二四頁。

(72)　Iwasaki (1978), pp. 304, 317-18. 佐藤『日本の映画——裸の日本人』前掲、一一六頁。松浦『占領下の言論弾圧』前掲、三四九、三五四—三五五頁。

第一五章

(1)　レーリンクの言葉は、B. V. A. Röling, "The Tokyo Trial and the Quest for Peace," in *The Tokyo War Crimes Trial : An International Symposium*, ed. C. Hosoya, N. Ando, Y. Onuma, and R. Minear, Kodansha International, 1986, p. 130 ; Röling, *The Tokyo Trial and Beyond : Reflections of a Peacemonger*, ed. Antonio Cassese, Polity Press, 1993, esp. pp. 65-68, 86-91. ウェッブの発言は、B. V. A. Röling and C. F. Ruter, eds., *The Tokyo Judgment : The International Military Tribunal for the Far East, 29 April 1946-12 November 1948*, APA-University Press, 1977, vol. 1, p. xi ; vol. 2, p. 1045. この本は東京裁判の全判決が収録されている。一九四六年六月四日の開廷にあたってのウェッブの言葉は、*The Tokyo War Crimes Trial*, ed. R. John Pritchard and Sonia Magbanua Zaide, Garland, 1981, vol. 1, pp. 383-475, esp. 384, 392, 459. この文献には、東京裁判における主な発言が収録されている。日本人がこの裁判を「文明」による裁きだと積極的に受け止めた例として、『読売新聞』一九四六年五月一五日付、六月五日付。『毎日新聞』一九四六年六月六日付。そして、国会議員でマルクス主義の学者であった羽仁五郎が判決に接して述べた談話、『毎日新聞』一九四八年一一月一三日付。

(2)　戦争裁判の前史となった戦時の事情については、Richard L. Lael, *The Yamashita Precedent : War Crimes and Command Responsibility*, Scholarly Resources, 1982, chapter 2, 3. ナチス指導者の即決処刑への支持など、戦中における連合国側の思潮については、Telford Taylor, *The Anatomy of the Nuremberg Trials*, Knopf, 1992, pp. 28-40 ; Michael R. Marrus, ed., *The Nuremberg War Crimes Trial, 1945-1946 : A*

Documentary History, Bedford Books, 1997, pp. 18-38.

(3) 戦時のスチムソンの考えは、主としてナチに対する考えを念頭においたものである。ヘラニラ判事のスチムソン引用は、*The Tokyo Judgment*, vol. 1: 514-15.

(4) 東京裁判が採用した検事当局の主張によれば、ヨーロッパ戦域では、英米人の捕虜総計二三万五四七三人のうち、九三四八人がドイツとイタリアに拘束されている間に死亡した。他方で、太平洋戦域では、日本の捕虜となった同総計一三万二一三四人のうち、三万五七五六人が死亡した。*The Tokyo Judgment*, vol. 1: 318. 同様の苦難を受け、より多数であったはずのアジア人捕虜については、これに相当する推計が存在しないようである。なお、枢軸国どうしを比較する場合、ドイツの手中で死亡したソ連人捕虜の膨大な数が問題にされることは少ないし、ドイツのホロコーストは、おのずから別問題として扱われることが多い。

(5) この点について貴重な情報源として、『歴史読本 別冊・未公開写真に見る東京裁判』一九八九年冬号がある。アジア各地で開かれた法廷の地図などが、一一四―一二一頁に収録されている。

(6) 講談社編『昭和・二万日の全記録』、講談社、一九八九年、第七巻、二二〇―二二一頁。粟屋憲太郎『東京裁判論』大月書店、一九八九年、二八八頁。各地の法廷に関する英語文献としては、Philip R. Piccigallo, *The Japanese on Trial: Allied War Crimes Operations in the East, 1945-1951*, University of Texas Press, 1979. 簡潔な要約として便利なのは、I. C. B. Dear, ed., *The Oxford Companion to World War II*, Oxford University Press, 1995, pp. 347-51. 山下裁判については、A. Frank Reel, *The Case of General Yamashita*, University of Chicago Press, 1949. 日本人の戦争犯罪とその裁判の実態についての最近の研究として、Yuki Tanaka, *Hidden Horrors: Japanese War Crimes in World War II*, Westview, 1996; Gavan McCormack and Hank Nelson, eds., *The Burma-Thailand Railway: Memory and History*, Allen & Unwin, 1993; Gavan Dawes, *Prisoners of the Japanese: POWs of World War II in the Pacific*, William Morrow, 1994; Robert La Forte, Ronald Marcello, and Richard Himmel, eds., *With Only the Will to Live: Accounts of Americans in Japanese Prison Camps, 1941-1945*, SR Books, 1994.

(7) 講談社編『昭和・二万日の全記録』前掲、第七巻、二二一頁。粟屋憲太郎は、朝鮮人・台湾人合わせて三二六人が裁判にかけられ、そのうち四二人が処刑されたとしている。粟屋『東京裁判論』前掲、二九一頁。Yuki Tanaka は、一九四五年九月一七日、戦争捕虜に対する犯罪については、朝鮮人・台湾人の守衛に責任を負わせよという命令を日本軍が出していることに注意を促している。*Hidden Horrors*, p. 71. 日本軍に徴用された朝鮮人と台湾の中国人の問題については、内海愛子『朝鮮人BC級戦犯の記録』勁草書房、一九八二年。

(8) 五七〇〇人のB・C級戦犯が、二二四四の裁判所で裁かれた。審理が平均二日程度であったことは、講談社編『昭和・二万日の全記録』前掲、第七巻、二三二頁。なお、終身刑を言い渡された者を含むB・C級戦犯の多くは、一九五〇年代に釈放された。

(9) ハバロフスクでの裁判記録は、*Materials on the Trial of Former Servicemen of the Japanese Army Charged with Manufacturing and Employing Bacteriological Weapons*, Foreign Language Publishing House, 1950. 粟屋憲太郎は、ソ連で戦争犯罪人として処刑された日本人の数を約三〇〇〇人と推計している。L・N・スミルノーフ、E・B・ザイツェフ(川上洸・直野敦訳)『東京裁判』大月書店、一九八〇年、五一七頁。

(10) 粟屋『東京裁判論』前掲、二九三頁。

(11) 『毎日新聞』一九四八年一一月五日付。

(12) これらの数字は、*The Tokyo Judgment* 1: xii, 22. 判事の一人による東京裁判に関する英文の貴重な記録として、Solis Horowitz, "The Tokyo Trial," *International Conciliation*, no. 465, November 1950. ノーマンの指摘は、『ハーバート・ノーマン全集』(大窪愿二訳)、第二巻、岩波書店、一九七七年、三九一頁。

(13) もともと「A級戦犯」として起訴されたのは二八名で、うち二名は公判中に死亡し、一名は精神障害とみなされ起訴対象から除外された。そのほか刑の執行と赦免については、Richard Minear, "War Crimes Trials," *Encyclopedia of Japan*, Kodansha, 1983, 8: 223-25; Minear, *Victor's Justice: The Tokyo War Crimes Trial*, Princeton University Press, 1971, p. 175.

(14) Röling (1993), pp. 54, 85-86, 90.

(15) "Oral Reminiscences of Brigadier General Elliott R. Thorpe," May 29, 1977, RG 49, box 6, MacArthur Memorial, pp. 10-12; Wm. C. Chase, *Front Line General: The Commands of Maj. Gen. Wm. C. Chase*, Pacesetter Press, 1975, p. 144.

(16) *Foreign Relations of the United States 1948*, 6: 717-719, 794. ただし、ケナンがこう述べたのは日本人への同情からではまったくない。これがウィロビー、ソープ、チェイスら軍人たちと違う点であった。ケナンはこの極秘史料のなかで、東京裁判を支えている正義を理解する能力が日本人にはないのだと軽蔑的に述べ、日本が敗北した時に、戦犯たちを即刻まとめて射殺したほうがよほど適切だっただろうと書いている。

(17) たとえば、Horowitz, pp. 574-75.

(18) そうしたなかでも、パル判事はみずからの反対意見をインドに帰国後の一九五二年、みずから出版した。

(19) 釈放された「A級戦犯」容疑者たちに関する初公開史料については、『朝日新聞』一九八七年一二月二七日付。*Japan Times*, December 28. 彼らは釈放後、さまざまな追放処分の対象にされたが、たとえば児玉誉士夫はCIAと結んだ政界の黒幕として急速に台頭した。朝鮮戦争時、児玉が退蔵タングステンを合衆国に供給する上で果たした役割については、ハワード・ションバーガー(袖井林二郎訳)『ジャパニーズ・コネクション 海運王K・スガハラ伝』文藝春秋、一九九五年、二二四—二二八頁。なお、粟屋憲太郎のコメント、Hosoya ed., *The Tokyo War Crimes Trial: An International Symposium*, pp. 82-85 も参照。

(20) Röling (1993), p. 80. なお、Hosoya, p. 128 のレーリンクの記述を参照。

(21) *Foreign Relations of the United States 1945*, 6: 591-92, 962-63, 898-989.

(22) *Foreign Relations of the United States 1945*, 6: 988-89.

(23) *The Tokyo Judgment* 1: 19-22, 439-42. 二つの裁判の法的比較は、*The Charter and Judgment of the Nurnberg Tribunal: History and Analysis*, International Law Commission, General Assembly, United Nations, 1949, pp. 81-86.

(24) *The Tokyo Judgment* 1: 31-32, 439-42.

(25) この点は多くの場合に見過ごされてきたが、これはおそらく「東京憲章」がニュルンベルク憲章と同様に、平和に対する罪と並んで人道に対する罪を指摘しているからであろう。*The Charter and Judgment of the Nurnberg Trial*, p. 82; Röling (1993), pp. 55-58; Horowitz, pp. 498-501, 551-52.

(26) Horowitz, p. 538.『毎日年鑑』一九四九年版、一〇一頁。

(27) *The Tokyo Judgment* 1: 477, 2: 1036; Röling (1993), pp. 46-47.

(28) 広田元外相が死刑の判決を受けた主たる理由は、南京での虐殺をただちにやめさせる義務を怠ったことにあるようである。*The Tokyo Judgment* 1: 446-448. 六人の裁判官が死刑に賛成したことは、Röling (1993), p. 64.

(29) 判決に対する世論の反応については、『朝日新聞』『日本経済新聞』『毎日新聞』一九四八年一一月一三日付。『毎日新聞』一一月一四日付。東京裁判に関する日本の文献の中でよく知られている児島襄『東京裁判』全二巻、中公文庫、中央公論社、一九八二年、下巻、二〇二頁は、裁判官から四つの反対意見が出たことが、日本の世論を紛糾させたと指摘している。なお、ヘラニラ判事が何人かの被告に対してより重い量刑を主張したことは、あまり注目を集めなかった。

(30) *The Tokyo Judgment* 1: 477-79.

(31) *The Tokyo Judgment* 1: 494-96.

(32) *Foreign Relations of the United States 1948*, 6: 896. 鶴見

俊輔・中川六平編『天皇百話』ちくま文庫、一九八九年、下巻、六七一―六七二頁。

(33) マッカーサーの判決受諾声明は、*Foreign Relations of the United States 1948*, 6: 908. このころ、極東委員会の五カ国代表(オーストラリア、カナダ、フランス、インド、オランダ)、ローマ法王ピウス七世、レーリンク判事が、マッカーサーに被告たちの減刑を求める示唆や要望を提出したが、マッカーサーからの反応はなかった。*Foreign Relations of the United States 1948*, 6: 897-98; Röling (1993), p. 82.

(34) 一一月二四日の三つの出来事については、たとえば『日本経済新聞』一九四八年一一月二五日付。

(35) SCAP の声明文は、Minear (1971), p. 172.

(36) Röling (1993), p. 20, 31.

(37) *Time*, May 20, 1946, p. 24.『歴史読本　別冊　未公開写真に見る東京裁判』前掲、一〇、四六頁。

(38) *The Tokyo Judgment* 1: 22; Horowitz, pp. 502, 534.

(39) *Foreign Relations of the United States 1946*, 8: 429; Röling (1993), pp. 36-38, 51-52, 58; *The Tokyo Judgment* 1: xi-xii; Horowitz, p. 565. このように、ヨーロッパ系の法体系で訓練された日本側が英米系の法律家との対決を強いられるという構図は、憲法改正の際にもみられたものであった。

(40) Lael, pp. 48-50.

(41) 「共同謀議説」に関する検察側と弁護側の主張について、パル判事による要約を参照。*The Tokyo Judgment* 2: 657-66. なお、パル判事の主張は、*The Tokyo Judgment* 2: 657-950.「勝者の裁き」論を主張したものとして最も有名なのは、Minear, *Victor's Justice* (前掲)であるが、研究書としてすぐれたものに、大沼保昭『戦争責任論序説』東京大学出版会、一九七五年、および粟屋憲太郎による『東京裁判論』前掲、同「東京裁判への道」『朝日ジャーナル』一九八四、一九八五年連載などの論考がある。なお、ニュルンベルク裁判と違って、東京裁判については英語文献が比較的乏しいという事実じたい、裁判が当初の期待に応えたものでなかったことの反映である。

(42) *The Tokyo Judgment* 1: 475.

(43) *The Tokyo Judgment* 2: 1045; Hosoya, pp. 41, 43, 47.

(44) *The Tokyo War Crimes Trial* 1: 459.

(45) 「平和に対する罪」論が既存の概念の再構成であることや、侵略戦争に関する国際法の規定の先例性に関しては、判事団がおおむね肯定したところであった。*The Tokyo Judgment* 1: 35-52. キーナンの発言は、*The Tokyo War Crimes Trial* 1: 473-74.

(46) このやりとりは、*The Tokyo Judgment* 1: 27-28. このほか、弁護側は次のような主張も行なった。「平和に対する罪」を連合国が裁判の憲章とする権限はない、ポツダム宣言受諾の時点ですでに戦争犯罪とされていたもののみが処罰の対象となるべきである、交戦中における殺害行為は、「殺人」行為として通常の起訴の対象とはみなされえない、被告人の中には、軍法会議で裁かれるのが適切な者が含まれている。なお、不戦条約は「侵略戦争」を違法化したものではないという議論もいろいろな文献で主張されている。よく指摘されるのは、一九四四年、連合国自身が、現在のところ「侵略戦争」の定義について国際的合意はないこと、いずれにせよ、これは現行の国際法では罪にならないこと、国家の行為について個人の責任を問うた前例はないこと、を認めたという事実である。K・イプセンは、「平和に対する罪」はまさに「事後法」であり、東京裁判自身がはっきりと認めた裁判原則のひとつである「法なくして罪なし」の原理と矛盾すると論じている。Hosoya, pp. 37-45.

(47) キーナンの発言は、*The Tokyo War Crimes Trial* 1: 463. 東京裁判において興味深い点のひとつは、ソ連が日本の反動的支配の鍵であるとしていた天皇と財閥指導者の起訴に強く固執しなかったことである。東京裁判がはじまると、なぜかソ連は、天皇や財閥代表ではなく、重光葵元外相と梅津美治郎元関東軍司令官の起訴を主張した。ロシアの研究者によると、ソ連はいったんは財閥の代表者(既に逮捕されていた鮎川義介と中島知久平と藤原銀次郎)の起訴を主張したが、キーナンに拒否されたために引き下がったという。これは当時のソ連の日本占領に関する対米融和的な姿勢の一環であったかもしれない。一般に、当時スターリンは東欧に形成したソ連の「安全地帯」にアメリカが介入しない代償として、アメリカによる日本支配に同意していたとされる。スミルノーフ、ザイツェフ『東京裁判』前掲、三一—三二頁。

(48) 七三一部隊の活動がいかに隠蔽されたかについては、John W. Powell, "Japan's Germ Warfare: The U. S. Cover-up of a War Crime," *Bulletin of Concerned Asian Scholars* 12. 2 (1980): 2-17; Powell, "Japan's Biological Weapons, 1930-1945: A Hidden Chapter in History," *Bulletin of the Atomic Scientists* 37. 8 (October 1981): 43-53. 粟屋憲太郎は、一六四四部隊が中国で化学戦を行なったことに関しても検察が情報をもっていたことを記している。Hosoya, pp. 85-86. 粟屋『朝日ジャーナル』一九八五年三月一日号、三九—四〇頁。

(49) Arnold C. Brackman, *The Other Nuremberg: The Untold Story of the Tokyo War Crimes Trials*, Morrow, pp. 63-71(「乾杯!」の逸話); Röling (1993), pp. 28-31; Minear (1971), pp. 75-86.

(50) なお、東京裁判では、最初の合意では単に判決を発表する予定しかなかったが、パル判事の主張によって反対意見が認められることになった。Röling (1993), pp. 28-29.

(51) Röling (1993), pp. 62-63. *The Tokyo Judgment* 1: 494-96.

(52) Lael, p. 48.

(53) 極東裁判所は、日本による証拠書類の隠滅の事実を知っていた。*The Tokyo Judgment* 1: 437.

(54) *The Tokyo Judgment* 2: 654-55.

(55) たとえば、Röling (1993), pp. 51-52.

(56) Brackman, p. 112.

(57) Röling (1993), p. 53; *Foreign Relations of the United States 1946*, 8: 445. 児島『東京裁判』前掲、上巻、二七〇—二七七頁。なお、児島同書は、ウェッブの言葉として、もし日本側の弁護士の英語がもっとうまく、通訳ももっと有能だったら判決も違っていたかもしれないという趣旨を記している。同前書(この本には注がないが、児島の情報源のひとつはウェッブ本人へのインタビューである)、上巻、二七二頁。

(58) 天皇が裁判から除外されたことについて一章を費やした書物として、児島『東京裁判』前掲、下巻、九一—一三四頁。

(59) 側近に対して深い思いやりと寛容をもっていたという一般のイメージとは逆に、裕仁の独白録によれば、彼は側近の大部分に対して厳しく無慈悲であった。裁判の被告のなかで裕仁が肯定的に評価したのは、木戸幸一と、連合国が最大の戦犯とみていた東条英機であった。

(60) この間の経緯について重光の手記がある。『天皇百話』前掲、下巻、一二三—一三〇頁。

(61) 日本では、この動きは「キーナン・木戸工作」として知られている。高橋・鈴木『天皇家の密使たち——占領と皇室』前掲、四五—五〇頁。キーナンが東条に接触するために利用したもう一人の人物は、元陸軍少将田中隆吉であった。田中隆吉「かくて天皇は無罪になった」(『文藝春秋』一九六五年八月号発表)、文藝春秋編『「文藝春秋」にみる昭和史』文藝春秋、一九八八年、第二巻、八四—九一頁。なお、被告の一人、畑俊六の弁護にあたったA・G・ラザラスは、裁判の途中、畑を通じて、トルーマン大統領の代理と名乗る名前のわからない米政府高官から接触があり、「裕仁が慣習上出席せざるをえなかった軍事行動や作戦に関する会議において、裕仁は目立った役割を果たさなかったと証言するよう、被告人全員に指導してほしい」と依頼された。ラザラスはこの依頼を受け入れ、「多少の術策を弄して」東条に接触したと書いている。これはラザラスが一九八九年に *Far Eastern Economic Review* (July 6, 1989) にあてた手紙の中で披露している話であるが、この時ラザラスが高齢であったためか、この手紙には多くの誤りがある。しかし、東条を利用して天皇の無罪を演出しようとした当時の状況全体にてらしてみれば、この話はまったくありえないこととは言えないであろう。

(62) この点はニュルンベルク裁判も同様であった。Röling (1993), pp. 54-55, 59-60.
(63) 東京裁判では、一九四七年四月二九日、反共の要因を主張する弁護側の証拠は裁判に無関係として、はっきりと拒否された。*The Tokyo Judgment* 2: 752.
(64) パル判事が東京裁判の判決に反対したのは、アジア人ナショナリストとして反植民地主義の立場にたっていたからといわれる。これは間違いではないが、ほかにも理由があった。まず、パルは、国際法解釈に厳密さを要求し、「裁判所が法を作る」ことに激しく反発していた。パルは国家の独立性を重視するナショナリストとして、国家の主体性を基本とする国際法の厳格な解釈を貫こうとしていると、当時米国務省は観察している。*Foreign Relations of the United States 1948*, 6: 907. 私の知る限り、このようなナショナリズムと国際法解釈における「実証主義」との関連に関しては、まだ研究が少ないようである。もうひとつの理由は、他のアジア人判事と違って、パルが強烈な反共主義者であったことである。公判中パルは、被告人たちにとって中国と満州における共産主義の台頭が大きな関心事であったという点を裁判所が取り上げないことに、再三にわたって抗議した。とはいえ、パルによれば、この裁判では反共主義の正しさが問題なのではなかった。むしろ、たとえ訴因とされた謀議が存在しなかったとしても、世界で拡大している共産主義を恐れ、その脅威に備えるためのものであったと理解すれば、日本の行動について最低限の説明はつくと主張した。*The Tokyo Judgment* 2: 617-618, 642, 645-48, 685-86, 746, 752-55, 836, 864-65.
(65) 「白人の正義」とも言われるこの問題は、B・C級戦犯の裁判においても同様に存在した。中国とフィリピンを例外として、B・C級戦犯裁判は欧米諸国が主催し、主に白人の捕虜にたいする犯罪だけを裁いたものであった。日本の出版物ではこの点はよく指摘される。たとえば、粟屋『東京裁判論』前掲、二八八頁。
(66) *The Tokyo War Crimes Trial* 1: 385.
(67) *The Tokyo Judgment* 2: 680, 727.
(68) *The Tokyo Judgment* 2: 728-29, 741-42.
(69) *The Tokyo Judgment* 2: 759-64.
(70) 日本側の文献では、占領軍当局がパルの意見書の和訳を許さなかったという。『歴史読本 別冊』前掲、四八頁。
(71) *The Tokyo Judgment* 2: 982(パル). *The Tokyo Judgment* 1: 510-11(ヘラニラ). 原爆投下に非常な怒りを感じたパルは、帰国後インドで出版した自分の意見書に、『朝日グラフ』一九五二年八月六日に掲載された二五枚の広島・長崎の被害の写真を再録している。Pal, *International Military Tribunal for the Far East: Dissentient Judgment of Justice R. B. Pal*, Sanyal, 1953.

(72) Röling (1993), p. 84.

(73) パルの意見書の訳として、田中正明『全訳　日本無罪論』日本書房、一九五二年。東京裁判が茶番であったとした例として、同『日本無罪論――真理の裁き』太平洋出版、一九五二年。戦後の日本政府が、第二次世界大戦で日本が犯した犯罪にたいして一貫して率直明快に謝罪しなかったのは、東京裁判が二枚舌の裁きであったという感情、とくに、日本帝国政府の政策や日本人が行なった行為は他に例を見ない非道なものだという非難への反発が、わだかまっているからである。裁判のあとの勝利国自身の行動、たとえばソ連の帝国主義、ヨーロッパの植民地主義、そしてインドシナにおけるアメリカの行動は、裁いた者自身が日本と同じ非道を犯しているという日本側の感情を強めた。有名な家永教科書裁判や戦後五〇年国会決議も、東京裁判をどうみるかという問題にさかのぼるものであった。この点につき、John W. Dower, "Japan Addresses Its War Responsibility," ii: *The Journal of the International Institute* (newsletter of the International Institute), University of Michigan, 3.1 (Fall 1995): 8-11.

(74) 戒能通孝「極東裁判――その後」『思想』三四八号（一九五三年六月）、二三―三一頁。

(75) レーリンクは、日本人判事だけでなく中立国の判事も加わっていれば、より公正な裁判が期待できたかもしれないとも述べている。Röling (1993), p. 87.

(76) たとえば、『朝日新聞』一九四五年九月一七、一八、二二日付。

(77) 『朝日新聞』一九四五年一〇月一九、二七日付。嘉治隆一・荒垣秀雄編『天声人語』第一巻、朝日文庫、一九八一年、四〇―四一頁（一九四五年一二月六日の項）。日本側では、一九四六年初めころ、五百人から二千人の指導者たちが逮捕されるのではないかという推測があった。山川直夫『戦争犯罪論』東京新報社、一九四六年二月、一一―一二頁。

(78) *Foreign Relations of the United States 1945*, 6: 952-53, 984-85.

(79) 吉田裕「占領期における戦争責任論」『一橋論叢』一〇五巻二号（一九九一年二月）、一二七、一三二―一三三頁。細川嘉六の考えは、Hosoya, pp. 166-67.

(80) この点はよく知られている。『木戸幸一日記』前掲、下巻、一二三三頁（一九四五年八月九日の項）。

(81) 『木戸幸一日記』前掲、下巻、一二三四頁（九月一二日の項）、児島『東京裁判』前掲、第一巻、四六―四七頁。粟屋『東京裁判論』前掲、六七、一五二―一五四、一八九頁。本文の新聞の見出しは、『朝日新聞』一九四五年九月一二日付。

(82) 粟屋『東京裁判論』前掲、一六〇―一六二頁。

(83) 粟屋「東京裁判への道」、『朝日ジャーナル』一九八四年一一月二三日号(連載七)、四〇頁。

(84) 近衛上奏文については、ダワー『吉田茂とその時代』前掲、第八章を参照。この文書は、一九四六年に公刊されている。『失われた政治——近衛文麿公手記』朝日新聞社、一九四六年。『平和への努力——近衛文麿手記』日本電報通信社、一九四六年。近衛の残した文書は、近衛の自殺後ただちに国際検察団に提出された。粟屋憲太郎の論考、『朝日ジャーナル』一九八四年一一月七日号(連載九)、三七—四九頁所収。

(85) 岩淵辰雄については、粟屋憲太郎『朝日ジャーナル』一九八四年一二月一四日号(連載一〇)、三二—三三頁。粟屋『東京裁判論』前掲、三一一—三一三頁。吉田茂の役割については、Bix (1992), p. 322.

(86) 粟屋『朝日ジャーナル』一九八四年一二月一四日号(連載一〇)、三四頁。

(87) スミルノーフ、ザイツェフ『東京裁判』前掲、一二二頁。

(88) 粟屋『東京裁判論』前掲、九三—九五頁。粟屋『朝日ジャーナル』一九八五年二月一五日号(連載一八)、四一—四二頁。

(89) 粟屋『朝日ジャーナル』一九八五年二月二二日号・三月一日号(連載一九・二〇)。粟屋『東京裁判論』前掲、八七—八八頁。田中隆吉「かくて天皇は無罪になった」前掲、八五頁。日本側の文献では、田中は狡猾で権謀に長け、ひょっとしたら頭がおかしかったのではないかとされることが多い。

(90) 『木戸幸一日記』前掲、下巻、一二五二—一二五七頁(一二月二四日、一二月一〇日、一二月一五日の項)。

(91) 粟屋『東京裁判論』前掲、二〇〇—二〇八頁。児島『東京裁判』上巻、一〇〇—一〇二頁。ホロヴィッツによると、木戸の日記は検察側の「バイブル」となり、その後のすべての調査における主要資料となった。Horowitz, p. 494.

(92) 木戸が日記に手を加えた可能性については、粟屋憲太郎「東京裁判と天皇」、日本現代史研究会編『象徴天皇制とは何か』大月書店、一九八八年、三五頁。粟屋『東京裁判論』前掲、二〇五頁に慎重な検討が記されている。

(93) 粟屋「東京裁判と天皇」前掲、三六頁。粟屋『東京裁判論』、二〇七—二〇八頁。粟屋『朝日ジャーナル』一九八五年一月一八日号(連載一四)、三〇頁、一九八五年一月二五日号(連載一五)、四五頁。木戸尋問調書の和訳は、粟屋ほか『東京裁判資料——木戸幸一尋問調書』大月書店、一九八七年。ほかに木戸日記をめぐる座談会として、「木戸日記をめぐって」、『評論』一九四八年二月号、四八—六四頁。

(94) 粟屋『東京裁判論』前掲、九一、二〇七頁。粟屋『朝日ジャーナル』一九八五年二月一日号(連載一六)、四一頁。また、同一九八五年一月一五日号・二〇日号(連載一四・一五)も参照。

第一六章

(1) 『朝日新聞』一九四五年八月一六日付。

(2) 『朝日新聞』一九四五年八月二一日付。「英霊に詫びる」という表現は、このあと三回にわたって『朝日新聞』の記事のタイトルに使われた。

(3) ドイツのユダヤ人とちがって、日本人が犠牲の対象にした人々——朝鮮人、中国人の労働者や「慰安婦」のような日本人が身近な関係をもった人々も含めて——は、けっして日本社会の一員として真に受け入れられたことはなかった。「汎アジア」なるものは、ほんのわずかの例外を除いて、まったくの宣伝文句に過ぎなかった。

(4) 南原繁『南原繁著作集』岩波書店、一九七三年、第六巻、四六—五七頁、とくに五五頁。この論説は、当時よくみられたように、戦争終結において天皇が果たした役割に感謝する言葉ではじまっている。南原が戦争を熱心に支持したことについては、一九四五年四月一日の新入生に対するスピーチを見よ。同前、著作集、第六巻、三八—四五頁。

(5) 『南原繁著作集』前掲、第六巻、五七—六六頁。

(6) 文藝春秋編『「文藝春秋」にみる昭和史』文藝春秋、一九八八年、第二巻、一五—一八頁。戦後初期、こうした哀悼の表現は戦争で死んだ若者にむけられることが多かったが、同時に空襲で亡くなった一般市民の男女にもむけられた。たとえば東京では一九四五年九月二三日、空襲の犠牲者を悼む行事が行なわれ、国のために失われたみなさんの命をわれわれは忘れることはなく、みなさんの犠牲は平和日本建設の礎となるだろうという主旨の言葉が捧げられた。『朝日新聞』一九四五年九月二四日。

(7) 『家の光』一九四六年六月号。ただし、吉田裕「占領期における戦争責任論」、『一橋論叢』一〇五巻二号(一九九一年二月)所収、一二三頁の引用による。また、吉見義明「占領期日本の民衆意識——戦争責任をめぐって」『思想』八一一号(一九九二年一月)所収、七三—九九頁を参照。以下の本文の叙述は、これら二編の貴重な研究成果に多くを負っている。

(8) 「話の屑籠」『キング』二二巻一号(一九四六年一月)、ただし吉田「占領期における戦争責任論」前掲、一二三頁より引用。

(9) 森正蔵『旋風二十年——解禁昭和裏面史』全二巻、鱒書房、一九四五、一九四六年。この本についての解説は、尾崎秀樹「旋風二十年」、朝日ジャーナル編『ベストセラー物語』朝日新聞社、一九六七年、第一巻、七―一五頁。塩澤実信『昭和ベストセラー世相史』第三文明社、一九八八年、一〇〇―一〇二頁。なお、『旋風二十年』の一九四六年版は多くの修正を行なっており、これはGHQの検閲によるものであった可能性がある。尾崎前掲論説、一四頁を参照。

(10) 森『旋風二十年』前掲、上巻、四二頁。この本がもっぱら敗戦責任に目を奪われていたことについては、森同前書、下巻、八八、一二一、一五一―一五二、一八九頁も見よ。

(11) 森『旋風二十年』前掲、上巻、一四二頁。また、同書上巻、一八、一二〇、一三六―一三七、一六七頁、下巻、三二―三三、五八、六二頁も見よ。ただし、あいまいな表現ながら、実業家層を軍閥とともに悪者として扱っている部分が一箇所ある。同書下巻、一二九頁。

(12) 『朝日新聞』一九四五年九月一二、一三、一五日付、ただし朝日新聞社編『声』朝日文庫、一九八四年、第一巻、三五―三六頁より(「戦陣訓」についての典型的な声あり)。保阪正康『敗戦前後の日本人』朝日文庫、一九八九年、二四六―二五〇頁(高見順の記述はここにある)。渡辺一夫『敗戦日記』博文館新社、一九九五年、八五頁。東条の自殺事件は、次にも記述されている。B. V. A. Röling, *The Tokyo Trial and Beyond: Reflections of a Peacemonger*, ed. by Antonio Cassese, Polity Press, in association with Blackwell Publishers, 1993, p. 34. 一九四五年末、東芝の工場で行なわれた調査では、従業員の八〇%が東条に敵意を持っていると回答している。吉見「占領期日本の民衆意識」前掲、九〇頁。東条の妻によると、自分と子供は田舎に引っ込んだが、その後も沢山の手紙が来た、その多くは憎しみを伝えたもので、なかには妻と子供たちに一人ひとつずつ棺桶を送りつけてやるからその中に入って死んでしまえと書いてきた者もいた。東条の娘婿(軍人)は自殺し、長男は会社を辞職した。下の二人の娘は、結婚して「東条」の姓でなくなり、ほっとした。東条勝子「戦後の道は遠かった」、『文藝春秋』一九六四年六月。

(13) 森『旋風二十年』前掲、上巻、一四九、一六一頁。

(14) 『朝日新聞』一九四五年八月二三、二五日付。なお、占領軍が九月一六日に検閲を開始する前には、日本の報道機関は原爆の被害についてひんぱんに報道していた。

(15) 『朝日新聞』一九四五年八月一四日付。

(16) 原爆投下に対する日本人の反応については、私の次の文献を参照されたい。Dower, foreword to the 1995 edition of Michihiko Hachiya, *Hiroshima Diary: The Journal of a Japanese Physician, August 6-September 30, 1945*, University of North Carolina Press, 1995, pp. v-xvii; "The Bombed: Hiroshimas and Nagasakis in Japanese Memory," in *Hiroshima*

in History and Memory, ed. Michael J. Hogan, Cambridge University Press, 1996, pp. 116-142; "Three Narratives of Our Humanity," in *History Wars: The 'Enola Gay' and Other Battles for the American Past,*" ed. Edward T. Linenthal and Tom Engelhardt, Metropolitan Books, 1996, pp. 63-96.

(17) 『朝日新聞』一九四五年八月二七日付。また、『朝日新聞』一九四五年八月一八日、九月一二、一六日付も参照。

(18) 『朝日新聞』一九四五年八月一七、一八、一九、二〇、二二日付。また、『朝日新聞』一九四五年八月二六、二八日付も参照。

(19) 『朝日新聞』一九四五年九月五、一〇、二二日、一〇月一三日付。

(20) 『朝日新聞』一九四五年一〇月一一日付。敗戦直後の報道機関における「科学」と「理性」への言及は、ほかに『朝日新聞』一九四五年九月一二、一四、一五、一〇月一、二、一八、二六、二九日付も参照。

(21) 『朝日新聞』一九四五年九月四日付。

(22) この掲示は東京帝国大学相模海洋研究所に貼られたもので、筆者は團勝磨である。現在は Woods Hole (Massachusetts) Marine Biological Laboratory の図書館に展示されている。この件の調査に協力してくれたトム・ベンジャミンに感謝したい。

(23) この記者会見は、『毎日新聞』一九四五年八月三〇日付(のち日高六郎編『戦後思想の出発』筑摩書房、一九六八年、五三―五八頁に収録)。「一億総懺悔」という言葉は有名であるが、『朝日新聞』の場合、八月三〇日版の首相記者会見の記事には見当たらず、同日版の社説の中に登場する。

(24) 丸山真男「思想の言葉」『思想』三八一号(一九五六年三月)、三三一頁。

(25) 『朝日新聞』一九四五年一〇月一九日付。朝日新聞社編『声』前掲、第一巻、三九―四〇頁も見よ。

(26) James W. Heisig, "The Self that Is Not a Self: Tanabe's Dialectics of Self-Awareness," in *The Religious Philosophy of Tanabe Hajime,* ed. Taitetsu Unno and James W. Heisig, Asian Humanities Press, 1990, p. 284. 田辺について興味深い分析をしている文献として、久山康『戦後日本精神史』創文社、一九六一年、一七〇―二〇一頁。同書の英文による有用な要約として、"Postwar Japanese Thought: 1945-1960," *Japan Christian Quarterly* 47. 3 (summer 1981): 132-44. 一九三〇年代後半、日本国家は真の仏性の顕現であり、個人が国家に従うことは、仏への帰依であるとさえ、田辺は述べていた。彼のこのような仏教の俗流化と哲学の堕落が、後の田辺の恥と罪の感情へとつながっていった。Kiyoshi Himi, "Tanabe's Theory of the State," Unno and Heisig, pp. 309-10. とはいえ、日本の軍国主義の人種差別的目的にぴったり合

致し、戦争遂行に大きな影響を与えた自らの「種の論理」（一九三四年に発表）の概念について、田辺は戦後も明確な再検討をしていない。また、田辺の師・西田幾多郎が一九四〇年に田辺の書き物を評して、完全なファシストだと言ったという話も伝わっている。戦後、懺悔を語りはじめてからも、田辺は「種の論理」の洞察を再確認している。このように、田辺が戦前の思想からどの程度脱したのか、彼の戦後の思想が権威的支配に奉仕する側面をもっていなかったかどうかは、今後の検討課題である。この点につき、Himi, pp. 303-15; Heisig, p. 283.

(27) 田辺元『懺悔道としての哲学』岩波書店、一九四六年。この本は Yoshimori Takeuchi によって英訳出版されている。Tanabe, *Philosophy as Metanoetics*, University of California Press, 1986. 以下、本書についての頁数注記は、この英訳版による。

(28) Tanabe, *Philosophy as Metanoetics*, pp. xlix-lx, 3, 26.

(29) *Philosophy as Metanoetics*, p. lx, p. xxxvii.

(30) *Philosophy as Metanoetics*, pp. lvii-lviii, 20, 265, 270, 281, 295. 田辺は、親鸞に基づく思想がカント、ヘーゲル、シェリング、ハイデガー、キルケゴールなどの西洋哲学者に優ることを力説している。西洋の文化的優越に対する、敗戦後の日本の知識層によるこの種の抵抗のあり方は、今後重要な研究対象になりうる。なお、敗戦直後に田辺の京都大学の同僚・高坂正顕も、新日本は日本の伝統の再生と変容を反映すべきだと論じている。『毎日新聞』一九四五年八月二〇日付（日高編『戦後思想の出発』前掲、六〇―六三頁に再録）。

(31) *Philosophy as Metanoetics*, pp. lvii, lxi-lxii, 281. 花の比喩は、Kuyama, "Postwar Japanese Thought," pp. 137, 142.

(32) *Philosophy as Metanoetics*, pp. 261, 278-79.

(33) たとえば、*Philosophy as Metanoetics*, pp. lxii, 263-65, 291.

(34) *Philosophy as Metanoetics*, p. 296. この本の序文には、上からの革命によって自由が与えられ、新しい文化の花が咲いても、それは温室の花のようなもので根が浅く、いったん外に出れば生きられないという趣旨の文章がある。同前書, p. lxi. こうした個所が占領軍の検閲をパスしたことは驚きであるが、本書が長大で重厚な文章であったために、単に見過ごされたのかもしれない。

(35) *Philosophy as Metanoetics*, pp. 287, 296. lxi-lxii, 260-62. も参照。

(36) 日本戦没学生手記編集委員会編『きけ わだつみのこえ 日本戦没学生の手記』東大協同組合出版部、一九四九年、とくにあとがき（三〇三―三一三頁）。この本に対する肯定的な反応の例として、朝日新聞社編『天声人語』朝日文庫、一九八一年、第一巻、二六一―二六二頁（一九四九年一〇月二四日の項。『声』第二巻二一六頁(一九四九年一一月四日の項)。『きけ　わだつみのこえ』はすぐに二万部が売れ、一九五〇年のベストセラーに入った。そしてその後も売れつづけ、一九九二年までに一八〇〇万部が売れたとみられている。『朝日新聞』一九九二年八月一五日付。

(37)　竹山道雄『ビルマの竪琴』中央公論社(ともだち文庫版)、一九四八年、二七〇―二七五頁。この子供向け版は、その後の二年間で六版を重ねた。

(38)　『はるかなる山河に　東大戦没学生の手記』の一九五一年一二月再版のあとがきには、生き残った者の死者に対する罪の意識が生々しく書かれている。初版のまえがきにも、フランス文学者辰野隆が多くの若者が世を去り、自分が生き残ったことへの自己批判と苦しみをつづっている。

(39)　椎名麟三の指摘は、久山『戦後日本精神史』前掲、九六頁。

(40)　『野火』と『ビルマの竪琴』は、一九五〇年代後半に映画化された。戦争によるいたいけな犠牲を扱った有名な作品のひとつ『二十四の瞳』は、占領が終わって二年後に登場した。佐藤忠男が鋭く指摘したように、この映画の感動の秘密は、幼い生徒たちと教師が交流する部分と、その後元生徒たちが戦死したことを告げる部分とに分け、その間に、成長した少年たちが侵略や殺戮をしたことが見えない構造になっており、幼年期の純粋さが戦死者の純粋さと直結させられているからであった。鶴見俊輔ほか編『講座日本映画　第五巻　戦後映画の展開』岩波書店、一九八七年、四六―四七頁。

(41)　この種の議論の例として、初期の平和問題談話会の有名な諸声明がある。これらの声明は、のち『世界』一九八五年七月特別号に所収。

(42)　戦争責任についての傍観者的態度は、個人の責任に関する「主体的」意識の弱さの表れであるという見方は、日本の戦争責任を強調する戦後日本の研究者に共通する観点である。たとえば、吉田「占領期における戦争責任論」前掲、一二二―一二三、一三五、一三七頁。吉見「占領期日本の民衆意識」前掲、とくに「だまされた」という民衆の意識について、七六―七八頁。

(43)　『暁鐘』一九四六年六・七月合併号。ただし、吉田「占領期における戦争責任論」前掲、一二九―一三〇頁より引用。

(44)　『家の光』一九四九年一月号。ただし、吉田「占領期における戦争責任論」前掲、一三五頁より引用。

(45)　吉田「占領期における戦争責任論」前掲、一二九―一三一、一三七―一三八頁。

(46)　吉見「占領期日本の民衆意識」前掲、七七頁。

(47)　朝日新聞社編『声』前掲、第二巻、一〇〇頁(一九四八年一一月一三日の項)、第二巻、一一三―一一四頁(一九四八年一二月二四日の項)に再録。

(48) 『天声人語』第一巻、九七頁(一九四六年七月二七日の項)。

(49) 朝鮮人・台湾人の犠牲に対する責任意識について、比較的珍しい指摘として、吉田「占領期における戦争責任論」前掲、一三四頁。南京大虐殺や人肉食の話に衝撃を受けた例として、『声』前掲、第二巻、一〇七―一〇八頁(一九四八年一二月六日の項)。一九四五年のマニラでの虐殺が暴露されたケースを例外として、一般に、当時の日本人は東南アジアの人々がこうむった犠牲に対して特に敏感であったようには見えない。この傾向はその後もつづき、戦時の日本の残虐行為の調査に熱心な進歩的研究者や活動家の著作でさえ、第一の関心は中国人の犠牲、次に朝鮮人の犠牲にあったように思われる。これには、犠牲者が中国と朝鮮に多かったという数量的問題だけでなく、地理的、歴史的、文化的、人種的、心理的な距離感の問題も含まれている。

(50) 『朝日新聞』一九四五年九月一六、一七、一八日、一〇月一九日付。『声』前掲、第一巻、一〇三―一〇四頁(一九四五年一二月一三日の項)、一五二頁(一九四六年二月一五日付の項)。

(51) 『朝日新聞』一九四五年九月一八日付。戦後日本人の戦争責任意識を考える場合、ひとつの難問は、「隠された戦争犯罪」のうちでも、もっとも厚顔無恥な例のひとつである従軍慰安婦の実態が明るみにでるのに、なぜこれほど まで長い時間が必要であったか、あるいは、もっと絞っていえば、なぜ日本の男性だけでなく女性たちも、外国人慰安婦の犠牲をもっと早く問題にしなかったのか、という問いである。少なくとも、ここには人種と階級という要因が含まれている。従軍看護婦のような日本人女性は、外国人慰安婦の存在を十分に知っていながら、日本人男性と同じく、一般に慰安婦たちを外国の売春婦として見下していた。

(52) 『太平』一九四六年一一月号。ただし吉田「占領期における戦争責任論」前掲、一二六頁より引用。

(53) たとえば、『朝日新聞』一九四五年九月一七日付。『天声人語』前掲、第一巻、九五頁(一九四六年七月八日の項)、第一巻、九七頁(一九四六年七月二七日の項)。

(54) 「アジアの新生」、『言論』第一巻一号(一九四六年)所収。ただし吉田「占領期における戦争責任論」前掲、一二六頁より引用。

(55) 吉見「占領期日本の民衆意識」前掲、七六頁。なお、「皇軍」を「蝗軍」と呼ぶ一種の洒落は、中国軍(および中国軍の宣伝物作成を手伝ったアメリカの心理作戦専門家)が抗日戦争中に反日宣伝のため実際に使用したものである。

(56) 「天皇の軍隊」『人民評論』第二巻三号(一九四六年)。ただし、吉田「占領期における戦争責任論」前掲、一二六頁より引用。
(57) たとえば、『声』前掲、第一巻、一四四―一四六頁(一九四六年二月二日の項)。第一巻、二一一―二一二頁(一九四六年八月八日の項)。
(58) これら四つの短歌は、吉見「占領期日本の民衆意識」前掲、八二、八六頁。
(59) 『毎日新聞』一九四八年一一月五日付。『VAN』(一九四七年一二月号) および『世界』(一九四九年二月号) は、吉田「占領期における戦争責任論」前掲、一三五頁より引用。
(60) 『毎日新聞』一九四八年一一月一三日付。『日本経済新聞』一九四八年一一月五、一三日付。『朝日新聞』一九四八年一一月一三日付。『日経連タイムス』一九四八年一二月二五日付(吉田「占領期における戦争責任論」前掲、一二四頁に引用)。
(61) 『毎日新聞』一九四八年一一月一三日付。
(62) 『静岡展望』一九四九年二月号。ただし吉見「占領期日本の民衆意識」前掲、八二頁より引用。
(63) 村田芳留子『水甕』一九四九年三月。ただし吉見「占領期日本の民衆意識」前掲、八三―八四頁より引用。
(64) 吉見「占領期日本の民衆意識」前掲、八四頁。
(65) 『青垣』一九四九年五月号。ただし吉見「占領期日本の民衆意識」前掲、八四頁より引用。東条に対する判決に接した人々の相矛盾する反応については、鶴見俊輔など編『日本の百年』筑摩書房、一九六七年、第一巻、五四―五五、六一―六二頁。
(66) たとえばレーリンクは、日本の戦争は自国の死活的利益を守るためであったと東条が東京裁判で数日間にわたり強く主張したことは、日本人の前で東条が自分の威厳を取り戻すことになった、と述べている。Röling (1993), p. 34.
(67) 吉田「占領期における戦争責任論」前掲、一三四頁。ほかにも戒能は、一九四八年のパネルディスカッションで、この戦争裁判は「東条裁判」だと考えてなにが悪いのかと問題を提起したが、検閲で削除された。
(68) 『天声人語』前掲、第一巻、二五六―二五七頁(一九四九年九月一六日の項)。ちなみにGHQのウィロビー少将は、この報道には真実が含まれていると述べて、多くの日本人にショックを与えた。
(69) アイケルバーガー中将のこの悪名高い発言は、Kazuo Kawai, *Pacific Affairs*, June 1950, p. 119.
(70) 『歴史読本 別冊 未公開写真に見る東京裁判』一九八九年冬号、一五八、一五九頁。
(71) 辻政信の敗戦前の行動については、Ian Ward, *The Killer They Called a God*, Media Masters, 1992, chs. 18-20. ウィロビー少将が辻を一九四六年から一九五〇年までかくまっていたことについては、Keyes Beech のコメント、*The*

Occupation of Japan: Arts and Culture, ed. Thomas W. Burkman, Douglas MacArthur Foundation, 1984, p. 43. 辻自身の著作としては、一九五〇年にベストセラーになった『潜行三千里』毎日新聞社、『一五対一』酣燈社。

(72) 朝日新聞社編『声』前掲、第二巻、二〇〇―二〇一頁（一九四九年八月一五日の項）。

(73) こうした活動は、次の文献に写真で記録されている。『歴史読本 別冊』前掲、二四―三八頁。

(74) 『歴史読本 別冊』前掲、六八―七三、八七―一〇一頁。この歌を聴いた日本人は、「呼子鳥（カッコウ）」の三つの文字から「子を呼ぶ鳥」という心に染みるような意味を連想した。

(75) 『思想』一九八四年五月号には、戦争犯罪に関する文献リストが載っていて興味深い。

(76) 巣鴨遺書編纂会編『世紀の遺書』巣鴨遺書編纂刊行事務所、一九五三年。なお、この本は一九八四年に講談社から新版が発行されたが、その際三九編が遺族の希望で削除された。

(77) 『世紀の遺書』前掲、六八三―六八五頁。

(78) 『世紀の遺書』前掲、五七九―五八三頁。

(79) 『世紀の遺書』前掲、七七―七八、一〇一―一〇二、四四七―四五一、五七九―五八三頁。

(80) たとえば、『世紀の遺書』前掲、六六、三二二、四八三、五六八、六三〇―六三三頁。日本語ではふつう複数を明示しないので、「親」は両親を指す場合もあるが、この吉田松陰の歌の場合は、明らかに母を指している。

(81) たとえば、『世紀の遺書』前掲、三八―三九、六三―六四、八八、九〇―九一、四〇七、四六八、五二〇、六三七頁。

(82) 『世紀の遺書』前掲、三二一頁。

(83) なお、坂邦康編『史実記録戦争裁判 横浜法廷 第一 B・C級』東潮社、一〇二―一〇四頁によると、たとえば帝国海軍は敵船の船員はすべて殺すように公式の命令を出していたが、その結果として行なわれた残虐行為の責任は部下に負わせることが日本の政策となった。これは、公式の命令をカモフラージュして天皇を擁護するために必要だという理由で正当化されたという。

(84) 『世紀の遺書』前掲、二八五―二九〇頁、二八六頁。

(85) たとえば、オランダ人、イギリス人の酷薄さと復讐について激しく告発したものとして、『世紀の遺書』前掲、一一三―一一八、一六八―一七一、一八三―一八六、三一一―三一五、三三二―三三三、四五三―四六一、四八三―四八七頁。蒋介石は、中国共産党との抗争において日本の支持をとりつけようとする政治的計算から、戦後日本人を穏やかに処遇する方針をとった。これはかなり功を奏し、戦後日本人の間に「中国人」一般への親密な感情を生むのに貢献した。この点につき、たとえば、『世紀の遺書』前掲、八—九、一〇八—一〇九頁。『天声人語』前掲、第一巻、三三—三四頁(一九四五年一一月一〇日の項)。

(86) 木村久夫の伝記は、塩尻公明『ある遺書について』新潮社、一九四八年、社会思想研究会、一九五一年。なお、『きけ わだつみのこえ』前掲、二八一—三〇四頁。『世紀の遺書』前掲、四三三頁も参照。

(87) これらは、『曙』一九五四年一月特別号から。すべて『世紀の遺書』前掲から選んだ言葉である。

(88) 『曙』一九五四年一月特別号、八頁。

(89) 『世紀の遺書』前掲、四〇七—四〇八頁。この軍医の遺書は、自分の無実を訴えた典型的な例である。捕虜収容所の担当になったこの軍医は、誰に労働させるかを決める際、自分は規定を厳密に守り、捕虜と日本人をまったく平等に扱ったと主張している。あの戦争や戦争犠牲者に関する戦後日本人の考え方に対して、この遺書が喚起するような感情が与える影響は、いくら強調しても足りないほどである。それは戦争を理想化するのに役立ち、日本の右翼的な新国家主義を勇気づけることは明らかである。そして同時に、戦地に行った自分の親戚や知人を「戦争犯罪人」だとか「侵略戦争」に加担して命を失ったにすぎないとは思えない、多くの普通の日本人の感情を肯定するものでもある。こうして、戦争終結からちょうど半世紀にあたる一九九五年、日本の侵略や残虐行為について、明確かつ一方的な謝罪をすることに反対し、日本人戦死者への敬意の表明を主張した民間団体の主なもののひとつの名前は、「遺族会」であった。こうした人々の中には、自分を平和主義者と考える人もいるであろう。そしておそらく大部分の人は、自分は反軍国主義者だと思っているであろう。こうした団体が日本人死者を記念する行事では、必ずといってよいほど平和への祈り、つまり将来、二度とあのような日本人の「犠牲」が起こらないようにというアピールが行なわれる。恥知らずな右翼政治家たちはこうした感情を繰り返し利用し、日本人以外の人々は繰り返しこれを非難しつづけている。

第一七章

(1) 「逆コース」については、さしあたり Dower, *Japan in War and Peace: Selected Essays*, The New Press, 1993, pp. 155-207.

(2) 歴史学研究会編『日本同時代史 第二巻 占領政策の転換と講和』青木書店、一九九〇年、一九四—一九五頁。

(3) 『現代用語の基礎知識』(一九四八年版、『自由国民』特別号一四号)、時局月報社、一三一頁。

(4) 永沢道雄・刀禰館正久・雑喉潤『昭和の言葉』朝日ソノラマ、一九八九年、三一八—三二〇頁。鷹橋信夫『昭和

世相流行語辞典』旺文社、一九八六年、一二二—一二三頁。

(5) 鷹橋『昭和世相流行語辞典』前掲、一九五—一九七頁。

(6) 塩澤実信『昭和ベストセラー世相史』第三文明社、一九八八年、二六五—二六六頁。吉川英治の当時のベストセラーとして、『親鸞』と『宮本武蔵』(この二冊は一九三〇年代執筆のものの実質的な再版)のほか、古典に取材した『新書太平記』『新平家物語』がある。一九五一年には、一一世紀の古典を現代語訳した谷崎潤一郎『源氏物語』がベストセラーとなった。

(7) 文部省『あたらしい憲法のはなし』文部省、一九四七年。この本は一九七二年に日本平和委員会が復刻出版し、占領初期の理想主義を示す書籍として再び名前が知られるようになった。

(8) "Basic Initial Post-Surrender Directive to Supreme Commander for the Allied Powers for the Occupation and Control of Japan," November 3, 1945; Edwin M. Martin, *The Allied Occupation of Japan*, Stanford University Press for the Institute of Pacific Relations, 1948, pp. 113, 115.

(9) アメリカの対日援助については、第三章注11を参照。

(10) 引用した「中央集権的で権威主義的な」という言葉は、経済科学局に勤務したエコノミスト、マーチン・ブロンフェンブレナーの表現。*Kodansya Encyclopedia of Japan*, 1983, vol. 2, pp. 154-58. GHQがもっていた不釣合いなほどの権限について、これも当事者による Theodore Cohen, *Remaking Japan: The American Occupation as New Deal*, Free Press, 1987 を参照。占領軍による通商管理についての日本側の見方を示す興味深い例として、野田一夫編『戦後経営史』生産性本部、一九六五年、二九四—三〇二頁。

(11) Mitsubishi Economic Research Institute, ed., *Mitsui-Mitsubishi-Sumitomo: Present Status of the Former Zaibatsu Enterprises*, Mitsubishi Economic Research Institute, 1955, p. 6.

(12) 安藤良雄編『昭和政治経済史への証言』毎日新聞社、一九六六年、第三巻、一四四頁。Kazuo Shibagaki, "Dissolution of Zaibatsu and Deconcentration of Economic Power," *Social Science Abstracts* 20, Shakai Kagaku Kenkyujo, Tokyo University, 1979, p. 21; Masahiro Hosoya, "Selected Aspects of the Zaibatsu Dissolution in Occupied Japan, 1945-1952: The Thought and Behavior of Zaibatsu Leaders, Japanese Government Officials and SCAP Officials," Ph. D. dissertation, Yale University (December 1982), pp. 17-18. この論文は財閥解体・集中排除政策に対する企業のトップたちの反応について興味深い分析をおこなっている。

(13) 大蔵省官房調査会金融財政実情研究会『戦後財政史口述資料』第一巻、エントリー三および九(未公刊)。インフレについては、Fuji Bank, ed., *Banking in Modern Japan*,

special issue of *Fuji Bank Bulletin*, vol. 11, no. 4, 1961, p. 187. 経済企画庁戦後経済史編集室編『戦後経済史(経済政策編)』大蔵省印刷局、一九六〇年、三三頁。

(14) Hosoya, pp. 19-23, 50-54. この部長はレイモンド・C・クレイマーであった。

(15) 堀越禎三編『経済団体連合会十年史』経団連、一九六二年、第一巻、四一一一頁。この諮問を提出した団体が、強力な「経団連」へと発展した。

(16) 野田編『戦後経営史』前掲、五九―六六頁によると、一九五〇年五月一日現在で八四四施設が賠償用に指定されていた(うち稼動中施設五二四、非稼動中施設が三二〇)。実際の賠償は、占領期間中には一九四七年五月にはじまった約一万四〇〇〇台の工作機械の輸送が最初で最後であった。一九五二年に占領が終了したあと、日本政府は各国と交渉し、生産物賠償の形で賠償問題を決着させていった。

(17) 野田編『戦後経営史』前掲、一一六頁。通産大臣官房調査課編『戦後経済十年史』商工会館出版部、一九五四年、一四頁。対財閥政策に関する英語文献として、Eleanor Hadley, *Antitrust in Japan*, Princeton University Press, 1970; "Zaibatsu" and "Zaibatsu dissolution," in *Kodansya Encyclopedia of Japan*, 1983. などを参照。

(18) 「没収」については、Cohen, pp. 176-78; Hadley (1983), p. 364.

(19) 野田編『戦後経営史』前掲、一六二頁。

(20) 『戦後経営史』前掲、四二―四四、一七三―一七四、一九二―一九五、一九九―二〇一頁。

(21) 『戦後経営史』前掲、一一三、一二〇―一二二、一七五―一八一、一八五、一九三―一九五頁。

(22) マクマホン・ボール(中山立平・内山健吉訳)『日本・敵か味方か』筑摩書房、一九五三年、八七―九〇頁。

(23) 経済計画のこうした経緯については、Laura Hein, *Fueling Growth: The Energy Revolution and Economic Policy in Postwar Japan*, Council on East Asian Studies, Harvard University, 1990, pp. 107-28. など。

(24) 講談社編『昭和・二万日の全記録』前掲、第八巻、二〇八―二〇九頁。野田編『戦後経営史』前掲、三五〇―三五一頁。『戦後史大事典』三省堂、一九九一年、四三五頁。なお、昭和電工事件は、民政局にいる「極端な」連中を失墜させるために占領軍G2(参謀第二部)が仕組んだものだという噂が広まっていた。

(25) Fuji Bank, ed., *Banking in Modern Japan*, p. 194; *Tokyo Times*, July 9, 1948, cited in Jerome B. Cohen, *Japan's Economy in War and Reconstruction*, University of Minnesota Press, 1949, p. 447. 傾斜生産方式に関する批判は、経済企画庁編『戦後経済史(経済政策編)』前掲、四四―四七頁。

(26) この点は、Hein, pp. 124-28. が強調している。

(27) *Foreign Relations of the United States, 1952-1954*, vol. 14, part 2, pp. 1724-1725, see also, p. 1693. 日本をドイツとともに「工場 workshop」と呼んだのは、アチソン国務長官の有名な演説(一九四七年五月)であった。ダレスの「パーティー用の紙ナプキン cocktail napkin」発言は、渡辺武『占領下の日本財政覚え書き』日本経済新聞社、一九六六年。

(28) 岩崎小弥太伝編集委員会編『岩崎小弥太伝』一九五七年、三八二―三八三頁。

(29) この報告書は、一九七七年に英訳・出版された。Japan Economic Research Center, *Basic Problems for Postwar Reconstruction of Japanese Economy : Translation of a Report of Ministry of Foreign Affairs'Special Survey Committee, September 1946*, 1977. この報告書は大来佐武郎(のち有名なエコノミスト、外相)の個人的な研究に起源があり、ほかの若手三名とともに報告書の最終原稿を書いたものである。以下では、本書からの引用の頁数はこの英文版をもとにする。なお、戦後日本の経済計画については、Laura Hein, *Fueling Growth*, esp. chs. 5 and 6 ; Hein, "In Search of Peace and Democracy : Japanese Economic Debate in Political Context," *Journal of Asian Studies* 53. 3(August 1994) : 752-78 ; Hein, "Growth Versus Success : Japan's Economic Policy in Historical Perspective," in *Postwar Japan As History*, ed. Andrew Gordon, University of California Press, 1993, pp. 99-122.

(30) *Basic Problems*, pp. 53-59.

(31) *Basic Problems*, pp. 2-6, 64-65.

(32) *Basic Problems*, pp. 43-44, 56-57.

(33) *Basic Problems*, pp. 7, 52-53, 60-61.

(34) *Basic Problems*, pp. 48, 60, 96-100. この報告書は、戦争動員の過程で、日本は精密機械、ボールベアリング、光学器械、短波電信機のようなあらゆる種類の近代的機械類を製作してきたし、重工業に多くの労働者が動員されたので、今やどんな田舎にも旋盤が扱える若者がいる。こうした条件は平和な日本経済の建設に役立ちうる、と記している。

(35) *Basic Problems*, pp. 56-59, 65-66, 89, 91-93, 133-34.

(36) *Basic Problems*, pp. 58, 65. この委員会の参加者には、たとえば有沢広巳、稲葉秀三、大内兵衛、東畑精一、中山伊知郎がいた。

(37) 「九戒」(経済安定九原則)は、税制、金融、賃金抑制、物価抑制、貿易と為替、産業配分と輸出奨励、国内原料の開発、食糧徴発、緊縮均衡予算といった内容を含んでいた。単一固定為替レートはそのあとの指令で設定され、一九七一年まで改定されなかった。ドッジ・ラインとその帰結については、William S. Borden, *The Pacific Alliance : United States Foreign Economic Policy and Japanese Trade Recovery, 1947-1955*, University of Wisconsin Press, 1984, pp. 92-

102; Hein (1990), pp. 153-72; Theodore Cohen, ch. 23; Fuji Bank, pp. 199-206; Tsuru Shigeto, *Japan's Capitalism: Creative Defeat and Beyond*, Cambridge University Press, 1993, pp. 48-56.

(38) 「特需」については、小林義雄『戦後日本経済史』日本評論社、一九六三年、七二―八〇頁などを参照。トヨタの社長の言葉は、Asahi Shimbun, ed. *The Pacific Rivals*, Weatherhill, 1972, p. 193.

(39) W. Edwards Deming, "What Happened in Japan?," *Industrial Quality Control* 24. 2 (August 1967), 89-93; Deming, "My View of Quality Control in Japan," *Reports of Statistical Application Research* 22. 2 (June 1975); 73-80; Hein (1993), pp. 109-10.

(40) Cohen, pp. 432, 441-42.

(41) 経済企画庁編『戦後経済史(経済政策編)』前掲、二二一―二三、五九―六〇、三一五―三二二頁。なお、民間銀行が日本銀行からの借り入れに頼る慣習は、戦時の一九四二年にはじまっていた。Fuji Bank, 157-61, 167. したがって、これもまた戦争の遺産が占領軍の下で存続させられた例であるといえる。経済企画庁編『戦後経済史(経済政策編)』前掲、二〇三―二〇五、二〇八、二一三―二一四、二二〇―二二四頁。

(42) Martin Bronfenbrenner, "Monopoly and Inflation in Contemporary Japan," *Osaka Economic Papers* 3. 2 (March 1955), 42-43.

(43) Shibagaki, pp. 45-55.

(44) 小林『戦後日本経済史』前掲、七五頁。

(45) Hollerman, "International Economic Controls in Occupied Japan," *Journal of Asian Studies* 38. 4 (August 1979): 707-19. こうした点についてのパイオニア的研究として、Chalmers Johnson, *MITI and the Japanese Miracle: The Growth of Industrial Policy, 1925-1975*, Stanford University Press, 1982.

エピローグ

(1) 日本の再軍備と冷戦下の日米の連携関係の形成については、ダワー『吉田茂とその時代』前掲、下巻、一四七―二一五頁。Dower, *Japan in War and Peace: Selected Essays*, pp. 155-207. 秦郁彦『史録日本再軍備』文藝春秋、一九七六年。コワルスキー『日本再軍備』サイマル出版会、一九六九年。吉田茂が社会党にデモを組織してくれと依頼したことは、Takeshi Igarashi, "Peace-making and Party Politics: The Formation of the Domestic Foreign-Policy System in Postwar Japan," *Journal of Japanese Studies* 11. 2 (1985), p. 350. なお、アメリカは朝鮮戦争時、秘密裏に日本人を機雷除去作業に動員し、一九五二年一〇月、吉田首相は警察予備隊の定員の一二万人への増員に踏み切った。

(2) このマッカーサー聴聞会は非公開であったが、筆記録はごく一部を削除のうえ、ただちに *New York Times* などの新聞に公表された。公式記録については次を参照。U. S. Senate, Hearings before the Committee on Armed Services and the Committee on Foreign Relations, *Military Situation in the Far East*, May 1951, part 1, esp. p. 312.

(3) 講談社編『昭和・二万日の全記録』前掲、第九巻、一四二—一四六頁。袖井林二郎『マッカーサーの二千日』中央公論社、一九七四年。日本人(および東洋人一般)が「子供」だというイメージは、西洋人の間では一般的なものであった。たとえば、*New York Times*, April 15(日曜版)は、マッカーサーが解任されたときの日本人の反応について、われわれからみれば馬鹿馬鹿しく、「子供っぽいとさえいえる even childish」かもしれないが、本当の話だと書いている。

(4) 占領期を題材にした最も有名な映画は篠田正浩監督の作品で、その名も『マッカーサーの子供たち』である。

(5) *New York Times*, April 19, 1952.

(6) 『天皇陛下の昭和史』(八七年版)、双葉社、一九八七年、一三一頁。

(7) 『昭和・二万日の全記録』前掲、第九巻、二四九—二五一頁。大河内一男『資料・戦後二十年』第四巻(労働)、日本評論社、一九六六年、一九八—二〇〇頁。*New York Times*, May 2, 1952. この事件でデモ参加者一二〇〇人以上が逮捕され、うち二六一人が騒擾罪で起訴された。この事件の公判は、なんと二〇年もかかり、約百人が有罪とされた。

(8) この時の天皇の声明文は、日本ジャーナリズム研究会編『昭和「発言」の記録』東急エージェンシー、一九八九年、一三四頁。裕仁の伊勢神宮訪問は、『昭和・二万日の全記録』前掲、第九巻、二六二頁。

(9) 高橋『陛下、お尋ね申し上げます』前掲、一九八八年、二一二、二一七頁。

(10) この点について、朝鮮戦争という当時の状況も意識したマッカーサー演説の該当部分は、次の通り。「戦争以来、日本人は近代の歴史に記録された中でも、もっとも偉大な改革を経てきた。賞賛にたる意志と、学習意欲と、抜きん出た理解力をもって、日本人は戦争が残した灰の中から、個人の自由と人格の尊厳にむけた大建造物を打ち建てた。そして、政治道徳の前進と、経済活動の自由と、社会正義とに邁進する、真の民主的政府が創造された。政治的にも、経済的にも、そして社会的にも、今や日本は地球上の多くの自由国家と肩を並べており、けっして再び世界の信頼を裏切ることはないであろう。日本がアジアの状況にたいして、深く有益な影響をもたらすと信じてよいことは、外部からの戦争、不穏、混乱という最近の危機に対処し、かつ、みずからの前進をいささかも緩めることなく内部からの共産主義を抑止した、彼ら日本人の気高い態度によって証明されている。私は四個師団の占領軍全部を、それによって日本に生じる力の真空について何ら不安を抱かず、朝鮮半島の前線に送りこんだ。その結果は、私の日本人への信頼を完全に裏付けるものであった。私は、日本人ほど平静で、秩序正しく、かつ勤勉な国民を知らない。また、人類の進歩において、日本人ほど将来建設的な役割を期待できる国民を知らない」

(11) *New York Times*, April 29, May 4, 1952.

(12) エズラ・ヴォーゲル『ジャパン・アズ・ナンバーワン——アメリカへの教訓』広中和歌子、木本彰子訳、ＴＢＳブリタニカ、一九七九年。Samuel P. Huntington, *The Clash of Civilizations and the Remaking of World Order*, Simon and Schuster, 1996. Murray Sayle, "How Rich Japan Misled Poor Asia," *JPRI Working Paper No. 43*(Japan Policy Research Institute, March 1998). 日本の根深い「島国根性」を非常に鋭くえぐり出した最近の評論として、Ivan P. Hall, *Cartels of the Mind : Japan's Intellectual Closed Shop*, Norton, 1998.

(13) 戦争の遺産については、Dower, *Japan in War and Peace*, pp. 9-32 ; *World War II and the Transformation of Business Systems*, ed. Jun Sakudo and Takao Shiba, Tokyo University Press, 1994. なお、最近の野口悠紀雄の「一九四〇年体制」の持続論については、野口の牛尾治朗との対談、"Reforming Japan's 'War-Footing' Economic System," *Japan Echo* 21. 2 (summer 1994), pp. 13-18.

増補版への訳者あとがき

本書『敗北を抱きしめて』は、長い戦争による疲弊の中から、日本民衆と日米の支配層による「日米合作のハイブリッド国家」たる現代日本が形成された過程を描いた大作である。著者は、大きな歴史の流れを骨太に描きつつ、同時に苦難のなかから立ち上がる民衆の声を静かに聴き取ろうとしている。その真摯な姿勢は、歴史研究の醍醐味を教えてくれるものとして、私どもも翻訳しながら感動を覚えたものであるが、予想にたがわず、出版以来、アメリカでも日本でもベストセラーとなり、はじめて日本人の実相にふれた気がするとか、当時の体験の意味が整理できたといった熱い感想が寄せられた。

こうした反響に支えられて、本書は二〇〇〇年、アメリカ本国でのピュリッツァー賞につづいて、日本でも二〇〇二年大仏次郎賞論壇特別賞(朝日新聞主催)、山片蟠桃賞(大阪府主催)の栄誉を受けた。まさに本書は、アメリカにおける日本研究の到達点を示す傑作といえよう。

その一方で、私たちは、ダワー氏の収集した膨大な写真コレクションが活用されていないことを、しばしば著者自身から聞いていた。ならば、その写真群と本文の濃密な描写を一体化させた新型の出版物として、『敗北を抱きしめて』増補版を世に問うことにしてはどうだろうか——。そうした企画がもちあがり、著者も快く同意されたのであった。そして今、増補版を読者の手元に届けることができることになった。

旧版の出版以来、日本の読者から翻訳者あてに多くの感想をお送りいただいた。手紙をいただいた方々のすべてに返事ができたわけではなかったことを、この場を借りてお詫びしたい。なかには翻訳の問題点について、もっともな指摘をしてくださった方もあった。今回、それらをできるだけ反映させるように努力し、おかげで細部の不備をそうとう正すことができた。旧版の読者のみなさんに厚く御礼申し上げる。

本書の冒頭には、著者による「増補版への序文」を新たに付加した。ますます不透明になっていく世界情勢のなかで、無知と憎悪の連鎖を断ち切るためにも、本書が描いた戦後日米両国のあり方をふりかえることは無駄ではない。それが著者ダワー氏のメッセージであろう。

二〇〇三年十二月

訳者を代表して

三浦陽一

訳者あとがき

この本は、一九九九年にアメリカで出版され、その後次々と、一〇を越える賞をさらった。受賞のリストには、バンクロフト賞(アメリカ史、とくに外交関係の研究業績に与えられるアメリカで最も権威ある賞)、ナショナル・ブック・アウォード(フィクション、詩など四つの部門に分かれるが、本書は「ノンフィクション」部門で受賞)、そして、おそらく日本でも最もよく名前が知られているピュリッツァー賞も含まれている。ピュリッツァー賞はいくつかの部門に分かれるが、本書は一般ノンフィクション部門、つまり毎年アメリカで出版されるおびただしい数のノンフィクション作品のなかから特に選ばれた。日本を対象にした著作が、アメリカでこれだけ多くの権威ある賞を獲得することじたい、珍しいことであるし、必ずしもアメリカの対日政策を肯定してはいないこの著作が高い評価を受けたことは、アメリカにおける日本理解の深化、ひいてはアメリカ自身の自己意識の成熟を象徴しているといってよいかもしれない。

日本史家ジョン・W・ダワーの名前は、わが国では『吉田茂とその時代』(一九八一年邦訳出版)、『人種偏見』(一九八七年邦訳出版)のようなベストセラーを通じて、よく知られている。そして最近では、スミソニアン博物館での原爆展の企画がアメリカ国内で批判の対象となった際に、米国の一研究者として、アメリカ流ナショナリズムだけにとらわれない、原爆問題への人間として真摯な取り組みを呼びかけた「行動の人」として記憶されている人もおられるであろう。

この大作の内容をここで要約したり論評したりすることは、残念ながら差し控えるほかない。本書の叙述の対象は、子供から天皇まで、占領軍の下級兵士からマッカーサーにまで及ぶ。占領期の有名な事件や、著名な人物や、政治面での重要な問題のほとんどについて分析を加えているだけでなく、米軍による日本占領がいかに歴史的に特殊な事例であるかを解明し、その特殊ななかにも、人間の歴史にとって普遍的なものがいかに豊かに含まれているかを発見していくのである。この著作が読者に訴える力の源泉は、おそらく、こうした「日本人の戦後体験を通した〝人間〟の発見」の感動にあるのではないかと思う。

私事になるが、本書を訳す過程で、私(三浦)はしばしば、二〇年前の留学時代に接したダワー先生(以下、しばらく「先生」と呼ばせていただく)の姿を思い出さずにはいられなかった。私は一九八〇年から二年間、ダワー先生が助教授として日本史を担当しておられた米ウィスコンシン大学歴史学部大学院に留学したが、当時のダワー先生は四〇代前半、現在よりも細身で、大股で軽やかに歩く姿はいかにも新進気鋭の研究者という感じがした。講義は、ていねいでソフトな語り口のなかにも、鋭いものが毎回必ずあった。ある日、私がアメリカの対日政策について調べていると言うと、自宅にある資料を全部見てよい、自分は出かけるから、自分の机を自由に使いなさいと先生は言われた。まだかけだしの大学院生にすぎなかった私はおおいに恐縮したが、結局、ありがたくそうさせてもらった。そして私は、貴重な政府資料のファイルに、先生の努力の跡がありありとした手書きの読み取りメモがいくつもはさんであるのを目の当たりにしたのである。それは、勉強したいという者には誰であれ分け隔てなく接し、なにも隠さないという、ある意味ではじつに厳しい研究者的態度を学んだ体験であった。目を上げると窓の外に快晴の冬空があり、二階にあった先生の書斎は陽光であふれていた。

あれからほぼ二〇年、歴史家ジョン・ダワーは、この大著をひっさげて私たちの前に現れた。もちろん彼は、その間にも多くの論文著書を発表しているが、『敗北を抱きしめて』が、これまでの彼の研究を発展的に集大成した作品であることは、分厚い本書を手にしたとき、すぐに感じ取れた。そして、訳者として本文に接し、注に接するうちに、これは「大変なしろもの」だという実感を禁じえなかった。本書は、権力者たちの予想を越えて多様に立ち上がっていく日本の庶民の姿や、日本人がみずからの戦争責任をあいまいにし、そのときアメリカが無視できない役割を果たしたことを、ひとつひとつ、資料を吟味しながら指摘していく。私はそれを読み、訳しながら、戦後の日本人の姿に、はじめて感動している自分に気がついた。本書には、はじめて「日本人の実像」を見たような驚きと、言葉が見つからないのだが、ある種の「赦し」ないしは励ましがあると感じたのである。本書のタイトルは、『敗北を抱きしめて』であるが、じつは著者は、その暖かい腕で「日本人を抱きしめて」くれたのだとも思う。これを受けとめ、本書にこめられたメッセージを今後に生かしていくのは、われわれ日本人自身に与えられた仕事であろう。

予想よりも長引いた翻訳の作業は、多くの人々の力によってようやく完結した。本文の翻訳を分担した三浦・高杉・田代の三名はもちろん、英文の疑問点解消に多くのヒントをくれたGregory A. King氏とアダム・コミサロフ氏、横田絵里子氏、ロバート・リケット氏、注のタイピングを手伝ってくれた芳村明子氏、資料調査を手伝ってくれた近藤秀行氏、そして日本人読者むけに注を選択・要約するので、チェックしてほしいという訳者の要望にこころよく協力してくださったのは、著者本人と靖子さん夫妻であった。企画の最初から全体のマネージメントを担当された岩波書店編集部の小島潔氏の采配が絶対不可欠であったことは言うまでもない。

本書の刊行を支えた最大の糧は、この本にこめられた日本人への真摯なメッセージを、ひとりでも多くの人々に読んでもらいたいという私たちの気持ちであったと思う。今は、どんなに短いものでもよいから、読者からの感想を待ちたい心境である。

二〇〇一年五月

訳者を代表して　三浦陽一

忘却のしかた、記憶のしかた
―日本・アメリカ・戦争―
ジョン・W・ダワー
外岡秀俊訳
A5判三六六頁
定価三三〇〇円

アメリカ 暴力の世紀
―第二次大戦以降の戦争とテロ―
ジョン・W・ダワー
田中利幸訳
四六判二一四頁
定価二〇九〇円

日本人の戦争観
―戦後史のなかの変容―
吉田裕
岩波現代文庫
定価一二九八円

昭和天皇の戦争
―「昭和天皇実録」に残されたこと・消されたこと―
山田朗
四六判二八八頁
定価二六四〇円

兵士たちの戦場
―体験と記憶の歴史化―
山田朗
四六判二四八頁
定価三〇八〇円

戦慄の記録 インパール
NHKスペシャル取材班
四六判二七二頁
定価二二〇〇円

岩波書店刊
定価は消費税10% 込です
2021年8月現在

ジョン・ダワー(John W. Dower)は1938年生まれ．アマースト大学卒業後，ハーヴァード大学で博士号取得．現在マサチューセッツ工科大学名誉教授．著書に，*Empire and Aftermath: Yoshida Shigeru and the Japanese Experience, 1878-1954*, 1979〔吉田茂とその時代〕; *War Without Mercy: Race and Power in the Pacific War*, 1986〔容赦なき戦争〕; *Ways of Forgetting, Ways of Remembering: Japan in the Modern World*, 2011〔忘却のしかた，記憶のしかた〕ほか多数ある．

写真：マーク・オストウ(Mark Ostow)

〔訳者略歴〕

三浦陽一(みうら・よういち)　1955年生まれ．一橋大学大学院博士課程修了．中部大学教授．日本現代史専攻．

高杉忠明(たかすぎ・ただあき)　1952年生まれ．慶應義塾大学大学院博士課程修了．神田外語大学教授．国際関係論専攻．

田代泰子(たしろ・やすこ)　1944年生まれ．国際基督教大学教養学部卒．翻訳家

増補版 敗北を抱きしめて(下)　ジョン・ダワー

2004年1月30日　第1刷発行
2021年8月16日　第19刷発行

訳　者　三浦陽一《みうらよういち》　高杉忠明《たかすぎただあき》　田代泰子《たしろやすこ》

発行者　坂本政謙

発行所　株式会社 岩波書店
〒101-8002 東京都千代田区一ツ橋 2-5-5
電話案内 03-5210-4000
https://www.iwanami.co.jp/

印刷・三陽社　カバー・精興社　製本・牧製本

ISBN 4-00-024421-3　　Printed in Japan

索　　引

＊頁数の立体は上巻，イタリックは下巻を示す．
＊マッカーサー，GHQ 等，頻出する語は立項していない．

ア　行

タ　行

ナ　行

ハ　行

マ　行

ヤ　行

ラ　行

ワ　行